日本政治学会 編

成熟社会の民主政治

年報政治学2019−Ⅱ

筑摩書房

はじめに

　本特集は「成熟社会の民主政治」と題し、成熟社会へと移行した社会における民主政治の様々な展開やその諸問題を検討している。

　「成熟社会」とは 1972 年に英国の物理学者デニス・ガボールが『成熟社会（*Mature Society*）』を執筆し、話題となったことに起源を持つ議論である。高度経済成長が終わりを迎えつつあるなか、物質主義的な大量消費社会からの転換を説き、精神的な豊かさや生活の質の向上を主張したこの著作は、世界的な反響を生み出した。またこのことと関連して、アメリカの政治学者ロナルド・イングルハートは 1977 年に発表した『静かなる革命』において、西洋の産業化した国々において、人々の価値意識や政治意識が物質的豊かさから精神的豊かさに向かっていると指摘し、これを「脱物質的」価値への転換と呼んだ。

　このような指摘は現在では様々な見直しや修正を受けているが、この時期に起きた価値の転換や発想の変化については、今日でもなお多くの関心が寄せられている。経済成長が限界に達した社会において、いかなる変化が生じるのか。それははたして民主政治に影響を及ぼすのか。本特集では、このような成熟社会論の諸相を批判的に再検討しつつ、この時期の変化が、その後の民主政治のあり方にいかなる変化を与えたかを検討している。

　山崎論文は「長い 60 年代」の結果、経済成長の鈍化や個人の解放、「直接性の噴出」など、成熟社会への移行を促す変化が生じたが、それらは代表制民主主義と福祉レジームによる統治の有効性を減退させ、自由民主主義の正統性を揺るがしたと指摘する。そこから生まれた四つの構想、すなわち新自由主義、権威主義的ポピュリズム、ケアの倫理・共同性とラディカルデモクラシーは、相互に共通性と緊張をはらみつつ、現代にまでその影響を及ぼしている。新自由主義と権威主義的ポピュリズムに対抗して、ケアの倫理・共同性とラディカルデモクラシーの節合をはかる山崎論文は、現在の日本社会に対しても実践的な示唆を与えてくれるだろう。

乙部論文は、文字通り「人間の成熟を論じる政治理論」として、現代闘技デモクラシー論で展開されている「エートスの陶冶」論を検討する。古代ギリシアにおける伝統的なエートス論が、習慣を通じて獲得される倫理的な特性に注目したとすれば、「未成熟状態からの脱出」として啓蒙を論じたカント以降のエートス論は、現在の自己を取り巻く環境を吟味し、その可能性と限界を知ることに力点が移動した。このような議論を真に実践的にするべく、乙部論文はホーニッグの「公共的なモノ」論に言及した上で、最終的に理想的な環境が失われたり不在であったりする状況で、「完全に成長」するのではなく、「生き延びる」こととして、現代的な成熟を再定義する。再帰的近代における「成熟」の政治的定義を検討する貴重な論考と言えよう。

　今井論文は、イギリスの EU からの離脱を問う国民投票の結果を、「成熟社会への掣肘」という視点から論じる。かつてイギリスでは、成熟社会の到来とともに「階級なき社会」の到来が説かれるなど、価値観による社会的亀裂が過去のものとなったかに思われた。そのイギリスにおいて現在、「労働者階級」が再び活発に語られるようになり、多文化共生に対抗する排外・権威主義的価値観の台頭が見られるのはなぜか。このことを考えるために、今井論文は国民投票における離脱派を分析し、そこに高齢者、富裕な保守層、「置き去りにされた人々」からなる「疎隔された人々」の連合を見る。本来異質な集団の連合を可能にしたのは、右翼ポピュリスト政党である UKIP という受け皿と、国民投票という直接的な意見表明の機会であった。「成熟社会への掣肘」としてポピュリズムを捉える、興味深い論考である。

　古賀論文もまた、西欧における右翼ポピュリズムを検討する。ノリスとイングルハートによれば、現代における右翼ポピュリズム政党は、伝統的な価値を擁護する人々が、もはや主流になりつつある「脱物質主義的な価値」に対抗して支持している「文化的反動」にほかならない。この理解に対し、古賀論文は、比較マニフェスト研究の手法により、少なくとも選挙公約のレベルにおいて、西欧の右翼ポピュリスト政党は権威主義的な傾向を維持しているものの、いわゆる「伝統的な価値」を積極的に擁護しているわけではないことを明らかにする。それでは西欧の右翼ポピュリスト政党とは、「脱物質主義的な価値としての権威主義」を提示しているのか。

古賀論文は今後の課題としているが、興味深い論点であろう。

稗田論文は、欧州社会調査に基づいて、左派ポピュリスト政党と右派ポピュリスト政党の支持層を分析する。ポピュリストは「われわれ」と「彼ら」の二元論に依拠するが、右派ポピュリスト政党は社会文化的な権威主義・排外主義の立場から、左派ポピュリスト政党は経済的格差の是正をもとめる社会経済的な左派の立場から、それぞれ「われわれ」の外延を定める。両者はいずれも既存の政治のあり方に不信や不満を抱く有権者の支持を集めるが、右派ポピュリスト政党はブルーカラー労働者など職業階層ヒエラルキーの低位に位置する階層からの支持を獲得しているのに対し、左派ポピュリスト政党は社会文化専門職など対人関係職に従事する職業階層から支持を集めている。西欧の政党システムが多次元化されているにもかかわらず、左右のポピュリスト政党支持はなお極めて階級・階層的な現象であることを明らかにしている点で貴重な考察である。

宇野論文は、他の論文とは違い、日本における成熟社会論の知的起源を探る。世界的な成熟社会論への関心の高まりを受け、日本でも同様の議論が展開されるが、1975年を転機に日本独自の議論が見られるようになる。その代表が経済学者の村上泰亮であり、彼は脱産業化への対応という世界共通の課題と、欧米モデルからの転換という日本独自の課題を重ねて捉えた。「産業社会論」として自らの議論を展開した村上は、経済の領域に対する文化の領域の役割を重視し、その視点から日本社会の伝統の意義を再評価した。その議論は歴史的に相対化される部分を含みつつも、日本における保守回帰を予測し、日本的な中間的集団による独自の多元主義を構想したものとして、今日なお興味深い内容を含んでいる。

以上、成熟社会論というプリズムを通じて、1970年代以降の西欧と日本の政治的・経済的・社会的な構造変化、それに応じた政治構想や言説の変化を探った本特集は、ポピュリズムに一つの焦点を置きつつ、脱産業社会化以降の政治のあり方の解明を目指している。このような考察が、現代社会の諸問題のより長期的な理解に資するところがあれば、幸いである。

2019年度Ⅱ号編集委員長
宇野重規（東京大学社会科学研究所）

日本政治学会編　年報政治学2019-Ⅱ号

「成熟社会の民主政治」特集号

目　次

はじめに　　　　　　　　　　　　　　　　　　宇野重規 ……… 3

《 特集 》

「成熟社会論」から
「ケアの倫理とラディカルデモクラシーの節合」へ
　　　——「新自由主義−権威主義」への対抗政治構想
　　　　　　　　　　　　　　　　　　　　　　山崎　望 ……… 13

エートスの陶冶とは何か？
　　　——成熟の理論としての闘技デモクラシー論
　　　　　　　　　　　　　　　　　　　　　　乙部延剛 ……… 36

成熟社会への掣肘
　　　——イギリスのEU離脱をめぐる政治社会
　　　　　　　　　　　　　　　　　　　　　　今井貴子 ……… 58

西欧の右翼ポピュリスト政党の台頭は、
「文化的な反動」によるものであるのか？
　　　——政策の比較分析から検討する
　　　　　　　　　　　　　　　　　　　　　　古賀光生 ……… 84

西欧諸国におけるポピュリスト政党支持の
職業階層的基盤

稗田健志 ……… 109

日本における成熟社会論の知的起源

宇野重規 ……… 143

《 公募論文 》

ソマリアPKO派遣構想の挫折
——第二次国連ソマリア活動（UNOSOMII）参加と外務省

庄司貴由 ……… 164

「日米防衛協力のための指針」再考

板山真弓 ……… 186

グローバル化と党派政治
——アウトサイダー層に着目した理論構築と
法人税率のパネルデータ分析

鈴木淳平 ……… 208

選挙勢力から政権勢力へ
——西欧における極右政党の主流化に関する比較分析

譚　天 ……… 233

首相の地位維持策としての内閣改造

上條諒貴 ……… 264

「自由民主主義を越えて」の多様性

田村哲樹 ……… 289

純粋手続き的正義と分配パタン指定の隘路
——理論と制度的指針の検討

大庭　大 ……… 312

事業終了の政治過程
　　——そのプロセスの類型化は可能か

　　　　　　　　　　　　　　　　　　　　戸田　香 ········ 336

《 学界展望 》

2018 年学界展望　　　　　　　　日本政治学会文献委員会 ········ 361

《 学会規約・その他 》

2019 年度　日本政治学会総会・研究大会記録 ···························· 398
査読委員会規程 ··· 414
Summary of Articles ·· 417

成熟社会の民主政治

「成熟社会論」から
「ケアの倫理とラディカルデモクラシーの節合」へ
——「新自由主義 - 権威主義」への対抗政治構想

駒澤大学教授 山崎 望

　新自由主義と権威主義的ポピュリズムに対して、現在、自由民主主義は有効性と正統性の二つの側面で、危機に直面している。第1章で自由民主主義の危機について論じる。第2章では、成熟社会論を手掛かりに、自由民主主義の有効性と正統性が危機に陥った転回点である「長い60年代」の変動を論じる。第3章では、「個人の解放」と「直接性の噴出」という観点からこの変動を把握する。

　第4章では、この変動から発展した四つの主要な構想、すなわち ①新自由主義 ②権威主義的ポピュリズム ③ケアの倫理・共同性論 ④ラディカルデモクラシー論の思想的配置を論じる。それを通じて、これらの四つの構想が自由民主主義への対抗構想という点では共通性を持ち、同時に、相互に対立している点を明らかにする。

　第5章では、現代日本の待機児童問題の事例に言及し、新自由主義と権威主義的ポピュリズムに対抗する、ケアの倫理・共同性論とラディカルデモクラシー論の節合を論じる。これらを通じて現代の自由民主主義に対する四つの対抗構想の源泉として「長い60年代」を捉え直すと同時に、そこから危機を脱する成熟社会論の刷新を模索する。

キーワード：長い60年代、自由民主主義、ラディカルデモクラシー、
ケアの倫理、新自由主義、ポピュリズム

第1章　自由民主主義の危機？

20世紀に政治体制を支える正統性原理として世界に拡大した自由民主

主義[1] は、現在、新自由主義と権威主義的ポピュリズムに対して有効性と正統性の危機[2] に直面している。

こうした自由民主主義の危機[3] は、初めてのものではなく反復すると言っても過言ではない。本論ではこうした危機の時代の一つとして、「長い 60 年代」[4] に着目する。「長い 60 年代」には、自由民主主義を正統性とする、一国単位の代表制民主主義と福祉レジームに対する異議申し立てが起きたのである。そして異議申し立ては、変容しながら受け継がれ、現代世界の思想の対立の配置を作り出している。この意味で、現代の自由民主主義の危機は、「長い 60 年代」における自由民主主義の危機に源流（の一つ）を求めることができるであろう。

第 2 章 「長い 60 年代」と自由民主主義

第 1 節 代表制民主主義と福祉レジーム

時間的地域的多様性はあるが、第二次世界大戦後、西側陣営では自由民主主義を正統性とする政治経済体制が定着した。それは政治を公的領域に限定する代表制民主主義という政治体制と、福祉レジームという経済体制の組み合わせである。この政治経済体制は ①代表制民主主義のアリーナである公的領域としての国家 ②私的領域である市場 ③もう一つの私的領域である家族の三つのアリーナから形成され、国民国家[5] がその前提とされた。

これを主体の観点から見ると、国家における政治的主体は平等な民主的主体とされながら、代表制に組み込まれ、選挙時を中心に利益集団や共同体に組織化された利益を追求する主体として構築され、政治的自律性は抑制された。市場における経済的主体は、賃労働・生産労働によって経済成長を担う自立した主体が構築され、成人男性にその役割が割り当てられた。経済的自由がもたらす不平等は福祉レジームにより緩和された。家族における主体は家父長制、性別役割分業、異性愛秩序の規範が組み込まれ、自立した家長主体（成人男性）とケア労働[6] を担い成人男性に依存する主体（女性主体）と、成人女性に依存する主体（子供・高齢者）から

構成された。これらの三つの主体は国民という主体と結びつけられた。

　政治的主体は自律性が低く自己利益を追求する点において経済的主体と親和的であり、平等を規範とする民主的主体と、自由を規範としながら、一定の不平等を正当化する余地を持つ経済的主体の潜在的な対立は、経済成長を前提とする再分配によって緩和された。二つの主体の類縁性は代表制民主主義と福祉レジームの結合の現れでもある。政治的主体は民主的主体であったが、家族的主体は民主的ではなく、男性／女性主体は分化され、男性は家長的主体として、女性は子供を政治的主体へ育成する従属的主体となった。経済的主体はリベラルな主体として自立を要請されたが、家族的主体との関係では女性のケアに支えられる男性家長として、女性は自立の機会を奪われ不払いのケア労働を担う依存的主体として構築された。政治、経済、家族の主体は分離されると同時に相互補完し、各アリーナに配置されることで、緊張関係は政治化せず、代表制民主主義と福祉レジームという政治経済体制は安定期を迎えたのである。

第2節　アフターリベラリズム／デモクラシー？

　しかし、こうした安定は危機に直面する。I・ウォーラーステインの『アフターリベラリズム』によれば、フランス革命以降の世界は変化が常態化している。この変化に対して他の思想より支配的であったリベラリズムは、選挙権拡大、福祉国家の形成と民族自決を通じて労働者階級を政治統合し、権力と富に加え同意に基づく支配を行い、国家組織の強化に努めた。しかし1968年にリベラリズムに基づく政治、すなわち選挙権／主権と福祉国家／国民的発展によって労働者階級を飼いならす政治は限界に達した、と論じられている。換言すれば、国民国家を単位とする代表制民主主義と福祉レジームにより有効性と正統性を調達することが1968年を象徴とする「長い60年代」に困難化したのである。1972年にはD・ガボールが『成熟社会』を著し、先進諸国の経済成長の鈍化、エコロジーを含む人間性の問題化を通じた自己／他者の関係の再審をめぐる政治の噴出、物質的・手段的価値より精神的・表出的価値が前景化した政治の噴出という三つの変化を考慮に入れた成熟社会論を提唱した。成熟社会への移行を促す変化は、代表制民主主義と福祉レジームによる統治の有効性を減退さ

せ、自由民主主義の正統性を揺るがした。成長経済の鈍化は福祉レジーム
が機能する条件の解体であり、その正統性であるリベラリズムに再審を迫
った。第二に人間性の問題化はエコロジーを政治問題化したのみならず、
リベラリズムが想定する人間像を再審し、従来の公／私の境界線から自明
性を奪い、「個人の解放」を通じた自己／他者の関係性をめぐる政治を惹
起した。第三に精神的・表出的価値が前景化した政治の噴出は、リベラリ
ズム（西側）とマルクス主義（東側）の双方に共通する「経済還元論」に
象徴される物質的・手段的価値を前景化させた政治を批判した。それはリ
ベラリズム／マルクス主義「以後」の政治の模索であり、代表制におさま
らない文化、宗教、ジェンダーなどをめぐる政治を噴出させた。かかる問
題群は制度化された公的領域に留まらず、「直接性の噴出」による政治の
主体とアリーナの増殖をもたらした。

第3章　現代政治の起点としての「長い60年代」
──二つの「自由」

第1節「長い60年代」

　このような安定が揺らぎ、多様な政治・社会構想が相克する現代政治の
歴史的社会的条件が作られた「長い60年代」に何が起きたのであろうか。
　国際社会[7]では、ベトナム戦争の敗北とブレトンウッズ体制の終焉な
どアメリカによる西側陣営の統合が弛緩し、スターリン批判、ハンガリー
動乱とプラハの春に対する軍事介入への批判、中ソ対立などソ連による東
側陣営の統合も弛緩した。さらに脱植民地化／民族解放を掲げる第三世界
の台頭は冷戦構造を揺るがせた。国際的な冷戦構造に埋め込まれた国民国
家の内部でも、西側陣営では公民権運動、ブラックパワー、ブラウンパワ
ー、福祉権運動、先住民運動、反核運動、スチューデントパワー、環境運
動、反ベトナム戦争運動、第二波フェミニズム[8]が、東側陣営では民主
化運動（ハンガリー動乱、プラハの春）や文化大革命が起き、第三世界で
は民族解放運動やスチューデントパワーが高揚した。諸運動は自由民主主
義体制と共産主義体制の双方を「帝国主義」や「管理社会」と捉えて批判

し、その正統性に疑義を突き付けたのである。

第2節　個人の解放もしくは「リベラリズムからの自由」

　以下の議論を自由民主主義諸国に限定するならば、諸運動を通底する要素として、第一に私的領域を中心に生じた「個人の解放」が挙げられよう。解放は個人が埋め込まれていた福祉レジームと、その正統性であるリベラリズムからの解放、つまり「リベラリズムからの自由」と換言できよう。70年代までにはリベラリズムの正統性の自明性と、それに基づく諸制度を支えてきた経済成長という前提が失われた。福祉レジームを構成する共同体や組織のルールや慣習から離脱する自由のポテンシャルを背景に、自律性を増大させた個人が「自由」を再審し、「いかに他者との関係性の中で私の自由を再定義すべきか。とりわけ私有財産はどこまで擁護され、国家の介入をどこまで許容すべきか」が問い直され、従来の国家／市場という公／私区分の境界線は自明性を失い、リベラリズムの正統性に挑戦する政治を展開する条件が創り出された。「リベラリズムからの自由」は再定義された自由を担う主体を産み出す条件を創出したのである。もう一つの「リベラリズムからの自由」は非家族／家族という公／私区分の境界線をめぐるリベラリズムの正統性と、それに基づく家父長制・性別役割分業・異性愛秩序に基づく人間関係から自明性を奪った。その結果、ジェンダー、セクシュアリティやケアなどの観点から「いかに他者との関係性の中で自由を再定義すべきか。とりわけ女性にいかなる自由があるのか。生殖から労働に至るまで自らの生を自己決定する自由はあるのか」をめぐり、リベラリズムの諸制度、さらにはその正統性であるリベラリズムに挑戦する政治が展開する条件を創出した。「リベラリズムからの自由」は福祉レジームに埋め込まれていた個人の「解放」を通じ、私的領域から社会全体を変化させる主体が生成する条件を創り出したのである。

第3節　直接性の噴出もしくは「代表（制）からの自由」

　諸運動を通底する第二の要素は、公的領域を中心に生じた「直接性の噴出」、換言すれば「代表（制）からの自由」である。「長い60年代」まで

安定していた代表制民主主義の社会的・経済的基盤、すなわち「代表される者」の単位を構成した宗教的・階級的紐帯は弛緩した。これらの共同体を統制していた権威は動揺し、代表制に対する批判が高まった。構造化された代表関係の弛緩はポピュリズムの条件を生成した。さらに既成政党を支える集団や組織から逸脱する高い自律性を持つ個人や新たな集団が析出され、「誰が誰に代表されるべきか。民主主義に代表は必要なのか」という問いをめぐる政治が展開する条件を創出した。エスニシティ、先住民、人種、ジェンダー、セクシュアリティ、エコロジー、第三世界との関係など、物質的・手段的価値に還元されない争点を担う主体が形成され、既存の代表におさまらない政治空間を開示した。こうした変動は、新たな争点に基づく諸運動に対抗しながら、同時に伝統的な権威にも反発し、新たな権威を求める政治の条件も産み出した。「代表(制)からの自由」は、「長い60年代」までに構築された代表制とそれを支える正統性を批判し、既存の代表関係から浮遊(dealignment)し新たな代表関係を創造する潮流(realignment)のみならず、代表(制)自体を批判して直接性を重視する、前/超政治的な主体とアリーナが拡張され得る空白を準備したのである。

「長い60年代」には、主体の再編をめぐる政治が活性化する条件が整えられたのである。国民と階級という20世紀前半を代表する主体を「統合」した代表制民主主義と福祉レジームの自己解体により、一方では「成熟社会」を担う政治の主体が生成される可能性が開かれたが、他方では、それに対抗する政治の主体も生成される可能性が開かれたのである。

次章では、一国単位の代表制民主主義と福祉レジームの動揺が開いた機会構造を利用して、どのような構想が台頭していったのか、を論じよう。

第4章　新たな主体の共鳴と相克

第1節　私的領域「からの」主体の生成

第1項　新自由主義

新自由主義はリベラリズムの動揺に対して、市場をモデルとして私的所有権の維持を強調し、強い「自立」、さらに自らが高い柔軟性と移動性を

持つ企業家と化し、「交換」ではなく「競争」に邁進する主体を構築した。F・ハイエクたちのモンペルラン協会結成に始まり、その思想を変化させつつ体系化した第二期シカゴ学派のM・フリードマンたちは1950–60年代の「雌伏」期を経て、1970年代を転回点に政治的ヘゲモニーを確立した。企業、メディア、大学、シンクタンク、教会を通じて、新自由主義を諸政党に浸透させ、80年代には英米をはじめ政権の掌握に成功する。そしてラテンアメリカ、イギリス、アメリカ、オーストラリアをその「実験場」としていった。「リベラリズムからの自由」は成熟社会構想のみならず、集団の道徳や組織のルールに束縛されない個人主義、福祉レジームによる規律や調整から離れる経済的自由や創造的破壊の精神といった新自由主義の構想と親和的であり、新自由主義的な主体の構築を推進する要素に変貌していった。

　この結果、新自由主義は「長い60年代」以前の政治的主体や家族的主体を変容させ、90年代以降はグローバル化と連動し、グローバルな市場で競争する主体へ作り変えている。「リベラリズムからの自由」を、自立して競争する主体生成への自由へと横領（appropriate）した新自由主義は、政治化され得る争点を脱政治化し、それを担う主体とアリーナを解体し、あらゆる領域を、市場をモデルにした市場社会へ変化させることを要請したのである。

第2項　ケアの倫理・共同性論

　もう一つの私的領域である家族をモデルに、80年代以降新自由主義の主体に対峙するケアの倫理・共同性論の主体が模索されてきた。ケアの倫理は、個別的・具体的な文脈において、特定の他者に対する持続的なケアの責務を重視する。とりわけ子供や高齢者など被傷性が高く「必然的依存」の状態にある人々のニーズへの応答を割り当てられてきた女性が「二次的依存」に陥り、経済的自立や政治的自律を阻まれてきた歴史的経緯に着目する。そして主体に「なる（become）」、つまり育つ過程におけるケアを家族内に封じ込め、その担い手を女性に配置してきことを不可視化している点で、政治的／経済的な自律もしくは自立は批判される。人間の被傷性を前提に、そのニーズへ応答するケアの主体を要請するケアの倫理は、ケアされる／する主体の非対称性と相互依存性を念頭に置き、依存を

前提にケアのニーズに応答する主体の生成を要請する。ケアの実践は個別的・具体的な人間関係の網の目の中における持続性と場所性を持つが、家族の再編を含めたケアに基づく社会、すなわち「必要なものを見極め、応え、誰も放っておかれることのないように関係性の網の目を維持することで世界に配慮する[9]」社会構想がケアの共同性論である。ケアの共同性論は「リベラリズムからの自由」の潜勢力を、ケアに基づく社会の構成への力能へ変えることを主張する。

　ケアの倫理・共同性論の登場は80年代以降だが、その原点であるケア実践に起因する構造的不平等[10]への批判は、第二波フェミニズム運動が活性化した「長い60年代」から存在していた。ウーマンリブ運動は「思いやり（nurturance）」は女性の占有物ではないことを訴えていたが、同時にその重要性も主張していた。運動が停滞する70年代後半にはアカデミズムを中心に、リベラルフェミニズムから分岐したマルクス主義フェミニズムが発展した。たとえばG・ルービン「女たちの交通――性の『政治経済学』についてのノート」は「セックス/ジェンダーシステム」概念を手掛かりに、再生産労働に女性が無償で従事させられる過程を搾取と捉え、「どのようにして人々は性的欲求を満たし、再生産を行い、新しい世代に社会的規範を教え込み、ジェンダーを学び、男性であるとか女性であるとか感じるのか[11]」を問うた。ここには物質的・手段的価値が着目される生産にとって不可欠でありながら、その外部へ位置付けられ精神的・表出的価値として捉えられがちな再生産、新しい世代への社会的規範やジェンダーの教え込みといった「一人前の個人」になる「以前」の営みなど、ケアの倫理・共同性論の問いが現われている。その射程はマルクス主義に留まらずリベラリズムにおける家族と非家族という公/私二元論、さらに「自立した個人」という主体像にまで及ぶものである。精神的・表出的価値と同時に物質的・手段的価値も問うケアの共同性論が求めるケア社会の源流は、この意味でポスト・リベラル/マルクス主義の成熟社会構想である。

　リベラリズムを批判し自立と競争を掲げる市場社会を求める新自由主義と、リベラリズムと新自由主義の双方を批判し、被傷性を持つ人々のニーズへの応答に応える成熟社会へつながるケア社会を求めるケアの共同性論が、「長い60年代」に共通の起源もしくは転機を持ちながらも、現在相克

「成熟社会論」から「ケアの倫理とラディカルデモクラシーの節合」へ　　21

しているのである。

第2節　公的領域「からの」主体の生成

第1項　ラディカルデモクラシー

　「代表（制）からの自由」は、「誰が誰を代表するのか」「代表は望ましいのか」、という問いをめぐる政治が展開する条件を創り出した。これに対してラディカルデモクラシー論[12]は政治における民族、宗教、ジェンダー、セクシュアリティや世代など多数派／少数派をめぐる集合的アイデンティティや、政治における情念の次元を問題化しない代表制民主主義を批判した。そして「我々」と「彼ら」の敵対性という「政治的なもの」の契機を重視し、闘技（agon）する闘技民主主義論を産み出した。労働者階級におさまらないマイノリティの諸運動の台頭に直面したマルクス主義の刷新を起点とする潮流は、「われわれ」の内実を規定する代表制の相対化、すなわち「代表（制）からの自由」を、多元的で可塑的な主体生成への自由を擁護するラディカルデモクラシーへ結実させたのである。経済還元論としての側面を持つリベラリズムとマルクス主義「以後」の民主主義論であり、社会全域を射程に置く点で成熟社会論へとつながる、ラディカルな民主社会を求めるラディカルデモクラシー論は、争点とその主体、さらに国家と市場から自律性を持つ市民社会や家族など政治のアリーナの拡大を要請したのである。

第2項　権威主義的ポピュリズム

　これに対して、新たな権威主義は「代表（制）からの自由」を、多種多様なマイノリティの諸運動のみならず、従来の権威にも対抗する、新たな権威主義の主体への力能へと変えることを提唱する。権威主義は国家というアリーナを重視しながらも、権威主義に基づく家族の構築を求め、「権威に従う正しいわれわれ／権威から逸脱する不道徳な彼ら」という二分法に基づき対立を強化する道徳政治（moral politics）の主体を構築する。また「代表（制）からの自由」は、既存の階級的・宗教的紐帯を弛緩させ、社会を「普通の民衆」と「他者」へと二分化し、アイデンティティ政治を展開するポピュリズムの条件を創り出した。対立する二元的な社会の把

握、道徳の重視、既存の代表への不信といった点は、ポピュリズムと権威主義の節合、すなわち権威主義的ポピュリズムが生成する余地を創出したのである。権威主義は「代表（制）からの自由」を、固定的で排他性の強い権威主義の主体生成への自由へ結実させ、従来の権威と、新たな争点から生成した主体の双方を批判し、政治のアリーナの縮小を提唱する権威主義社会を要請する。直接性の噴出もしくは「代表（制）からの自由」から、権威主義社会を求める権威主義的ポピュリズムと、成熟社会とつながるポスト・リベラル／マルクス主義の民主社会論を求めるラディカルデモクラシー[13]の対立が生成したのである。

　これらの四つの構想は「長い60年代」に共通の起源もしくは転回点を持ち、自由民主主義を批判して生成したという共通点を持つと同時に、現在まで対抗してきたのである。

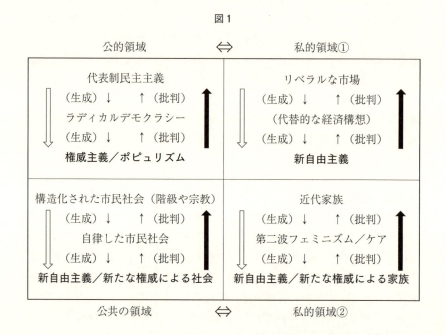

図1

第5章　ケアの共同性論と
　　　　ラディカルデモクラシー論をめぐって

第1節　「二つの自由」がもたらしたもの

「長い60年代」を経て、自由民主主義へ対抗しながら生成・転回した新自由主義と権威主義的ポピュリズムは、文脈に応じて節合[14]し、現在、新たな正統性を持つ政治経済体制像を示し、自由民主主義という正統性の脱定着化（deconsolidation）を惹起している。「リベラリズムからの自由」と「代表（制）からの自由」という二つの自由は、新自由主義と権威主義的ポピュリズムによって簒奪され、成熟社会への構想は、市場社会と権威主義社会の構想の前に周縁化されている。

では同じく「二つの自由」に起源を持ち、自由民主主義を批判してきたケアの倫理・共同性論とラディカルデモクラシー論は現代における成熟社会への構想たり得るだろうか。

ここで注目すべきは、「二つの自由」に由来するケアの倫理・共同性論およびラディカルデモクラシー論と、新自由主義および権威主義的ポピュリズムの隔たりの「小ささ」である。

第一に新自由主義や権威主義的ポピュリズムと同様、ケアの倫理・共同性論とラディカルデモクラシー論は自由民主主義に内在する問題を批判してきた構想である。その意味で自由民主主義という正統性の形骸化は、ケアの倫理・共同性論とラディカルデモクラシー論にとってもヘゲモニー化の機会を開くのである。

第二に、自立と競争の主体を要請する新自由主義の構想は、規範の側面ではケアの倫理・共同性の構想を批判しようとも、その成立のためケア労働の主体を要請する。それは意図せずしてケアの倫理・共同性論が展開する機会を開くことになる。また個人の自立と競争を掲げ階級政治を批判する新自由主義に対して、ラディカルデモクラシー論も経済還元論を批判するという点においては、両者は共鳴し得る構想である。

第三に、精神的・表出的価値が前景化する文化的争点をめぐる道徳政治

を重視する権威主義的ポピュリズムに対して、ラディカルデモクラシー論もまた精神的・表出的価値が前景化しがちな多様な文化的争点を政治化するという意味では共有基盤を有している。加えて、ポピュリズムという観点からは、両者ともに「人民の構築」を主張し、既存の権威を再審する点においても共通性を有している。また権威主義的ポピュリズムが重視する家族や承認といった価値それ自体は、その形態をめぐる対立が明らかであるにせよ、ケアの倫理・共同性論においても重視される価値である。

　かかる隔たりの「小ささ」は、ケアの倫理・共同性論とラディカルデモクラシー論が、新自由主義と権威主義的ポピュリズムに簒奪される危険を示している。それを踏まえ、市場社会と権威主義社会に抗して、ケアとラディカルな民主主義に根差す成熟社会を構想するためには、ケアの倫理・共同性論とラディカルデモクラシー論に何が求められるのであろうか。

第2節　ケアの倫理・共同性論と
ラディカルデモクラシー論と「隔たり」と「節合」

　まずケアの倫理・共同性論とラディカルデモクラシー論の関係を論じておこう。ケアの倫理・共同性論が要請する主体は脆弱であり、依存する主体とそのニーズに応える主体の非対称性を想定する。これに対してラディカルデモクラシー論の要請する主体は平等であり、自律性を持ち民主主義の過程に参加する。脆弱で依存する主体やそのニーズに応答する非対称的な関係にある主体が、民衆が自律性をもって平等に民主主義の過程へ参加できるであろうか。例えば集会への参加は、自律、参加、平等を現実化する資源、すなわち時間、金銭、注意の分散などを要求し、ニーズに応答する義務によって自律性が低く、平等ではなく非対称性を持ち、ケアの場を離れた参加の機会を制約するケアの実践を妨げ得る。逆にケアの倫理・共同性論が求めるケアの実践は、自律・平等・参加を要請する民主主義を妨げる側面を持ってきた。このような緊張関係にも関わらず、新自由主義と権威主義的ポピュリズムの節合がもたらす市場社会／権威主義社会へ対抗するためには、ケアの倫理・共同性論とラディカルデモクラシー論の節合が要請される。

　リベラリズムと新自由主義を共に批判してきたケアの倫理・共同性論

は、いかに主体を構築するか、という問いに応答せざるを得ない。人々が他者との相互依存関係の中にあり既に呼びかけられている、という想定は記述的要素と規範的要素が混在している。規範的な構想としてケア社会を現実化するためには、ケアの主体に対抗する主体を変容させるか、ケア社会を作る拘束力を持つ集合的な決定が要請される。またケアに伴う様々な苦痛や不安を、個別化された「不運」から、社会全体の「不正義」へ再構築するためには、競争や権威を再審し、感情を含めた日々の生＝生活に根差して「下から」民意を形成する民主主義の過程は不可欠である。成熟社会へとつながり得るケア社会を創造するためには、新自由主義と権威主義という「彼ら」に対する敵対性を持つ「われわれ」を構築し、自律と平等という規範に訴え、権威への異議申し立てに参加するラディカルデモクラシー論との節合が求められるのである。

　他方で代表制民主主義と権威主義的ポピュリズムの双方に批判的に対峙してきたラディカルデモクラシー論も、ケアをめぐる問いへの応答が要請される。ラディカルデモクラシーが根源からの民衆による支配を要請する以上、人々の「根源」として、民衆の一人として認められる以前もしくは外部とされる人々—— 例えば乳幼児、高齢者やプレカリアート——のニーズに応答するために自律性、参加や平等を損なわれている人々を包摂するか、という問いに応答する必要がある。「自立」していると認識されている民衆自身もケアのニーズを持ち、それに応答されることを含めて民主主義が構想されるならば、「自立」という擬制を解体しケアという根源的な次元に立ち返り、それを前提とする民主主義を構想する必要がある。そこでは対等な民衆の間で「話すこと」のみならず、非対称的な人々の間において「聴くこと」の政治が重視される。個別性や文脈性を重視するケアの倫理・共同性論は、「人民の構築」のために脱文脈化を進める傾向を持つ、ポピュリズムによるラディカルデモクラシーの簒奪への「歯止め」となり得る構想である。「聴くこと」を重視する政治は、ケアの倫理が要請してきたケアのニーズへの応答の過程である。それはマルクス主義との対抗関係や古代／近代の共和主義の知的系譜との親近性という文脈から、物質的な要素やゾーエーとしての生から自律した「政治的なもの」を重視しがちなラディカルデモクラシー論にとって、かかる問題圏を可視化させるのであり、新自由主義に抗する構想でもある。成熟社会につながり得るラ

ディカルで民主的な社会を創造するためには、ラディカルデモクラシー論もケアの倫理・共同性論を要請するのである。

第3節　ケアを「めぐる」ラディカルデモクラシー

　以下では、ケアの共同性の構築過程におけるラディカルデモクラシーの契機と、ラディカルデモクラシーの実践の過程におけるケアの共同性の構築の契機を指摘することにより、両者の構造的な同型性を確認し、その節合について論じよう。

　まずケアの共同性の構築過程に、ラディカルデモクラシーを見出すことは可能であろうか。それはケアの実践を「ケアをめぐる民主主義」として再構成する試み[15]である。上野による整理[16]を援用しつつ議論を進めよう。被傷性を抱える人間のケアのニーズは、当事者と第三者の観点から①承認ニーズ ②庇護ニーズ ③要求ニーズ ④非認知ニーズの四つに分類される。承認ニーズは、当事者と第三者がそのニーズを認識しており、ケアの必要性の合意が形成された状態である。庇護ニーズは当事者のケアのニーズは潜在化し、第三者からニーズの必要性がある、とみなされている状態である。要求ニーズは、当時者はケアのニーズを顕在化しているが、第三者には潜在化されている状態である。非認知ニーズは、当事者と第三者の双方からニーズが潜在化されている状態である。

　ケアの倫理は、庇護／要求／非認知ニーズの承認ニーズへの移行、すなわち被傷性を持つ当事者のニーズへの応答を要請する。「承認ニーズ」への移行は「ニーズとは何か」をめぐる、ニーズの解釈をめぐる政治過程である。この過程はケアの場に参加する民衆たる、非対称な当事者と第三者の双方が、平等の擬制の下で多様な形のコミュニケーションを経て選好、価値観やアイデンティティを変容させ「誰のいかなるニーズを、誰がいつ、どこで、いかにケアするのか」をめぐり合意形成／異議申し立てがなされるラディカルデモクラシーの過程である。ケアにおける非対称性は支配／従属関係に転化し得るが、ラディカルデモクラシーの平等という規範はそれを阻止する効果を持つ。同時に主体内／間における摩擦や葛藤、対抗を伴いながら「私の真のありようから他者の真のありようへ関心を転移し」「対象が現われるまでじっと身をゆだね」「自分が変容されてゆくのを

許しておく」「情感的受容的様態」[17]に基づくケアの共同性の構築の過程でもある。ここでは、すでに巻き込まれている相互依存関係の中で共に作り上げられるケアの主体は、ケアをめぐる規範が生成／再審されるラディカルデモクラシーの動態的な主体の生成過程と重なるのである。

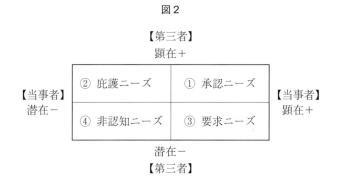

図2

第4節　ケア「からの」ラディカルデモクラシー

次にラディカルデモクラシーの実践の過程にケアの共同性の構築を見出すことは可能であろうか。それはラディカルデモクラシーを「ケアからの民主主義」として再構成する試みである。2016年2月15日に「はてな匿名ブログ」にアップされた「保育園落ちた日本死ね」と題した文章に端を発する政治過程[18]をみてみよう。

> 「何なんだよ日本。一億総活躍社会じゃねーのかよ。昨日見事に保育園落ちたわ、どうするんだよ私活躍できねーじゃねーか。子供を産んで子育てして社会に出て働いて税金納めてやるって言っているのに日本は何が不満なんだ。子供産んだはいいけど希望通りに保育園に預けるのはほぼ無理だからって言ってて、子供産む奴なんかいねーよ」
> （抜粋）

文章は保育園に乳幼児を預けることが不可能となり、賃労働による経済的自立が困難となった母親による、「一億総活躍社会」プラン（平成28年

6月2日第三次安倍内閣閣議決定）と保育行政の齟齬に対する怒りを表したものと解釈できる。Twitter では、ブログに関連するツイートが17日で約2万3000件に上り、地上波では翌週から各局が一斉報道するに至った。私的領域における言葉が SNS と地上波により公共圏へ広がり、29日に衆院予算委員会で（当時）民主党の山尾志桜里議員がブログを取りあげ、安倍首相に対し保育行政に対する質問をしている。これに対して「（ブログは）匿名である以上は確かめようがない」という安倍首相の返答と「誰が書いたんだよ」という自民党の平沢勝栄議員の野次に対して、「保育園に子供を入れられなかった保護者」を可視化するべく、3月2日に「保育園落ちたの私だ」というハッシュタグが出来た、とされている。同様の環境にいる人々やそれを改善すべきと考える人々に、「声」を与えて民意を形成する hashtag activism により、オンライン上から署名が2万8000通集められ、塩崎厚生労働大臣に渡され、25日には与党から緊急提言が出された。4月4日には国会前で「保育園落ちたの私だ」というプラカードを持ったスタンディングが行われた。スタンディングは、中心となる指導者はなく組織化もされず、シュプレヒコールもなく、その場に立つ人々をメディアが取材する、というものであった。「言い出しっぺ」と自認する朱音氏は「20年前でも保育園落ちた私であることには変わりはない」「待機児童問題の当事者が問われたのなら、存在することを示したかった」と取材に応えている。スタンディングには、待機児童を持つ保護者に加え、子供はいないが保育園に落ちた人々に共感した人も含まれていた。5月18日には首相の「骨太の方針」に待機児童対策が盛り込まれ、9月初旬には小池東京都知事が東京都緊急対策を発表するなど政治課題として注目を集めた。

　こうした経過は諸構想の対抗と節合の観点から以下のように捉えられよう。「一億総活躍社会」プランとして政策化された、性差を問わず人々を市場で競争する自立した主体に変える新自由主義と、女性への割り当てを自明視してきた乳幼児のケアをめぐる権威主義が、一人の女性の内面で統合され得ず、主体化されずに攪乱される状況から「声」として発されたものである。それは二つの構想の節合の失敗でもある。

　J・バトラーのアセンブリ論に依りながら、この現象を考察してみよう。乳幼児を保育園に預けられないことは他のケアの手段を持たない保護者に

とって、乳幼児と保護者のニーズが満たされず不安定性と権利剥奪の諸条件に曝されることを意味する。「私たちが不安定性と権利剥奪の諸条件に曝されてきたし、曝されうる、まさに一つの住民であると認識すること」Butler（2015: p.66）は、ラディカルデモクラシーの条件である。ブログは個々人に、人々の生活に根差す怒りや絶望という情念を抱く、「不安定性と権利剥奪の諸条件に曝された／うる住民である」ことを認識させ、乳幼児とケアギバーのニーズに応答すべきという民衆を構築したのである。

　換言すれば、私的領域で自然化されていたケアの在り方が新自由主義と権威主義の節合の失敗により、公的領域において可視化され、変化させるべき支配／従属関係へと書き換えられ、分断されていた人々はケアの共同性を担うことに同意する「われわれ」へと生成変化したのである。さらに「われわれ」の形成過程はケアの場と議会の往還運動へとつながった。

　バトラーの言葉を借りれば、「人民主権は確かに、人々が投票する際に投票権力へと翻訳されるが、それは決して完全あるいは十全な翻訳ではない。人民主権のある部分は翻訳不可能、転移不可能、さらには代表不可能なままに留まるが、だからこそそれは、体制を選出することも、崩壊させることもできる」（Ibid: p.162）のであり、ここでは代表不可能なままに留まり議会の正当性を崩壊させ得る民衆の集会（アセンブリ）の権力が、再び制度化されたアセンブリ、すなわち議会を正当化すべく機能したのである。この過程では、形成された民衆の要求を私的領域へ封じ込め新自由主義の主体に作り変える言説（「子供を育てられないことは自己責任」「政府に抗議する暇があったら働いて家に帰って育児しろ」「高価な抱っこ紐を買う金があるくせに国に頼るな」）や、権威主義の主体に作り変える言説（「女は黙って子育てと仕事をしろ」「国に文句を言うな」）へ対抗するという闘技（agon）の過程を含む、闘技民主主義の実践としての側面も持つものであった

　とりわけスタンディングは、人々が代表されることも声を聴きとられることもない「サバルタン」から脱して、国会前という象徴的な場において、身体の「現れ」により民主主義の担い手である民衆としての存在を可視化（もしくは存在へと生成）するものである。その中には「かつての当時者」も含まれ、民衆の範囲は時間的な観点からみて可塑的である。複数の人々によるスタンディングは、私的領域で不可視化されたケアの場にお

ける身体から、公衆に見られる公の身体への変化であり、複数の身体によ
る「現れの権利、つまり一連のより生存可能な生への身体的要求の行使」
（Ibid: p.24–5）である。スタンディングという「沈黙」の「集会は、それ
がどんな言葉をも発する前に既に語っているのであり、集合することによ
って既に人民意志を行為化したものなのである」（Ibid: p.156）。言語によ
るコミュニケーションが副次的であったとしても、この複数の身体の「現
れ」は、ケア「からの」ラディカルな民主主義[19]の過程であり、それに
参加した主体は同時に人々のニーズに応える共同性を形成するケアの主体
へと生成変化しているのである。

　このように、ケアを「めぐる」ラディカルデモクラシーと、ケア「から
の」ラディカルデモクラシーの双方の実践において、被傷性を前提に人々
のニーズを可視化させ、ニーズの解釈を通じて応答する過程の連鎖が創る
共同性を構想するケアの共同性論と、公／私にわたる民衆の生活に根差
し、平等に基づき変容する「われわれ」民衆による統治を要請するラディ
カルデモクラシーが構造的な同型性を有していることが指摘できよう。こ
の同型性こそが両構想の節合を現実化しているのである。両者の節合もし
くは異質性をふまえた「編み合わせ[20]」は、同じく「リベラリズムから
の自由」を共有した新自由主義と、「代表（制）からの自由」を共有した
権威主義的ポピュリズムへ対抗する、ケア社会とラディカルな民主社会が
節合した成熟社会を形成するものとなるであろう。

おわりに

　一部の人間のみを競争する自立した主体へと構築し、そうではない人間
を廃棄する新自由主義と、一部の人間のみを政治的自律性を持つ主体とし
て構築し、他の人々の平等な参加を阻み排除する権威主義へいかに対抗す
べきか。自由民主主義が動揺した「長い 60 年代」に源流を持つケアの倫
理・共同性論とラディカルデモクラシーの節合は、成熟社会論がもってい
た経済の低成長化を前提とする社会において、自立した主体像を見直し自
己／他者の再審による新たな主体像を打ち出し、代表され得ない多様な
人々を可視化する構想を、現代の文脈に置きなおす構想となるのではない

だろうか。現代の文脈に置きなおされた成熟社会構想は、代表制民主主義と福祉レジームの形骸化が進む中で、新自由主義と権威主義的ポピュリズムの台頭に対抗し、公／私の領域を横断するケアの共同性と節合するラディカルな民主主義を要求するのである。

　【付記】本稿は JSPS 科研費 17K03556 の助成を受けた研究成果の一部である。また本稿の一部は 2018 年度日本政治学会において報告し、司会者の齋藤純一会員、討論者の森川輝一会員、報告者の田村哲樹会員、乙部延剛会員、フロアの質問者から有益なコメントを頂いた。記して感謝したい。

---

[1]　本稿では自由民主主義を、代表制民主主義と福祉レジームの組み合わせによる政治経済体制の正統性原理として把握する。
[2]　Wolin（2008）、Streeck（2013）、Mounk（2018）を参照。
[3]　当時の文脈で自由民主主義の危機を「左」と「右」から指摘した Habermas（1973）および Crozier, Huntington, and Watanuki（1975）を参照。
[4]　「長い 60 年代」とは、1960 年代を中心に起きた変動が与えた影響を考察するため、50 年代後半から 70 年代前半を一体的に捉える Marwick（1998）たちが提唱した概念である。
[5]　冷戦構造や国際レジームに埋め込まれた国民国家自体の考察は本稿では行わない。政治経済体制と国際社会の連関は山崎（2018）参照。
[6]　本論ではケアを「依存的存在である成人または子供の身体的かつ情緒的な要求を、それが担われ、遂行される規範的・経済的・社会的枠組みのもとにおいて、満たすことに関わる行為と関係」と定義する。Daly（ed.）（2001）p.37。
[7]　国内政治と国際政治の連関については、冷戦を米ソによる共同管理と把握し、デタントを各国の異議申し立て運動の封じ込めと位置づける Suri（2003）参照。
[8]　これらの諸運動は不正義を告発する運動内に存在する別な不正義（複合差別）を告発し対抗的に分岐し多様化した。フェミニズム内ではリベラルフェミニズムに対し、ラディカル、ブラック、レズビアン、第三世界フェミニズムなどが分岐した。同様の過程は日本の新左翼が華僑青年闘争委員会による「内なる差別」への批判に対応できなかった点にも表れていよう。絓（2018）参照。
[9]　Gilligan（1982）p.62。
[10]　本節はケアの倫理の源流を第二波フェミニズムに求める岡野（2017）の論に依っている。これに対して再配分から承認へ、主体の同質性から差異の強調へ、という展開を重視する議論として Fraser（2013）も参照。

[11] Hartman（1981）p.12。

[12] 本論では Laclau, Mouffe,（1985）の系譜を取り上げる。成熟社会論の文脈に闘技民主主義論を位置づける乙部（2019）も参照。

[13] アメリカの「長い60年代」を既存の正統性への対抗と「分岐の時代」として把握する Klatch（1999）、Isserman, Kazin（1999）を参照。欧州の政党政治におけるリバタリアン／権威主義の対立軸の生成を指摘する Kitschelt（1994）や、右派政党の躍進を「静かなる反革命」と位置づける Ignazi（1992）、その再検討を行った古賀（2019）を参照。この時代に日本では既存の左右の勢力に対抗する新左翼／右翼が誕生している。安田（2018）参照。

[14] 新自由主義と権威主義的ポピュリズムの節合として、例えばレーガン政権では、大きな政府批判、反共産主義、「融合主義」への同一化により新自由主義と新保守主義の節合（「保守主義革命」）が起きた。融合主義については Meyer（1962）参照。

[15] ケアの実践の場にラディカルデモクラシーを見出す構想は Orme（2002）、Mansbridge（1999）および田村（2017）から示唆を得た。

[16] 図2は上野（2011）、71頁から引用。

[17] Noddings（1984）p.14 および p.34。

[18] ブログは https://anond.hatelabo.jp/20160215171759（2018年11月20日最終閲覧）。以下の議論は境治「『＃保育園落ちたの私だ』無名の母親たちが起こした、空気に対する革命」https://news.yahoo.co.jp/byline/sakaiosamu/20160314-00055411/ および「『日本死ね→書いたの誰だ？→＃保育園落ちたの私だ→国会前スタンディング』絶望の不思議な連鎖」https://news.yahoo.co.jp/byline/sakaiosamu/20160307-00055111/（同日最終閲覧）の分析に依っている。待機児童数（いわゆる「隠れ待機児童」を含めず）は平成30年10月1日で47,198人（厚生労働省）であり、都市部を中心に問題は継続している。

[19] 国民の代表である国会議員が取り上げたという意味では、代表制民主主義として制度化されたナショナルな自由民主主義と、ラディカルデモクラシーが節合した実践である。またリベラリズムに基づくケアに関する諸権利の要請と、ケアの共同性の構築が重なり合う実践であり、それ故、ナショナリズム、自由民主主義やリベラリズムに簒奪されるリスクを伴う。また現在、ケア労働は家庭と国内という二つの domestic ideology の場を越えグローバルケアチェーンを形成している。これに伴うケアの共同性の構築の過程は新自由主義（末端のケア労働者の搾取）や権威主義（家父長制、性別役割分業やナショナリズム）による簒奪の危険を伴う。移民化・女性化するケア労働者の vulnerability と agency については Parreñas（2001）参照。

[20] 「編み合わせ」は Held（2006）から示唆を受けている。筆者はゾーエーに深く関わるケアの共同性論を地に、ビオスに深く関わるラディカルデモクラシー論を図とする「編み合わせ」を想定している。

❖ 引用文献

上野千鶴子、2011 年 『ケアの社会学——当事者主権の福祉社会へ』太田出版

大嶽秀夫、2007 年 『新左翼の遺産——ニューレフトからポストモダンへ』東京大学出版会

岡野八代、2017 年 「継続する第二波フェミニズム理論——リベラリズムとの対抗へ」同志社大学アメリカ研究所編『同志社アメリカ研究』第 53 号

乙部延剛、2019 年 「エートスの陶冶とは何か？——成熟の理論としての闘技デモクラシー論」日本政治学会編『年報政治学』2019-Ⅱ号（本誌）

古賀光生、2019 年 「西欧の右翼ポピュリスト政党の台頭は、「文化的な反動」によるものであるのか？——政策の比較分析から検討する」日本政治学会編『年報政治学』2019-Ⅱ号（本誌）

絓秀実、2018 年 『増補 革命的な、あまりに革命的な——「1968 年の革命」史論』ちくま学芸文庫

田村哲樹、2017 年 『熟議民主主義の困難——その乗り越え方の政治理論的考察』ナカニシヤ出版

西田慎・梅﨑透編、2015 年 『グローバル・ヒストリーとしての「1968 年」——世界が揺れた転換点』ミネルヴァ書房

森政稔、2008 年 『変貌する民主主義』ちくま新書

山崎望、2018 年 「21 世紀に自由民主主義体制は生き残れるか——正統性の移行と再配置される暴力」日本国際政治学会編『国際政治』194 号、有斐閣

安田浩一、2018 年 『「右翼」の戦後史』講談社現代新書

油井大三郎編、2012 年 『越境する 1960 年代——米国・日本・西欧の国際比較』彩流社

Judith Butler, 2015, *Notes Toward a Performative Theory of Assembly*, Harvard University Press（佐藤嘉幸・清水知子訳、2018 年 『アセンブリ——行為遂行性・複数性・政治』青土社）

Michel Crozier, Samuel P. Huntington, and Joji Watanuki (eds.), 1975, *The Crisis of Democracy: Report On the Governability of Democracies to the Trilateral Commission*, New York University Press（綿貫讓治監訳、日米欧委員会編、1976 年 『民主主義の統治能力』サイマル出版会）

Mary Daly (ed.), 2001, *Care Work: The Quest for Security*, International Labour Office

David Farber (ed.), 1994, *The Sixties: From Memory to History*, University of North Carolina Press

Nancy Fraser, 2013, *Fortunes of Feminism: From State-Managed Capitalism to Neoliberal Crisis*, Verso

Dennis Gabor, 1972, *Mature Society: A View of the Future*, Martin Secker & Warburg Ltd

（林雄二郎訳、1973 年 『成熟社会──新しい文明の選択』講談社）

Carol Gilligan, 1982, *In a Different Voice: psychological Theory and Women's Development*, Harvard University Press（生田久美子・並木美智子訳、1986 年 『もうひとつの声──男女の道徳観のちがいと女性のアイデンティティ』川島書店）

Jürgen Habermas, 1973, *Legitimationsprobleme Im Spatkapitalismus*, Suhrkamp（山田正行・金慧訳、2018 年 『後期資本主義における正統化の問題』岩波文庫）

Heidi Hartman, 1981, "The Unhappy Marriage Of Marxism and feminism: Towards a More Progressive Union" in Lydia Sargent (ed.), *Women and Revolution: A Discussion of the Unhappy Marrige of Marxism and Feminism*, South End Press（田中かず子訳、1991 年 『マルクス主義とフェミニズムの不幸な結婚』勁草書房）

Virginia Held, 2006, *The Ethics of Care: Personal, Political, and Global*, Oxford University Press

Piero Ignazi, 1992 "The Silent-Counter revolution: Hypotheses on the emergence of right-wing parties in Europe," *European Jounal of Political Research*, Vol.22, No.1

Maurice Isserman, Michael Kazin, 1999, *America Divided: The Civil War of the 1960s*, Oxford University Press

Chen Jian, Martin Klimke, Masha Kirasirova, Mary Nolan, Marilyn Young, Joanna Waley-Cohen, 2018, *The Routledge Handbook of the Global Sixties: Between Protest and Nation-Building*, Routledge

Herbert Kitschelt, 1994, *The Transformation of European Social Democracy*, Cambridge University Press

Rebecca Klatch, 1999, *A Generation Divided: The New Left, the New Right and the 1960s*, University of California Press

Ernesto Laclau, Chantal Mouffe, 1985, *Hegemony and Socialist Strategy: Towards a Radical Democratic Politics*, Verso（西永亮、千葉眞訳、2012 年 『民主主義の革命──ヘゲモニーとポスト・マルクス主義』ちくま学芸文庫）

Jane Mansbridge, 1999, "Everyday Talk in the deliberative System" in Stephen Macedo (ed.), *Deliberative Politics: Essays on Democracy and Disagreement*, Oxford University Press

Arthur Marwick, 1998, *The Sixties: Cultural Revolution in Britain, France, Italy and the United States*, Oxford University Press

Frank Meyer, 1962, *In Defense of Freedom: A Conservative Credo*, Henry Regnery

Yascha Mounk, 2018, *The People vs. Democracy: Why Our Freedom is in Danger and How to save it*, Harvard University Press（吉田徹訳、2019 年 『民主主義を救え！』岩波書店）

Nel Noddings, 1984, *Caring: A Relational Approach to Ethics and Moral Education*, University of California Press

Joan Orme, 2002, "Social work: Gender, Care amd Justice," *British Journal of Social Work*, 32 (6)

Rhacel Salazar Parreñas, 2001, *Servants of Globalization: Women, Migration, and Domestic Work*, Stanford University Press

Gayle Rubin, 1997 (1975), "The Traffic in Women: Notes on the 'Political Economy' of Sex," in Linda Nicholson (ed.), 1997, *The Second Wave: A reader in Feminist Theory*, Routledge

Wolfgang Streeck, 2013, *Gekaufte Zeit: Die vertagte Krise des demokratischen Kapitalismus*, Suhrkamp Verlag（鈴木直訳、2016 年 『時間かせぎの資本主義──いつまで危機を先送りできるか』みすず書房）

Jeremi Suri, 2003, *Power and Protest: Global Revolution and the Rise of Detente*, Harvard University Press

Immanuel Maurice Wallerstein, 1995, *After Liberalism*, Newpress（松岡利道訳、2000 年 『アフター・リベラリズム──近代世界システムを支えたイデオロギーの終焉』新版、藤原書店）

Sheldon S. Wolin, 2008, *Democracy Incorporated: Managed Democracy and the Specter of Inverted Totalitarianism*, Princeton University Press

エートスの陶冶とは何か？

――成熟の理論としての闘技デモクラシー論

大阪大学准教授 乙部延剛

「エートスの陶冶」は、90 年代以降、闘技デモクラシー論を中心に盛んに主張されてきた。だが、この言葉が何を指すかについては、十分に検討されてきたとはいえない。実際、エートスの概念の曖昧さや主観性を批判し、より政治的かつ具体的な規範的処方箋の提出を求める意見もある。こうした状況に対し、本稿は（1）「エートスの陶冶」が一定の輪郭と政治的含意を有したものであることを示すとともに、（2）批判者とは逆に、「エートスの陶冶」を具体的処方箋から切り離す方向で活用すべきであると論じる。すなわち、まずコノリー、ホワイト、タリーら闘技デモクラシー論が論じるエートス概念について、それがフーコーの影響下にあって、個人態度と同時代診断を結びつけたものであり、一定の輪郭と政治的な含意を有したものであると明らかにする。次に、これらのエートス概念について、道徳主義および循環の問題を指摘し、解消策を探る。具体的にはホーニッグの「公共的なモノ」論および「人民の預言」論を参照しつつ、観察者としての理論家の役割に、エートス論が示唆する成熟の可能性を見出す。かかる観察者は処方箋の提示にかえて、政治社会の揺らぎや不調和の特定を中心的課題とするのである。

キーワード：成熟、エートス、闘技デモクラシー論、
ウィリアム・コノリー、ボニー・ホーニッグ

1. はじめに

「エートスの陶冶」は、90 年代以降、闘技デモクラシー論を中心に[1]政治理論において盛んにその必要性が主張されてきた[2]。だが、言葉の流布と比べて、「エートスの陶冶」が何を指すかについては、十分に検討

されてきたとはいえない[3]。そこで本稿では、「エートスの陶冶」に関する闘技デモクラシー論の主張を検討する。

その際本稿では、エートスの陶冶を、成熟の政治理論として読み解く。というのも、エートスという概念は、成熟をめぐる諸文脈に闘技デモクラシー論を結びつけるからである。そうした文脈のひとつは、習慣の陶冶を目指す古代ギリシアの議論であり、もうひとつは、「未成年状態からの脱出」としての成熟を目指すカントおよびフーコーの議論である[4]。本稿ではまず、これらの文脈に定位することで、闘技デモクラシー論が説く「エートスの陶冶」論の内容を描く。

その上で、本稿の後半では、道徳主義と循環という、ふたつの問題点を指摘する。さらに、この問題からの脱出路として、「公共的なモノ」論を中心としたB・ホーニッグの議論を参照する。最後に、これらふたつの問題点に応答した闘技デモクラシー論の方向性のひとつとして、理論家のエートスに基づく観察者のあり方を示唆する。

本稿の作業を通じて、いくつかの寄与が得られるだろう。第一に、冒頭で述べたように、曖昧模糊な印象を与える「エートスの陶冶」論が、一定の輪郭を備えた主張として提示可能となる。第二に、闘技デモクラシー論について、観察者という存在に従来等閑視されてきた可能性を見出すことになる。先行研究は、おしなべて、批判的態度が不十分であるが故に具体的実践を導けていないとして闘技デモクラシー論を批判する。エートス概念の曖昧さもまた、このような評価の背景をなしている。しかしながら、先行研究に共通する実践志向に対し、本稿ではむしろ、特定の実践を規定しない観察者というあり方に闘技デモクラシー論の可能性を見出す。第三に、成熟を政治理論の課題として練り上げることである。本特集のテーマである「成熟社会」論において、成熟はもっぱら社会のありようを指している。だが、辞書を引くまでもなく、成熟とは元来個人の発達について用いられる語である。実際、エートス論の文脈を振り返れば、それは人々の成熟を政治思想として問題にするものであったことがわかる。つまり、社会でなく人々の成熟を論じる政治理論の系譜が存在しているのである。さらにいえば、「成熟社会」という語の嚆矢となったガボールの『成熟社会』（原著1972年）もまた、人々の精神的成熟を説くものであった[5]。本稿は成熟を改めて政治理論の問題として論じるべく試みる。

2. エートスの成熟

2.1. 古代ギリシアからカント、フーコーに至るエートス論

　周知のように、エートスという語は古代ギリシアに遡る[6]。エートス
は性格・習慣としばしば訳されるが、元来この語が生の場（住処）と生の
様式（行為）のふたつを意味したことからもわかるように、単に個人の性
格・習慣だけではなく、行為を通じて明らかになるような、社会における
個人の役割・性質を意味していた。換言すれば、エートスは「思考と行為
の、個人的ならびに集合的なあり方の結節点」（Hatzisavvidou 2016, 6）を
示している。それゆえ、エートスが政治の問題となる。

　倫理・政治に関する規範的概念としてのエートスについて、広く知られ
ているのはアリストテレスのそれである。『ニコマコス倫理学』は、エー
トスを習慣として人柄に関わる徳と関連づける。

> 　……　徳は二種類あり、知的な徳と人柄の徳がある。……人柄の
> 徳は［行為の］習慣から生まれるものである。それでこの「エーティ
> ケー（人柄の）」という語も、「エトス（習慣）」から少し変化してで
> きたものである（アリストテレス 2015–16, 1103a）。

　エートスとは、習慣を通じて獲得される倫理的な特性であり、とりわけ
ポリスの習慣によって得られるものであった。すなわち、政治的習慣を通
じた人間的成熟が意味されていた。このように、エートスは古来より政治
と成熟を結び付けるものであった。

　とはいえ、現在の闘技デモクラシー論がエートス概念に訴える場合、そ
の主たる影響元は、アリストテレスではなくフーコーである。加えて、フ
ーコーを援用することで、闘技デモクラシー論は、アリストテレスの目的
論的な成熟観から距離を置くと同時に、カント由来の成熟論という、もう
ひとつの系譜に連なることになる。

　晩年のフーコーが倫理のテーマを重視したことはよく知られているが、
彼のいう倫理とは「ギリシア人が理解したように」エートスに関わるもの

であった（Foucault 1994, 714＝2006, 5 巻 304）。そしてフーコーのエートスもまた政治と成熟の双方に関わるものである。

　もっとも、ポリスの習慣によって個人が教育される側面をアリストテレスが重視するのに対し、フーコーにおいては、より主観的、反省的な側面が強調される。フーコーにとり、エートスの次元として語られるのは、着るものや周囲への反応の仕方など、個人が反省的に関わる領域である[7]。

　実際、エートスにおける主体的側面の強調を通じてフーコーは、エートスを、古代ギリシアだけでなく、政治と成熟に関する別の系譜へと結びつけることになる。すなわち、カントの「啓蒙とは何か」に由来する、現在に対する批判的態度としてのエートスである。既存の規則に対して自覚的に距離を置くことは、ひいては、現在の自己を取り巻く環境を吟味し、その可能性と限界を知ろうとすることでもある。そのような「わたしたち自身の批判的存在論」を行使する態度をフーコーは「哲学的エートス」と呼び、カントの啓蒙論に端を発するものだと論じたのであった（Foucault 1994＝2006, 6 巻）。ここでフーコーは、古代ギリシア由来の成熟論であるエートス論を、カントの啓蒙論に由来するもうひとつの成熟——「人類の未成熟状態からの脱出」としての啓蒙（カント 1974）——へと定位することになる[8]。

　では、カント－フーコー的な成熟とはどのようなものか。フーコーがカント由来とする「哲学的エートス」については、3 つの要素を指摘できる。

　第一に、かかる哲学的エートスは、自己とおかれた時代との間に密接なつながりを見出す。フーコーのみる所、カントにとって啓蒙は、すべての人々に影響を与えるような時代の趨勢であると同時に、「自身の悟性を使用する勇気を持て」という個人的な責務の要請でもあった。すなわち、哲学的エートスは、時代のエートスと切り離すことができないものである。

　第二に、この哲学的エートスは倫理的であると同時に政治的なものである。政治的性格はカントにおける「理性の公的使用」などに見て取れる。自身の悟性の使用として、カントは、社会の中の役割や自己利益を考慮する理性の私的使用ではなく、公民的見地からの理性の公的使用を念頭においていた。ここにおいて、自己の個人的・倫理的な練り上げと、公民的見地とが交錯する。

　だが、個人と環境との関係は古代ギリシアのエートスもまた示唆してい

たものであった。そこで第三に、アリストテレス的な成熟観とカント－フーコー的なそれを分かつものとして、批判的態度が重要である。対象が時代であれ、自己の主体性であれ、批判的態度は限界的な態度として現れる。すなわち、時代や自己を構成するものについて、普遍性、必然性の相から分析するのでなく、むしろ、有限性や偶然性の相の下に把握しようとする態度である[9]。カントにおいてこそ、理性の使用や主体の構成は、批判哲学によって明らかとなる必然的制限に服することになるものの、フーコーにとり批判の課題は、主体の構成に偶然的な要素が果たした役割を明らかにし、現在の主体の可能な乗り越えを目指すことに存する。つまり、フーコー的なエートスにおいて、成熟はアリストテレス的な目的論を離れて自己超克という形を取ることになる[10]。慣習への適合でなく、慣習が形成した自己からの離脱が成熟の課題になるのである。

2.2. 闘技デモクラシー論におけるエートス論

カントに端を発しフーコーによってエートスと結び付けられた成熟観を、闘技デモクラシー論はどう受容したのだろうか。コノリー、S・ホワイト、J・タリーという代表的な論者に即して確認しておきたい[11]。

闘技デモクラシー論において、エートスが頻繁に用いられるようになったのは、おそらくコノリーを嚆矢とする。エートスの語の使用は 1991 年の『アイデンティティ＼差異』にも登場するが、より前面に打ち出されるのは、1995 年の『多元化のエートス』においてである。そこでは、「批判的応答のエートス」が、超越的な道徳・文化のコードに回収されない流動的な倫理として提起される。この倫理は、自己と異なる他者に対する寛容を促すだけでなく、自身のアイデンティティや価値観の捉え直しを積極的に起動させるものとして描かれる。また、このようなエートスが求められる背景として、コノリーは、後期近代という時代状況を指摘する。ここで後期近代とは、発展的な史観に位置づけられる特定の時代区分というより、偶然性やリスクの増加によって特徴づけられるような、現在の社会の傾向として把握されるものである。ここにはやはり、個人と集団にまたがるギリシア以来のエートス観に加え、批判的態度というフーコー的な特徴が現れている。

とはいえ、コノリー自身がエートス論を展開するにあたってフーコーや

それ以外の論者に言及することはまれである[12]。他方、ホワイトとタリーは、明確にフーコーの影響を認めながらそれぞれエートス論を展開している。

まず、ホワイトについてみれば、2009年に出版された『後期近代における市民のエートス』において、フーコーに言及しつつ、エートスを「後期近代の生に対する具体的挑戦に対して反省的に取り組む際の肯定的なあり方」と規定する（White 2009, 2）。反省的取り組みとは、「自己、人間の尊厳や敬意などの核心的な道徳概念、シチズンシップの性格や民主政治の趣旨に関するわたしたちの理解」を改訂していくことにある（White 2009, 2）。具体的には、移民や貧困層の増加など多元化が進む社会において、従来のようなマジョリティの市民権のモデルによらない、差異を横断する連帯を可能ならしめる感性の涵養である（Chap.5）。時代性への注目、反省的関与と、新たな政治的主体の構想などに、フーコーによる批判的エートスおよび自己超克的な成熟観の反響を聴き取ることができる。

最後に、闘技デモクラシー論のなかで最も明示的にフーコーに依拠する議論として、タリーの構想する「新基調の公共哲学」が挙げられる。普遍主義的、基礎付け主義的な政治哲学を後期ウィトゲンシュタインに依拠して批判するタリーは、代替的な政治哲学のモデルとして、フーコーを参照し、その中核に「哲学的生のエートス」（Tully 2008, 19）を見出す[13]。かかる哲学的生のエートスは、フーコーの系譜学研究に代表されるような批判的・歴史的研究を可能にしつつ、他方、実践との積極的な往還を促すものだとされる。タリーにも同様に、歴史や批判を重視するフーコー的なエートス観の反映がみられるのである。

2.3. 「エートスの陶冶」論をどう評価するか

ここまで、闘技デモクラシー論を中心とする「エートスの陶冶」論について、思想史上のエートス論の文脈に定位することで、その内容を確認してきた。エートスの陶冶の主張に対しては、その規範的主張の曖昧さを指摘し、実践的な批判理論として不十分なものにとどまるとする指摘が、闘技的デモクラシー論に好意的な論者からもしばしばなされてきた。たとえば、現代政治理論におけるエートス論を主題とする数少ない書物のひとつでハチザビドゥは、闘技デモクラシー論のエートス論が、十全な実践的判

断を提供できないと総括する（Hatzisavvidou 2016）。また、ウェンマン
は、闘技デモクラシー論がリベラル・デモクラシーや国民国家に十分に批
判的でないことを問題視する（Wenman 2013）。同様に、マクネイは、闘
技デモクラシー論を中心としたラディカル・デモクラシー論が、社会経済
的な問題をすくい上げられていないとする（McNay 2014）。だが、本稿の
分析が明らかにしたのは、「エートスの陶冶」にもまた、一定の輪郭を与
えることが可能だということである。カント－フーコー的な啓蒙としての
エートスの陶冶は、特定の行為や批判的視座を導出するほど具体的ではな
いが、あらゆる心性を包含するほど融通無碍ではない。それは自己超克に
つながる批判的実践として分節化可能である。さらに、エートスが求める
ものがあくまで主体的かつ反省的な自己超克の営みである以上、具体的な
実践や、特定の視座からの批判が導出されないのも、むしろ理に適ったこ
とであるように思われる。

3. エートス論の隘路

3.1. 道徳主義

　だが、「エートスの陶冶」論や、闘技デモクラシー論に問題がないわけ
ではない。本節ではふたつの問題を指摘する。

　第一の問題は、エートスの強調が道徳主義に陥る危険である。制度でな
く心性こそがデモクラシーの質を決めるという立場からは、デモクラシー
の状態が悪いのはエートスに問題があるからだという主張がなされるの
は、ある意味自然な帰結である。

　この危険は、エートスや心性を処方箋としてだけでなく、説明原理とし
ても活用する、コノリーのような論者において顕著となる。トランプの大
統領就任を機として出版された彼の小著、『野心的ファシズム』（Connolly
2017）を検討してみよう。

　トランプの大統領就任とその背景にある現象をコノリーは「野心的ファ
シズム」と呼ぶ。現代アメリカの野心的ファシズムの下では、政党政治の
外形が保たれつつも、マイノリティへの各種抑圧や、甘言による白人労働
者層の動員や、メディアへの厳しい監視などが蔓延する（Connolly 2017,

xvi）。かかる現象の原因と対策は、エートスを重視するコノリーらしく、気質（disposition）の次元に求められる。トランプの信念は彼の気質の問題として理解され、また、（同書ではこの言葉は用いられないものの）ルサンチマンによって駆動された道徳こそが、野心的ファシズムの根底となって異物を排除・抑圧するのだと主張される（Connolly 2017, 77）。

　このように心性へと還元するコノリーの分析は、道徳的・倫理的ではあっても、政治的たりえていないように思われる。また、排外主義やマイノリティ抑圧の原因をルサンチマンに求める議論は明快だが、ともすれば「肯定的な寛大さのエートス」対「否定的なルサンチマン」という単純な図式化に陥る危険があるだろう[14]。

　さらに、このような議論は、フーコー的なエートス観にも反するものであるように思われる。というのも、偶然性を重視する観点からみれば、ルサンチマンが必ずしも悪い結果を生むとは限らないからである。むしろ、ルサンチマンに端を発する運動が望ましい結果に至ることや、あるいはその逆の事例も十分に考えられるのでないか。そもそも、フーコーにとってエートスはひとつの哲学的態度に他ならず、人々のルサンチマンの問題とは切り離されている[15]。

3.2.　循環

　だが、これ以上ルサンチマンの問題を追及するのは控え、もうひとつの問題に目を向けよう。それは循環の問題である。エートスがデモクラシーにとって不可欠の要素だとして、その望ましいエートスはどのようにして得られるだろうか。望ましいデモクラシーのもとでなければ、望ましいエートスも生じないのでないか。ここに、望ましいエートスと望ましい政治との間の循環の問題が発生してしまうことになる。これは習慣に基づくアリストテレス的なエートスだけでなく、フーコー的な批判的エートスにとっても依然問題である。批判的エートスがデモクラシーにとって重要だとすれば、かかるエートスは人民の多くに行き渡っていなければならないはずだからである。

　この問題に対して闘技デモクラシー論はどう応答するか、引き続きコノリーを取り上げてみよう。この問題について、彼は既存のリベラル・デモクラシーが「寛大さのエートス」に適合的であると述べるにとどまる

（Connolly 2002a, 192＝1998, 357）。たとえば、闘技の条件として、コノリーは以下のような社会を描く。

　　彼は今、各市民が国家に答責性を求める能力を有するようなデモクラシーの中に生きている。誰かのたとえば5、6倍の収入を得るメンバーは一人もいない。それゆえここでは、一般法規は全員に同じ仕方で適用されていると言える。国を守るために死の危険を賭す必要が生じるときには、適齢な健康の人間であれば例外なくその選抜の対象となる。これは、全員が市民としての力と地位を持つ世界である。それは、一つには各人が、社会の共同生活に参加することが魅力的であるか、必要であるかを知るようになったとき、実際にそうできる機会を与えられているからである。これは、アゴーンのデモクラシーの前提条件が有効に設定されている世界である（Connolly 2002a, 191–2＝1998, 354–5）。

　コノリーも認めるように、このような社会はあくまで仮想的な理想である。だが、市民の平等や国家の答責性のあり方は、リベラル・デモクラシーの理想像と変わるものではない。そして、このようにリベラル・デモクラシーとエートスを結びつけてしまえば、リベラル・デモクラシーでは十分ではないという、ラディカル・デモクラシーの出発点が無効化されてしまうのである。危機にあるデモクラシーを活性化するためにエートスが召喚されるとして、そのためには健康的なデモクラシーが必要だというのは、問題の先送りにもならない。
　むろん、コノリーもこの問題に気づいていないわけではない。それどころか、彼は循環の問題を「政治的パラドクス」と名付けて繰り返し言及している[16]。「良き法は良き人民を前提とするが、良き人民は良き法によってつくられる」というこのパラドクスについて、コノリーはその原型をルソーが『社会契約論』第二編六章で提起した問題に求めている。

　　目の見えぬ大衆は何が自分たちのためになるのかを知ることがまれだから、自分が欲することを知らないことがよくある。そうした大衆が、どういうふうに、立法組織というような、あのように困難な大事

業を、自ら実行しうるのだろうか？　人民は、ほっておいても、つね
に幸福を欲する。しかし、ほっておいても、人民は、つねに幸福がわ
かるとはかぎらない。一般意志は、つねに正しいが、それを導く判断
は、つねに啓蒙されているわけではない（Rousseau 1964, 380＝1954,
60–61）。

このパラドクスへの対処について、コノリーはしばしば興味深い議論を
展開している。だが、エートスの由来を問うなかでこのパラドクスを扱う
際には、彼は早々に議論を切り上げてこう宣言してしまうのである。

　　　ここで私版のルソー的パラドクスに立ち入るのはよそう。民主的な
　　徳は民主的な生の様式を前提とするが、この生の様式は翻ってそれに
　　先行すべき徳を前提とする、というパラドクスは措こう。デモクラシ
　　ーとその徳はともに、すでにある程度までは発展してきているとみな
　　そう。われわれは、所得の不平等が減じられている等々といった仮想
　　世界をすでに実現しているとしよう。この実現が正当化される理由の
　　ひとつは、それによって、共同生活に参加する機会が、とりわけ、民
　　主的なアゴニズムによってアイデンティティと差異のミステリーに取
　　り組むための機会があらゆる人々に与えられる、ということである
　　（Connolly 2002a, 193–194＝1998, 359）[17]。

よく知られるように、ルソー自身はこのパラドクスを、立法者をおくこ
とで解決しようとした。すぐれた知性を持ち、「人間性を変えるほどの力
をもつ」立法者は、人民が立法を受け取り可能となる時、つまり「青年、
すなわち成熟の時期」を待って、人々を法に従わせる（Rousseau 1964, 386
＝1954, 69、強調は引用者）。ここで想起されるのは「啓蒙とは何か」の
カントもまた、各自に悟性の使用を許す君主としてフリードリヒ二世を称
揚したことである[18]。だが、立法者であれ、後見人であれ、他律に陥る
ことで成熟を阻んでしまう（たとえルソーの立法者が人民の成熟を待つと
しても、法が外在的に与えられる以上、成熟との緊張関係は残る）。ルソ
ーのパラドクスは、成熟の政治理論にとっても祓いきれない問題である。
だが、コノリーについていえば、それに代わる解決もまた提出されてはい

ないのである[19]。

4. いかにして隘路を回避するか

4.1. ホーニッグの「公共的なモノ」

　エートス論が直面するこれらの隘路をいかに回避すべきだろうか。ひとつの鍵となりそうなのが、ホーニッグが近年展開した「公共的なモノ」論である（Honig 2017）。Res publica を想起させる「公共的なモノ（Public Things）」とは、銅像のようなモニュメントから、人々にとって重要な意味を持った土地や環境、さらには公共の図書館といった、他者との関係を媒介する役割を担う広範なモノを指す（Honig 2017, 6）[20]。愛着の対象となったり、意味付けがなされることで、持続的な人間関係の質や性格を担保するのが公的なモノの役割である。一例として、ワシントンDC のリンカーン・メモリアルは、公民権運動期の集会の場などとして利用されることで、民主的運動を支えるモノになったとホーニッグは説く（Honig 2017, 85–89）。

　公共的なモノへの着目は、エートス論の隘路への対処として示唆に富む。心性からモノへの重心の移動は、エートス論が陥りがちな道徳主義傾向を解消するのに役立つであろう。さらに、エートスとデモクラシーを巡る循環問題もまた、モノを介在させることで異なった相貌を呈する。実際、ホーニッグは、さきにみたルソー的なパラドクスを緩和するものとして公共的なモノを構想している。ルソー自身は人々に良き法を授ける立法者の構想によって解決を目指したが、「公共的なモノはこの立法者の役割を果たすかもしれない」のである（Honig 2017, 18）。

　さらに興味深いことに、ルソーが立法者を人民の成熟に不可欠な存在と見なしたのと同様に、ホーニッグは公共的なモノに成熟の契機を見出している。成熟への注目は、公共的なモノの理論を構築するにあたり、ホーニッグがアーレントに加えて、乳幼児の成熟に関する精神分析家ウィニコットの「移行対象」論を援用することからも窺える。移行対象とは、乳幼児が愛着を示すぬいぐるみや毛布など、母子未分化の状態から独立した存在への橋渡しを行うのに寄与するモノのことである。つまり、移行対象とし

ての公共的なモノは、自立という成熟状態へと人々を促すのである。

それだけではない。移行対象は、安定した状態（乳幼児でいえば、母子密着の状態）の崩壊後にこそ真価を発揮するのであり、コノリーの循環とは異なり、政治社会やデモクラシーが危機に陥るような状況下で公共的なモノによる成熟が役立つ可能性を示唆している。

しかし、ホーニッグの議論にも疑問は残る。公共的なモノは果たして政治的パラドクスを緩和しうるのだろうか。公共的なモノには人間関係を媒介する機能があるとしても、その媒介は集団形成や合意形成、あるいは特定のエートスの誘導になるとは限らない。むしろ、ホーニッグも認めるように、衝突や論争の余地を常に含むと考えるのが自然でないか（Honig 2017, 6）。南部連合旗や、南部連合の軍人の銅像をめぐる近年の騒動が示すように、公共的なモノが媒介する人間関係は、暴力的な衝突に至ることも十分にありうる。

さらにいえば、政治的パラドクスへの対処として立法者（あるいは、立法者に相当するモノ）を持ち出す発想自体が問われなければならない。仮に立法者が存在したとしても、その声が受け入れられるかどうかは受け手の人々如何である。同様に、たとえモノが存在していても、それが人々のエートスを陶冶するかどうかは、結局人々の反応にかかっているのである。

4.2. 成熟の代替的なモデル

しかしながら、「公共的なモノ」に立法者の役割を託すかのような主張の一方、同書の一部や別の著作におけるホーニッグの議論は、より陰影に富んでおり、別の成熟の可能性を示してもいる。

そもそも、ホーニッグが「公共的なモノ」に託す成熟は、依存から独立への移行として描かれるような単純なものではない。むしろ、理想的な環境が失われたり不在である状況下で、なお人々が生きるために何が可能かというのが同書の観点である。ここで成熟とは、「完全に成長」することではなく「生き延びる」ことなのである（Honig 2017, 76）。

このような観点を反映して「公共的なモノ」の位置付けもまた単純な肯定にはとどまらない。先に、南部旗などをめぐる対立に触れたが、ホーニッグもまた、「公共的なモノ」が愛着だけでなく、争いも引き起こすこと

を明記している。

そもそもウィニコットの「移行対象」自体が両義的である。というのも「移行対象」は成熟した自他の関係には存在し得ないような、「中間領域」を形成している（Winnicott 2005, 1＝2015, 2, 強調は引用者）。かかる中間領域は、単に自他を媒介するというだけではない。ただのモノにすぎない「移行対象」は、母親の代用でしかなく、錯覚（Winnicott 2005, 4, 13–19＝2015, 3, 12–19）に過ぎないにもかかわらず、子供にとっては愛着の対象として実在性を得ているというパラドクスが成立しているのである（Winnicott 2005, 19＝2015, 18）。つまり、移行対象は成熟へのスムーズな橋渡しを約束するのでなく、ルソーが立法者に期したような超越性や真正性も欠いている。

では、こうした陰影が、循環のパラドクスへの対応にどのような影響を及ぼすのだろうか。ホーニッグは、パラドクスの解決でなく修正（rework）を訴える（Honig 2017, 28）。その修正の内実を知るには、『公共的なモノ』に先立ち、循環問題を生む政治的パラドクスを論じた『非常時の政治（*Emergency Politics*）』が有益である。公的なモノに両義性を見出すホーニッグらしく、同書においては政治的パラドクスの解決策とされる立法者について、その両義性を指摘する。仮にルソー『社会契約論』が求めるような立法者が存在しても、立法者もまた法の受取人である人民に依存するものだとホーニッグは指摘する。結局、立法者の与える法の解釈は人々に開かれているからである。

このような依存の例として同書が注目するのが、ローゼンツヴァイクによる預言論と、それを通じたモーセ解釈である。ルソーが立法者の範としてモーセを想定するように（Rousseau 1964, 384＝1954, 66）、預言者はしばしば、例外状態的環境において超越的な指令（command）を与える人間だと考えられてきた。しかしながら、ローゼンツヴァイクはむしろ、預言は指令ではなく、人々の解釈に依存した徴（sign）でしかないと指摘する。モーセ自身は人々を従わせるべく苦闘するが、その結果むしろ神に従わなかったとして、約束の地に入ることが叶わなかったのである（Honig 2009, 99–100）[21]。このようなローゼンツヴァイクの預言論を、ホーニッグは、預言者でなく、預言を読み解く側の人民の役割を重視したものとして捉え、「人民の預言（popular prophecy）」と呼ぶ（Honig 2009, 90）。

とはいえ、このことは、パラドクスの解決が立法者から人民の手に移行することを意味しない。パラドクスは立法者によっても人民によっても解決されず、残り続ける。むしろ、ここで強調されているのは、立法者は実は預言者を騙る偽物と区別不可能であり、人民もまた、大衆（multitude）と区別不可能であるという（Honig 2009, 99）、ウィニコットの「移行対象」にもみられた両義性である。このような両義性は、パラドクスを解決しないものの、緩和するとホーニッグは説く。すなわち、立法が解釈に開かれてしまうということは、そこに解釈や論争を生む発生的（generative）な契機が存在しているということになる。解釈や論争は、それ自体では良き法や良き人民の成立を導くものではない。しかしながら、解釈や論争が継続することで、少なくとも、良き法、良き人民に向けた運動自体は引き継がれていく。それこそが、先に触れた「生き延び」（survival）なのである。

5. 理論家のエートス

ホーニッグは、公共的なモノの役割を評価することで、「エートスの陶冶」論に潜む道徳主義を緩和する。また、循環の問題に対しては、立法者という伝統的な解決法に代えて、立法といえども解釈に開かれている可能性を指摘することで、循環の問題を緩和しようとする。良き法と良き人民は相互に依存しているだけではない。良き法と悪しき法、人民と「目の見えない大衆」は、しばしば区別できないばかりか、良き法もまた、人民の解釈によって変化しうるのである。

では、このような方向性を推し進めたときに現れる成熟観とはいかなるものだろうか。先に指摘した「生き延び」はもはや、良い人民への到達（＝一般的意味での成熟）を目標とはしていない。論争が存在し、人民が存在しうる場の確保こそが、ホーニッグにとって成熟の課題なのである。

人民の成熟がこのようなものだとしたら、エートスの陶冶を論じることにどのような意味が残るだろうか。単なる制度に回収されない次元を重視しているという意味では、ホーニッグの成熟論もまた、広義のエートス論の範疇にあるといえる。だが、エートスの陶冶という積極的な側面につい

てはどうだろうか。

　ここで改めて、フーコーがカントの啓蒙論に見出したエートスに立ち返ってみたい。フーコーを論じた箇所で触れたように、フーコーがカントに見出したエートスは統治者や市民一般の意識というより、「哲学的態度」であった。なるほど、哲学的といっても単に理論的なものではなく、実践の要素をフーコーは強調してはいる。しかしながら、かかる哲学的態度は何よりも系譜学的歴史研究と密接に結び付けられていた。つまり、哲学的エートスを担った人々は、社会の成熟を導く立法者ではなく、いわば学者として、社会が変革しうるものであることを描くのである。カントに遡ってみれば、彼の啓蒙論もまた、成熟した理性の公的使用の代表的なあり方を「著書や論文を通じて……世界に向かって話す学者」に見出す議論であった（カント 1974, 13）[22]。こうしてみると「エートスの陶冶論」を学者のエートスとして練り直すことも可能ではないか。実際、カントやフーコーの議論と呼応するかのように、ホーニッグの『非常時の政治』は、理論家の役割について頁を割いて論じているのである。

　もっとも、ひとくちに学者といっても、その意味するとことは多様でありうる。カントの啓蒙論において、学者は公衆に向けて語りかける存在であった。対して、カントを下敷きにフーコーが論じる「哲学的エートス」は、ボードレールにみられるような、アイロニカルな「現在性の態度」として結実する。このような現在性の態度は「〈現在〉をそうであるものとは違うように想像する熱情、〈現在〉を破壊するのではなく、〈現在〉がそうであるあり方の裡に、〈現在〉を補足することによって〈現在〉を変形しようとする熱情」によって突き動かされたものである（Foucault 1994, 570＝2006, 6 巻 376）。ボードレールの挙げる例でいえば、凡庸な画家が同時代の流行服である燕尾服やフロックコートを醜いものとして軽蔑する中で、それを「時代に必要な衣装」とみなして「全人類の平等の表現という政治的な美のみならず、大衆の魂の表現という詩的な美しさ」を見出すような態度である（Baudelaire 1976, 494＝1964, 90; Foucault 1994, 569＝2006, 6 巻 376）。このような態度は、成熟の到達点を確定的に示すような観点を取らないのは無論のこと、公衆に対して語りかける立場とも異なる。むしろ「現在性のエートス」が求めるのは、徴を読み取る存在、ボードレールの言葉でいえば「観察者（observateur）」（Baudelaire 1976, 691＝

1964, 303) だといえるのでないか[23]。

　実際、このような観察者のあり方は、ホーニッグがローゼンツヴァイクを念頭に理論家の役割として語るものと類似している。というのも、ホーニッグのみるところ、「デモクラシー論の役割とは、（偶然の幸運や、奇跡的に立派な立法者等によって生じる）亀裂について、可能な際には見定めつつ、亀裂を求めたり感受する最善の方法と準備の条件を探求するとともに、しばしば我々が、そうした亀裂が生じていながら受け取れない理由を診断し、亀裂を引き伸ばし、我々の日常の一部とする」ことにある（Honig 2009, 140）。換言するならば、理論家の役割は、特定の道徳や行為を導くのではなく、むしろ観察者として、政治的な闘争や論争が生じうる場を診断する点に求められるようになるのである。

おわりに

　本稿では、闘技デモクラシー論における「エートスの陶冶」論の可能性を検討してきた。「エートスの陶冶」は、道徳主義に陥る危険や、エートスとデモクラシーの間での循環の問題を抱えている。しかしながら、ホーニッグの議論に見られるように、道徳主義や循環の問題を緩和する方向性は可能である。かかる方向性の先に、本稿では、観察者としての理論家の態度にエートス論の含意を見出した。本稿が示唆する方向性は、ウェンマンやハチザビドゥ等、闘技デモクラシー論に親和的な批判者たちが志向する可能性とは正反対のものだといえる。本稿 2.3. でみたように、彼らはむしろ闘技デモクラシー論をより実践的な、具体的な行為を導出可能なものにすることを目論んでいるからである。

　こうした観察者のあり方は、ホーニッグ自身がフーコーに依拠したり定式化しているわけではないものの、フーコーの啓蒙論と呼応するかのように、彼女の議論の中に見出されるものである。だが、ホーニッグに限らず、闘技デモクラシー論者の議論には観察者と同様の議論がしばしば見受けられる[24]。たとえば、コノリーは、ソフォクレスの悲劇に登場する盲目の預言者タイレシウスに、見者（seer）としての理論家の役割を見出している（Connolly 2011, Chap.6）。見者は、傲慢な行為者が気づかない、潜

在的な偶然性の要素を認識することができる（Connolly 2011, 153–155）。

　ひとくちに観察者といっても論者による方向性の違いはなお存在する。コノリーの見者が、立法は行わないものの、具体的状況に潜在する偶然性を読み取る存在として、なお特権的な立場を占めた存在であるのに対し、ホーニッグの想定する理論家においては、偶然性の要素（ホーニッグの言葉でいえば「亀裂」や「徴」）が人々に感受されうる条件の探求に比重がおかれ、亀裂などの同定は「可能であれば」行う作業にすぎない（Honig 2009, 140）。下働き的ともいえる理論観は、徴や亀裂の解釈を人々に委ねる彼女の議論にも即している。

　ホーニッグの説く理論家についても、曖昧さや疑問は残る。亀裂や徴が人々の解釈に委ねられるということは、「公共的なモノ」への応答が予見不可能かつ多様であるのと同様に、予見不可能な解釈、時として、人々にとって危険な解釈にすら開かれていることを含意する。しかしながら、「公共的なモノ」について指摘したように、ホーニッグにはそのような危機感は希薄である。むしろ、『民数記』でモーセに下された罰を、人々への信頼の不足の故とするなど、人々に対する楽観性が目につく（cf. Honig 2009, 100）。それゆえ、理論家が探求する「亀裂を感受する最善の条件」から、（ホーニッグの観点からみて）否定的な徴の解釈は排除されてしまっているのではないか、「最善の条件」という言葉の中に、望ましいデモクラシーの条件を理論家が密輸入しているのでないか、等の疑念も生じる（そうだとすると、望ましいデモクラシーの条件を規定する理論家はいわば立法者的な立場を得ることになる）。

　しかしながら、エートス論の可能性を探求するという本稿の観点からして重要な点は、ホーニッグの議論が、このような望ましいデモクラシーを前提としない方向性にも開かれていることである。

　本稿の一部は、日本政治学会 2018 年度研究大会での報告に基づく。報告にコメントを下さった皆様、パネルの討論者、司会者、報告者の皆様、また、本稿の草稿に目を通し、コメントを下さった年報委員会委員の皆様および山本圭氏に感謝申し上げる。本稿の欠点はむろん著者の責任である。本稿は JSPS17K03526 および 17H02479 による研究成果である。

[1] ここで闘技デモクラシー論とは、W・コノリーや Ch・ムフ、J・タリーらに代表される、闘技的な人間関係・態度をデモクラシーの枢要な特徴とみなす議論のことを指す。闘技デモクラシー論に加え、参加デモクラシー論や、S・ウォーリン、I・M・ヤングらの理論を含んだより広範囲の議論を指すときにはラディカル・デモクラシー論という言葉を用いる。ここで闘技デモクラシー論に限定せず、ラディカル・デモクラシー論をも扱うのは、前者の起源として後者を位置づけることができるからである（乙部 2016; 未定稿）。しかしながら、後にみるように、エートスについて積極的に論じる理論家がコノリー、タリー、S・ホワイトという闘技デモクラシー論者に集中していることから、本稿で重点的に扱うのはあくまで闘技デモクラシー論である。

[2] たとえば森川（2010）は、現代のアーレント解釈が揃って「エートスの陶冶」をもってデモクラシーを前進させるという主張に収束すると指摘した上で「これが冷戦終結以後の現代政治理論の可能性の萌芽であるのか或いは時代の閉塞状況の証左であるのか、俄かには判断し難い」と評している。

[3] 数少ない例外として Hatzisavvidou（2016）。また野口（2019）もエートスと政治の関係に注目する。

[4] 本稿ではフーコーによるカント解釈の妥当性には踏み込まず、フーコーによって理解されたカント啓蒙論をあくまで対象とする。ただし、Owen（1994＝2002）も論じるように、カントの批判哲学自身がニーチェやフーコーに連なる可能性を含んでいると筆者は考える。

[5] さらにいうと、闘技デモクラシー論もまた高度成長の終焉や代表制の機能不全という、70 年代の成熟社会状況に端を発している（cf. Held 2006; 乙部 2016; 未定稿）。70 年代の成熟社会状況に現在につながるリベラル・デモクラシーの危機を診断する山崎（2018）も参照。

[6] 以下、古代ギリシアにおけるエートスの用法については、Hatzisavvidou（2016），Chap. 1 に大きく依拠している。

[7] 主観的・反省的次元が重視される背景に、倫理と道徳の区別というニーチェ的な観点を見出すことは困難ではない。既存の規則への従属という形をとった道徳のあり方を批判しつつ、流動的かつ主体的な倫理のあり方がエートスの内実として称揚されることになる。

[8] 晩年のコレージュ・ド・フランス講義『自己と他者の統治』『真理の勇気』では、カントの啓蒙論から出発し、エートス論を含む古代ギリシアのパレーシア論へと探求が進む構成を取っており、フーコーが両者を密接に関連するものとして扱っていることがわかる。Cf. Foucault（2008＝2010; 2009＝2012）

[9] カントの歴史観が果たして偶然性を重視したものであったかについては議論の余地があるが、他のカントのテキストと異なり、「啓蒙とは何か」は、目的論的な歴史観に則っていないとフーコーは主張する（Foucault 1994, 567–568＝2006, 373）。

[10] Owen（1994＝2002）。オーウェンは、自己超克と自己完成というふたつの成熟のあり方の両者がそもそもカントの啓蒙論に伏在していたと考えている（Owen 1994＝2002, Chap.1）。

[11] 闘技デモクラシー論者のうちエートスに頻繁に言及するのは、ここで取り上げるコノリー、ホワイト、タリーの三者だが、A・ノーヴァル（Norval 2007）、Ch・ムフもまたエートスに言及することがある。とりわけ、闘技デモクラシー論者の代表格であるムフについてはここで触れておく必要があるだろう。ハーバーマス等の手続き主義的なデモクラシーのモデルを批判するなかで、デモクラシーを機能させるために不可欠な条件が「デモクラシーのエートス」であるとムフは述べる。「デモクラシーは、民主的な形での個人を可能にする諸実践から独立して、正しい手続きを確立する事柄に限定されるものではない。手続きが中心的な役割を果たすリベラル・デモクラシーの社会においてさえも、民主的な形での個人の存在条件の問題や、それらが構成される諸実践と言語ゲームの問題が決定的に重要なのである。手続きはつねに実質的な倫理への参加にかかわっているのである。そのため、もし特定の形式でのエートスによる支えがなくなると、手続きは正しく機能しなくなってしまう」（Mouffe 2000, 80＝2006, 106-7）。ここでムフはエートスを人々に共有された慣習、あるいはウィトゲンシュタインの「生活形式」のニュアンスで用いていると思われる。また、ムフがエートスという言葉自体を用いる機会はさほど多くない。しかしながら、本稿でとりあげた理論家に限らず、感性や心性の陶冶は闘技デモクラシー論に広範にみられる態度であり、それらを総してエートス的な議論と呼ぶことができるだろう。なお、闘技デモクラシー論以外のラディカル・デモクラシー論者では、S・ウォーリンの晩年の著作（Wolin 2008）もしばしばエートスという語を用いるが、ここでの「エートス」はむしろM・ウェーバーによる当該語の使用を念頭においているように見受けられる。また、Hatzisavvidou（2016, 39-42）は、I・M・ヤングもまたエートス概念に訴えているとする。

[12] 数少ない例外として、『多元化のエートス』刊行に先立ってニーチェとフーコーを論じた「善悪の彼岸」では、「フーコー主義的信念」と「民主的なエートス」が対置されるほか、ニーチェ的な倫理的感性の存在条件としてエートスが位置づけられている（Connolly 1993＝1994）。

[13] タリーの「新基調の公共哲学」については乙部（2017a）を参照。

[14] とはいえ、ニーチェのルサンチマン論自体は、道徳の分析のために持ち出されたものではあっても、ルサンチマンの概念自体が即座に道徳的・倫理的なものの固定に行き着くとはいえない。

[15] コノリー自身もまた、他の場所ではより慎重な態度を示している。

[16] たとえば Connolly（1993, Chap.3＝1994, 3章）。

[17] 問題のこのような切り上げは、引用文の出典である『アイデンティティ＼差異』の原語副題が「政治的パラドクスへの民主的応答」であることに鑑みると奇妙に映る。実際、別の箇所でコノリーは、このパラドクスをむしろ抜き難い条件

として重視している。Cf. 乙部（2011）。

[18] 富永（2005）は、カント的な啓蒙はフリードリヒ二世のような人物を必要とし、むしろ受動的な市民を生むと指摘している。対してフーコーは、カントによるフリードリヒ二世への言及を「一種の契約」の呼びかけとして理解する（Foucault 1994, 567 = 2006, 372）。

[19] ひとつの方向性として、エートスを人間共通の生物学的な基盤に見出す解決がありうる。実際、コノリーはしばしば、脳科学の知見に訴えながら、アゴーンに親和的な情動を人々に見出しているようにみえる（Connolly 2002b）。だが、そうすると、なぜ特定の政治システムと人間の生物学的基盤が結びつくのかという疑問が浮かぶ。かりに人間のエートスが生物学的なものだとすれば、どうして多くの人々はこのエートスを発揮できないのかという問題を惹起するだろう。

[20] 「公共的なモノ」に対するホーニッグのアプローチは、近年の思弁的実在論や新しい唯物論（New Materialism）と、モノを重視する点では共通するものの、モノの地位を巡っては立場を異にするように思われる。モノに行為者性 agency を積極的に見出す後者に対し、前者が注目するのはあくまでモノが人々を結びつけるような、客体的、あるいは媒介的側面であるからである。新しい唯物論については乙部（2017b）。

[21] 『民数記』によれば、水を求める民に対し、モーセは神の言葉のとおりに水を出すが、その際、杖で二度岩を打つという、神の言葉にない行為を加えてしまう。その結果、モーセは約束の地へ入ることができなくなってしまう（20章 9–13 節）。このエピソードについて、神の言葉を遵守しなかった点に原因を求める一般的な解釈に対し、ホーニッグは、モーセの人民不信を問題視する（Honig 2009, 100）。

[22] オーウェンは、カントに由来する自己変革としての成熟が、「超人」と「誠実な学者」というふたつの方向性に分岐すると指摘している（Owen 1994, Chap.1）。

[23] フーコーが「啓蒙とは何か」で言及するボードレール「現代生活の画家」では、観察者は、「我が家の外にいて、しかも、どこにいても我が家の気持ちでいること。世間を見ながら、世間の中央にわが身をおきながら、世間に身をかくしたままでいる」存在だとされる（Baudelaire 1976, 692 = 1964, 302）。興味深いことに、ホーニッグもまた『デモクラシーと余所者』において、余所者こそがしばしばデモクラシーにとって欠かせない存在だと指摘する（Honig 2001）。また、アーレント（Arendt 1992）も言及するように、カント自身、『諸学部の争い』では観衆（Zuschauer, spectator）に重要な役割を与えている。カントとアーレントの観衆理解の差異を指摘する金（2019）からは示唆を受けた。

[24] 観察者としての理論家の延長線上に、従来の規範理論を政治の道徳理論化だとして批判する政治的リアリズム論をおくことも可能であろう。近年の政治的リアリズム論において、ホーニッグの議論が参照され（Williams 2005, 81）、また、ホーニッグ自身がリアリズムを肯定的に論じている（Honig and Stears 2011）のは示唆的である。なお、ホーニッグ自身は、タリーの議論をリアリズムと親和的だと見なしている。政治的リアリズム論におけるエートスの重要性については

山岡（2019）を参照。

✤ 参考文献

（外国語文献のうち、邦訳の存在するものについては参照したが、訳文は適宜
変更した）

Arendt, Hannnah. 1992. *Lectures on Kant's Political Philosophy*. U of Chicago Press.

Baudelaire, Charles. 1976. *Œuvres complètes,* tome 2. Gallimard（阿部良雄・本城格・
山村嘉巳ほか訳『ボードレール全集 4』人文書院，1964 年）.

Connolly, William E. 1993. "Beyond Good and Evil: The Ethical Sensibility of Michel
Foucault." *Political Theory* 21 (3): 365–389（杉田敦訳「善悪の彼岸」『思想』
846：85–112，1994 年）.

———. 1995. *Ethos of Pluralization*. U of Minnesota Press.

———. 2002a. *Identity\Difference*, 2nd ed. U of Minnesota Press（杉田敦・齋藤純一・
権左武志訳『アイデンティティ＼差異』岩波書店，1998 年）.

———. 2002b. *Neuropolitics*. U of Minnesota Press.

———. 2011. *A World of Becoming*. Duke UP.

———. 2017. *Aspirational Fascism*. U of Minnesota Press.

Foucault, Michel. 1994. *Dits et ecrits,* tome 4. Gallimard.（石田英敬ほか訳『フーコ
ー・コレクション 5，6』ちくま学芸文庫，2006 年）.

———. 2008. *Le Gouvernement de soi et des autres: Cours au Collège de France. 1982–1983*.
Seuil（阿部崇訳『自己と他者の統治』筑摩書房，2010 年）.

———. 2009. *Le Courage de la verité: Cours au Collège de France 1984*. Seuil（慎改康之
訳『真理の勇気』筑摩書房，2012 年）.

Hatzisavvidou, Sophia. 2016. *Appearances of Ēthos in Political Thought*. Rowman &
Littlefield.

Held, David. 2006. *Models of Democracy*. 3rd ed. Polity.

Honig, Bonnie. 2001. *Democracy and the Foreigner*. Princeton UP.

———. 2009. *Emergency Politics*. Princeton UP.

———. 2017. *Public Things*. Fordham UP.

Honig, Bonnie, and Marc Stears. 2011. "New Realism: from *Modus Vivendi* to Justice,"
in Jonathan Floyd ed., *Political Philosophy versus History?* Cambridge UP.

McNay, Lois. 2014. *The Misguided Search for the Political*. Polity.

Mouffe, Chantal. 2000. *The Democratic Paradox*. Verso（葛西弘隆訳『民主主義
の逆説』以文社，2006 年）.

Norval, Aletta. 2007. *Aversive Democracy*. Cambridge UP.

Owen, David. 1994. *Maturity and Modernity*. Routledge（宮原浩二郎・名部圭一

訳『成熟と近代』新曜社，2002 年）.

Pateman, Carole. 1970. *Participation and Democratic Theory*. Cambridge UP（寄本勝美訳『参加と民主主義理論』早稲田大学出版部，1977 年）.

Rousseau, Jean-Jacques. 1964. Du Contrat Social, *Œuvres Complètes,* tome 3. Gallimard（桑原武夫・前川貞次郎訳『社会契約論』岩波文庫，1954 年）.

Tully, James. 2008. *Public Philosophy in a New Key,* vol. 1. Cambridge UP.

Wenman, Mark. 2013. *Agonistic Democracy*. Cambridge UP.

Williams, Bernard. 2005. *In the Beginning was the Deed*. Princeton UP.

Winnicott, D.W. 2005. *Playing and Reality*. Routledge（橋本雅雄・大矢泰士訳『改訳 遊ぶことと現実』岩崎学術出版社，2015）.

White, Stephen. 2009. *The Ethos of a Late-Modern Citizen*. Harvard UP.

Wolin, Sheldon. 2008. *Democracy Incorporated*. Princeton UP.

アリストテレス．2015–16．『ニコマコス倫理学（上）（下）』渡辺邦夫・立花幸司訳，光文社古典新訳文庫.

乙部延剛．2011．「グローバル化とデモクラシー論の現在」『法學志林』109 (1)：33–60.

———．2016．「デモクラシー」出原政雄・長谷川一年・竹島博之編『原理から考える政治学』法律文化社, 3–21 頁.

———．2017a．「ジェイムズ・タリー教授の公共哲学」『政治思想研究』17：489–497.

———．2017b．「政治哲学の地平」『現代思想』45 (21)：283–293.

———．2018．「〈政治的なもの〉から〈社会的なもの〉へ？」松本卓也・山本圭編『〈つながり〉の現代思想』明石書店.

———．未定稿．「デモクラシーと市民社会」.

ガボール，デニス．1973．『成熟社会』林雄二郎訳，講談社.

カント，イマニエル．1974．『啓蒙とは何か』篠田英雄訳，岩波文庫.

金慧．2019．「カントにおける啓蒙と公共性」政治思想学会第 26 回研究大会.

富永茂樹．2005．『理性の使用』みすず書房.

野口雅弘．2019．「「包括政党」以前のオットー・キルヒハイマー」『思想』1143.

ハーバーマス，ユルゲン．2018．『後期資本主義における正統化の問題』山田正行・金慧訳，岩波文庫.

森川輝一．2010．『〈始まり〉のアーレント』岩波書店.

山岡龍一．2019．「方法論かエートスか？」『政治研究』66：1–31.

山崎望．2018．「二一世紀に自由民主主義体制は生き残れるか」『国際政治』194：14–28.

成熟社会への掣肘

──イギリスのEU離脱をめぐる政治社会

成蹊大学法学部教授　今井貴子

　欧州連合（EU）からの離脱を決した2016年国民投票後、イギリスは妥協を排除するような「情動的分極化」に陥っているといわれている。それは階級的亀裂や排外主義は後景に退くとさえ論じられた「成熟社会」への劇的な掣肘であったといえよう。本稿は、イギリスがどのようにしてこの危機的状況に直面するにいたったのかを、二大政党と有権者との関係の変遷から考察する。まず離脱支持派とは、既存の政党政治から「疎隔された人々」の連合であることを示す。異なる階級を横断する有権者連合が、社会の一極となるまで膨れ上がったのには、閉鎖志向の権威主義と都市中心主義のエリート政治家への鋭い反発が触媒として働いたことがある。その上で本稿が着目するのは、「疎隔された人々」を構成する相当数の労働者階級が、現代化した労働党に幻滅し選挙のたびに棄権を続けていたことである。彼らの消極的投票行動が離脱支持という積極的な態度表明へと転じたのはなぜか。本稿は労働党政権の再分配策によるフィードバック効果と、それに対するキャメロン政権下で実施された緊縮財政とその影響が現れたタイミングを検討し、経済的困窮に起因する疎隔意識が強まったことが人々を離脱支持へと向かわせた可能性を考察した。

キーワード：二大政党、有権者連合、イギリスのEU離脱（Brexit）、
　　　　　　棄権、緊縮、階級

1. Brexit──イギリス政治社会の歴史的転換点

1-1. EU国民投票とデモクラシーの社会的基盤のゆらぎ

　2016年6月23日、EUからの離脱（Brexit）の是非を問う国民投票での離脱派勝利は、イギリスの国際的地位、国家構造、議会政治、そして社

会的連帯までに及ぶ歴史的転換を画した。国民投票の結果、離脱支持は得票率51.9パーセント、1,741万票を集め、1,614万票の残留賛成票を抑えて勝利した。離脱派の勝利には、1992年総選挙以来最高の72.2パーセントという投票率が大きく作用した。20年ほどにわたって投票所に背を向けていた多くの有権者が、このときばかりは票を投じたのである。投票日翌朝、残留キャンペーンを主導した首相デイヴィッド・キャメロンは辞意を表明した。

　EUからの離脱という前例のない事案を前に、ウェストミンスター議会は深刻な混乱に陥った。「離脱か、残留か」だけでなく、「強硬離脱か、穏健離脱か」をめぐって、政権与党、野党を横断した対立が錯綜したかたちで惹起されたからである。2017年6月、キャメロンの後継首相テレーザ・メイは、議会内多数派を拡大して政権運営のための安定した基盤を手にしようと、総選挙に打って出たのだが、むしろ過半数割れの事態を招いてしまった。北アイルランドの民主統一党（DUP）の閣外協力を取り付けはしたものの、議会での立場は大きく弱まった。彼女がEUと合意した離脱協定案は、アイルランド南北国境の扱いが隘路となって、自党の離脱強硬派もDUPも納得させることができず、政権運営は早々に行き詰まった。協定案は議会でじつに3度も否決され、2019年3月29日の交渉期限の延期をEU側に申し出ざるを得なかった。党内の離脱強硬派に追い詰められたメイは、5月24日に辞意を表明した。後継首相となったかつてのメイ内閣の外務相ボリス・ジョンスンは、合意なき離脱（無協定離脱）を辞さない姿勢を示し、10月31日の交渉期限までの離脱を最優先するとした。議会を強引に長期閉会さえした首相の暴走を、最高裁と議会が憲政と手続きを盾にはっきりと歯止めを掛けた。離脱期限が再延長され、総選挙実施が決まったが、今後のEU離脱をめぐる見通しは立っていない。

　議会ばかりでなくイギリス国民の間でも、いまや「情動的分極化affective polarization」が広がっているといわれている（Tilley *et al.* 2018）。離脱派か残留派かが、党派性などを超えた物事や人物などあらゆる事柄の判断基準となっているわけである。互いに敵愾心を抱く者同士は対話しないどころか、大衆紙やSNSなどから自らの主張に沿う情報や言説ばかりを選択的に抽出し、分極をただただ固定化、深刻化させている。情動的に決めつけられた「敵」とは、討議の対象になる「対抗者」ですらない。そ

うした分極化は、客観的事実を突き合わせて妥協点を見出すべく討論するという、デモクラシーの社会的基盤を大きく揺がしている。議会制民主主義の模範たらんことを自負してきたイギリスは、どのようにしてこうした危機的状況に直面するにいたったのか。

1-2. 問題の所在——成熟社会への掣肘

　EU離脱をめぐる分極を考察する上でまず注目したいのが、社会の成熟に伴って乗り越えられたとみなされもした価値観、そして社会的亀裂がにわかに再浮上していることである。一方では、社会の開放性や寛容な態度の肯定、脱物質主義に基づく多文化共生に真っ向から対抗する排外的で権威主義的価値観であり、他方では、階級という社会分断線である。

　イギリスにおける成熟社会像については、労働党の修正主義派の中心的存在アンソニー・クロスランドが、はやくも1950年代に、工業文化の成熟が生み出す脱物質的な消費行動と、それによって促される階級という亀裂の弱まりを指摘している。彼は、経済的に豊かになった人々が、物質的富の蓄積よりも社会的貢献に重きをおき、平等への意識が増幅すると論じた（Crosland 1956）。

　1970年代に成熟社会について徹底した分析を行なったイングルハートは、豊かな社会の到来によって人々の価値観に「静かな革命」が起こるのだと論じた。彼がいうには、社会が豊かになり、教育水準が全般的に上昇するにつれて、安全（防衛、治安、秩序維持）や生存（物価の安定、経済成長）といった差し迫った物質的欲求は次第に後景に退く。かわって人々はより高次の欲求、すなわち参加や自由、人権、環境保護といった自己実現的な脱物質的価値をますます重視するようになる。それが成熟社会にみられる意識と行動様式の根本的変化であるとした（Inglehart 1977）。

　時代は下って1997年から13年続いた労働党政権のもと、経済的自由主義と社会民主主義を融合した新しい進歩主義が唱導され、それらの価値を肯定することこそが現代的な繁栄に繋がるのだとされた。経済ではグローバル金融資本主義の発展が、社会文化的には、同性婚の容認、移民への寛容が称揚された。野党の座に甘んじていた保守党では2005年に党首となったキャメロンによって、労働党政権が形成したリベラルな言説空間に接近するように、文化的保守色の払拭が図られた。ところが、主要政党間

のリベラル・コンセンサスは、大きな反動を引き起こした。リベラル路線をひどくきらったのが保護主義的な保守党支持層であり、彼らの受け皿として台頭したのが、右翼ポピュリスト政党イギリス独立党（UKIP）であった。UKIP党首ナイジェル・ファラージが保守党のEU懐疑派と並んで主導した2016年国民投票での離脱キャンペーンには、一連の開放志向への根深い反動が象徴的に現れた。

　次に階級についてみてみよう。国民投票後、イギリスでの政治家やメディアはしきりに労働者階級[1]に言及するようになった。過去30年間、政治エリートの間ではついぞ使われなくなっていたのとは対照的である。もちろん、国民投票の結果が労働者階級票だけによって決したわけではないし、階級という因子によって離脱派像の全体を把握することもできない（Cowley and Kavanagh 2018; C. Curtice 2017）。しかしながら、階級が、国民投票後のイギリス政治のキーワードになったことは確かである。労働者階級に関する言及に多くの時間を割いたメイの首相就任演説は、従来の政治潮流に変化を促す大きな動力が働いていることの表れであった。

　振り返ってみれば、階級がもっとも顕著な社会亀裂であったイギリスにおいて（Alford 1967）、とりわけて1990年代以降、政治家、専門家、メディアが論じたのは、「階級なき社会」の出現、あるいは労働者の中流階級化であった。製造業中心から金融・サービス業中心へと転換した自由市場資本主義、そして経済のグローバル化の進展が新たな繁栄をもたらし、豊かな社会ではもはや中流階級以上と労働者階級との間の格差や相克といった階級的亀裂は意味をなさなくなる、というわけである（トッド 2014 ＝ 2016: 366–367）。労働者階級の利益を代弁してきたはずの労働党のブレア党首は、「今やわれわれは皆、中流階級だ」と言って憚らなかった（*The Guardian*, 15 January 1999）。

　しかし、現実のイギリス社会には、グローバル化と知識基盤型経済の繁栄に「置き去りにされた人々 the left-behind」が存在し、階級間の違いはなくなるどころかむしろ格差は深まっていた（Ainsley 2018; Ford and Goodwin 2014）。メリトクラシー社会において、労働者階級であることは道徳的堕落のようにさえ表現され、福祉依存、無教養、暴力、怠惰な人々といった蔑視や敵視の対象としてメディアや政治家に揶揄されるようになった。ガーディアン紙の解説委員オーウェン・ジョーンズは、これを労働

者階級の「デーモン化」と表現した（Jones 2011）。

　そんな労働者階級が、国民投票で離脱派に僅差の勝利をもたらした一つの重要な社会勢力となったことで、にわかに階級が再び着目されてきているのである。こうした状況をみるならば、イギリスのEU離脱という事態は、ある種の成熟へと達したかに思われた経済社会に対する痛烈な掣肘だとみなすことができるだろう。そこで本稿では、EU国民投票を機に現状を覆す離脱という選択を支持したのは、どのような人々であったのかを改めて確認したい。

　一つの有力な説明として、それは大規模な「疎隔された人々 the left-out」の連合だとする見解がある（Cowley and Kavanagh 2018）。本稿では、離脱に投票した人々を把握するため、カウリィらによるこの新しい連合論に基づいて、経済−文化的対立軸に都市と地方という地理的対立を加味して考察する（若松 2018）。

　次に問われるのは、離脱投票者の疎隔意識はどのように生まれ、その意識の強まりはいかなる政治行動に結びついていったのか、である。本稿では、労働者階級が過半を占める地域で離脱支持が目立って多かったことに着目し、政党と伝統的支持層との関係の変化をみる。とりわけて、2000年代以降に顕著になった労働者階級によるまとまった棄権に焦点をあてる。本稿では、エヴァンズらの研究に依拠しながら（Evans and Tilley 2016）、労働者階級がどのように継続的な棄権へと向かったのかを明らかにする。

　さいごに、国民投票直前の労働者階級をめぐる状況に目を向けたい。国民投票では、前回 2015 年総選挙と比べ、労働者階級が多く居住する地域での投票率の伸びが中流階級のそれを大きく上回った（Evans and Tilley 2016: Table 10.3）。彼らが久しぶりに投票所に足を運んだことについては、通常の小選挙区制とは異なる国民投票という政治機会の特殊性や、彼らの文化的疎隔意識などを十分に考慮に入れる必要がある（Norris and Inglehart 2019; Kaufmann 2016）。その上で本稿では、近年改めて注目されている経済的要因に重きをおく。具体的には、2010 年の政権交代後の歴史的な緊縮財政の影響である（Ford and Goodwin 2014; Fetzer 2018）。人々の経済的な疎隔意識の増幅と既存の大政党が手がけた政策との連関を検討することで、成熟社会への楽観を瓦解させるような痛撃がいかにして生じ

たのか、その手がかりを探究する。

2. 分極するイギリス政治社会

2-1. 「疎隔された人々」の連合

　そもそも離脱を支持したのはどのようは人々なのか。多くの論者が指摘するのは、異なる社会集団——たとえば、権威主義的志向の強い保守層と再分配を求める経済的に脆弱な労働者階級——を横断する新しい有権者連合論である（Goodwin and Heath 2016; Kaufmann 2016; Cowley and Kavanagh 2018）。国民投票では、離脱か残留かという単純な二択が問われたのだから、各論の違いや一方への支持（や反発）の程度のいかんに関わらず、世論は二分される。離脱派と残留派を構成するのが異なる社会集団の集まりであるのは当然といえば当然である。

　結論から述べるなら、離脱支持派とは、①比較的高齢の労働者階級、②富裕な欧州懐疑主義者、③反移民を掲げる相対的少数の経済的に不利な立場にある人々から成る「疎隔された人々」の連合という、カウリィとカヴァナウの見立てがもっとも妥当であると考える（Cowley and Kavanagh 2018）。このいわば疎隔連合は、特定の階級に還元されるのではなく、経済状況などバックグラウンドの異なる人々を網羅した集合体である。それが総人口の8割を占めるイングランドの大票田を動かしたのであった[2]。この連合論から、イギリス社会の分極化には経済的対立軸と社会文化的対立軸とが複雑に交錯していることが浮き彫りになる。

　また、「疎隔された人々」のうち①と③には、近年の階級区分をめぐる新しい状況が反映されているといえる。BBCが実施した調査では、階級間の両極化と同時に浮動化の進行が明らかになった（Devine and Sensier 2017）[3]。両極化とは、社会的ヒエラルキーのトップに位置する富裕なエリート層と、経済的に貧しく社会的関係資本の乏しい層との間の甚だしい格差である。浮動化とは、中流階級と労働者階級の境界線が曖昧になっていることを指す。浮動化する状況下で新しい労働者階級として括られるのは、伝統的な労働者階級、新興サービス労働者、プレカリアートである（Ainsley 2018）。表1からは、これらのうち伝統的労働者階級が、疎隔連

合の①、それ以外の二つの区分は③の人々にあたると考えられる。こうしてみると、「置き去りにされた人々」とは、伝統的労働者階級にとどまらず、世代や職種に広がりをもつことがわかる。

表1　現代イギリスの労働者階級

	伝統的労働者階級	新興サービス労働者	プレカリアート
総人口に占める割合	14%	19%	15%
年間の家計所得	£13,000	£21,000	£8,000
家計の貯蓄額	£10,000	£1,000	£1,000
住居の資産価値	£127,000	£18,000	£27,000
平均年齢	66歳	32歳	50歳
エスニック・マイノリティの占める割合	9%	21%	13%
大卒者の割合	11%	18%	4%

出所）Ainsley (2018): 26, Figure 4.

2-2.　EU国民投票における投票動向

　カウリィらの疎隔連合論を裏付けるのが、表2、3および次節で検討する地理的対立である。表2をみると、EU離脱支持との強い相関を示すのは、年齢と学歴である。年齢が高くなるほど、そして学歴が低くなるほど離脱支持が多数を占める。表3では職業階層に離脱支持との一貫した相関はみられない[4]。若い世代の労働者階級は拮抗してはいるものの残留支持が上回っている一方、50歳以上では労働者階級も中流階級も離脱支持が過半を占める。しかし、どの年齢層でもC2（熟練現業労働者）、DE（不熟練労働者、失業者）、つまり労働者階級に分類される人々の離脱支持の割合が、他の職業階層よりも高い。しかも、離脱支持が過半となった地域は、労働者階級が多数派を占めていることが確認されており、階級という要素だけで説明できないにせよ、それを除いては国民投票の全体像を把握することはできないのである（J. Curtice 2017）。

　学歴による投票行動の違いは、職業階層別、年齢別の投票行動と強く連

表2　2016年EU国民投票——支持政党、年齢、学歴別の離脱支持の割合

		離脱支持（％）
支持政党 （2015年総選挙比）	保守党	61
	労働党	35
	自民党	32
	UKIP	95
年齢	18〜24歳	29
	25〜49歳	46
	50〜64歳	60
	65歳以上	64
学歴	中卒、中卒以下	70
	高卒	50
	高卒以上大卒資格以外	52
	大卒	32

出所）アッシュクロフト卿世論調査
http://lordashcroftpolls.com/2016/06/how-the-united-kingdom-voted-and-why/#more-14746

関する。それというのも、イギリスには「学歴における深刻な世代間ギャップ」が生じているからである（水島2016: 174）。大学の大衆化政策が進められる1990年代までは大学進学率がきわめて低く、現在の高齢者のうち大卒資格を有するのは圧倒的に少数派だった。離学年齢の低い中高年の多くはブルーカラー労働者であり、1960年代半ばでは、労働人口の約半数を占めていた（Ford and Goodwin 2014）。彼らは1980年代以降の経済社会の構造転換の中で、経済的に脆弱な立場に置かれることになる。イギリスはグローバル金融資本主義の牽引役たらんとし、1979年に成立したサッチャー保守党政権の下で資本取引の自由化、製造業からサービス業への転換が積極的に推し進められた。専門能力を有する大卒者への労働需要が安定して高まっていったのとは対照的に、ブルーカラー労働は縮減し、技能を持たない労働者の雇用不安は深まった（水島2016: 174）。表1から明らかなように、高齢の伝統的な労働者階級は経済的に不利な立場にあり、経済的疎外感が生まれやすいことが推察できる。

表3 2016年 EU 国民投票——年齢・職業階層別投票動向（%）

18〜34歳	残留	離脱	35〜54歳	残留	離脱	55歳以上	残留	離脱	全年齢階層	投票率人口比	投票率総有権者登録比
AB	71	29	AB	61	39	AB	48	52	AB	74	79
C1	71	29	C1	53	47	C1	37	63	C1	68	75
C2	54	46	C2	35	65	C2	32	68	C2	62	70
DE	56	44	DE	36	64	DE	30	70	DE	57	65

出所）lpsos/MORI, The 2016 EU Referemdum: who was in and who was out?, 5 September 2016 より作成

　ただし、表2、3 からは、必ずしも経済的疎外が強いわけではないはずなのに、離脱支持を表明する比較的富裕な高齢層の存在も確認できる。この人々が疎隔連合の②であり、文化的保守の立場から離脱に票を投じたと考えられる。たしかに、ポピュリズム政党の支持者に関する既存の研究では、経済的要因よりも社会文化的要因こそが決定的に影響しているのだとする論考が示されてきた（Norris and Inglehart 2019; Kaufmann 2016）。ノリスとイングルハートは、社会文化的な違い、具体的にはリベラルで開放的なコスモポリタン志向と、権威主義・排外志向との間の対立が、経済的立場よりもはるかに強く人々の行動を動機付けていると論じる[5]。先述の通り、コスモポリタン・リベラルの立場では、グローバル化やEUの進展を受容し文化的多元主義を重んじ、人の移動や移民を肯定、同性婚も容認する。対照的に、後者は、ナショナリズムを擁護し、社会の秩序維持と道徳的規律を重視、反移民、EU懐疑、反同性愛、死刑容認といった立場をとる。

　人々の価値観に照らしていまいちど社会の変容に目を向けるなら、1990年代以降に増大した大卒の中間層は、知識基盤型経済の担い手として経済構造の転換を牽引したばかりではなかった。社会の主流となる価値観をも変容させたのである。コスモポリタン志向は、経済・政治的に優位な立場にある人々の間での新たな共通了解となっていった。この開放的なリベラル志向に対して強い違和感を禁じ得なかったのが、まずもって地方の保守層であった。そして、権威主義的な傾向を持つとされる労働者階級もまた

文化的疎外を強めていった（Norris and Inglehart 2019; 阪野 2018: 32; 富崎 2018; Ford and Goodwin 2014）。かくして社会文化的対立軸上での保護主義的態度が、経済的利害の異なる労働者階級と保守層とを結びつける紐帯として働いた。この紐帯をいっそう強めたのが、反大都市主義という地理的対立に基づく動機である。

2-3. 社会文化的対立と相関する地理的対立

社会文化的要因がどのようにして残留支持と離脱支持とを分断したのかを読み解く重要な手がかりとなるのが、大都市圏−地方という居住地域による対立である。若松は、イングランドにおける大都市圏、地方都市、農漁村部の有権者の選好の違いに着目し、伝統的な左右の経済政策軸と社会的文化軸からなる二次元から分析する（若松 2018）。

図1 経済的・文化的対立軸からみた有権者分布概念図

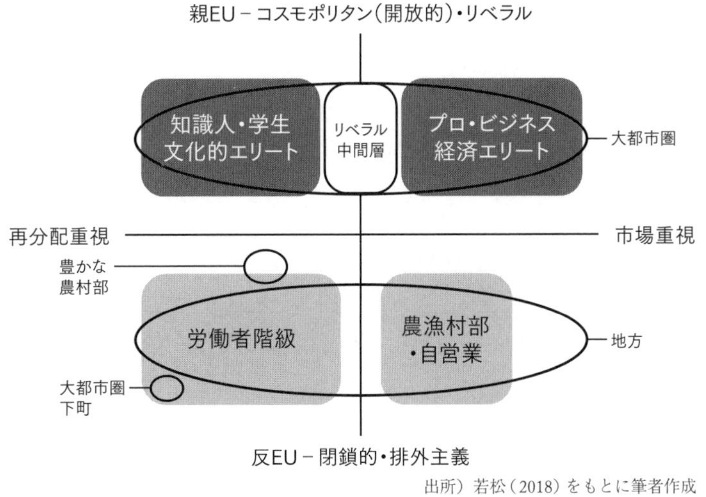

出所）若松（2018）をもとに筆者作成

文化軸上の反EUの象限には、①地方都市の労働者（再分配支持）、②比較的豊かな農民層（経済的には中道左派）、農漁村層、自営業（経済的には中道右派）、③大都市の低中所得層（再分配支持・文化的には保守色

が強い）という本来的には経済的な利害が大きく異なるはずの複数の社会集団が混在している。若松によれば、閉鎖的志向の象限に点在するこれら幾つもの塊こそが「普通の人々」なのである。対照的に、親EU（文化的開放）の象限に位置取っているのは、ロンドンを中心とした大都市部の有権者層ばかりである。その内訳は、①経済エリートである親ビジネス層（財界・金融界に親和的で反福祉・再分配の立場をとる保守党支持層）、②リベラル中間層（経済的には中道志向のかつてのブレア労働党支持層）、③知識人・学生などの文化的エリートである（若松 2018: 54–55）。③の都市部の知識人、学生のうち再分配を強く支持する経済的左派の立場をとる人々は、ブレア時代の労働党の現代化に反発し、2015年に労働党党首となった党内最左派コービンの支持層である。

　地理的対立が深まった背景には、1980年代以降、歴代政権による金融資本主義の拠点たるロンドンをはじめとする大都市中心の政策がある。ブレア労働党政権は、社会政策では前保守党政権の方針を見直したが、金融部門主導の経済成長モデルについてはこれを継承、発展させた。大都市中心主義は、地方に経済的疲弊をもたらし、「経済争点に起因する不満が（地方の）政治疎外を深刻化」させたのだった（若松 2018: 70）。このように、コスモポリタン・リベラル 対 権威・排外主義という社会文化軸上の分極とは、中央 対 地方という地理的な亀裂と重なり、その分断の度合いをなおいっそう強めたのだった。

2-4.　大連合形成を促した政治的機会

　とはいえ、疎隔された人々が離脱共同体ともいうべき新たな「多数派」を形成するには、異なる集団をまとめる政治的機会が不可欠であった。それを提供したのが、一つには、反EU、反既定路線を掲げるUKIPと保守党の欧州懐疑派であり、もう一つはもちろん、国民投票という直接民主主義的手続きであった（Goodwin and Heath 2016: 325）。

　ここではとくに、国民投票に先立つ2015年総選挙で388万票を獲得し、その支持者の9割以上が国民投票で離脱に投票したUKIPの果たした役割を確認したい（表2参照）。1993年、マーストリヒト条約が発効した年に結成されたUKIPは、反EUの単一争点に特化した政党であり、設立当初は支持の広がりは限定的であった。2000年代半ば、二大政党が不人

気になった時期から次第に勢力を伸ばし、比例代表制（北アイルランドの
み単記移譲式）で行われる欧州議会議員選挙（以下、欧州選挙）を足がか
りに、保守党から離反した比較的豊かなイングランド南部農村部の保守
層、すなわち疎隔連合の②にあたる人々から支持を集めた。2008 年リー
マンショックでいよいよ深まる金融危機の中で、UKIP はイングランド北
部の労働者階級へも支持層の裾野を広げはじめ、2009 年欧州選挙では
250 万票を集めて第二党に躍り出た（Ford and Goodwin 2014; 若松 2013）。
しかし、2010 年総選挙では伸び悩む。当時のマルコム・ピアスン党首は、
自党の候補を引きずり下ろしてまで EU 懐疑派の保守党候補を当選させる
方針を採り、これに反発した党員や候補者が党首の意向に逆らって選挙活
動を行い、党の統率は大きく乱れた。ここに政党としての UKIP は、人
材、組織、戦略、いずれの側面においても未熟であることが露呈した。

　そこでファラージが呼び戻されたのである。彼は党首に再選出される
と、財務や選挙戦略の専門家を陣営に迎え、反 EU 一辺倒から治安や社会
政策にまで政策メニューの幅を広げ、反移民を前面に押しだしつつ特殊な
政党から普通の政党への転換を図った。選挙に際しては、選挙区での戸
別訪問など有権者に直接訴える地道な選挙戦を展開し、保守党からの離
反者ばかりでなく、連立政権に反発する人々にも支持を広げていった
（Kaufmann 2015; Curtice, Fisher and Ford 2016; Fetzer 2018）。つまり UKIP
は、疎隔意識を抱く異なる社会集団が、反 EU・反移民という共通の価値
意識で括られる上で枢要な役割を担ったといえよう（Goodwin and Heath
2016: 325）。

3. 階級政治の再顕在化

3-1. 新しい階級政治——労働者階級の「無投票層」化

　それでは、経済的・文化的疎外はいかにして離脱支持という行動へと帰
結したのであろうか。この点を考察するさいのキーワードになるのが、新
しい階級政治である。イギリスではかつて、階級という亀裂構造をなぞる
ように特定の階級（たとえば労働者階級）が決まった政党（労働党）に投
票するという階級投票がみられた（ただし、労働者階級の一部は忠実な保

守党支持者であり、彼らはワーキング・クラス・トーリと呼ばれた）。
1970年代以降、既成政党から新党への有権者の鞍替え、業績投票といっ
た選挙ごとの投票行動の流動化が進むにつれ、政党と有権者の比較的安定
的な関係は浮動化した。これを受けて、既存の研究では階級政治は急速に
衰微したと捉えられてきた。しかし、エヴァンズとティリーは、今日のイ
ギリスには、依然として階級政治があるのだと論じる（Evans and Tilley
2017）。

　エヴァンズらは、階級の規模がたとえ変容したとしても階級自体は綿々
と存続していると主張する。たしかに労働者階級の絶対数は減小している
のだが、エヴァンズらの研究のポイントは、この点を踏まえた上でもな
お、階級ごとの違いが、人々のアイデンティティ、イデオロギー形成、所
得水準に強い影響を与えていることに変わりがないこと、そして階級政治
と呼ぶべき現象が確認できることを実証したことにある（Evans and Tilley
2016）。イギリスにおける従来型の階級投票を支えた階級と政党の関係が
弱まるなかで、エヴァンズらが明らかにした現代の階級政治とは、「階級
無投票 the class non-voting」、すなわち特定の階級にみられる棄権という継
続的な行動である。

　この新しい階級政治がきわだってみられるのが、伝統的に労働党を支持
してきた労働者階級においてである。棄権が階級政治とされる論拠は、労
働者階級の棄権率が中流階級のそれの3倍にものぼり、なおかつ棄権率は
選挙ごとに増大したことにもとめられる（Evans and Tilley 2017: 174）。労
働者階級の棄権は1980年代に党の中道化を目指したキノック党首時代か
ら始まっていたが、その規模が目にみえて拡大したのは、1994年に党首
に就任したブレアによる党の現代化改革、すなわち「ニュー・レイバー」
以降である。早くも1997年総選挙、つまりブレア労働党がじつに18年
ぶりの政権奪還を果たした歴史的な局面で、労働者階級の投票率は1992
年総選挙の76パーセントから67.5パーセントまで低下した。その後、
2001年総選挙では54.5パーセントまで落ち込み、2017年総選挙まで60
パーセントを回復したことはない（Ipsos/MORI）。労働党の安定した支持
基盤であった労働者階級は、労働党を支持することも、それ以外の政党に
鞍替えすることもせず、投票所に足を運ぶこと自体を止めてしまった。な
ぜか。

3-2.　政党の変容——ブレア労働党の「現代化」

　エヴァンズらの分析によれば、労働者階級の棄権の最大の要因は、労働党が変わったことである。端的にいえば、ブレア労働党が労働者階級の規模縮小を受けて、少なくとも言説の上ではその利益を代弁することをすっかり止めてしまったことで、多くの労働者階級が労働党を投票しがいのある自らの代表とはみなさなくなったのである。かつての労働党支持層の眼には、ニュー・レイバーとはもはや自分たちではなくて、中流階級の利益を代弁する党になったとしか映らなかった（Evans and Tilley 2017: 132; Bornschier and Kriesi 2012）。

　じっさい、ブレア労働党は、言説、政策、議員のプロフィールを抜本的に見直し、階級という言葉を口にせず、労働者階級の党というパブリック・イメージを払拭しようと躍起になった。政権奪還を目指したブレアは、生産手段の国有化を党是とした党憲章第四条（国有化条項）を全面的に書き替えたばかりでなく、サッチャー保守党政権が制定した労働組合規制を継承するとも明言した。財界、金融界、保守系メディア、そして何よりも中間層まで支持を広げることで政権獲得を目指すブレアにとって、それが自らに課した必須条件だった。

　「人民の党」たらんとしたブレアは、「階級」「労働者階級」「労働組合」といった労働党におなじみのタームを、あたかも党の辞書からそれらが消去されたかのようにことごとく封印した。代わりに頻用されるようになったのが、「勤勉な人々」、「勤労家族」である。「増税」、「再分配」もタブー視され、「貧困」への言及は、自己責任が問われにくい子どもや年金受給者の貧困に限定された。ブレア労働党の注意深く練り上げられた一連の戦略は実を結び、二度の地滑り的勝利を含む三期にわたる長期政権を実現した（今井 2018a）。過去 60 年の主要政党のマニフェストやスピーチで発せられた言説に照らせば、二大政党の言説上のポジショニングは、ブレア時代に戦後最も接近した（Evans and Tilley 2017: 118–132）。

　変化したのは言説ばかりでない。労働党議員といえば、かつては大卒資格を持たない、あるいは労働組合の叩き上げが一定割合（それぞれ 1950 年代で 40 パーセントと 10 パーセント）を占めていたのだが、いまや議員の 8 割は大卒、そのうち 2 割以上がオクスフォードもしくはケンブリッ

ジ大学の出身者となり、労働組合出身は1パーセントにすぎなくなった。労働党議員が用いる言説もそれを発信する彼らのバックグランドも、保守党とさして違わなくなったのである（Evans and Tilley 2017: 127–129）。

　社会文化的な立ち位置では、性的少数者の権利を擁護し、2004年の拡大EU後の東中欧からの移民に寛大な姿勢を示して、リベラルな立場を鮮明にした。他方において、ブレアは、サッチャー政権を支持していた保守層や、労働者階級の中にある権威主義志向を十分に意識しており、犯罪対策で労働党は保守党に比べて弱腰であるという印象を与えることが、政党間競争では不利であると考えた。そこで彼は、早い段階から、犯罪・治安問題に厳格に取り組むことを公約に織り込んだ（今井 2018a; 今井 2018b）。治安問題は、ビッグテント戦略、つまり保守党支持層、中間層、労働者階級まで幅広い支持を獲得するために重要な政策となった。

　しかしながら、ニュー・レイバーへと変貌した労働党をみて、多くの労働者階級の人々は選挙での棄権を選択した。興味深いのは、彼らがすぐさま別の政党に鞍替えしなかったことである。もちろん、保守党や自民党に投票する者はいたが、2割以上もの労働者階級がUKIPに投票するようになったのは2010年代からである（Heath 2018）。彼らの多くがなぜ労働党政権期間中に右翼ポピュリスト政党UKIPに飛びつかず、棄権にとどまっていたのか。ここでは、労働党政権下の再分配や社会政策が、ポピュリスト政党支持といった強い反動的な行動の抑制との両方を生み出したという仮定に拠って行論を進める。

3-3.　労働党政権の社会的包摂政策の功罪

　上述のとおり言説の上では労働者階級から離れたブレア労働党であるが、実際に遂行された政策と言説との間には乖離がみられる。とくに、社会政策ではサッチャー保守党以降の福祉削減、公共投資削減の経路を大きく転換している。政権獲得後、ブレア労働党は積極的福祉の方針のもと社会的投資国家戦略を掲げ、リスクの予防と社会化のためにいくつもの施策を連関させた編み目のような制度を構築した。国際的な金融市場を視野に入れ、厳格なまでの財政規律という制約を自らに課した労働党政権は、それでもその中に自らの目指す政策を遂行する裁量の余地を生み出していった。「制約の中の裁量」である（今井 2018a）。裁量が用いられたのは、社

会的包摂政策と総括された一連の社会的投資戦略である。福祉を投資と捉え、人々に自立と参加の基盤を提供し、バックグラウンドの違いに関わらず隈なく包摂を促そうとする先駆的試みであった。社会的排除に陥りがちな人々と中間層とにまたがる包摂、それが狙いであった。

就労貧困対策では選別主義と普遍主義の組み合わせが重視され、各種税額控除の大幅拡充、法定全国最低賃金が実践された。これらの政策から、労働党政権は、戦後最も再分配的な政権であるとさえみなされている。3期13年に及んだ労働党政権下で遂行された一連の政策が、低所得者層にフィードバック効果をもたらしたと考えられる（今井 2018a; 今井 2018b）。

しかし労働党政権の裁量的な政策は、負の遺産も生んだ。ブレアの後継首相となったゴードン・ブラウンは財務相時代に、所得税以外の増税策を目立たぬように巧みに実行し再分配につなげようとしたが、それにも限界があった。交通や住宅などインフラ整備への投資不足や農業政策の不備は、ロンドンをはじめとした大都市圏と地方との間の甚だしい格差につながった。それが、地方における政治的疎外を発現させたのは上述の通りである。

就労率は大幅に上昇したものの、学歴や技能による賃金や待遇の不平等はむしろ増大した。所得格差を示すジニ係数は、いったんは下落したが、再び0.35ポイント付近にまで上昇し高止まりしたままとなった。ブレア－ブラウン労働党政権は、人々にある程度の負担増を課す財源構造や、新たな分配のあり方を確立するために国民的議論を喚起することに一貫しており及び腰であり、構造的に生み出される社会の分断の根源的な問題に迫るには不十分であったといえよう。

じっさい、上方への社会移動の減少と下方への移動の増大（Devine and Sensier 2017: 33）、グローバル経済から「置き去りにされた人々」の固定化といった社会の深刻な歪みは残されたままとなった（今井 2018a）。結果的に、ブレア労働党を見限って棄権した有権者のほとんどは、再び労働党支持へと戻ることがなかった。労働党への投票者の中でも、2005年以降、保守党、自民党への鞍替えが次第に増えていった。これらの離反投票者たちは、他党を経由して2014年欧州選挙、2015年総選挙にUKIPに投票するようになる。しかし、相当数の労働者階級は棄権を続けた。

4. 緊縮財政の社会的インパクト

4-1. キャメロン政権下の緊縮財政とその逆進性

　かくして疎隔された人々のうち労働者階級の多くが、早い段階で労働党から離反していった。ニュー・レイバーが、縮小する労働者階級という伝統的支持基盤を中間層へと置き換える行動に公然と出たがゆえの現象であった。それは、労働者階級の利益を代弁してきた欧州各国の中道左派政党がいずれも直面せざるを得ないジレンマではあるのだが（Przeworski 1985）、イギリスの場合、労働者階級の多くは、排外主義的なポピュリスト政党の支持層にすぐさま転換したわけではなく、長らく棄権者として潜伏していたことが目をひく。しかし、彼らは国民投票という例外的な政治的機会を得て、疎隔意識を噴出させた。国民投票に先立って、彼らの不満・不安を一層強めたのは何だったのか。フェツァーは、その促進要因を緊縮財政にもとめる。

　フェツァーは、イギリスにおける UKIP、離脱支持と地域別の経済状況別傾向の相関を検討し、2010 年に成立した保守党・自民党連立政権下で実施された緊縮政策が、自治体の財政力の弱い困窮地域に打撃を与えはじめた 2014 年以降、これらの地域で UKIP 支持が強まり、さらに国民投票での離脱支持につながっていったことを論証した（Fetzer 2018; Fetzer *et al.* 2018: 4）。ここでキャメロン政権下の緊縮策が、歴史的と呼び得るほどのものであったことを確認しておきたい。

　2007 年秋のノーザンロック銀行の破綻に端を発し、翌秋のリーマンショックによる世界的な金融危機を受けたブラウン首相は、大手銀行救済のために国費を投じ巨額の財政赤字を生んだ。財政危機の最中に実施された 2010 年総選挙でキャメロン率いる保守党は、国難の責任を労働党政権の「放漫財政」にあると断罪、財政赤字削減を新政権の最優先政策課題に掲げた。福祉縮減策はその一環であったわけだが、それは経済的必要性と同時に、あるいはそれ以上に、「福祉依存」を削減し賃労働の従事者を増大させるというイデオロギー的な動機に突き動かされていた側面があることは否定できない（今井 2014; Beatty and Fothergill 2018）。キャメロンは、

就労せずに公的福祉を受給しているのは、個人的な道徳的堕落であるとする見方を隠そうとしなかった。彼のこうした道徳観は、2011年8月にロンドンをはじめとした大都市圏で発生した若者による「騒擾」に際して、その原因を「壊れた家族」にもとめたことにも表れている。

公共サービス支出や福祉給付の削減、公務労働者の給与カットといった緊縮財政は、金融危機によってすでに疲弊していた地方都市、そして人々の生活を直撃した。公共サービスでは国民保健サービス（NHS）の予算は辛うじて現状維持であったものの、教育予算は削られた。社会保障給付でも、年金は温存された一方で、無拠出の公的扶助は軒並み削減対象となった（Fetzer 2018: 52）。近年の実証研究では、緊縮財政下では、雇用状況が悪く財政的にも困窮している地域の住民の可処分所得がもっとも大きく減少したと指摘されている（Beatty and Fothergill 2018）。

地方自治体に向けられた国庫支出では、2014年度までの実質の支出削減幅は平均23.4パーセントであった。さらにその内訳をみれば、削減幅が46.3パーセントにまで達した自治体があれば、せいぜい6.2パーセント減ですんだ例もある（Fetzer *et al.* 2018: 4; 今井 2019）。つまり、政府から地方自治体に交付される補助金への依存度が高い（つまり地方税収が低く財力の乏しい）自治体にとって、緊縮の打撃は甚大であった。

大規模な緊縮財政は、低所得者層の可処分所得を著しく減少させ、経済的不平等が拡大した。所得分位で最貧層となる人々は、カウンシル・タックス（地方税）、国民保険料、所得税、年金改革ではプラスの効果を得た。しかしそれらは公的給付の削減によって相殺され、結果としてこの層が最大の損失を受けた。緊縮財政の効果はきわめて逆進的であったのである。負の影響は最下層から所得分位の中位に集中し、なかでも、ひとり親世帯、大家族、子ども、中年層（多くの場合有子世帯）の可処分所得が減少した（Agostini *et al.* 2014）。

4-2. 緊縮財政によるダメージと離脱支持

これらの研究を受け、財政削減の地域別影響と国民投票での投票行動の相関を検証したフェツァーは、両者の間には正の相関があることを明らかにした（Fetzer *et al.* 2018: 4）。彼は、2010年以降、イギリスの全世帯数のおおよそ10パーセントに当たる200万〜300万世帯の可処分所得に影響

をもたらした三つの削減策を抽出し、緊縮財政によって直接的なダメージを受けた人々の投票行動を分析した。分析対象は、カウンシル・タックス減免廃止[6]、障がい者生活手当や住宅補助の削減（いわゆる寝室税）であり[7]、これらはいずれも資力調査を伴う経済的弱者への給付である。

フェツァーによれば、2014年頃から緊縮財政の負の影響が現れはじめた地域のうち、離脱支持が多数を占めたところには次のような特徴が見られた。経済的に荒廃し、所得水準と生活への満足度が相対的に低く、社会的地位の高い仕事にある人が少なく、高齢で、最終学歴が低い人々が多い。つまり、上述した離脱支持派を構成する「置き去りにされた人々」は、国民投票が実施される直前の2014年ごろから緊縮財政の負の影響を日常的に実感しはじめていたのである。そしてこの時期に、労働者階級によるUKIPへの支持が増大している。

UKIP支持の動機で最も強いのは移民への警戒心や排斥の要請であるが、全国統計局の調べでは、彼らが居住している地域に住まう移民の数が全国比でかなり少ない。このパラドクスを、セリーナ・トッドが次のように言いあてている。「白人労働者階級の人々が不平等について語ることを許容された唯一の枠組みが人種と移民になってきたことを示している」（トッド 2014＝2016）。

じっさい、緊縮の影響を強く受けた地域では、UKIPへの投票率が2014年欧州選挙では平均して3.58ポイント、国民投票直前の地方議会議員選挙では同11.62ポイントへと上昇した。フェツァーは、離脱支持の割合を示した全国地図に緊縮財政の深さを重ねると、緊縮財政のインパクトと、離脱支持との相関は否定し得ないと論ずる。これらの検証を経て、緊縮ショックがなければ、これらの地域での離脱への投票率は推計で最大9.51ポイント低くなり、国民投票の結果は、残留派勝利となっていた可能性が高いという大胆な推論が示されるのである。

4-3.「デーモン化」されていた労働者階級の政治的プレゼンス

国民投票後、イギリス政治の言説空間には明らかな変化が生じた。階級には政治的妥当性がある。そうはっきりと認めたのが、国民投票の結果を受けて即座に辞任したキャメロン首相の後を継いだメイであった。彼女は、2016年7月11日の首相就任演説で社会観における前任者との違いを

示した。メイ演説のキーワードは「ユニオン＝連合王国の一体性」そして「一つの国民」であった（URL ①）。「一つの国民」とはディズレイリ以来の保守党の中庸政治を集約する看板であったが、1980 年代のサッチャー政権下で降ろされた。保守党党首としてこの看板を再び前面に持ち出したのは、キャメロンであった（URL ②）。キャメロンとメイは「一つの国民」をキーワードとした点では共通しているのだが、その内容は大きく異なる。キャメロンは「一つの国民」を謳った演説で、エスニック・マイノリティ、女性、障がい者など様々なマイノリティに言及した一方、階級には言及せず、労働者階級はあくまでも「働く人々 working people」との表現に押しとどめていた。

　ところがメイ演説では、労働者階級こそがもっとも多くの時間を割かれたメイントピックであった。メイは、経済的に余裕のない不安定な労働者階級のおかれた境遇に寄り添うかのように言葉を連ねた。保守党の首相としては異例となったメイ演説を引用しよう。

　　　白人の労働者階級の息子だとすれば、国中の誰よりも大学に進学する可能性がもっとも低いでしょう。公立学校に通っているとすれば、私立学校で教育を受けた人よりもトップランクの専門職に就く可能性は低いでしょう」。［中略］「普通の労働者階級の家庭に生まれたとすれば、あなたの人生にはウェストミンスター［議会の政治家］が理解しているよりはるかに多くの困難があります。仕事に就いているとしても、その仕事が常に安定しているわけではありません。持ち家があるとしても、住宅ローンの支払いを心配しています。なんとか日々の支出のやり繰りができているとしても、生活費や子どもたちを良い学校に通わせられるかを心配しています（URL ①）。

　その上でメイは、「少数の特権的な人々の利益のためではなく」「バックグラウンドにかかわらずあらゆる人々を支援する」ためにでき得る全てのことを行うとさえ述べた（URL ①）。この演説は、労働者階級の多くが離脱支持に投票したという国民投票の結果を踏まえ、イギリスは依然として厳然たる階級社会であるばかりでなく、階級間格差が深刻化している現実を新首相として認めざるを得なかったことを示している。

5. 暫定的結論

　本稿では、階級という亀裂は後景に退いたとし、経済・社会・文化的「開放」をむねとしたのがイギリスの「成熟社会」であったとすれば、なぜその対極にある「閉鎖」「排外」を支持する人々が（少なくともEU国民投票では）多数派になっていったのかを明らかにすることを試みた。そこで、比較的豊かな高齢の保守層、高齢の労働者階級、経済的に不利な立場にある新しい労働者階級といった異なる社会集団からなる「疎隔された人々」という、EU離脱を支持する有権者連合の内実を検討した。ここで浮き彫りになったのは、離脱支持派とは、長期にわたる大都市中心主義の政治経済、そしてグローバル化経済に対して臆面もなくコスモポリタンな態度を示すエリートたちに対して、不信感や疎外感を強めた地方の多様な社会集団の集まりであった。本来的には経済的利害の異なる社会集団を横断した連合形成を可能にしたのが、反成熟社会ともいうべき排外主義的な社会文化軸上でプレゼンスを高めたUKIPという受け皿であり、国民投票という直接的な意見表明の機会であった。

　「疎隔された人々」の連合のうち、とりわけ経済的に不利な立場にある労働者階級に関する分析が示すのは、労働者階級の規模が大きく縮小したとはいえ、イギリスは依然として階級社会であり続けていることである。ブレア時代の労働党は、「国民の政党」として自党を再規定するために、労働者階級の代表であると表明することをパタリと止め、労働者階級を大いに失望させた。自らの利益を代弁する政党を失った労働者階級の政治的疎外感は、長らく棄権という行動に現れた。しかし、重要な点として、労働党政権下の裁量的な分配政策のフィードバック効果が、彼らをUKIP支持ではなく、棄権に押しとどめていた可能性は無視できない。

　しかし、疎隔意識は解消されるどころかますます強まり、緊縮財政によって打撃を受けた人々は、UKIP支持、そして離脱支持へと向かった。大量の労働者階級による離脱支持への投票、これもはっきりとした階級政治の現れであるといえよう。国民投票でようやく彼らは自らの声を響かせる機会をみたのである。

国民投票後、上述のメイの演説が端的な例となるように、少なくとも言説レベルにおける政治家の姿勢が変わったとするならば、それは国民投票で表明された疎隔された人々の声がもたらした一つの帰結であるといえるかもしれない。しかし、その背景には既存の政党が長らく利益の表出、集約という本来の機能を果たし得ていないという根本的な問題がある。

　「情動的分極」を呈するイギリスの政治社会は、どのようにして妥協点を探る対話への道筋を見出すことができるのであろうか。疎隔意識に向き合うにしても、経済的利害が複雑に絡む「普通の人々」の利益を代弁することは容易ではない。しかしこんにちの危機が主要政党による言説や政策によってもたらされた側面が強いとするならば、そして、あくまでも議会制民主主義を保とうとするならば、反転への契機もまた政党政治の建て直しから模索するほかない。イギリスのデモクラシーの正念場である。

---

[1]　労働者階級の定義については諸論ある。イギリスで最も標準的とされてきたのは、社会学者ゴールドソープの区分を基礎とした全国統計局（ONS）による全国統計社会経済区分（NS-SEC）が示す職業階層に基づく区分である。1998年に発表されその後改定を重ねている。AからEの階層のうち、C2（熟練現業労働者）、DE（半・不熟練労働者、失業者など）が労働者階級にあたる。

[2]　2016年6月23日国民投票での離脱派と残留派の割合（%）：スコットランド（残留 62.0、離脱 38.0）、北アイルランド（残留 55.8、44.2）、ウェールズ（残留 47.5、52.5）、イングランド（残留 46.6、離脱 53.4）。（BBC調べ）。

[3]　従来の職業階層を中心としたそれから、所得、住居、貯蓄、文化的嗜好、活動、社会的ネットワークにいたる多元的な資本について質問をそろえ、大規模な社会調査（the Great British Class Survey）を実施した。

[4]　稗田は、左右のポピュリズム政党の支持層の比較分析で、労働者階級、中・上流階級といった職業階層ヒエラルキー上の垂直的位置のみならず、管理職・技術職・対人関係職のような職務内容の違いによる水平的位置を因子として加え、両者が規定する社会経済的対立上の選好の布置を明らかにしている（稗田 2019）。

[5]　ノリスとイングルハートの研究に対する建設的批判は、古賀（2019）を参照されたい。

[6]　カウンシル・タックスは居住用資産の評価額をもとに課税される。賃借人、別荘などの非居住者にも支払い義務がある。低所得者層に対しては、中央政府の財源を用いて支払い免除や控除（rebate）がなされていたが、2013年4月に廃止されイギリス全土で240万世帯に年間最低1000ポンドの支払い義務が生じた（Fetzer 2018: 26）。

[7] 寝室税とは、低所得者に支給されていた住宅手当について、居住者数に従って新たに規定された寝室以外に未使用の寝室がある場合には、手当が減額される。2013年4月に導入。成人カップルは一部屋、16歳以上は一人一部屋、16歳以下の同性の子ども二人あるいは10歳以下の子ども二人は一部屋という基準である。規定数を超えた部屋数のある住宅居住者には、「余分」な一部屋ごとに住宅手当の15パーセント減額、それ以上の「余分」な部屋数がある場合には25パーセントの減額となる。フェツァーによれば、イギリス全土で約66万世帯が減額措置を受けた（Fetzer 2018: 28–29）。

❖ 参考文献

Agostini, Paola De, John Hills and Holly Sutherland (2014) 'Were We Really All in it Together?: The Distributional Effects of the UK Coalition Government's Tax-Benefit Policy Changes', *Social Policy in a Cold Climate*, Working Paper, CASA, LSE.

Ainsley, Claire (2018) *The New Working Class: Hot to Win Hearts, Minds and Votes*, Bristol: Policy Press.

Alford, Robert R. (1967) 'Class Voting in the Anglo-American Political Systems', in *Party Systems and Voter Alignments: Cross-National Perspectives*, New York: the Free Press.

Beatty, Christina, and Steve Fothergill (2018) 'Welfare Reform in the United Kingdom 2010–16: Expectations, Outcomes, and Local Impacts', *Social Policy Administration*, vol. 52, Issue 5.

Bornschier, Simon and Hanspeter Kriesi (2012) 'The Populist Right, the Working Class, and the Changing Face of Class Politics' in Jens Rydgren (ed.) *Class Politics and the Radical Right*, Abingdon: Routledge.

Cowley, Philip and Dennis Kavanagh (eds.) (2018) *The British General Election of 2017*, London: Palgrave.

Crosland, Anthony (1956＝2013) *The Future of Socialism*, London: Constable & Robinson.

Curtice, Chris (2017) 'The Demographics Dividing Britain', YouGov, 25 April 2017, https://yougov.co.uk/news/2017/04/25/demographics-dividing-britain（最終アクセス 2019年10月15日）.

Curtice, John, Stephen D. Fisher and Robert Ford (2016) 'Appendix 1: The Results Analysed' in Philip Cowley and Dennis Kavanagh (eds.) *The British General Election of 2015*, London: Palgrave.

Curtice, John (2017) 'Brexit and the election', *Brexit: One Year On*, Political Studies

Association.

Devine, Fiona and Marianne Sensier (2017) 'Class, Politics and the Progressive Dilemma', *The Political Quarterly*, vol. 88, no. 1.

Evans, Geoffrey and James Tilley (2017) *The New Politics of Class: The Political Exclusion of the British Working Class*, Oxford: Oxford University Press.

Fetzer, Thiemo (2018) *Did Austerity Cause Brexit?* Warwick Economics Research Papers, 7159, July 2018, CESifo.

Fetzer, Thiemo, Sascha O. Becker, and Dennis Novy (2018) 'Austerity, Immigraion or Globalisation: was Brexit Predictable?', Social Market Foundation, November 2018.

Ford, Robert and Matthew J. Goodwin (2014) *Revolt on the Right: Explaining Support for the Radical Right in Britain*, Abingdon: Routledge.

Goodwin, Matthew J., and Oliver Heath (2016) 'The 2016 Referendum, Brexit and the Left Behind: An Aggregate-level Analysis of the Result', *Political Quarterly*, vol. 87, No.3.

Heath, Oliver (2018). 'Policy Alienation, Social Alienation and Working-Class Abstention in Britain, 1964–2010', *British Journal of Political Science*, 48(4), 1053–1073.

Inglehart, Ronald (1977) *The Silent Revolution: Changing Values and Political Styles Among Western Publics*, Princeton: Princeton University Press ＝三宅一郎・金丸輝男・富沢克訳（1978）『静かなる革命——政治意識と行動様式の変化』東洋経済新報社

Jones, Owen (2011) *Chavs: The Demonization of the Working Class*, London: Verso.

Kaufmann, Eric (2015) 'UKIPpers Are Likely to Have Voted Tory in 2010—But Labour in the 1990s', http://may2015.com/featured/ukippers-are-likely-to-have-voted-tory-in-2010-but-labour-in-the-1990s/ on 24 February 2015.（最終アクセス日 2019 年 5 月 15 日）

Kaufmann, Eric (2016) 'It's NOT the economy, stupid: Brexit as a story of personal values', LSE Blogs, https://blogs.lse.ac.uk/politicsandpolicy/personal-values-brexit-vote/（最終アクセス日 2019 年 5 月 15 日）

Norris, Pippa and Ronald Inglehart (2018) *Cultural Backlash: Trump, Brexit, and the Rise of Authoritarian-Populism*, Cambridge University Press.

Przeworski, Adam (1985) *Capitalism and Social Democracy*, Cambridge: Cambridge University Press.

Tilley, James with Sara B. Hobolt, Thomas J. Leeper (2018) *Divided by the Vote: Affective Polarization in the Wake of Brexit*. paper presented by Japanese Political Science Association annual conference, 2018.

今井貴子（2014）「金融危機後のイギリス政治」日本政治学会編『年報政治学』2013–II

今井貴子（2018a）『政権交代の政治力学——イギリス労働党の軌跡 1994–2010』東京大学出版会

今井貴子（2018b）「英国における社会民主主義の可能性」『生活経済政策』2018 年 7 月 No. 258

今井貴子（2019）「労働者階級の政治的疎外——階級的無投票と国民投票」『生活経済政策』2019 年 8 月 No. 271

古賀光生（2019）「西欧の右翼ポピュリスト政党の台頭は、「文化的な反動」によるものであるのか？——政策の比較分析から検討する」日本政治学会編『年報政治学』2019–II（本誌）

阪野智一「2017 年イギリス総選挙の分析——ブレグジットと 2 大政党政治への回帰」『選挙研究』34 巻 1 号

トッド，セリーナ（近藤康裕訳）（2014 = 2016）『ザ・ピープル——イギリス労働者階級の盛衰』みすず書房

水島治郎（2016）『ポピュリズムとは何か』中公新書

富崎隆（2018）「英国・BREXIT をもたらした国民投票における投票行動」『選挙研究』34 巻 1 号

稗田健志（2019）「西欧諸国におけるポピュリスト政党支持の職業階層的基盤」日本政治学会編『年報政治学』2019–II（本誌）

若松邦弘（2013）「自由主義右派の政党組織化——連合王国独立党（UKIP）の展開と政党政治上の意味」『国際関係論叢』2(2)

若松邦弘（2018）「『普通の人』の政治と疎外」、図 3、宮島・木畑・小川編『ヨーロッパ・デモクラシー』岩波書店

＊主要参照 URL

BBC News. 24 June 2016, http://www.bbc.com/news/uk-politics-36616028（最終アクセス日 2019 年 10 月 15 日）

アッシュクロフト卿世論調査　http://lordashcroftpolls.com/2016/06/how-the-united-kingdom-voted-and-why/#more-14746（最終アクセス日 2019 年 10 月 15 日）

Ipsos/MORI
・The 2016 EU Referendum: who was in and who was out?, 5 September 2016
・How Britain Voted 1992–2017, https://www.ipsos.com/ipsos-mori/en-uk/（最終アクセス日 2019 年 10 月 15 日）

URL①　Statement from the new Prime Minister Theresa May' 13 July 2016, https://www.gov.uk/government/speeches/statement-from-the-new-prime-minister-

theresa-may,（最終アクセス日 2019 年 10 月 21 日）
URL② Election 2015: David Cameron speech in full, BBC News 8 May 2019, https://www.bbc.com/news/uk-politics-32661073（最終アクセス日 2019 年 10 月 21 日）

西欧の右翼ポピュリスト政党の台頭は、
「文化的な反動」によるものであるのか？
——政策の比較分析から検討する

中央大学准教授 古賀光生[1]

　本稿は、西欧における右翼ポピュリスト政党の「文化的な」争点への態度を検討する。ノリスとイングルハートによる有力な先行研究（Pippa Norris and Inglehart 2019）は、「権威主義的なポピュリスト」の支持拡大は、脱物質主義的な価値観の主流化に対する物質主義者を中心とした「文化的な反動」が原因であるとする。そのような理解に従えば、右翼ポピュリスト政党は、同性婚への反対や女性の社会進出への否定的な態度など、「文化的な反動」にふさわしい主張をしていると考えるのが妥当である。しかし、先行研究は、一部の右翼ポピュリスト政党が必ずしもこうした立場にはないことを指摘している。そこで本稿は、西欧の六つの右翼ポピュリスト政党の文化的な争点への態度について、比較マニフェスト分析を用いて、その「反動的」な態度を検討する。分析の結果は、これらの党は、移民への態度などで「権威主義的」姿勢を示すものの、社会的な争点については、他の政党類型と比べて、特段「反動的」とは呼べないことが明らかになった。こうした知見は、必ずしも直ちに先行研究に修正を強いるものではないものの、現状の議論の枠組みに対して、一定の回答すべき「謎（puzzle）」を提示するものである。

キーワード：右翼、権威主義、ポピュリズム、比較政治、西欧

1. 問題の所在

　本稿の目的は、西欧における右翼ポピュリスト政党の政策を分析することにある。ノリスとイングルハートは、権威主義的なポピュリストの台頭が、「文化的な反動（cultural backlash）」によるものとしている（Norris and Inglehart 2019)。この主張が妥当であるならば、これらの党は、伝統的な価値を積極的に擁護するような主張を展開していると考えるのが自然である。本稿は、その実態を検討する。

　高度成長の終焉後に訪れる「成熟社会」においては、これまで以上に、文化的な争点が政治対立を規定すると考えられてきた。こうした議論の嚆矢となったのが、イングルハートによる「静かなる革命」の議論である（Inglehart 1977 = 1978）。彼は、安全や物質的な充足への欲求が実現した後、参加や承認、自己実現などの欲求を追求する、「脱物質主義的な価値」を支持する人々が増加することを指摘した。その結果、従来の経済的な（再）分配をめぐる争いを軸とした「古い政治」に加えて、価値対立を主軸とする「新しい政治」の重要性が高まった、とされる。

　1980年代に新たに政治の表舞台に登場して以来、西欧における右翼ポピュリスト政党は、こうした文脈に位置付けられてきた（山崎 2019, 注8）。具体的には、「脱物質主義」的な価値観に反発する人々が右翼ポピュリスト政党を支持した、との理解である。例えばイニャーツィは、それを「静かなる対抗革命（silent counter-revolution）」と呼び、右翼ポピュリスト政党の台頭は、政治における価値対立の現れであるとした（Ignazi 1992）。

　もっとも、こうした価値対立の詳細をめぐっては、先行研究の間でも議論が分かれている。その典型は、これらの議論を牽引してきたイングルハートと、その主張の一部に異論を唱えるフラナガンの間の論争に見られる（Inglehart and Flanagan 1987）。イングルハートは、右翼ポピュリスト政党を含む急進右翼への支持を、伝統的な権威主義的価値観に依拠する「物質主義者の反動」と位置付ける。他方、フラナガンは、イングルハートの主張する「脱物質主義的価値」が左派的な特徴に偏っているとして、右派による、「脱物質主義的な権威主義」の存在を主張する。

　これらの議論は、分析の対象となる現象が、支持の規模においても、また、地理的にも拡大したことで、改めて検討されはじめている。本稿が主な議論の対象とする、ノリスとイングルハートの共同研究（Norris and Inglehart 2019）は、その一環である。両者の研究では、「ポピュリズム」を反エリート主義的な言説と捉える。その中で、「権威主義的なポピュリスト」として、アメリカ合衆国のトランプ大統領や西欧の右翼ポピュリスト政党、連合王国独立党（UKIP）などのイギリスのEU離脱[2]（いわゆ

る Brexit）を支持した政治勢力などを挙げ、これらへの支持の背景に「文化的な反動」を把握する。伝統的な価値を擁護する人々が、もはや主流になりつつある「脱物質主義的な価値」に対抗して反動的な勢力を支持している、との見立てである。

　本稿は、こうした議論の内実を改めて検証する。結論を先取りすれば、少なくとも選挙公約に見られる限り、西欧の右翼ポピュリスト政党の主張は、権威主義的な傾向を強く有するものの、ノリスとイングルハートが主張する「文化的な反動」とはやや性質の異なるものである。

　このことを示すために、以下では、まず、ノリスとイングルハートの議論を確認し、その研究において「権威主義ポピュリズム」に分類される、西欧の右翼ポピュリスト政党の主張についての先行研究を概観する。次いで、これらの党の選挙公約に関する数量的なデータを分析し、これらの党が「文化的な反動」と呼びうる主張を展開しているかを明らかにする。その上で、分析結果を各国の文脈に位置付ける。

2. 先行研究の概観と研究の課題

（1）「文化的な反動」理論の概観

　ノリスとイングルハートの「文化的反動」理論は、近年のポピュリズム現象を、大きな社会変動との関係で巨視的に捉える分析枠組みである。研究成果を発表した当初は、両者は、ポピュリズムそのものが権威主義的な性格を有すると位置付けていた（Inglehart and Norris 2016）。しかし、これに対しては、いくつかの研究が、左派のポピュリズムの特徴がこれに反することを指摘して、これを批判している（例えば、Mudde and Kaltwasser 2018, 稗田 2019）。ノリスとイングルハートは、最新の成果では、ポピュリズムのうち、「権威主義的なポピュリズム」を峻別して、その台頭を文化的な反動によるものとしている。

　「文化的反動」論は、権威主義的なポピュリストの台頭が、「静かなる革命」に対して、権威主義的な価値観の持ち主——「伝統主義者（traditionalist）」——が起こした反動に起因する、とみる（Norris and Inglehart 2019, 13–14）。つまり、新しい世代の台頭や高学歴化によって

「脱物質主義的価値観」が主流化することに対して刺激を受けた伝統主義者が、経済的な不安定性の増加や移民の増大による社会の多様性の増加を受けて危機感を高め、権威主義的な主張を訴えるポピュリストへ投票して、これらの勢力が台頭した、という理解である。

　権威主義とは、ここでは、安全（security）の重視、伝統への同調（comformity）、強い指導者への服従の、三つの価値を中核とする（Norris and Inglehart 2019, 71）。ノリスとイングルハートは、文化的な保守主義が必ずしも権威主義とは同じではないことは認めているものの、権威主義の持つ同調志向は、国民的文化（national culture）の擁護の観点から、保守主義と親和的であると主張する（Norris and Inglehart 2019, 71–72）。具体的には、権威主義者は、男女の平等や同性愛者の権利擁護、あるいは、離婚や人工妊娠中絶などに否定的である。さらに、異なる文化的な背景を持つ外国からの移民に否定的な態度を示す（Norris and Inglehart 2019, 7–8; 46–47）。その上で、こうした価値観こそが、有権者の権威主義的なポピュリストへの投票を説明する因子であるとする。

　ノリスとイングルハートも指摘するように、数多くの先行研究が、西欧の右翼ポピュリスト政党への投票において、有権者の反移民的な態度が最も有力な要素の一つであることを指摘してきた（例えば、Werts et al. 2013, 稗田 2019）。そして、その姿勢が、異なる文化的な背景を持つ人々への移民受け入れ国の文化への同調を要求する、という意味で一定の権威主義的な傾向と重なることも、多くの先行研究が指摘してきた（例えば、Flanagan and Lee 2003, Kitschelt with McGann 1995, Kriesi et al. 2012）。

　これに対して、本稿が議論するのは、こうした反移民的態度に見られる権威主義的志向が「文化的な反動」と同一であるか、という点である。なぜなら、少なくともオランダでピム・フォルタインが政治の舞台に登場した 2000 年代以降、西欧の右翼ポピュリスト政党からは、新たな議論が提起されているためである（水島 2019〔2012〕, Brubaker 2017）。フォルタインは、自身が同性愛者であることを公言し、同性愛者を差別するイスラム教を、西欧の普遍主義的な人権擁護の思想と相いれないとして批判した。オランダでは、この主張は自由党のヘールト・ウィルデルスに継承されている。あるいは、デンマークの新聞による「ムハンマド風刺画事件」やフランスのシャルリ・エブド紙への襲撃事件を契機として、少なからぬ右翼

ポピュリスト政党が、言論の自由を擁護する観点からイスラム教徒を批判している。すなわち、少なくとも表面的には、移民の排斥と「文化的な反動」が一致していないのである。

（2）西欧の右翼ポピュリスト政党の政策をめぐる研究

　ノリスとイングルハートの共同研究に先立って、既に西欧の右翼ポピュリスト政党の社会・文化的な政策については、その両義性が指摘されている。具体的には、一方では、移民排斥に典型的に見られるような権威主義的性格、あるいは保守性が見られるものの、他方、言論の自由や男女の平等、同性愛者の権利に関わる領域においては、「進歩的な」性格も見られる、との指摘である（例えば、Akkerman, 2015, Brubaker 2017, Moffitt 2017）。

　ポピュリズムとリベラリズムの思想的な関係について論じたのが、モフィットである。彼は、右翼ポピュリストは、体系的な自由主義に立脚しているのではなく、例えば、言論の自由の主張は、差別的なイスラム批判を正当化する文脈で用いられており、真に自由主義的なものとは言えない、との見方を提示する（Moffitt 2017）。同様に、ブルベイカーは、オランダにおけるピム・フォルタインの登場以降、ポピュリストが、世俗化された西欧文明との対置でイスラムを批判するため、言論の自由や男女平等を強調するようになったと指摘する（Brubaker 2017）。

　ポピュリスト政党の主張の観点から、これらの党の持つ価値体系についての議論がなされる。各国の右翼ポピュリスト政党のジェンダーに関する政策を調査したアッカーマンの研究によれば、女性の権利や家族像について、オランダの自由党やデンマーク国民党のように進歩的な姿勢を示す政党もあれば、オーストリア自由党やフランスの国民戦線[3]は、今なお、保守的な傾向を示しているとする（Akkerman 2015）。例えば、同性婚の合法化について、オランダの自由党は支持するが、国民戦線やオーストリア自由党は否定的である。また、女性の権利については、デンマーク国民党やノルウェーの進歩党は、男女平等は既に実現されたとみなす立場から、積極的な差別是正措置には否定的である。

　これらの研究が共通して指摘することは、以下の二つである。まず右翼ポピュリスト政党の「進歩的」な態度は、近年、反イスラムの文脈で、い

くつかの争点が選択的に強調されている。次いで、西欧の右翼ポピュリスト政党も一枚岩ではなく、相対的により進歩的な価値観を表明する政党もあれば、保守的なスタンスを維持している政党もある。例えば、ブルベイカーは、極右系の右翼が、同性愛者の「最低限度の」権利を擁護しているに過ぎないとして、オランダの自由党との違いを指摘している（Brubaker 2017）。

　こうした先行研究の成果を踏まえると、たしかに、西欧の右翼ポピュリスト政党の主張を額面通りに受け取ることは難しい。それでも、少なくとも男女の平等などいくつかの領域においては、「文化的な反動」とは一線を画する主張をしているようにも見える。

（3）研究の課題

　これらの先行研究を踏まえ、本稿では、右翼ポピュリスト政党の文化的領域についての主張を包括的に検討して、これらの党が、「伝統主義者」の志向に合致するような主張を展開しているかについて確認する。分析に際しては、他の政党類型との比較も意識する。

　もし、ノリスとイングルハートが主張するように、右翼ポピュリスト政党の台頭が「文化的な反動」によるものであり、その中核的な支持層が「伝統主義者」である、とするならば、これらの党が、なぜ、一見すると伝統主義者の志向に反するような主張を展開しているのか、という問いは、研究上の「なぞ（puzzle）」となる。本稿の目的は、一義的には、この「なぞ」を提示することであり、それが「文化的な反動」論の枠組み内で解決可能であるか否かは、十分には吟味できない。ただし、この議論の枠組み内でこの「なぞ」を解消しようとするならば、どのような検証が必要となるのかについては、部分的ながら、論じることとする。

　もちろん、有権者が政党の主張に興味を示さず、既成政党への異議申し立ての目的のみに従って右翼ポピュリスト政党に投票しているのであれば、政策を分析する必要性は乏しい。しかし、右翼ポピュリスト政党の支持者たちも、政策やイデオロギーで投票先を選んでいると考えられている（例えば、古賀 2014）。ノリスとイングルハートも、伝統主義者は危機感をバネに権威主義的なポピュリストに投票しているとする。

　本稿は、右翼ポピュリスト政党の主張が、機会主義的なものに過ぎない

との見方を否定するものではない。まず、人種差別に関わる言論への法的規制も厳格な [4] 西欧では、人種差別主義者（racist）と見なされることは、場合によっては、政党の活動にとって致命的となる [5]。さらに、ノリスとイングルハートは、アメリカ合衆国と西欧の文化的な違いを指摘しつつ、合衆国の世論は、西欧と比べてより保守的であるとする（Norris and Inglehart 2019, 97）。右翼ポピュリストの主張は、こうした政治状況に合わせた、外向けのポーズに過ぎない、とも言える。

　非合法化の回避、という観点に即してみれば、移民・難民を排斥しつつ、その根拠に「人権」を掲げるのは、右翼ポピュリスト政党にとって、極めて合理的である。これらの党が、1990年代以降、人種差別主義と区別された移民排斥の姿勢を確立する中で、例えば、「福祉排外主義（welfare chauvinism）」など、新たな主張を展開してきた。または、これらの党は、「言論の自由」の主張を、自党が展開する人種差別的な言説への規制を批判する文脈でも持ち出している（Brubaker 2017, Moffitt 2017）。

　これらの行動が、得票拡大や政治的な正統性の確保などを目指した機会主義的な行動であるとするならば、むしろそのことは、何らかの理由で、右翼ポピュリスト政党が「伝統主義者」以外からの支持を集めようと努めているか、あるいは、主要政党との協調を図っているかのいずれかであることを示す根拠となりうる。

　後者については、右翼ポピュリスト政党の一部が、既に政権入りを果たしたか、あるいは、それを視野に入れる規模にまで成長したことも踏まえる必要がある [6]。これらの党が、主要政党から「連立可能な相手」と見なされるためには、一定程度、それらの党との協調が可能であるような姿勢を示す必要がある [7]。そのうえでなお、社会・文化的な争点において、これらの党が最も保守的で、伝統主義者には他の代替的な支持の受け皿がないのであれば、たとえ、幾分かは「進歩的な」主張を展開したとしても、伝統主義者たちは、しぶしぶ、投票してくれるかもしれない。

　前者については、右翼ポピュリスト政党は、多様な支持層を包摂するための戦略としてこれまで移民・難民争点を有効に用いてきた（例えば、Kitschelt with McGann 1995）。具体的には、経済的な志向が異なると想定される、中小企業経営者らと労働者層からの支持をつなぎとめるため、経済的な政策位置をぼかしつつ（Rovny 2013）、移民・難民を財政的な負担

として描くことで、「国民（あるいは元々住んでいる人（native）たち）」の利害を一致させるように努めたのが「福祉排外主義」であった。この延長線上に右翼ポピュリスト政党の文化的な価値に対する姿勢を位置づけることは難しくない。

いずれにせよ、これらの諸仮説を検証するためには、その第一歩として、右翼ポピュリスト政党の社会・文化的な主張について、他の政党との関係性を意識しながら、明らかにする必要がある。そこで本稿では、以下に示す方法を通じて、これらの党の「伝統的価値」に対する態度を検証する。

3. 仮説と方法

(1) 方法

これらの先行研究と研究課題を踏まえ、本稿では、右翼ポピュリスト政党の政策を検討する。その際に、本稿では、比較マニフェスト研究（Comparative Manifesto Project、以下 CMP）のデータ[8]を用いて、右翼ポピュリスト政党の政策を主要政党との比較の中に位置付ける。また、各国の右翼ポピュリスト政党間の比較を試みるとともに、各党の時系列的な変化を概観する。

文化的な争点に焦点を当てるため、CMP が析出したデータのうち、「社会の機構（Fabric of Society）」に関わる争点群のデータについて、主成分分析の手法で各政党の特徴を析出する。具体的には、per601 から per608 までの諸政策、つまり、順に、「国民的な生活に関する肯定的な言及（per601）」「国民的な生活に関する否定的な言及（per602）」「伝統的な倫理への肯定的な言及（per603）」「伝統的な倫理への否定的な言及（per604）」「法と秩序への肯定的な言及（per605）」「公共心への肯定的な言及（per606）」「多文化主義への肯定的な言及（per607）」「多文化主義への否定的な言及（per608）」の 8 項目を指す。

その際、分析の対象とするのは、上述の先行研究（Akkerman 2015, Brubaker 2017）が取り上げた諸国を中心として、デンマーク、ノルウェー、オランダ、ベルギー、フランス、オーストリアとする。ただし、アッ

カーマンが対象とした諸政党のうち、スイス国民党（SVP）に替えて、ノルウェーの進歩党を採用した。これらの諸国につき、右翼ポピュリスト政党が台頭し、移民排斥の主張を採りいれ始めた 1980 年以降から今日までのデータを抽出した。

　ノルウェーの進歩党は、数多くの先行研究が認めるように、有力な右翼ポピュリスト政党である。SVP を排除した理由として、同党が、かつては穏健な保守政党あるいは農民政党であったものの、今日では右翼ポピュリスト政党と目されている状況がある。このような変化が、本稿の時系列的な分析とうまくかみ合わないことを考慮した。オーストリア自由党にも同様の傾向が指摘される可能性があるが、同党は歴史的に極右的な背景を有し、かつ、本稿が分析対象とする 1980 年代には、ほぼ一貫して急進右翼的な性質を示している。

　分析の対象とする時期において、右翼ポピュリスト政党は、平均して、マニフェストの 19.6% をこれらの争点に費やしている（表 1）。これは、他の政党類型[9] の平均（11.1%）を上回り、これに類する政党類型は、キリスト教民主主義政党（18.5%）のみである。文化的な争点が、右翼ポピュリスト政党にとって重要なものであることが窺える。

（2）仮説

　本稿では、以下の三つの仮説を提起する。第一の仮説として、西欧の右翼ポピュリスト政党は、選挙公約の限りにおいては、ノリスとイングルハートの定義するような意味で権威主義的ではあるものの、文化的な反動とは呼び難い主張を展開していると想定する（仮説 1）。つまり、安全を重視し、「国民的な文化」への同調を要求し、それに適合しない移民に否定的であるという点では、右翼ポピュリスト政党は、権威主義的である。しかし、こうした姿勢は移民への態度を中心とするもので、男女の役割分担や家族の在り方などについて、伝統的な価値に全面的に依拠するものではないと想定する。

　次いで、先行研究が示した各政党の違いを意識して、その違いを、党の歴史的な背景に求める。具体的には、伝統的な価値への否定的な態度は、新興諸政党で顕著である一方、極右的な歴史背景を持つ政党においては、反動的な性質も見られるものと考える（仮説 2）。必ずしも、多くの先行

表1　右翼ポピュリスト政党と他の政党の社会・文化的争点への言及度合い（%）

	per601	per602	per603	per604	per605	per606	per607	per608	合計
右・ポ政党	4.72	0.14	2.29	0.21	6.69	1.03	0.31	4.18	19.57
右・ポ以外	0.74	0.17	2.63	0.34	3.71	1.81	0.97	0.68	11.05
環境政党	0.60	0.31	0.52	0.74	2.65	1.85	1.04	0.38	8.09
社会主義	0.39	0.38	0.61	0.44	2.03	1.28	0.91	0.30	6.33
社民	0.56	0.15	0.54	0.43	3.35	2.04	0.87	0.49	8.43
自由主義	0.71	0.13	0.55	0.44	4.65	1.33	1.18	1.28	10.27
キリ民	0.91	0.10	8.44	0.09	4.37	2.74	1.23	0.63	18.51
保守	3.89	0.24	0.01	4.33	0.00	0.45	3.57	2.43	14.92

※「右・ポ政党」は右翼ポピュリスト政党、「右・ポ以外」はポピュリスト以外の右翼政党、「キリ民」はキリスト教民主主義政党、以下同

研究が、こうした歴史的な経緯を強調するものではない。しかし、党の活動家や支持者の意向を踏まえれば、伝統的な価値へのこだわりは、極右的な背景を持つ政党においてより重要であろう。

　さらに、右翼ポピュリスト政党の伝統的な価値への態度については、これらの党が登場した当初と比べて、現時点において、より「反伝統」に傾いている、と考えられる（仮説3）。先行研究が指摘する、フォルタイン登場以降の変化を想定した仮説である。

　以下では、主成分分析の結果を政党類型ごとに比較するとともに、各国の政党間の政策の違いを確認する。

4. 分析結果

(1) 分析結果の概観

　主成分分析の結果は、表2である。固有値が1を超える主成分は3つ検出されたが、1つ目の主成分は、「国民的生活への肯定的な言及（per601）」「多文化主義の否定（per608）」に加えて、「法と秩序の維持（per605）」が大きく寄与していることから、「安全」と「同調」を志向する、「権威主義的傾向」と呼びうる。次いで、第二主成分は、「伝統的な価値」への肯定的（per603）、否定的（per604）言及がいずれも大きく寄与していることから、「伝統的価値への態度」と想定できる[10]。符号から、値が大きいほど、伝統的な価値に否定的と言えるため、「反伝統的傾向」とも呼びうる。ただし、「国民的生活への否定的な言及（per602）」が正の符号となっている。第三主成分は、やや解釈が難しいものの、「多文化主義的態度」と呼べようか。本稿の関心に従って、以下、第一主成分と第二主成分を中心に検討する。

　まず、前述の仮説1を検討するために、政党類型ごとに第一主成分、第二主成分、すなわち、順に「権威主義的傾向」と「反伝統的傾向」の主成分得点の平均を記したのが、表3、分散を示した箱ひげ図が、図1である。表3から、右翼ポピュリスト政党は、権威主義的な傾向において、保守政党やキリスト教民主主義政党と比しても、より強く特徴的な位置にあることが窺える。他方、伝統的な価値への態度については、保守政党がやや肯定的で、キリスト教民主主義政党がより強く肯定的であるのに対して、右翼ポピュリスト政党は、むしろ、緑の党や急進左派政党と近く、やや否定的である。表3および図1からは、右翼ポピュリスト政党について、権威主義的な性質については、一部の党の極端な立場が平均を押し上げているものの、他の政党類型と比べて、これらの党が特徴的な立場を示していることが窺える。他方、伝統的価値への態度は、キリスト教民主主義政党が特徴的で、右翼ポピュリストは、一部の極端なものを除けば、保守政党と比べ、わずかに伝統的な価値に否定的な位置にある。後述の事例の検討において明らかにするように、これらをもって、右翼ポピュリスト

西欧の右翼ポピュリスト政党の台頭は、「文化的な反動」によるものであるのか？　　95

表 2-1　説明された分散の合計

成分	初期の固有値			抽出後の負荷量平方和		
	合計	分散の %	累積%	合計	分散の %	累積%
1	1.812	22.647	22.647	1.812	22.647	22.647
2	1.253	15.658	38.305	1.253	15.658	38.305
3	1.173	14.658	52.963	1.173	14.658	52.963
4	0.960	11.999	64.962			
5	0.887	11.082	76.044			
6	0.784	9.794	85.838			
7	0.680	8.503	94.341			
8	0.453	5.659	100.000			

因子抽出法：主成分分析

表 2-2　成分行列

	成分		
	1	2	3
per601（national way of life ＋）	0.702	0.191	0.076
per602（national way of life －）	－ 0.160	0.561	0.476
per603（traditional morality ＋）	0.161	－ 0.445	0.120
per604（traditional morality －）	－ 0.228	0.687	0.056
per605（law and order ＋）	0.719	0.007	0.117
per606（civic mindedness ＋）	－ 0.060	－ 0.446	0.542
per607（multiculturalism ＋）	－ 0.220	－ 0.071	0.766
per608（multiculturalism －）	0.804	0.169	0.166

因子抽出法：主成分分析

政党が「反伝統的」とまで言えるのかは微妙ではあるものの、「文化的な反動」の立場で伝統主義者の支持を惹きつけようとするには、キリスト教民主主義政党の存在を視野に入れれば、明らかに、インパクトに欠ける。
　次に、仮説 2 について確認する。ここでは、極右的な歴史背景を持つ政党として、フランスの国民戦線、ベルギーのフラームス・ベラング、オー

表3　各政党類型ごとの主成分得点の平均と標準偏差

（左が第一主成分、右が第二主成分）

	緑		急進左派		社民		自由主義		保守		キリ民		右ポ	
平均	-0.53	0.48	-0.54	0.34	-0.34	0.08	0.01	0.11	0.09	-0.16	0.00	-0.87	1.02	0.32
標準偏差	0.44	1.06	0.45	1.10	0.42	0.94	0.93	0.84	0.77	0.54	0.52	0.66	1.69	0.91

図1　箱ひげ図

政党類型は、いずれも左から、緑、急進左派、社民、自由主義、保守、キリ民、右・ポ

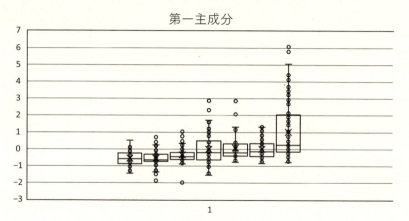

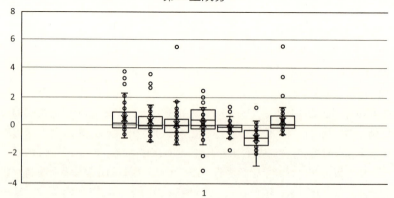

ストリア自由党、を選択した[11]。それ以外の政党との平均の比較が、表4である。平均値にはほとんど差はなく、この結果からは、仮説2は支持しがたい。少なくとも、マニフェストに現れる伝統的な価値への態度については、各党の歴史的な背景とは直接には関りがないことが示された。この結果は、後述の仮説3の検証と合わせて議論されるべきであろう。

表4　極右と非極右の右翼ポピュリスト政党の比較

	第一主成分	第二主成分
極右政党	1.17	0.33
非極右	0.99	0.31

　最後に、仮説3について、時期を区切って、1980年代から2000年までのデータと、2001年以降を比較した。極右政党については、平均にいくらかの差は見られたが、外れ値の影響も大きく、統計的にも有意な差[12]とは言えなかった（表5-1）。他方、この二つの時期について、右翼ポピュリスト政党全体における平均の差を確認したところ、統計的に有意な差が見られた（表5-2）。これらの結果から、伝統的な価値をめぐる態度については、2000年代以降、フォルタインらの影響もあってか、各党が主張を変更していったことが窺える。

表5-1　極右政党について

	第一主成分	第二主成分
1980–2000	0.549	− 0.178
2001–2018	1.443	0.835
p 値	0.033	0.058

表5-2　右翼ポピュリスト全体

	第一主成分	第二主成分
1980–2000	0.34	− 0.02
2001–2018	1.72	0.70
p 値	0.00	0.00

(2) 事例の検討

　選挙公約を個別に分析する際には、各国内で、選挙ごとの政党間競争や主要争点などの文脈が無視できない。紙幅の都合で各国の詳しい分析結果は掲載できないものの[13]、その概要を、各国の文脈を踏まえて、以下に

記述する。

①オーストリア

　先行研究は、オーストリア自由党を、フランスの国民戦線と並んで、右翼ポピュリスト政党の中でも最も保守的な政党の一つと位置付けている（例えば、Akkerman 2015）。本稿の分析でも、2010年代以前においては、自由党はほぼ一貫して「反伝統」の傾向が薄い。2013年、2017年の選挙では、わずかながらに「反伝統」に転じているようにも映るが、緑の党や社民党との関係からは、自由党は、キリスト教民主主義政党でもある中道右派の人民党と並んで、「伝統的価値」志向であることが窺える。

　他の右翼ポピュリスト政党と比べれば、自由党は、選挙公約の上では権威主義的傾向も薄いように映る。ただしこれは、既に先行研究が指摘しているように（Kitschelt with McGann 1995）、1990年代までの自由党は、クライエンテリズムに批判的な有権者の支持を集めるために政治腐敗や行政の効率性に関する主張に比重を置いたためである。

　また、自由党の主張は、キリスト教民主主義政党である人民党との連立戦略に左右される（Luther 2015）。例えば、人民党との連立を視野に、党の伝統であった反教権的な姿勢は放棄され、「世俗化されたキリスト教」（Brubaker 2017）に依拠した反イスラム批判が展開されている。家族観についても、2011年に採択した党綱領には、「男性と女性とその子供からなる共同体としての家族」が、社会の基礎であり、世代間の連帯を可能にすると述べているが[14]、こうした家族観は、2017年の国民議会選挙後に連立を構築した人民党との政権協定（Regierungsprogramm）にも反映しており、人民党保守派との家族観とも親和的である。

　オーストリアの右翼ポピュリスト政党として、多くの先行研究は、未来同盟（BZÖ）を取り扱う（例えば、Norris and Inglehart 2019, 稗田 2019）。自由党の元党首で、躍進の立役者であったイェルク・ハイダーが離党して組織した同党は、彼の個人政党と目される傾向がある。党設立直後の2006年の選挙で、同党が「反伝統」的傾向を示したことは、選挙政略の分析や同党内部での政策形成過程を窺ううえで、興味深い。ただし、その実態については、稿を改めて検証したい。

②フランス

　フランスの国民戦線は、1980年代に台頭した当初、移民排斥の他、人工妊娠中絶の非合法化や死刑の復活を主張するなど（畑山 1997）、権威主義的でかつ、「伝統的な価値を重視する」政党であった。選挙公約の上でも、「伝統的価値への肯定的な言及（per603）」の比率が、他の右翼ポピュリスト政党との比較において、著しく高かった[15]。本稿の分析の結果においては、こうした特徴は周辺諸国のキリスト教民主主義政党と比較するとやや埋没するものの、他の右翼ポピュリスト政党との比較の上では、国民戦線が、最も伝統的価値に親和的な政党であることは疑いない。

　この傾向に変化が見られるのは、分析上は、2007年以降である。この年の数値がやや特異なものであるとしても、2012年以降も、国民戦線は、「反伝統」の立場にシフトしつつある兆候が読み取れる。背景には、2011年に党首がマリーヌ・ルペンに交代したことがあろう。マリーヌは、既に2007年にも選挙キャンペーンの責任者として、従来の極右的な志向とは異なる党のイメージを打ち出していた（畑山 2018a, 8–9）。さらに、党の「脱悪魔化」を図る中で、人工妊娠中絶や離婚、伝統的な家族観や同性愛者への党の態度を改めた（畑山 2018b, 54–55）。その上で、政教分離（ライシテ）の観点からイスラム教を批判し、西欧的な価値と相いれない存在として描く（畑山 2018b, 53）。

　先行研究が指摘するように、これらの態度は、周辺諸国の右翼ポピュリスト政党と比べて一貫したものとはいえない。畑山は、国民戦線の「新しさ」は「イメージ戦略」の結果であり、その本質は変わっていないとする（畑山 2018b, 35）。他方、こうしたマリーヌの方針は古参党員からの反発を招き、多数の幹部らが党を離れている（畑山 2018a, 26–27）。少なくとも、「脱悪魔化」を目指す現執行部は、一定の犠牲を払いつつも、党の方針転換を進めていることが窺える。

③オランダ

　オランダは、いわば、「普遍的人権の価値に立脚したイスラム批判」の発祥の地である。ただし、その先駆者であるフォルタイン党は、フォルタインが指導した2002年の選挙における公約では、権威主義的傾向におい

ても、伝統的な価値をめぐる態度でも、突出した位置にはない。同党は、本稿が分析対象とした文化的な争点には、公約の 7.8% を費やしたにすぎず、紙幅の多くを、政府の効率性や行政能力（per303, 305）あるいは、教育や福祉の歳出に関する争点（per503, 504）に割いたためである。その背景には、伝統的には政策的に対立すると目されていた自由民主国民党（青）と労働党（赤）による「紫連合」政権の成立によって既成政党批判が有効に働いたことに加えて、同政権における歳出削減への批判を展開したことがある（水島 2019, 139-160）。1990 年代のオーストリア自由党と同様の事態であり、特定の政策への言及の比率を数値化した CMP を用いる本稿の分析の限界を示している[16]。

　他方、ウィルデルスが率いる自由党は、本稿の分析の上からも、「反伝統」志向を強めている。この傾向は、1998 年の選挙以降、キリスト教民主アピール（CDA）が、データ上、「伝統的価値」への傾斜を強めたことと対極に位置するように見える。CDA は、1994 年に結党後初めて野党に転落して以降、コミュニティの価値と「オランダ固有の文化」を再評価した（水島 2019, 168-171）。ただし、こうした再評価は、「オランダ固有の文化」を受容しないイスラム系移民への厳しい姿勢と並行して行われた（水島 2019, 170-171）。そのため、自由党の主張は、必ずしも、CDA と全面的に相いれないものとまでは言えない。実際に、党内に厳しい批判があったにもかかわらず（水島 2019, 208）、2010 年には、CDA と自由民主党の連立に、自由党が閣外協力する新たな政権が成立しえた。

④ベルギー

　ベルギーは、特有の政治的な文脈を有する。右翼ポピュリスト政党と目されるフラームス・ベラング（VB）が、フランデレン民族主義運動から登場している。CMP において、VB は、フランデレン民族同盟（VU）や、VU が分離して登場した新フランデレン同盟（N-VA）と合わせて、民族主義的な政党として位置づけられている。本稿は、VB と N-VA を右翼ポピュリスト政党として分類した[17]。

　VB は、極右的な歴史背景を持ち、本稿の分析の結果からも、「伝統的価値」を尊重する傾向を示している[18]。しかし、2007 年以降、とりわけ 2010 年に顕著に「反伝統」に転じている。これは、VB が伝統的な文化に

背を向けたからというよりも、既存の「ベルギー国家」という国民国家の枠組みに対して、否定的な態度を強めたためである[19]。

　2007年から10年までの時期は、ベルギーは、「分裂危機」とも称される危機の渦中にあった（松尾2015）。VBは、排外主義とあわせて、フランデレン地域からワロン地域への富の流出を批判して支持を集めてきたが、2010年の選挙では、VBほどには急進的ではないもののフランデレン地域の利害を主張するN–VAが支持を伸ばし、VBからも票を奪った（Pauwels 2011）。VBが競合相手であるN–VAとの差別化の必要性を意識したとしても不思議ではない。VBの掲げるフランデレン地域の独立要求は、一定程度、こうした差別化に資するものである。

　他方、N–VAは、本稿の分析によれば、キリスト教民主主義勢力と共通名簿で臨んだ2007年の選挙では伝統主義的な志向に振れたものの、独自名簿で臨んだ2010年には、2003年と同程度に、「反伝統」の姿勢を維持している。また、N–VAは、データの上でも権威主義的な傾向も弱めている。これらは、VBの「極右的背景」との差別化と結びつく。宮内は、こうした傾向を踏まえつつ、N–VAを「地域主義ポピュリスト政党」と呼び、（急進）右翼ポピュリストであるVBと区別している（宮内2016）。

⑤デンマークとノルウェー

　デンマークとノルウェーは、一見すると、オランダと状況が近いようにも見える。なぜならば、伝統主義的な立場を強めるキリスト教民主主義政党に対して、右翼ポピュリスト政党が、権威主義的な傾向を強めつつ、伝統主義との距離を置く傾向が見られるためである。ノルウェーは、進歩党がより中道に近い位置にあるが、全体の傾向は類似している。たしかに、両国においては、キリスト教民主主義政党は新興政党であり、オランダのように、長年政権の中核を担った政党とは異なる。それでも、右翼ポピュリスト政党とキリスト教民主主義政党の政策的な志向の違いが連立構成に影響を及ぼしうるのは、北欧諸国も同様である（古賀2016）。

5. さらなる議論に向けて

(1)「文化的な反動」と右翼ポピュリスト政党

　本稿で示された CMP を用いる選挙公約の分析からは、とりわけ 2000 年代以降、西欧の右翼ポピュリスト政党が、少なくとも選挙公約のレベルにおいては、権威主義的な傾向は維持しているものの、いわゆる「伝統的な価値」を積極的には擁護してはいないことが明らかになった。権威主義が同調を促す志向であるとすれば、これらの党が求める同調の対象は、世俗主義的な西欧の価値観であろう。

　もちろん、このことからただちに、ノリスとイングルハートの「文化的な反動」論の全体が否定されるものではない。それでも、この議論を支持するためには、議論のより一層の精緻化が必要である。その具体的な手順を示すことは、本稿の射程の範囲を超えるものの、以下では、いくつかの論点に限定して、今後の課題を列挙したい。具体的には、有権者の志向、地域差の背景、右翼ポピュリスト政党の今後の趨勢である。

　まず、本稿は、右翼ポピュリスト政党側の政策を分析したため、これらを有権者がどのようにとらえているかは、検証対象とはしていない[20]。そのため、右翼ポピュリスト政党が、なぜ伝統的な価値の擁護と距離を置いているのか、それは支持者の意向「ゆえに」であるのか、「にもかかわらず」であるのかは、明らかではない。この点については、連立戦略なども含めて、主流政党、なかんずく主流保守政党との関係も含めて、検討が必要であろう。

　有権者の持つ価値判断については、これまで、移民に関わる態度が中心に論じられてきたが、社会・文化的な価値とのかかわりを論じる研究も、以下のオランダの有権者の調査・分析を中心に、増えつつある。例えば、デンキントらは、主要政党の多くの支持者にとって、女性や家族に関わる争点と移民問題は「統合」されており、いずれかのみ保守的であることは難しいものの、自由党の支持者の多くは、両者を「分離」する「文化的価値体系」を有しており、移民排斥と男女平等は矛盾しないとする（Daenekindt et al. 2017）。また、デコスターらは、反移民感情が強い人々

の間では、言論の自由への支持が新右翼政党へ投票を促している、とする（De Koster et al 2014）。あるいは、スピーリングスらは、性的少数者の権利を擁護しつつ（あるいは、するがゆえに）、移民に否定的な有権者は、その絶対数は多くないものの、右翼ポピュリスト政党に投票する傾向が強いとする（Spierings et al. 2017）。これらの成果は、有権者のレベルにおいても、移民に否定的な立場が、直ちに、「文化的な反動」に結びつくとは限らないことを示唆する。

　次に、西欧とアメリカ合衆国、あるいは中東欧の違いが何に起因するのかを明らかにする必要があろう。ノリスとイングルハートは、主に選挙制度の違いに注目している（Norris and Inglehart 2019）。価値観が投票に「変換」される過程で、選挙制度が重要であるのは言うまでもない。しかし、もし西欧の有権者が、合衆国よりも「リベラル」であるとするならば、その要因を選挙制度にのみ求めるのは極端であろう。選挙制度が類似している西欧内でも、政党の主張にはばらつきがある。もし、その違いが有権者の志向の違いにあるのならば、こうした違いを生み出すメカニズムを明らかにすることで、イングルハートらの理論は、より精緻なものとなろう。

　最後に、現在の右翼ポピュリストの姿勢が、どの程度持続的なものであるのか、趨勢を見守る必要がある。スピーリングスらが指摘するように、右翼ポピュリスト政党が言論の自由や男女平等を強調するようになったのは、近年の出来事である（Spierings et al. 2017）。CMP のデータの上でも、こうした傾向は、2010 年以降、顕著なものとなっている。もしこれが一時的なものに過ぎず、急進右翼政党を中心として、西欧の右翼ポピュリスト政党が「文化的な反動」に回帰するのであれば、ノリスとイングルハートの議論に合致する。今後の趨勢を追う必要があろう。

（2）成熟社会における文化的な対立？

　もし、西欧の右翼ポピュリスト政党の台頭が「文化的な反動」によるものでないとすれば、次の問い、すなわち、「それでは、何者か」という問いが直ちに提起される。フラナガンは、「脱物質主義的な価値としての権威主義」を提起した（Flanagan and Lee 2003）。しかし、その内容は、移民排斥など従来の権威主義との類似点が中心である。この点については、上述の論点と合わせつつ、今後の検討課題としたい。

蛇足ではあるが、本稿の含意は、右翼ポピュリスト政党の「進歩性」を強調することにはない。ただ、「文化的反動」との視点が、ノリスとイングルハートが世代効果を重視することと相まって、ややもすれば、長期的には「伝統主義者」は少数派に転じて、今日生じている権威主義的なポピュリズムの台頭は一過性のものに終わる、との含意を引き出しがちであることを懸念している。支持層や主張を変遷させながら支持を維持してきた西欧の右翼ポピュリスト政党の実情を見ると、こうした理解が妥当とは限らないためである。

ノリスとイングルハートは、世代効果を重視しながらも、学歴や居住地域（都市か郊外か）など、価値観に影響を及ぼす因子を複数指摘している。学歴は、右翼ポピュリスト政党の研究においても、投票を説明する因子としてしばしば言及されてきたが、その因果メカニズムをめぐっては、様々な議論がある。右翼ポピュリスト政党の研究においても、投票者の主観と客観的状況の関係について議論の深化が求められている（Mudde and Kaltwasser 2018）。投票が価値観に基づくものであるとしても、その価値観がどのように形成されるかも含めて、一層の検討が必要である。

これと関連して、ノリスとイングルハートは著書の最後に、「何がなされるべきか？」を論じており、その中で、経済格差を減らすことが課題に挙げられている（Norris and Inglehart 2019, 463–464）。その背景には、経済状況への評価には党派的な偏向が見うけられるものの、経済状況への主観的な位置づけが、ポピュリスト的な態度を導くとの分析結果がある（Norris and Inglehart 2019, 143）。「権威主義的ポピュリスト」現象を解き明かすためには、文化をめぐる「新しい政治」と、経済をめぐる「古い政治」の複雑な絡み合いを、少しずつでも解きほぐしていくことが必要であろう。今後の課題としたい。

謝辞：本稿は、科研費（16K17054）の成果の一部である。

---

[1] m_koga@tamacc.chuo-u.ac.jp
[2] EU 離脱を問う国民投票については、今井（2019）を参照。

西欧の右翼ポピュリスト政党の台頭は、「文化的な反動」によるものであるのか？　105

[3] 同党は、2018年に党名を国民連合に変更したが、本稿が対象とする時期の名称に従って、以下、国民戦線とする。

[4] 川出は、市民社会の自治により差別的な言説を抑制するアメリカ合衆国と法的な規制でそれに対処する西欧を比較している（川出 2015）。

[5] 例えばドイツでは、憲法擁護庁から「極右政党」と認定を受けると解散を命じられるため、急進右翼政党はそれへの対応に苦心してきた（Mudde 2000）。ベルギーでは、フラームス・ブロックが、人種差別の疑いから解散を命じられ、新たにフラームス・ベランを結党した経緯がある（Erk 2005）。

[6] 右翼ポピュリスト政党の政権戦略と主要保守政党の対応等については、例えば、古賀（2016）参照。

[7] もっとも、後述の事例の検討が示すように、あるいは、先行研究（例えば、Akkerman et al. 2016）が示すように、これらの党の政権参加は、穏健化を通じて実現したというよりも、主要政党の側からの接近により可能となった側面が否定できない。

[8] Volkens et al.（2018）。最新のデータは、2018年12月に公開された。

[9] ここでの政党類型は、CMP の分類に従った。Volkens et al.（2018）。ただし、本稿では、CMP が「ナショナリスト」と分類する勢力を、右翼ポピュリストと呼ぶ。

[10] ただし、表1から明らかな通り、「伝統的価値への否定的言及（per604）」は、保守政党を除き、いずれの政党においても割合は低い。「国民的な生活への否定的な言及（per602）」も同様である。

[11] これらの党の歴史的な背景等については、例えば、山口・高橋編（1998）参照。

[12] 信頼区間5%で、両側、等分散を想定しないt検定を行った。下記も同様である。

[13] 分析結果の詳細は、執筆者ホームページ（www.mituokoga.com）に掲載を予定している。

[14] 同党の「グラーツ綱領」による。https://www.fpoe.at より入手した。

[15] 80年代から90年代にかけての比率は、11.4%で、右翼ポピュリスト政党の全期間の平均は、表1にある通り、2.3%である。

[16] しかも、水島（2019, 157–158）は、フォルタインは、政権戦略を見据えて、選挙公約上、従来の主張を弱めたと指摘している。選挙公約と党の実質的な主張（と有権者が認識しているもの）との間の乖離もまた、本稿の分析の限界である。

[17] このような類型について、研究者の間での合意はない。この党の類型をめぐる議論については、宮内（2017）を参照した。

[18] ただし、CMP のデータでは、81年から91年までの公約と、95年・99年の公約を、それぞれ同じ文書に基づいて数値化している。

[19] 「国民的生活への否定的な言及（per602）」には、「既存の国民国家への異議申し立て」が含まれる（Volkens et al. 2018）。

[20] 本稿が検討できなかった右翼ポピュリスト政党の支持層については、稗田（2019）参照。

❖ 参考文献

今井貴子（2019）「成熟社会への掣肘――イギリスの EU 離脱をめぐる政治社会」『年報政治学 2019-Ⅱ』（本誌）。

川出良枝（2015）「自由社会にとっての試金石」鹿島茂他編『ふらんす特別編集――シャルリ・エブド事件を考える』白水社。

古賀光生（2014）「新自由主義から福祉排外主義へ――西欧の右翼ポピュリスト政党における政策転換」『選挙研究』30（1）。

古賀光生（2016）「西欧保守における政権枠組の変容」水島治郎編『保守の比較政治学』岩波書店。

畑山敏夫（1997）『フランス極右の新展開――ナショナル・ポピュリズムと新右翼』国際書院。

畑山敏夫（2018a,b）「マリーヌ・ルペンとフランスの右翼ポピュリズム――変容するフランス政治と「国民戦線（FN）」について考える（3）-（4）」『佐賀大学経済論集』51（1）-（2）。

稗田健志（2019）「西欧諸国におけるポピュリスト政党支持の職業階層的基盤」『年報政治学 2019-Ⅱ』（本誌）。

松尾秀哉（2015）『連邦国家ベルギー――繰り返される分裂危機』吉田書店。

水島治郎（2019〔初版 2012〕）『反転する福祉国家――オランダモデルの光と影』岩波現代文庫。

宮内悠輔（2016）「欧州におけるポピュリズムの新類型？――ベルギーの地域主義政党『新フラームス同盟』」『立教大学大学院法学研究』48。

宮内悠輔（2017）「地域主義・地域（主義）政党・地域ポピュリスト――概念に対する一考察」『立教大学大学院法学研究』49。

山口定・高橋進編（1998）『ヨーロッパ新右翼』朝日選書。

山崎望（2019）「『成熟社会論』から『ケアの倫理とラディカルデモクラシーの節合』へ――『新自由主義-権威主義』への対抗政治構想」『年報政治学 2019-Ⅱ』（本誌）。

Akkerman, T., S. L. de Lange & M. Rooduijn (Eds.). (2016). *Radical right-wing populist parties in Western Europe: into the mainstream?* Routledge.

Akkerman, Tjitske. (2015). "Gender and the Radical Right in Western Europe: A Comparative Analysis of Policy Agendas." *Patterns of Prejudice* 49 (1–2): 37–60.

Brubaker, Rogers. (2017). "Between Nationalism and Civilizationism: The European Populist Moment in Comparative Perspective." *Ethnic and Racial Studies* 40 (8): 1191–1226.

Daenekindt, Stijn, Willem de Koster, and Jeroen van der Waal. (2017). "How People Organise Cultural Attitudes: Cultural Belief Systems and the Populist Radical

Right." *West European Politics* 40 (4): 791–811.

De Koster, Willem, Peter Achterberg, Jeroen Van der Waal, Samira Van Bohemen, and Roy Kemmers. (2014). "Progressiveness and the New Right: The Electoral Relevance of Culturally Progressive Values in the Netherlands." *West European Politics* 37 (3): 584–604.

Erk, Jan. (2005). "From Vlaams Blok to Vlaams Belang: The Belgian Far-Right Renames Itself." *West European Politics* 28 (3): 493–502.

Evans, Jocelyn A.J. (2005). "The Dynamics of Social Change in Radical Right-Wing Populist Party Support." *Comparative European Politics* 3 (1): 76–101.

Flanagan, Scott C, and Aie-Rie Lee. (2003). "The New Politics, Culture Wars, and the Authoritarian-Libertarian Value Change in Advanced Industrial Democracies." *Comparative Political Studies* 36 (3): 235–270.

Ignazi, Piero. (1992). "The Silent Counter-Revolution: Hypotheses on the Emergence of Extreme Right-Wing Parties in Europe." *European Journal of Political Research* 22 (1): 3–34.

Inglehart, Ronald. (1977). *The Silent Revolution: Changing Values and Political Styles among Western Publics*. Princeton, N.J.: Princeton University Press. (ロナルド・イングルハート著、三宅一郎他訳、1978、『静かなる革命』東洋経済新報社)。

Inglehart, Ronald, and Scott C. Flanagan. (1987). "Value Change in Industrial Societies." *American Political Science Review* 81 (4): 1289–1319.

Inglehart, Ronald F, and Pippa Norris. (2016). "Trump, Brexit, and the Rise of Populism: Economic Have-Nots and Cultural Backlash." *HKS Working Paper* No. RWP16–026.

Kitschelt, Herbert with Anthony McGann. (1995). *The Radical Right in Western Europe*. University of Michigan Press.

Kriesi, Hanspeter, Edgar Grande, Martin Dolezal, Marc Helbling, Dominic Höglinger, Swen Hutter, and Bruno Wüest. (2012). *Political Conflict in Western Europe*: Cambridge University Press.

Luther, Kurt Richard. (2015). "The Primacy of Politics: Austria and the Not-so-Great Recession." Hanspeter Kriesi and Takis S. Pappas (eds.). *European Populism in the Shadow of the Great Recession*. ECPR Press.

Moffitt, Benjamin. (2017). "Liberal Illiberalism? The Reshaping of the Contemporary Populist Radical Right in Northern Europe." *Politics and Governance* 5 (4): 112–122.

Mudde, Cas. (2000). *The Ideology of the Extreme Right*. Manchester University Press.

Mudde, Cas, and Cristóbal Rovira Kaltwasser. (2018). "Studying Populism in Comparative Perspective: Reflections on the Contemporary and Future Research

Agenda." *Comparative Political Studies* 51 (13): 1667–1693.

Norris, Pippa, and Ronald Inglehart. (2019). *Cultural Backlash: Trump, Brexit, and Authoritarian Populism.* Cambridge University Press.

Pauwels, T. (2011). "Explaining the strange decline of the populist radical right Vlaams Belang in Belgium: The impact of permanent opposition." *Acta Politica*, 46 (1), 60–82.

Rovny, Jan. (2013). "Where Do Radical Right Parties Stand? Position Blurring in Multidimensional Competition." *European Political Science Review* 5 (1): 1–26.

Spierings, Niels, Marcel Lubbers, and Andrej Zaslove. (2017). "'Sexually Modern Nativist Voters': Do They Exist and Do They Vote for the Populist Radical Right?". *Gender and Education* 29 (2): 216–237.

Volkens, Andrea, Werner Krause, Pola Lehmann, Theres Matthieß, Nicolas Merz, Sven Regel, Bernhard Weßels. (2018). "The Manifesto Data Collection." Manifesto Project (MRG/CMP/MARPOR). Version 2018b. Berlin: Wissenschaftszentrum Berlin für Sozialforschung (WZB). https://doi.org/10.25522/manifesto.mpds.2018b

Werts, Han, Peer Scheepers, and Marcel Lubbers. (2013). "Euro-Scepticism and Radical Right-Wing Voting in Europe, 2002–2008: Social Cleavages, Socio-Political Attitudes and Contextual Characteristics Determining Voting for the Radical Right." *European Union Politics* 14 (2): 183–205

西欧諸国におけるポピュリスト政党支持の職業階層的基盤

大阪市立大学大学院法学研究科教授　稗田健志 [1]

　本稿は、ポピュリスト政党の有権者レベルでの支持構造の特質を浮き彫りにすることを目的とする。この目的を達するため、本稿は左派ポピュリスト政党の支持基盤と右派のそれとを比較するというアプローチを採る。具体的には、欧州社会調査第 7 波（2014–2015 年）のデータを用い、西欧 12 ヵ国を対象に、有権者個人レベルの特性がどのように右派ポピュリスト政党あるいは左派ポピュリスト政党支持に結びついているのかをマルチレベル・ロジスティック回帰分析を用いて探った。分析結果は、回答者の職業階層上の垂直的次元の位置のみならず、水平的次元も左右のポピュリスト政党への支持に影響していることを明らかにした。すなわち、教師や看護師といった社会文化専門職において最も左派ポピュリスト政党の支持が高くなるのに対し、右派ポピュリスト政党の支持はこの職業階層で最も低く、ブルーカラー労働者層で最も高い。加えて、本稿の回帰分析の結果は、政治エリートへの不信が高いほど左右のポピュリスト政党への支持は高まるが、回答者の欧州懐疑主義の程度は右派ポピュリスト政党への支持にのみ影響することを示した。

キーワード：政治行動論、ポピュリズム、政党政治、階級政治、西ヨーロッパ

1.　はじめに

　「妖怪がヨーロッパをさまよっている——ポピュリズムの妖怪である」。『共産党宣言』冒頭をもじって言うならば、このような時代状況が欧州を覆っている。2016 年 6 月に行われた「欧州連合からの英国の脱退」（いわゆる Brexit）を問う国民投票では僅差ながらも離脱派が勝利し、世界を驚

愕させたが（今井, 2019）、その二年前に行われた欧州議会選挙では欧州懐疑派の英国独立党（UKIP）が左右の二大政党を抑えて第一党となり、国民投票の先触れとなった。2017年3月実施のオランダ総選挙では、現実とはならなかったが、反移民・反イスラムを掲げる自由党（PVV）が比較第一党の地位を占めるのではないかと深刻に懸念されたし、2017年フランス大統領選挙では共和党と社会党という当時の左右二大政党の候補のいずれもが決選投票に進出できず、結成わずか一年の個人政党を率いるエマニュエル・マクロンが国民戦線のマリーヌ・ル・ペンを破り大統領に当選したことは記憶に新しい。

とはいえ、こうした「ポピュリズム」、とりわけ右派ポピュリスト政党の台頭はいまに始まったことではなく、1980年代半ばにまでさかのぼることができるものである。そして、このタイプの政党の台頭が現行の正統秩序（canon）である自由民主主義や代議制民主主義への脅威となり得るという実践的認識を背景に、膨大な量の右派ポピュリスト政党研究がこれまで積み重ねられてきた。本邦でも、近年、水島（2016）やミュラー（2016＝2017）といった優れた入門書が刊行されてきたし、ポピュリズムに関する理論的考察も行われてきた（例えば山本, 2012）。さらに、右派ポピュリスト政党を支持する有権者の条件を「需要側」、そうした有権者を選挙市場において動員する政党側の事情を「供給側」と呼ぶとすれば、供給側の成否の条件については古賀（2009; 2013–2014; 2014; 2019）や日野（Hino, 2010; 2012）が比較研究を精力的に行ってきた。各国における右派ポピュリスト政党の盛衰に関するケーススタディについては枚挙に暇がない[2]。ただし、需要側について、世論調査のようなミクロなデータに基づいて実証的に分析した研究は、邦語ではほとんどないことは指摘できるだろう。

右派ポピュリスト政党を支持する需要側の研究の不足という状況は、少なくとも英語圏における研究に関していえば、大きく異なる。欧米の比較政治学では、右派ポピュリスト政党へとなびく有権者側の事情を探った需要側の研究の蓄積が非常に厚い（Dunn, 2015; Evans, 2005; Gidron and Hall, 2017; Inglehart and Norris, 2016; Ivarsflaten, 2008; Lubbers, Gijsberts and Scheepers, 2002; Oesch, 2008; Rydgren, 2008; Spies, 2013; Steenvoorden and Harteveld, 2018）。しかし、こうした需要側の研究は、ラミロ（Ramiro,

2016: 2）が正当に指摘するように、関心が右派ポピュリスト政党の支持層に過度に集中しているという問題を抱えている。その何が問題なのかといえば、他のタイプのポピュリスト政党の支持層との比較を欠いているため、リサーチデザイン上、右派ポピュリスト政党支持者の特徴が「ポピュリズム」に由来するのか、それともそうした政党の「右派性」に由来するのか弁別できないのである。例えば、右派ポピュリスト政党支持層が排外主義的心性を有していたり、反既成政治・欧州懐疑主義的志向を有していることが判明したとしても、他のポピュリスト政党支持層と比較することなしには、それらがポピュリズム一般を構成する要素に起因するのか、それとも右派ポピュリスト政党に特殊なイデオロギー的・戦略的立ち位置に惹きつけられているがゆえなのか判断できない。つまり、他のタイプのポピュリスト政党支持層と比較しない限り、「ポピュリズム」の特質は析出できないのである。

　そこで本稿は、右派ポピュリスト政党の支持層と左派ポピュリスト政党の支持層を比較することを試みる。左右のポピュリスト政党支持層において何が共通しており、何が異なるのであろうか。こうした問いに答えるため、本研究は欧州社会調査（European Social Survey）第7波（2014–2015年実施）のデータを用い、西欧12ヵ国を対象に、有権者個人レベルの特性がどのように右派ポピュリスト政党あるいは左派ポピュリスト政党支持に結びついているのかを探る。

　本稿の構成は以下の通りである。まず、次節では「ポピュリズム」を定義し、ポピュリズム的態度が含まれるイデオロギー的・政策的次元に関する論争を検討する。第3節では、キッチェルトとレーム（Kitschelt and Rehm, 2014）に依拠しながら、職業階層上の位置からイデオロギー的態度を経て左右のポピュリスト政党支持へと至る筋道を説明する。第4節では第2節と第3節の議論をまとめて世論調査データで検証可能な仮説を提示し、第5節にて分析に用いるデータと変数の操作化、および分析手法を説明し、第6節で分析結果を報告する。第7節にて全体の議論をまとめ、本研究が比較政治学に与える含意を述べる。

2. ポピュリズムとは何か

　本節では、「ポピュリズム」の定義を明らかにし、本稿が右派ポピュリズムとの比較対象とする左派ポピュリズムの存在余地があることを明らかにしておきたい。ポピュリズムを定義する試みはこれまでさまざまな形でなされてきたが、ここでは先行研究において広く受け入れられているミュデの定義を採用したい [3]。ミュデによれば、ポピュリズムは次のように定義できる。

　　　ポピュリズムとは、社会が究極的には「善良な人民」対「腐敗したエリート」という二つの同質的かつ対立する集団に区分されており、政治とは人民の「一般意志」を表現するものであるべきだと主張するイデオロギーである（Mudde, 2004: 543）。

　この定義の中にはポピュリズムの四つの特徴が含まれている。一つは、「われわれ」と「彼ら」という二元論的思考である。それぞれの集団は同質的であるとされ、それぞれの集団内の多様性は考慮されない。二つ目は、人民とエリートとの敵対関係である。三つ目は、人民主権論的考え方である。政治とは、多様な社会集団が表明する利害の妥協である「全体意志」であってはならず、ルソー流の「一般意志（*volonté générale*）」の実体化を目指さなければならないとする。しかし、ここでの人民の一般意志は往々にして「われわれ」庶民の側の常識（common sense）に置き換えられるのが常である。最後は、人民はつねに善であり、エリートは常に悪であるという思考である。
　では、ポピュリズムは何と違うのか。いいかえれば、ポピュリズムに対置されるイデオロギーとは何であろうか。ミュデによれば、それはエリーティズムとプルーラリズムである。エリーティズムはポピュリズムの鏡像であり、政治とは「道徳的に優れたエリート」の考えが表現されるべきだとするイデオロギーである。プルーラリズムは、ポピュリズムやエリーティズムとは異なり、社会を根本的に異なる考えや望みをもつ集団や個人の

集積とみる考え方である（Mudde, 2004: 543-44）。

このようにポピュリズムを定義したとしても、ポピュリズムがイデオロギーとしては「内実に乏しい（thin-centered）」ことは明らかであろう。実質を伴ったイデオロギーとは、精緻な世界観を基礎に、「誰が何をいつどのように受け取るべきか」を指し示す思考枠組みである。自由主義や社会主義がその代表例であろう。しかし、ポピュリズムは「人民が彼らの望むものを、彼らが望むときに、彼らが望むやり方で受け取るべきだ」としか言わないし、言えない（Stanley, 2008: 107）。そして、ここでいう「人民」が誰を指すのかを決める論理は、いいかえれば「人民」の外延は、ポピュリズムというイデオロギーそのものからは出てこない。

あるポピュリズムはある国にもともと暮らす民族的・文化的に同質な人々のみを「われわれ」とみなし、それ以外の民族的マイノリティやそうしたマイノリティ文化との多文化共生を強いるエリートを「敵」とみなすかもしれない。あるいは、他のポピュリズムは経済的に困窮する市民を「われわれ」とみなし、富を蓄積するウォール街の金融資本を「敵」とみなすかもしれない。前者のポピュリズムはナショナリズムと結びついてはじめて実質的意味をもち、後者は社会主義と結びついている。つまり、自由主義、社会主義、保守主義、ナショナリズム、等々、実質を伴うイデオロギーに「寄生」してはじめてポピュリズムは政治的イデオロギーとして機能できるのである。

このようにポピュリズムを定義する限り、右派ポピュリスト政党というのは、概念的に上位に位置する「ポピュリスト政党」の一類型ということになる。実際、ミュデは右派ポピュリスト政党の特徴を内国民中心主義（nativism）、権威主義（authoritarianism）、ポピュリズム（populism）の結合としているが（Mudde, 2007: 22-23）、それは排外的ナショナリズムと結びつくことによって「われわれ」の外枠を形づくるポピュリズムなのである。ということは、富の公正な分配を目指して資本主義社会の変革を目指す左翼思想とポピュリズムが結合し、不当な利得を貪る政財界の「エリート」と経済的に困窮する「人民」との対立の枠組みで政治を認識する左派ポピュリスト政党も、ポピュリスト政党の一類型として存在しうるし、実際存在している（cf. March, 2007; March and Rommerskirchen, 2015）。右派ポピュリスト政党が、社会のメンバーシップ付与を特殊的・排外的に捉え

るか、普遍主義的・包摂的に捉えるかという対立で構成される社会文化軸における右派的位置付けから規定されるのに対し、左派ポピュリスト政党は、資本主義社会における資源の分配や国家の再分配機能に対する対立で構成される社会経済軸における左派的位置付けから規定される。繰り返すように、イデオロギーとしてのポピュリズムは内実に乏しいので、社会文化軸と社会経済軸のどちらかと本質的なかかわり合いはない。

　なぜポピュリズムの定義のような論点にこだわるのかといえば、ポピュリズムを本質的に社会文化次元での保守主義・権威主義的立場と結びつけて考える研究が少なからず存在するからである。例えば、イングルハートとノリスはある論考で、ポピュリズムの特徴の一つとして排外主義・単一文化主義を挙げ、ポピュリズムを社会文化次元においてコスモポリタン・リベラリズムに対置される立場と定義し、分析している（Inglehart and Norris, 2016）[4]。しかし、そこで左派ポピュリスト政党として挙げられているギリシアの急進左翼連合（Syriza）やスペインのポデモス（Podemos）は社会文化次元での保守主義的・権威主義的位置付けによって「ポピュリスト政党」と規定されるわけではない（cf. 中島, 2016）。左派ポピュリスト政党は社会経済次元での左翼的立場によって「人民」と「エリート」との対立を構成しているのであって、こうした政党が「人民」の外延を排外的に捉えるのか、包摂的に捉えるのか、そしてその支持層がそれと同じ立場に立つのかどうかは経験的問題である。国際金融資本や EU 官僚という「腐敗したエリート」に対抗して国境を越えて「善良な人民」が連帯するという枠組みのポピュリズムも理論的には十分にあり得るからである。

3. 職業階層と「三つの G」

　投票行動研究の世界では階級投票（class voting）の影響力の減衰が指摘されて久しいかもしれないが（cf. Dalton, 1996）、右派ポピュリスト政党支持層のミクロレベルの研究では、有権者の職業階層上の位置と支持政党との関係はこれまで広く分析されてきたトピックの一つである。ただ、先行研究の多くはいくつかの難点を抱えている。

　一つは、有権者の特性と右派ポピュリスト政党支持との間の関係を分

析する計量研究の多くが回答者の階層・階級の変数を回帰モデルに含めているが（Arzheimer and Carter, 2006; Lubbers and Coenders, 2017; Lubbers, Gijsberts and Scheepers, 2002; Spies, 2013）、職業階層ヒエラルキー上の垂直的な位置を把握するために開発されたゴールドソープらの EGP 指標に依拠しているため（Erikson, Goldthorpe and Portocarero, 1979）、職業階層上の水平的な位置、すなわち職務内容の違いがもたらす影響をとらえられていない。EGP 指標は、労働者階級の再分配支持は高く、中・上流階級は再分配支持が低いという、社会経済軸での左右一次元的選好のみによって政党支持が決まるという想定にリアリティがあった時代には有効であったが、後で述べるように職業階層上の水平的な位置の違いが社会文化次元での選好に影響を与え、それが多元化した政党システム上の位置取りに影響するようになった現代では有効性に限界がある（Kitschelt, 2012）[5]。

いま一つは、有権者の職業階層上の位置と政党支持との間の関係に関する理論的検討が不十分な点である。先に述べたように、社会階層と個人の社会経済次元での選好形成との論理的結びつきは明確である。しかし、現代の脱工業民主主義諸国における政党システムは再分配の規模をめぐる一次元的競争ではなく、社会経済的次元と社会文化的次元の双方が政党競争空間を構成する多次元的競争となっている（Hieda, 2013; Kitschelt, 1994; Kriesi et al., 2006; 2008）。この多次元化した政党システムにおける選好形成と職業階層上の位置との間の関係が十分に理論化されていないのである。そこで以下では、脱工業社会における職業階層と政治的対立軸の構成について検討し、実証分析において検証する仮説を提示したい。

キッチェルトとレームによれば、個人の職業階層上の位置は彼らが「三つの G」と呼ぶ次の三つの次元における選好を形成するという（Kitschelt and Rehm, 2014: 1671）。

● 再分配（Greed）
政府が平等主義的に資源の分配・再分配を行うのが良いのか、資源の分配は市場に任せそれが生み出す不平等は甘受するのが良いのかをめぐる次元。社会経済的対立軸はこの次元に属する。
● 社会政治的統制（Grid）
政体としての秩序形成を、より幅広い構成員が参加し、多くのイシ

ューを個人の自律や裁量にゆだねるリバタリアン的価値に基づいて
行うべきなのか、参加の要素は最小限にとどめ、より幅広いイシュ
ーにおける個人の行動を拘束力のある行動規範で制約する権威主義
的価値に基づいて行うべきなのかをめぐる次元。法と秩序、性規
範、家族観、ジェンダーといったモラルにかかわる多くのトピック
がこの次元に属する。

●社会的メンバーシップ（Group）
政治コミュニティを構成する構成員のメンバーシップ付与は、新規
参入の容易な包摂的なあり方であるべきか、参入障壁の高い排他的
なあり方であるべきかをめぐる次元。移民・難民をめぐるイシュー
はこの次元に属する。

これまで、後者の二つの次元（Grid と Group）が合わさってリバタリ
アン－権威主義を両極とする社会文化的対立軸を構成すると考えられてき
た。しかし、近年の右派ポピュリスト政党は「民族多元主義（ethno-
pluralism）」を掲げ、政教分離、男女平等、自由な性規範といった寛容で
リベラルな西欧の価値の「伝統」を守るためにこそ、不寛容で男権的なイ
スラムの排除を訴えるという構図がみられる（水島, 2016: 第4章）。これ
は、社会政治的統制（Grid）の次元を社会的メンバーシップ（Group）の
次元から切り離し、リバタリアン的価値を持つ有権者にも支持を広げよう
とする動きである。それゆえ、右派ポピュリスト政党支持層の分析におい
ては Grid と Group は概念的に区別して分析する必要がある（Kitschelt,
2012）。

さて、キッチェルトとレームは、職業生活における個人の経験が実体験
を越えて他の領域にも一般化され、政治的選好形成に結びつくと主張する
（Kitschelt and Rehm, 2014: 1674）。それが職業階層が政党支持を規定する
理由であるが、職業階層上の位置は次の二つの次元によって構成される。
第一次元は職業階層上の権威の配分をめぐる垂直的次元であり、第二次元
は職種の違いに起因する職務内容の違いをめぐる水平的次元である。

第一の垂直的次元が、社会経済的次元、すなわち再分配の規模に対する
選好形成を規定することは自明であろう。また、この垂直的次元は、社会
政治的統制の次元と社会的メンバーシップの次元における選好形成にもあ

る程度影響する。職業階層上の低位にいくほど職務が定型化し、自己の職務内容に対する裁量と自律性が乏しくなっていくので、多様性を承認し、自律性の発露に価値を置く普遍主義的・包摂的かつリバタリアン的態度は取りにくくなる。ただし、下に見るように、職業階層上の地位が高位であればそのような価値観をもつというわけでは必ずしもない。

　第二の水平的次元は、職務上の課題を解決するやり方がそれぞれの職種ごとに異なるという事実に関連している。ある職種では、科学的手続き、法令規範、標準作業手続きなどによって職務上の課題を解決する手順に解釈の余地はなく、そこに曖昧さや不確実性はほとんど含まれないかもしれない。だが、他の職種では、職務の目的や、解決の求められる課題が生じた原因に曖昧さや不確実性がともなうのが常であり、むしろ不確実性や曖昧さこそが新たな発見やイノベーションに結びつくという職種もあろう。また、職業階層の水平的次元は職務従事者とクライアントとの関係にもかかわる。ある職種では単純にクライアントから職務が委託されるだけかもしれないが、教育、医療・保健、ソーシャルワークなど、クライアント自身が職務従事者のサービス産出の対象そのものである職種もある。その場合、課題そのものをクライアントとのコミュニケーションのなかで共同作業として特定していく必要があり、そこでの職務従事者とクライアントとの間で互いに相手を受け入れ、受容していく仕事の進め方は、特定しやすいタスクの技術的解決とは全く異なるものとなる（Kitschelt and Rehm, 2014: 1675–76）。

　そして、職務上の課題解決のあり方とクライアントとの関係構築のあり方から、職業階層上の水平的次元についていくつかの類型を析出できる。例えば、オーズチ（Oesch, 2013）は独立・経営職、組織管理職、技術職、対人関係職の四つに分類している。ここで重要なのは、職務従事者とクライアントとの間のコミュニケーションを通じてタスクが遂行される対人関係職の選好である。こうしたクライアントの抱える問題自体を複雑性や不確実性のなかでクライアントと共同して特定し、問題の解決を図る仕事は、多様性の承認へとつながりやすい。それゆえ、特に教師、保健医療専門職、ソーシャルワーカーといった社会文化専門職は社会的メンバーシップと社会政治的統制の次元において普遍主義的・包摂的かつリバタリアン的態度をとりやすい。他方、技術職、特に職業階層ヒエラルキーの低位に

位置するブルーカラー労働者は、複雑性や不確実性に乏しい定型的な業務を通じて政治的選好を形成しており、曖昧さや不確実性をもたらす要素を好まず、排他的かつ権威主義的態度を取りやすい。簡単に言うと、日々同じ環境で仕事をする人は慣れた環境を乱す要素が入ってくることを嫌うのに対し、日常的に相手に合わせて仕事を組み立てなければならない人は生活秩序の撹乱要因となりうる要素が入ってくることも受け入れやすいということである。

　以上の考察から、個人の職業階層上の垂直的・水平的位置と、再分配（Greed）、社会政治的統制（Grid）、社会的メンバーシップ（Group）という三つのイデオロギー次元における選好との関係について、次のような含意を引き出すことができる。すなわち、社会経済的対立軸を構成する再分配次元においては、職業階層上の地位がもっとも低い製造業ブルーカラー労働者層とサービス労働者層が福祉国家による再分配に肯定的であり、職業階層上の地位がもっとも高い大企業経営・管理職層が再分配に否定的となり、他の職業類型はその職業階層ヒエラルキー上の地位に応じてその間に分布する。

　一方、社会文化的対立軸を構成する社会政治的統制と社会的メンバーシップの次元においては、職業階層上の垂直的位置から職務上の裁量や自律性に富み、加えてクライアントとの言語を介した日常的コミュニケーションから問題そのものの特定と解決を共同で図る社会文化専門職をリバタリアン的・普遍主義的・包摂的態度の極とし、職業階層上の垂直的位置から職務上の裁量や自律性に乏しく、曖昧さを排除した確実かつ定型的な環境で業務を遂行するブルーカラー労働者を権威主義的・特殊主義的・排他的態度の極とし、他の職業類型はその間に位置するという構図となる。

4. 仮説

　ここまで、左右のポピュリスト政党が「善良な人民」対「腐敗したエリート」の対立構図、すなわち「ポピュリズム」、を構成するイデオロギー軸、およびそうしたポピュリスト政党を選択する有権者の側の職業階層とイデオロギー軸上の立ち位置の関係について論じてきた。改めてまとめて

おくと、右派ポピュリスト政党は社会文化的対立軸、とりわけ社会的メンバーシップの次元において特殊的・排外的立場を取ることで「人民」の外延を構成しているのに対し、左派ポピュリスト政党は社会経済的対立軸において左翼的立場を取ることで「人民」と「エリート」の対立を構成している。そして、この社会文化軸と社会経済軸における有権者の選好は、有権者の職業階層上の垂直的位置と水平的位置によって規定されるということである。この第2節と第3節の議論を受け、本節では実証分析で検証する本稿の仮説を提示したい。

仮説1a　製造業ブルーカラー労働者層は社会文化的対立軸において最も権威主義的・特殊主義的・排他的態度をとり、社会文化専門職は同軸において最もリバタリアン的・普遍主義的・包摂的態度をとる。

仮説1b　製造業ブルーカラー労働者層およびサービス労働者層は社会経済的対立軸において最も再分配に肯定的態度をとり、大企業経営・管理職層は同軸において最も再分配に否定的態度をとる。

仮説1aは、職業階層上の垂直的・水平的位置が社会政治的統制（Grid）および社会的メンバーシップ（Group）の次元における選好形成に与える影響を検証する仮説であり、仮説1bは職業階層上の垂直的位置が再分配（Greed）の次元における選好形成に与える影響を検証する仮説である。そして、有権者の職業階層上の位置と社会経済次元と社会文化次元における政策選好との関係が確認されれば、次に職業階層およびイデオロギー位置と支持政党との関係を検証しなければならない。

仮説2a　右派ポピュリスト政党の支持層の中では、製造業ブルーカラー労働者層がそれを支持する確率が最も高く、社会文化専門職が最も低い。

仮説2b　左派ポピュリスト政党の支持層の中では、製造業ブルーカラー労働者層およびサービス労働者層がそれを支持する確率が最も高く、大企業経営・管理職層が最も低い。

仮説 2a および 2b は、職業階層上の位置が社会文化的対立軸と社会経済的対立軸上のイデオロギー位置を規定するならば、当然に確認されるべき仮説である。さらに、職業階層と左右のポピュリスト政党支持との関係が、有権者の社会文化的対立軸と社会経済的対立軸という二つのイデオロギー軸上の選好を介して規定されていることも確認しなければならない。

仮説 3a　社会文化次元における選好が権威主義的・特殊主義的・排他的であればあるほど、右派ポピュリスト政党を支持する（社会経済次元上の選好は関係しない）。

仮説 3b　社会経済次元における選好が再分配に肯定的であればあるほど、左派ポピュリスト政党を支持する（社会文化次元上の選好は関係しない）。

仮説 3a は、右派ポピュリスト政党の唱える「人民」対「エリート」の対立が、社会のメンバーシップ付与を特殊的・排外的に捉える世界観によって構成される「われわれ」イメージに基づいており、そうした世界観に惹かれる有権者の支持を集めていることを確認する仮説である。近年の右派ポピュリスト政党台頭の背景には製造業の衰退によって取り残された「グローバル化の敗者」の存在があり、そうした社会層の取り込みを狙って右派ポピュリスト政党が再分配政策におけるかつての新自由主義的主張の穏健化を図っていることが指摘される（Arzheimer, 2012; Kriesi et al., 2012; 古賀, 2014）。であるならば、有権者は経済的困窮からの救済を求めて右派ポピュリスト政党を支持しているのかもしれない。それゆえ、有権者が社会経済的対立軸ではなく、本当に社会文化的対立軸上の選好から右派ポピュリスト政党を支持しているのかどうかは、改めて検証する必要がある。また、左派ポピュリストの構成する「人民」対「エリート」の枠組みが右派ポピュリスト政党のそれとは異なることを検証する必要もある。仮説 3b は左派ポピュリスト政党の「ポピュリズム」が、社会文化次元ではなく、社会経済次元における対立によって構成されていることを確認する仮説である。

仮説 4a　既成の国内政治のあり方に不信の深い有権者ほど左右のポピュリスト政党を支持する。

仮説 4b　EU 統合のあり方に不信の深い有権者ほど左右のポピュリスト政党を支持する。

最後に、左右のポピュリスト政党支持層が、本当にこれらの政党の「ポピュリズム」に惹かれて支持しているのかどうかを検証するのが仮説 4a および 4b である。右派ポピュリスト政党と左派ポピュリスト政党とでは「善良な人民」対「腐敗したエリート」の対立図式を構成する「人民」の外延が異なることは繰り返し指摘してきた通りである。ただ、これらの政党が「腐敗したエリート」として提示するイメージに共通する部分も当然にある。それは権力闘争や保身に専心する既成政党や既成の政治家であり、ブリュッセルの高みに居して指図する EU 官僚であろう。それゆえ、既成の政治のあり方に対して不満の高い有権者ほど、そして欧州懐疑主義の度合いの高い有権者ほど、左右のポピュリスト政党への支持が高くなると考えられる。

5.　データ・変数・分析方法

前節で提示した仮説を検証するため、本稿は欧州社会調査（European Social Survey: ESS）第 7 波のデータを計量分析する。欧州社会調査は、30 を越える欧州諸国が参加し、各国間で比較可能となるように設計・翻訳された質問票を用いて人々の態度や価値観を調べる国際世論調査データである。その第 7 波は 2014 年から 2015 年にかけて実施され、ヨーロッパの 22 ヵ国が対象となっている（European Social Survey, 2016）。

被説明変数

本研究の計量モデルの従属変数となるのは、「右派ポピュリスト政党支持」および「左派ポピュリスト政党支持」である。まず、左右のポピュリスト政党に該当する政党名を特定するという作業が必要になる。ミュデの分類に従うならば、右派ポピュリスト政党の特徴は社会政治的統制の次元

122　　年報政治学 2019-Ⅱ号

における権威主義、社会的メンバーシップの次元における内国民中心主義、そしてポピュリズムということになる（Mudde, 2007: 22–23）。このうち、権威主義と内国民中心主義についていえば、比較マニフェストプロジェクトやチャペルヒル専門家調査といった客観的指標が利用可能である。だが、ポピュリズムの次元は、第2節で詳述したとおり、社会文化的対立軸における権威主義・特殊主義・排外主義には還元できない次元であるうえに、比較マニフェストプロジェクトやチャペルヒル専門家調査といった出来合いのデータセットに該当する項目はない。そのため、ここでは多くの先行研究の間で、「右派ポピュリスト政党」あるいは「左派ポピュリスト政党」という認識で一致する政党をそれぞれの政党類型とする評判法の手法を用いる。また、そうした手法を用いるがゆえ、政党システムが安定せず、先行研究が少なく文脈的知識にも乏しい中・東欧諸国は分析から省かざるを得ない。

表1は本稿の分析の対象となる右派および左派ポピュリスト政党を一覧にしたものである。本来であれば、ポピュリスト政党としてギリシアの急進左翼連合（Syriza）やイタリアの五つ星運動（M5S）の支持層も分析に含めたかったが、欧州社会調査第7波の調査対象国ではなかったため、一覧に示した12ヵ国が本研究の分析対象となる。

さらに、被説明変数を測定するには、何をもって政党支持とみなすのかということが問題となる。ライフコースのなかで形成された政党帰属意識を尋ねる場合や、直近の選挙における投票先を尋ねるなどさまざまな可能性が考えられるが、ここでは「他のどの政党よりも親近感を覚える政党はありますか？」という質問に右派ポピュリスト政党あるいは左派ポピュリスト政党の名前を挙げた回答者を左右のポピュリスト政党支持者とみなした[6]。具体的には、表1の政党分類に基づき、右派ポピュリスト政党名を挙げた回答者に1を割り振り、それ以外の回答者を0とする二値変数を「右派ポピュリスト政党支持」とした。同様に、左派ポピュリスト政党名を挙げた回答者に1を割り振り、それ以外の回答者を0とする二値変数を「左派ポピュリスト政党支持」とした。

説明変数

仮説1と仮説2を検証するために、世論調査回答者の職業階層上の垂直

表1　ポピュリスト政党一覧

右派ポピュリスト政党

国名	略号	政党名	政党支持率 (ESS　2014–2015)
オーストリア	FPÖ	オーストリア自由党	12.9
	BZÖ	オーストリア未来同盟	0.7
ベルギー	VB	フランデレンの利益	2.2
	FN	国民戦線	0.4
デンマーク	DF	デンマーク国民党	18.4
フィンランド	Sp-P	真フィン党	13.2
フランス	FN	国民戦線	16.7
ドイツ	AfD	ドイツのための選択肢	2.5
オランダ	PVV	自由党	13.5
ノルウェー	FRP	進歩党	10.3
スイス	SVP/UDC	スイス人民党	27.0
スウェーデン	SD	スウェーデン民主党	5.5
イギリス	UKIP	英国独立党	15.0

左派ポピュリスト政党

国名	略号	政党名	政党支持率 (ESS　2014–2015)
スペイン	Podemos	ポデモス	19.6
ドイツ	Die Linke	左翼党	8.9
オランダ	SP	社会党	11.3

注) 1.右派ポピュリスト政党については Mudde（2007: Appendix A）、Mudde（2013: 3）、その他の研究を参考にした。左派ポピュリスト政党についてはマーチらの研究を参考にした（March and Keith, 2016: 12; March and Mudde, 2005: 35–36）。
　　2.「政党支持率」には、欧州社会調査第7波において「他のどの政党よりも親近感を覚える政党はありますか？」という質問に当該政党名を挙げた回答者のパーセンテージを記している。

的位置と水平的位置を測定する必要がある。欧州社会調査第7波には回答者の国際標準職業分類（2008年版）を尋ねる質問項目があるので、それに基づいて八つの職種に分類したオーズチの枠組みを利用する（Oesch, 2013: Appendix）。垂直的次元では、国際標準職業分類の職種を、専門職・

管理職および准専門職・准管理職を上層とし、熟練および未熟練労働者階級を下層とする。水平的次元では、労働形態に応じて、①独立・経営、②組織運営、③技術、④対人関係、の四つに分類する。表2に示す通り、2×4の組み合わせによって八つの職種を分析では用いる。尚、回答者本人の職種が無職の場合は配偶者（パートナー）の職種を当該本人の職業階層として用いる[7]。

表2　職業階層の八類型

	水平的次元			
	独立・経営	組織運営	技術	対人関係
垂直的次元	大企業経営（従業員数≧10名）独立開業専門職	（准）管理職	（准）技術専門職	（准）社会文化専門職
	自営業（従業員数＜10名）	事務職	ブルーカラー労働者	サービス労働者

出典）Oesch（2013: Appendix）

　次に、仮説1と仮説3を検証するために、回答者の社会経済的対立軸と社会文化的対立軸上の立ち位置を測定する必要がある。近年の右派ポピュリスト政党は、社会政治的統制の次元ではリバタリアン的価値を打ち出し、そうした西欧の価値を守るためにこそ社会的メンバーシップの次元では移民排斥、イスラム排除を訴えるという傾向が見られる。そのため、社会文化的対立軸上のなかでも社会政治的統制の次元と社会的メンバーシップの次元とを分けて測定し、それぞれの次元が右派および左派ポピュリスト政党支持に与える影響を検討する。

　有権者の社会経済的対立軸上の位置、すなわち再分配次元における選好を探る質問項目は、実は欧州社会調査第7波にはあまり含まれていない。均等待遇や機会の平等の重要性を尋ねる質問や、他者を気に掛けることの重要性を尋ねる質問はあるが、階級闘争的な社会的対立認識には結びつかないであろう。そこで、ここでは「政府は所得の格差を減らすために対策を採るべきだ」という文言への賛成の度合を回答者の再分配に対する態度「経済的左右位置」として扱う。値が小さい（＝強く賛成）ほど左派であ

り、値が大きい（＝強く反対）ほど右派となる。

　社会政治的統制の次元を尋ねる質問は欧州社会調査第7波の質問票に多く含まれているので、因子分析を行い、相関の高い次の五つの項目に対する重要性評価の平均を回答者の「権威主義志向」として用いる。すなわち、①安心で安全な環境、②言われたことを行いルールを守ること、③政府が強力であり安全を保障すること、④礼儀正しく適切に振る舞うこと、⑤伝統や慣習に従うこと、の五つである。指標の信頼性係数（Cronbach's α）は0.68と基準値に達しないが、どの項目を除いても係数の値が下がるので、次善の策として本指標を用いる。

　社会的メンバーシップの次元における回答者の立ち位置を測定するため、移民に対する態度を尋ねる質問への回答から複合指標を作成した。移民に関する質問も欧州社会調査第7波には多数含まれており、因子分析から相関の高い次の三つのタイプの移民の受け入れに対する反対度合の平均を「反移民志向」として用いる。すなわち、①受け入れ国の多数派とは異なる人種・民族的集団、②欧州内のより貧しい国からの移民、③欧州外のより貧しい国からの移民、の三つである。指標の信頼性係数（Cronbach's α）は0.92と非常に高い。

　最後に、仮説4を検証するために、既成政治への不満の度合と欧州懐疑主義の度合を測定する。欧州社会調査第7波は国内外のさまざまな政治制度に対する信頼を尋ねているので、因子分析を行い、その中で相関の高かった①議会、②政治家、③政党への不信度合の平均を「国内政治不信度」として用いる。指標の信頼性係数（Cronbach's α）は0.90である。「欧州懐疑主義度」としては、「欧州統合はさらに進めるべき」「欧州統合はすでに行き過ぎである」のどちらの文言に回答者の立場が近いかを尋ねる質問への回答を用いる。

　これらの態度を尋ねる質問への回答の尺度は質問ごとに異なるため、分析で用いる指標では最小値が0、最大値が1となるように標準化している[8]。

コントロール変数

　コントロール変数としては、回答者のジェンダー、年齢（対数化）、民族的少数派ダミー、最終学歴、所得水準、3ヵ月以上の失業経験の有無、労働組合員か否か、信仰心、主観的生活不安度、をそれぞれ投入する。右

派ポピュリスト政党の支持者は女性に比べて男性に多いことは広く知られており（Givens, 2004）、左派ポピュリスト政党にも当てはまるかどうかは興味深いところである。中高年に比べて若い有権者に右派ポピュリスト政党の支持が高いことも知られているので年齢をコントロールする。また、非欧州系の民族的少数派はまさに右派ポピュリスト政党による排除の対象であるので、右派ポピュリスト政党への支持を低めるであろう。

　最終学歴は個人の職業階層を規定する要因でもあるが、高学歴であることは社会文化的対立軸における選好をリバタリアン・普遍主義・包摂的にすることによって政党支持に直接影響する面もある。そのため、職業階層上の位置が政党支持に与える影響を検証するためにはその影響をコントロールする必要がある。また、回答者の所得階層については低所得と高所得のダミー変数をそれぞれ用い、所得階層の左右のポピュリスト政党支持への影響を検証する。具体的には、所得階層の十分位の下位 30% を「低所得」、上位 30% を「高所得」とし、残りの 40％ に当たる回答者を対照分類とする。また、直接所得にはあらわれない暮らし向きの不安・不満が左右のポピュリスト政党を支持させていることも考えられるので、主観的な暮らし向きの認識もモデルに投入する。

　さらに、先行研究は社会的紐帯から切り離され所属意識を失うことが右派ポピュリスト政党支持へ向かわせるという結果を示しているので（Werts, Scheepers and Lubbers, 2013）、労働組合員であるか否か、教会との結び付きを示唆する回答者の信心深さをコントロール変数として投入する。

分析方法

　本稿が分析対象とする欧州社会調査第 7 波のデータは、調査対象国ごとにランダムサンプリングした世論調査データをまとめた階層化データであるため、分析にあたっては「混合効果モデル（mixed-effects model）」を用いる（筒井, 2013）。混合効果モデルとは、分析にあたって、データのまとまりの単位である国や地域といった上位のユニットにかかわらず共通する切片や係数の大きさを「固定効果」、そうした上位のユニットに応じて変動する切片や係数の大きさを「変量効果」として切り分けて推定する計量分析手法である。

　左右のポピュリスト政党に対する個人の支持・不支持を分析するに際

し、世論調査の回答者の個人的属性が支持確率の全てを決定づけると想定することは現実的ではない。なぜならば、回答者が在住する国の政治的文脈の違いによってポピュリスト政党の党勢が異なり、全く同じ属性をもつ個人であっても、国によってポピュリスト政党を支持する確率は変わってくるからである。この違いを無視して、国ごとにまとまっている階層化データを通常の回帰分析にかければ、各種パラメーターの推定にバイアスがかかるだろう。そこで、左右のポピュリスト政党の全体としての党勢の違いは変量効果として切り出し、右派あるいは左派ポピュリスト政党支持層の間で国を超えて共通するミクロレベルの特徴を固定効果として推定しようというのが本稿のアプローチである。

　混合効果モデルには変量効果を「ランダム切片」、「ランダム係数」、あるいはその両方として切り分けて推定するモデルがあるが、ここでは変量効果をランダム切片としてのみ推定するモデルを用いる。もちろん、職業階層が支持政党に与える影響など、説明変数の偏回帰係数が国に応じて異なるものもあるだろう。だが、まずは第一次接近として、各国のポピュリスト政党の基礎的な支持の大きさの違いを国ごとの切片の大きさの違いとして推定する混合効果モデルによって、有権者のミクロレベルの要因がポピュリスト政党支持に与える影響を探ることにする。

6. 分析結果

　まず、仮説 1a と 1b を検証するために、職業階層八類型の社会経済的対立軸および社会文化的対立軸上の位置を示したのが図 1 である。図 1 は各職業類型が他の職種全体の平均に比べて「経済的左右位置」、「権威主義志向」、および「反移民志向」にどの程度プラスあるいはマイナスの効果を持つのかを推定し、95％信頼区間とともにプロットした散布図である。図から見て取れるように、「経済的左右位置」においては、基本的に職業階層ヒエラルキーの低位に位置する職種ほど政府による格差は正に肯定的な左派となり、高位に位置する職種ほど再分配に否定的な右派となっていることがわかる。例外は社会文化専門職で、この職種は職業階層ヒエラルキーの上位に位置しながらも、再分配に肯定的である。社会文化専門職にふ

くまれる教員、保健・医療専門職、ソーシャルワーカーといった職種の多くが、福祉国家のサービス提供の担い手である事実を反映しているのであろう。自営業層は、「自前意識」を反映してか、政府による格差是正に否定的である。いずれにせよ、仮説1bは支持されたといえる。

図1　社会経済軸および社会文化軸における職業階層別態度の散布図

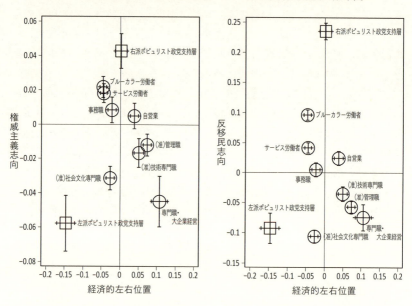

注）「経済的左右位置」、「権威主義志向」、および「反移民志向」をそれぞれ各種職業階層（ダミー）および右派ポピュリスト政党支持（ダミー）、左派ポピュリスト政党支持(ダミー）に混合効果ロジットモデルで単回帰して得た係数と95％信頼区間をプロットしている。

　社会文化的対立軸については、社会政治的統制の次元と社会的メンバーシップの次元とを別に推定した。「権威主義志向」においては専門職・大企業経営層がもっともリバタリアン的価値をもち、「反移民志向」においては社会文化専門職がもっとも普遍主義的・包摂的態度をとるといった違いはあるものの、各職業階層の相対的位置づけはあまり変わらない。いずれにせよ、職業階層ヒエラルキーの上位に位置する職種がリバタリアン

的・普遍主義的・包摂的態度をとり、低位に位置する職種が権威主義的・特殊主義的・排他的態度をとっていることが分かる。そのなかでも、「反移民志向」におけるブルーカラー労働者層の特殊主義的・排他的志向が顕著である。必ずしも社会文化専門職がもっともリバタリアン的価値をもつとはいえないが、仮説 1a におけるブルーカラー労働者層の社会文化的対立軸における立ち位置についての仮説は支持されたといえよう。

次に、仮説 2a と 2b を検証しよう。図 1 が示すように、右派ポピュリスト政党支持層の社会文化的対立軸における立ち位置は極端に権威主義的・特殊主義的・排他的であるが、左派ポピュリスト支持層の社会経済的対立軸上の立ち位置も極端に左派である。また、左派ポピュリスト政党支持層は社会文化的対立軸においてかなりリバタリアン的・普遍主義的・包摂的態度をとっていることも興味深い。いずれにせよ、社会文化的対立軸上の選好の距離からいえばブルーカラー労働者層が右派ポピュリスト支持層にもっとも近いし、社会経済的対立軸上の選好の距離からいえばブルーカラー労働者とサービス労働者が最も左派ポピュリスト政党支持層に近い。だが、左派ポピュリスト政党支持層は図でいえば左下に位置しており、直線距離でいえば社会文化専門職と事務職が近い。また、図 1 のプロットは年齢や学歴といった要素をコントロールしていない。そこで、どの職業階層が右派ポピュリスト政党あるいは左派ポピュリスト政党への支持を高めるのかを確認するために多変量解析を行った。

図 2 は、「右派ポピュリスト政党支持」および「左派ポピュリスト政党支持」を被説明変数とし、コントロール変数とともに、社会文化専門職を参照カテゴリーとして七種の職業階層ダミーを投入した混合効果ロジットモデルの分析結果を図示したものである[9]。分析結果から各職業類型ごとの右派ポピュリスト政党支持確率および左派ポピュリスト政党支持確率を計算して棒グラフ化している。図 2 は、回答者の従事する職種に応じて左右のポピュリスト政党への支持の度合が大きく異なることを示している。

八つの職業類型のなかでは、ブルーカラー労働者層の右派ポピュリスト政党支持が顕著である。サービス労働者層および事務職も 10% を越えるが、支持確率が 15% を越えるのはブルーカラー労働者層のみである。他方、社会文化専門職の右派ポピュリスト政党への支持が最も低く、支持確率は唯一 5% を切っている。仮説 2a は支持されたといえる。

図2 右派ポピュリスト政党および左派ポピュリスト政党の職業階層別支持確率

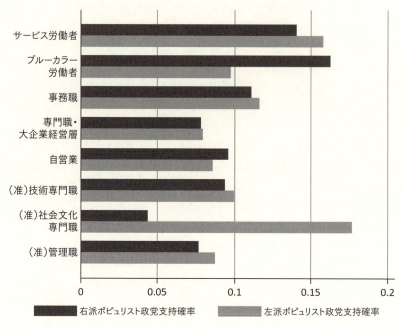

注) 職業階層以外の固定効果は全て平均値を代入して各職業類型の予測確率を計算した。変量効果(切片)はオーストリアの値を代入している。

　一方、仮説 2b は支持されなかった。確かに開業弁護士のような専門職や企業経営者層で左派ポピュリスト政党支持が最も低くなるが、自営業層や管理職層とそれほど大きな差があるわけではない。仮説では社会経済的次元でもっとも左派に位置するブルーカラー労働者層およびサービス労働者層が左派ポピュリスト政党支持にまわると想定したが、実際には社会文化専門職層の支持確率が抜きんでている (17.7%)。それに続くのはサービス労働者層で、こちらも支持確率は 15% を越える。だが、ブルーカラー労働者層の支持はそれほど集めておらず、支持確率は 10% を切る。左派ポピュリスト政党は、セクター全体の衰退に直面している製造業従事者の困窮・不安から支持を集めているのではなく、拡大を続けるサービスセクター従事者から支持を集める政党のようである。

次に、社会経済的対立軸および社会文化的対立軸上の選好が左右のポピュリスト政党支持に与える影響を述べた仮説 3a および仮説 3b を検証しよう。図 3 は、回答者のイデオロギー位置に応じた右派ポピュリスト政党支持確率および左派ポピュリスト政党支持確率を計算して棒グラフ化したものである。尚、社会文化的対立軸上の位置を測るため、ここではより影響の強かった「反移民志向」の値を用いている。図 3 が示すように、社会経済次元における左右位置は有権者の右派ポピュリスト政党支持確率にほとんど影響を与えていない。影響しているのは社会文化次元での選好であり、移民に対して排他的な姿勢をとる回答者ほど右派ポピュリスト政党を支持する結果となっている。この結果から、仮説 3a は支持されたといえる。

図3　右派ポピュリスト政党および左派ポピュリスト政党のイデオロギー位置別支持確率

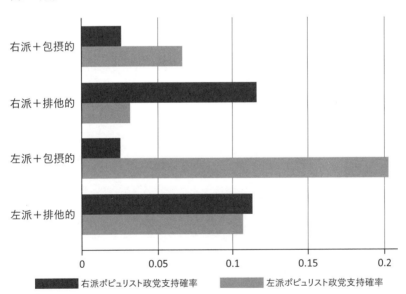

注) 確率計算にあたって、「左派」は「経済的左右位置」の平均値−1 標準偏差、「右派」は「経済的左右位置」の平均値＋1 標準偏差として、値を計算式に投入した。また、「包摂的」は「反移民志向」の平均値−1 標準偏差、「排他的」は「反移民志向」の平均値＋1 標準偏差として、値を計算式に投入した。「経済的左右位置」および「反移民志向」以外の固定効果は全て平均値を代入し、変量効果（切片）にはオーストリアの値を代入している。

他方、左派ポピュリスト政党に対する支持の有無は、社会経済次元と社会文化次元の両方が影響していることが図3から見て取れる。「経済的左右位置」において左派であり、かつ「反移民志向」において包摂的な回答者ほど左派ポピュリスト政党を支持する傾向にあり、次に左派かつ排他的、右派かつ包摂的、右派かつ排他的の順に支持する確率が低くなる。左派ポピュリスト政党は左派リバタリアン的価値をもつ有権者の支持を集めており、ブルーカラー労働者層が社会経済次元では再分配を支持しながらも、左派ポピュリスト政党の支持に躊躇する要因の一つであろう。

最後に「ポピュリズム」の影響を述べた仮説4aおよび4bを検証しよう。図4は、「国内政治不信」の度合に応じて右派ポピュリスト政党と左派ポピュリスト政党の支持確率がどうなるかを折れ線グラフ化したものである。図から明らかなように、国内の議会、政党、政治家に対する不信が高い有権者ほど左右のポピュリスト政党を支持する確率が高まる。どちら

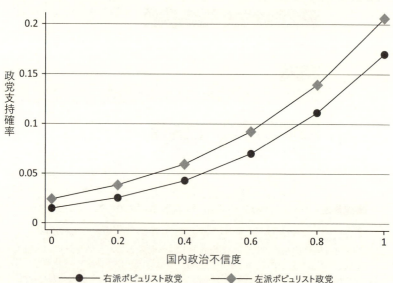

図4　右派ポピュリスト政党および左派ポピュリスト政党の国内政治不信度別支持確率

注）国内政治不信度以外の固定効果は全て平均値を代入して予測確率を算出した。
　　変量効果（切片）はオーストリアの値を代入している。

も「善良な人民」対「腐敗したエリート」という枠組みを打ち出すことで既成政党を叩き、これまでの政治のあり方に不満を感じている層の期待を集め、支持を広げているのである。その意味で、左右のポピュリスト政党は「ポピュリズム」に依拠するという点で共通する。仮説4aは確認されたといって良いだろう。

一方、欧州懐疑主義の影響は、右派ポピュリスト政党では確認されたが、左派ポピュリスト政党では確認できなかった。図5が示すように、「欧州統合は行き過ぎだ」と感じている有権者ほど、右派ポピュリスト政党を支持する確率が高まる。しかし、左派ポピュリスト政党に対してはそのような効果はない。実は、左派ポピュリスト政党に分類した政党のうちオランダの社会党については、「欧州懐疑主義」の度合が有意にこの政党への支持確率を上げている。だが、スペインのポデモスとドイツの左翼党については係数の符号はマイナスであり、有意ではない。仮説4bは左派

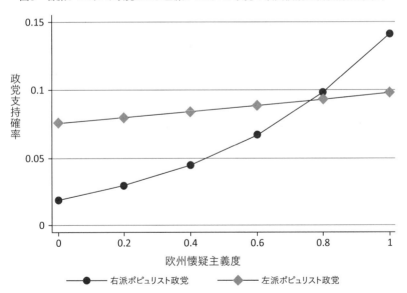

図5 右派ポピュリスト政党および左派ポピュリスト政党の欧州懐疑主義度別支持確率

注）欧州懐疑主義度以外の固定効果は全て平均値を代入して予測確率を算出した。
　　変量効果（切片）はオーストリアの値を代入している。

ポピュリスト政党についていえば確認できなかったといえる。

　では、この結果をどのように解釈できるだろうか。確かに、左派ポピュリスト政党、特にポデモスや急進左翼連合などは、欧州債務危機後に欧州連合などによって課された緊縮策に批判的である。しかし、ポデモスが「社会的ヨーロッパ」を唱えるなど（中島, 2016: 159）、欧州レベルでの国境を越えた「人民」の連携自体は否定しない。つまり、彼らのポピュリズムにおける「人民」の外延は必ずしも国境に閉ざされたものではないのである。一方、右派ポピュリスト政党における「われわれ」の外延はナショナリズムに基礎付けられているため、内なる他者である移民を排除するのみならず、ネイションの枠組みの外から権力をふるう欧州連合も否定の対象なのだと考えられる。これが「欧州懐疑主義」度合が上がると右派ポピュリスト政党支持も上がる一方、左派ポピュリスト政党支持には結びつかない理由であろう。

7.　まとめ

　本稿は、左派ポピュリスト政党との比較の観点から、右派ポピュリスト政党支持層の特徴を国際世論調査のデータを用いて探ってきた。理論的には、ポピュリズムは「善良な人民」対「腐敗したエリート」という対立構図をつくる（だけ）という実質に乏しいイデオロギーであるため、社会文化的対立軸だけではなく、社会経済的対立軸と結びついて「われわれ」と「彼ら」という二元論を形成する可能性を示した。社会文化的な権威主義・排外主義の立場から「われわれ」の外延を形づくるのが右派ポピュリスト政党であり、経済的格差の是正をもとめる社会経済的な左派の立場から「われわれ」の外延を定義するのが左派ポピュリスト政党である。そして、どのタイプのポピュリズムに惹かれるのかに影響するのが、職業階層上の垂直的・水平的位置が形成する再分配次元、社会的統制次元、および社会的メンバーシップ次元での政治的選好であることも論じた。

　実証分析の結果は、右派ポピュリスト政党支持層と左派ポピュリスト政党支持層との間の興味深い共通性と差異を示すものであった。まず、共通性としては、定義上「善良な人民」対「腐敗したエリート」という対立構

図で支持を動員する左右のポピュリスト政党は、既存の政治のあり方に不信や不満を抱く有権者の支持を集めているという特徴が明らかとなった。もちろん、既成政党や政治家に不満をもつ有権者を支持層にもたないとすれば、そもそもポピュリスト政党とは言い難く、当然の結果といえる。

　一方、右派ポピュリスト政党と左派ポピュリスト政党との違いは、その支持層の違いにある。右派ポピュリスト政党はブルーカラー労働者層やサービス労働者層といった職業階層ヒエラルキーの低位に位置する階層から支持を集めているのに対し、左派ポピュリスト政党は社会文化専門職やサービス労働者層といった対人関係職に従事する職業階層から支持を集めていることが分かった。そして、このような支持基盤の職業階層的違いが生じる理由は、それぞれの職業階層の政治的選好の違いに起因している。実証分析の結果にみたように、職業階層の垂直的位置は社会経済的対立軸上の選好よりもむしろ社会文化的対立軸上の選好をより強く規定している。低位の階層が権威主義的・特殊主義的・排他的な選好をもち、高位の階層がリバタリアン的・普遍主義的・包摂的な選好をもつ。そうであるがゆえに、ブルーカラー労働者層の右派ポピュリスト政党支持が顕著なのであろう。

　他方、職業階層の垂直的位置のみならず、水平的位置も社会経済的対立軸上の選好を規定していることも分かった。すなわち、社会文化専門職は、垂直的位置でみれば高位だが、社会経済的対立次元では政府による格差是正、すなわち再分配に肯定的である。そして、再分配の次元で左派的であり、社会的メンバーシップの次元で普遍主義的・包摂的な選好をもつ有権者が左派ポピュリスト政党を支持する傾向にあることが分かった。社会文化専門職層は左派リバタリアン的選好をもつ傾向にあり、サービス職層は再分配次元で左派的な選好をもつので、このタイプの政党を支持する傾向にあるのであろう。再分配に肯定的な選好を持つにもかかわらず、ブルーカラー労働者層が左派ポピュリスト政党に対する支持へと向かい難いのは、この職業階層では再分配のイシューよりも移民問題のような社会的メンバーシップのイシューの顕示性（salience）が高いということなのであろう（cf. Ivarsflaten, 2005; Spies, 2013）。

　さて、本稿の分析結果から比較政治学に対してどのような含意を引き出すことができるだろうか。一つは、右派ポピュリスト政党あるいは左派ポ

ピュリスト政党の台頭は、政党支持構造の脱編成（dealignment）の結果ではなく（cf. Dalton, 1996）、再編成（realignment）の帰結だということである（cf. Kitschelt, 2004）。確かに、再分配から利益を得るはずのブルーカラー労働者層がそれまで支持してきた中道左派政党から離れ、「右派」とみなされる政党支持へとまわるのだから、社会的亀裂をベースとした社会集団の投票先を規定する力は失われたようにみえるかもしれない。だが、西欧の脱工業民主主義諸国の政党システムは、社会経済的対立軸と社会文化的対立軸が直交する多元的空間に再編成されており、ブルーカラー労働者層は自らの社会文化的対立軸上の選好に近い政党を支持しているに過ぎない。社会文化専門職が左派ポピュリスト政党を支持するのも同様のロジックである。西欧の政党システムは多次元化しており、その多次元空間における各有権者の選好配置は所属する職業階層にいまだ規定されている。左右のポピュリスト政党支持の昂進はきわめて階級・階層的現象なのである。

　もう一つの含意は、いま述べたことと矛盾するようだが、ポピュリズムそのものが構成する対立次元は、西欧の政党システム一般を構成する社会経済的次元と社会文化的次元とは別の次元だということである。再三述べてきたように、ポピュリズムは社会文化的対立軸上の権威主義的・特殊主義的・排外主義的立場に還元されない。右派ポピュリスト政党のようにそうした立場と結びついて「われわれ」と「彼ら」を構成する場合もあれば、左派ポピュリスト政党のように社会経済的対立軸上の左派的立場と結びついて「経済的に搾取されて困窮するわれわれ」対「腐敗した政財界」という対立を構成する場合もあるだろう。さらにいえば、かつての反税政党のように、社会経済的対立軸上の新自由主義的立場と結びついて「税を搾取されるわれわれ」対「既得権をむさぼる彼ら」という対立を構成する場合もある。いずれも定義上ポピュリズムである。だが、これらのポピュリズムが想定する「腐敗した彼ら」を積極的に引き受ける側が存在しない以上、ポピュリズムは常に反対側の欠けた天秤のような擬似的対立軸となる。さまざまな対立軸と結びついてポピュリズムが千変万化する一方、ポピュリズムが国政の主要な対立軸とはならない所以であろう。

【謝辞】本稿は、2017 年度日本政治学会研究大会共通論題「ポピュリズムの政治分析」の報告原稿に加筆・修正を加えたものである。討論者を務めてくださった水島治郎氏、遠藤晶久氏に感謝申し上げる。また、本研究は、平成 29–32 年度科研費若手研究（B）「政党システム再編成とその政策的帰結に関する研究——比較福祉国家論の観点から」（課題番号 17K13674・研究代表者）の助成を受けたものである。

---

[1] thieda@law.osaka-cu.ac.jp

[2] 例えば、河原・島田・玉田編（2011）や高橋・石田編（2013）を参照。

[3] ポピュリズム概念の整理については、例えば、水島（2016: 第 1 章）や野田（2013）を参照されたい。

[4] アイヴァーセンとソスキスも、最新の著作で、社会文化的対立軸上のリバタリアンに対立する立場としてポピュリズムを捉えながら、ポデモスもポピュリスト政党の一つとして論じ、議論に混乱を来している（Iversen and Soskice, 2019: Chap.5）。

[5] もちろん、職業階層上の水平的な位置を考慮にいれた職業分類指標をもちいた研究も存在する（Bornschier, 2010; Bornschier and Kriesi, 2012; Oesch, 2008; 2012; Oesch and Rennwald, 2017）。ただし、左派ポピュリズム政党支持層との比較を欠いているため、例えばブルーカラー労働者層の支持がポピュリズム一般に対してなのか、右派ポピュリスト政党に特化したものなのかが分からない。

[6] もちろん、実際の投票先の政党名をもって回答者の支持政党とすべきという批判もあるだろう。欧州社会調査の質問票には直近の国政選挙で投票した政党名を尋ねる質問も含まれている。だが、欧州社会調査第 7 波が実施された 2014–2015 年の直近の国政選挙となるとそれ以前ということになり、ドイツのための選択肢（ドイツ）やポデモス（スペイン）といった結党間もない新興ポピュリスト政党の支持者が分析対象から外れてしまう。そこで、できるだけ最新の有権者の支持政党分布を分析するために、「親近感を覚える政党」という質問項目を用いることにした。また、実際の投票先を支持政党として操作化すると、小選挙区制のような戦略投票を促す選挙制度を採用する国の場合、政党に対する有権者の純粋な選好を測定できないという問題も生ずる。

[7] 欧州社会調査第 7 波データを用いて八つの職業類型へと分類する作業は、オーズチが自身のウェブサイトで提供している Syntax File を利用した（Oesch, n.d.）。

[8] 変数の作成に用いた質問項目やコード化方法については付表 A としてまとめ、リサーチマップ上（https://researchmap.jp/thieda/）にて公開するので、ご関心の向きは上記サイトにアクセスいただきたい。

[9] 紙幅の関係から、説明変数とコントロール変数の偏回帰係数と標準誤差を一覧

にした回帰表は割愛し、付表Bとして別にまとめている。また、国ごとに分析した回帰表も付表CおよびDとしてまとめている。リサーチマップ上（https://researchmap.jp/thieda/）にて公開するので、ご関心の向きは上記サイトにアクセスいただきたい。

❖引用文献

[邦語]

今井貴子, 2019,「成熟社会への掣肘――イギリスのEU離脱をめぐる政治社会」『年報政治学』2019年II号（本誌）.

河原祐馬・島田幸典・玉田芳史編, 2011,『移民と政治――ナショナル・ポピュリズムの国際比較』昭和堂.

古賀光生, 2009,「脱クライエンテリズム期における選挙市場の比較分析――西欧極右政党の動員戦略を通じて」『年報政治学』2009年II号：246-68.

古賀光生, 2013-2014,「戦略、組織、動員（一）〜（六）」『国家学会雑誌』126 (5・6) 〜 127 (3・4).

古賀光生, 2014,「新自由主義から福祉排外主義へ――西欧の右翼ポピュリスト政党における政策転換」『選挙研究』30(1): 143-58.

古賀光生, 2019,「西欧の右翼ポピュリスト政党の台頭は、「文化的な反動」によるものであるのか？――政策の比較分析から検討する」『年報政治学』2019年II号（本誌）.

高橋進・石田徹編, 2013,『ポピュリズム時代のデモクラシー――ヨーロッパからの考察』法律文化社.

筒井淳也, 2013,「マルチレベル分析――態度と価値観における国家と個人の分析」鎮目真人・近藤正基編『比較福祉国家――理論・計量・各国事例』ミネルヴァ書房, 118-42.

中島晶子, 2016,「左翼ポピュリズムという幻影――ギリシアの急進左翼連合とスペインのポデモスから」『年報政治学』2016年II号：144-62.

野田昌吾, 2013,「デモクラシーの現在とポピュリズム」高橋進・石田徹編『ポピュリズム時代のデモクラシー――ヨーロッパからの考察』法律文化社, 3-24.

水島治郎, 2016,『ポピュリズムとは何か――民主主義の敵か、改革の希望か』中公新書.

ミュラー, ヤン＝ヴェルナー, 2016＝2017,『ポピュリズムとは何か』（板橋拓己訳）岩波書店.

山本圭, 2012,「ポピュリズムの民主主義的効用――ラディカル・デモクラシー論の知見から」『年報政治学』2012年II号：267-87.

[外国語]

Arzheimer, K., 2012. Working class parties 2.0? Competition between centre left and extreme right parties. In: J. Rydgren, ed. *Class politics and the radical right*. London: Routledge. pp. 75–90.

Arzheimer, K. and Carter, E., 2006. Political opportunity structures and right-wing extremist party success. *European Journal of Political Research*, 45(3), pp.419–43.

Bornschier, S., 2010. *Cleavage politics and the populist right: The new cultural conflict in Western Europe*. Philadelphia: Temple University Press.

Bornschier, S. and Kriesi, H., 2012. The populist right, the working class, and the changing face of class politics. In: J. Rydgren, ed. *Class politics and the radical right*. London: Routledge. pp. 10–30.

Dalton, R.J., 1996. Political cleavages, issues, and electoral change. In: L. Le Duc, R. G. Niemi and P. Norris, eds. *Comparing democracies: Elections and voting in global perspective*. London: SAGE. pp. 319–42.

Dunn, K., 2015. Preference for radical right-wing populist parties among exclusive-nationalists and authoritarians. *Party Politics*, 21(3), pp.367–80.

Erikson, R., Goldthorpe, J.H. and Portocarero, L., 1979. Intergenerational class mobility in three Western European societies: England, France and Sweden. *British Journal of Sociology*, 30(4), pp.415–41.

European Social Survey, 2016. ESS round 7: European social survey round 7 data (2014). Norway: Data Archive and Distributor of ESS data for ESS ERIC. [online] Available at: <http://www.europeansocialsurvey.org/> [Accessed 30 May 2017].

Evans, J.A.J., 2005. The dynamics of social change in radical right-wing populist party support. *Comparative European Politics*, 3(1), pp.76–101.

Gidron, N. and Hall, P.A., 2017. The politics of social status: Economic and cultural roots of the populist right. *British Journal of Sociology*, 68(S1), pp.57–84.

Givens, T.E., 2004. The radical right gender gap. *Comparative Political Studies*, 37(1), pp.30–54.

Hieda, T., 2013. Politics of childcare policy beyond the left—right scale: Post-industrialisation, transformation of party systems and welfare state restructuring. *European Journal of Political Research*, 52(4), pp.483–511.

Hino, A., 2010. Censored and hurdle regression models in TSCS data: Electoral support for extreme right parties in 19 West European democracies. *Japanese Journal of Electoral Studies*, 26(1), pp.88–101.

Hino, A., 2012. *New challenger parties in Western Europe: A comparative analysis*. Abingdon: Routledge.

Inglehart, R. and Norris, P., 2016. Trump, Brexit, and the rise of populism: Economic have-nots and cultural backlash. *HKS Working Paper.*[pdf] Cambridge, MA, Harvard Kennedy School.

Ivarsflaten, E., 2005. The vulnerable populist right parties: No economic realignment fuelling their electoral success. *European Journal of Political Research*, 44(3), pp.465–92.

Ivarsflaten, E., 2008. What unites right-wing populists in Western Europe? *Comparative Political Studies*, 41(1), pp.3–23.

Iversen, T. and Soskice, D., 2019. *Democracy and prosperity: Reinventing capitalism through a turbulent century*. Princeton: Princeton University Press.

Kitschelt, H., 1994. *The transformation of European social democracy*. Cambridge: Cambridge University Press.

Kitschelt, H., 2004. *Diversification and reconfiguration of party systems in postindustrial democracies*. Bonn, Digital Library Friedrich Ebert Stiftung.

Kitschelt, H., 2012. Social class and the radical right: Conceptualizing political preference formation and partisan choice. In: J. Rydgren, ed. *Class politics and the radical right*. London: Routledge. pp. 224–51.

Kitschelt, H. and Rehm, P., 2014. Occupations as a site of political preference formation. *Comparative Political Studies*, 47(12), pp.1670–706.

Kriesi, H. et al., 2006. Globalization and the transformation of the national political space: Six European countries compared. *European Journal of Political Research*, 45(6), pp.921–56.

Kriesi, H. et al., 2008. *West European politics in the age of globalization*. Cambridge: Cambridge University Press.

Kriesi, H. et al., 2012. *Political conflict in Western Europe*. Cambridge: Cambridge University Press.

Lubbers, M. and Coenders, M., 2017. Nationalistic attitudes and voting for the radical right in Europe. *European Union Politics*, 18(1), pp.98–118.

Lubbers, M., Gijsberts, M. and Scheepers, P., 2002. Extreme right-wing voting in Western Europe. *European Journal of Political Research*, 41(3), pp.345–78.

March, L., 2007. From vanguard of the proletariat to vox populi: Left-populism as a 'shadow' of contemporary socialism. *SAIS Review of International Affairs*, 27(1), pp.63–77.

March, L. and Keith, D., 2016. Introduction. In: L. March and D. Keith, eds. *Europe's radical left: From marginality to the mainstream?* London: Rowman & Littlefield International. pp.1–23.

March, L. and Mudde, C., 2005. What's left of the radical left? The European radical left after 1989: Decline and mutation. *Comparative European Politics*, 3(1), pp.23–49.

March, L. and Rommerskirchen, C., 2015. Out of left field? Explaining the variable electoral success of European radical left parties. *Party Politics*, 21(1), pp.40–53.

Mudde, C., 2004. The populist zeitgeist. *Government and Opposition*, 39(4), pp.541–63.

Mudde, C., 2007. *Populist radical right parties in Europe*. Cambridge: Cambridge University Press.

Mudde, C., 2013. Three decades of populist radical right parties in Western Europe: So what? *European Journal of Political Research*, 52(1), pp.1–19.

Oesch, D., 2008. Explaining workers' support for right-wing populist parties in Western Europe: Evidence from Austria, Belgium, France, Norway, and Switzerland. *International Political Science Review*, 29(3), pp.349–73.

Oesch, D., 2012. The class basis of cleavage between the new left and the radical right. In: J. Rydgren, ed. *Class politics and the radical right*. London: Routledge. pp. 31–51.

Oesch, D., 2013. *Occupational change in Europe: How technology and education transform the job structure*. Oxford: Oxford University Press.

Oesch, D., n.d. Scripts for social class. Lausanne, Switzerland: Daniel Oesch. [online] Available at: <https://people.unil.ch/danieloesch/scripts/>.

Oesch, D. and Rennwald, L., 2017. Electoral competition in Europe's new tripolar political space: Class voting for the left, centre-right and radical right. *MWP Working Papers*.[pdf] Florence, European University Institute. Available at: <http://hdl.handle.net/1814/45528> [Accessed March 10, 2017].

Ramiro, L., 2016. Support for radical left parties in Western Europe: Social background, ideology and political orientations. *European Political Science Review*, 8(1), pp.1–23.

Rydgren, J., 2008. Immigration sceptics, xenophobes or racists? Radical right-wing voting in six West European countries. *European Journal of Political Research*, 47(6), pp.737–65.

Spies, D., 2013. Explaining working-class support for extreme right parties: A party competition approach. *Acta Politica*, 48(3), pp.296–325.

Stanley, B., 2008. The thin ideology of populism. *Journal of Political Ideologies*, 13(1), pp.95–110.

Steenvoorden, E. and Harteveld, E., 2018. The appeal of nostalgia: The influence of societal pessimism on support for populist radical right parties. *West European Politics*, 41(1), pp.28–52.

Werts, H., Scheepers, P. and Lubbers, M., 2013. Euro-scepticism and radical right-wing voting in Europe, 2002–2008: Social cleavages, socio-political attitudes and contextual characteristics determining voting for the radical right. *European Union Politics*, 14(2), pp.183–205.

日本における成熟社会論の知的起源

東京大学社会科学研究所教授 宇野重規

　本稿は日本独自の成熟社会論の起源を一九七五年に見出し、その主要な理論家として経済学者の村上泰亮に着目する。世界的に高度経済成長が終わりを迎えつつあるなか、英国のデニス・ガボールの『成熟社会』やローマ・クラブによる『成長の限界』の議論が日本に紹介されるが、やがて日本でも独自の成熟社会論の展開が見られるようになる。とくに村上泰亮は、産業化後の「豊かな社会」への対応という世界共通の課題に、欧米モデルからの転換という日本独自の課題を重ねて捉えた点に特徴がある。村上はこの時期の日本社会の転換を、個人主義の台頭による伝統的な集団主義の変質として捉え、それに基づく新たな公私ルールの確立を目指した。そのような問題意識を本格的に展開したのが村上の産業社会論であり、ここで村上は混合経済の必然性、多元主義、特に文化の領域の一定の自立性を強調する社会理論を構築した。そのような問題意識の上に村上は、日本における保守回帰を予測し、さらに「イエ」社会を基軸とする独特の日本文化論を展開した。政治・経済・文化の関係を総合的に把握しようとした村上の理論的営為は、今日なお重要な示唆を我々に与えてくれる。

キーワード：成熟社会、豊かな社会、集団主義、多元主義、保守回帰

一　はじめに

　日本における成熟社会論[1]の起源をどこに見出すべきであろうか。
　成熟社会論の嚆矢としてしばしば指摘されるのは、英国の物理学者デニス・ガボールの『成熟社会（*Mature Society*）』（一九七二年）である。高度経済成長が終わりを迎えつつあるなか、物質主義的な大量消費社会からの転換を説き、精神的な豊かさや生活の質の向上を主張したこの著作は、世界的な反響を生み出した。同じ一九七二年には、人口・資源・エネルギ

一・食糧などの人類的な危機を訴えるローマ・クラブによる『成長の限界』も発表されている。世界的に見た場合、この一九七二年に成熟社会論の起源を見出すことは、一定の妥当性を持つと言えるだろう。

これに対し、日本の場合はどうだろうか。ローマ・クラブによる『成長の限界』に対してはその発表直後から注目が集まり、これに呼応する議論や運動も始まっている。その意味で、日本における成熟社会論は、世界における趨勢とほぼ同時発生的に始まったと言うこともできる。しかしながら、本稿では、このような世界的な成熟社会論の発展に対し、日本独自の成熟社会論が生まれたのはいつであったかに着目したい [2]。後ほど詳しく見ていくように、日本の成熟社会論には独自な内容と文脈がある。これを分析することは、この時期における日本の知的世界における転換を分析することにも資するだろう。

本稿の仮説としては、日本における成熟社会論の重要な起源の一つとして、一九七五年に着目したい。この年の『中央公論』一一月号には、経済学者の村上泰亮と政治学者の永井陽之助による対談「成熟社会への生涯設計」が掲載されている。同年に、三木武夫首相に対する「私的提言」 [3] として、『生涯設計計画──日本型福祉社会のビジョン』が刊行されているが、その取りまとめの中心になった村上と、前年に「経済秩序における成熟時間」を発表している永井を組み合わせての対談企画である。二人の問題意識は必ずしも完全に一致しているわけではないが、この時期に、「成熟」が時代のキーワードになりつつあったことをうかがわせる [4]。

日本の高度経済成長は一九五五年に始まり、一九七三年まで続いた。一九七三年一〇月の第四次中東戦争をきっかけに石油価格が高騰し、第一次オイルショックが日本を襲ったが、このような状況を踏まえ、翌七四年頃から日本においても経済成長以降の時代を展望する論考が増えてくる。脱産業化論や成熟社会論もそのような文脈において登場したが、一九七五年は、その最初のピークであった。

その際、三木内閣のブレインとして活躍し、『生涯設計計画』の編者を務めた村上のはたした役割は小さくない [5]。理論経済学者であった村上は、この時期に旺盛に『中央公論』をはじめとする総合雑誌に寄稿し、経済にとどまらず、広く政治や社会を論じることになる。一九七五年には『産業社会の病理』、一九七九年には公文俊平・佐藤誠三郎との共著で『文

明としてのイエ社会』、さらに一九八四年には『新中間大衆の時代——戦後日本の解剖学』を発表している。村上はこの時期の日本の「論壇」を代表する知識人の一人であり、かつての「岩波知識人」に代わる「中公知識人」を代表する論客であったと言える。

　ちなみに村上が直接的に関わったのは、三木内閣（一九七四～七六年）のみである。村上としばしば共著で論考を発表した公文や佐藤が、大平正芳内閣（一九七八～七九年）や中曽根康弘内閣（一九八二～八七年）においても活躍し、「大平総理の政策研究会」などで報告書をまとめる際の中心的役割をはたしているのと比べると、村上のコミットメントの対象は三木武夫一人に限定されていたようである。「大平総理の政策研究会」報告書に見られる論調には、村上の問題関心と相通じる部分が少なからず見受けられ、一定の影響を及ぼしているとも考えられるが、村上自身はその研究会に参加していない。ある意味で、村上は大平研究会のミッシングリンクとも言えるのである。同研究会に対する関心が高まっている今日、その前史として三木内閣期の村上の知的営為を評価することも可能だろう[6]。

　本稿では以下、村上の議論を中心に、この時期の成熟社会論の内実と展開を見ていく。この分析を通じて、成熟社会論が日本の社会科学に対して及ぼした影響とその意味を考えることがその目的である。日本において成熟社会論はいかなる展開を示したのか。その知的意味や独自性はどこに見出せるのか。さらに、その影響はどこまで及んでいるのか。これらのテーマについて考えてみたい。

　なお、本稿は村上の著作を包括的に検討するものではない。あくまで一九七五年前後の村上の成熟社会論に関わる論考のみを対象とするものであり、『文明としてのイエ社会』や『新中間大衆の時代』などについては、関連する論点に言及するにとどめる。また、本稿は、村上の議論が現実の政治過程にどの程度の影響を及ぼしたかを検証するものでもない。この論点は、この時期に花開いた、いわゆる「ブレイン政治」とも関連して興味深い主題ではあるが、本稿の関心はあくまで村上らの知的営為を、時代の文脈において読み解くことにある。この時期における日本の成熟社会論を、それ自体を一つの知的フレームワークとして捉え、その意味を考察することこそが本稿の課題である。

二　成熟社会論の位相（1）——日本社会の転換点

　まずは冒頭に触れた、『中央公論』一一月号に掲載された村上と永井の対談について見ておきたい。二人は対談に先立ち、それぞれの論考を発表している。

　前年に「経済秩序における成熟時間」を発表した永井は、文字通り、人間の「成熟」の意味を問い直すことから検討を始めている。人間が成熟するにあたって必要なのは、そのための時間の流れである。人間は生まれ、成長して大人となり、老い、そして死んでいく。人間はそれぞれの段階において生きる意味を確認し、それにふさわしい「リズム」と「脈搏」をもって自らの生を実現する。

　ところが現代において、均質化した時間を生きる人間はつねに時間に追い立てられ、慌ただしい時間を過ごさざるをえない。「時は金なり」との言葉の通り、時間の価値は金銭ではかられるが、その稀少性は増大するばかりである。結果として成熟のための時間の過程は破壊され、生の意味は見失われる。「われわれは、日々、時間を無駄にするなと教えられる。だが、人生を無駄にすることについては意に介しないのである」（永井 1974: 59）。永井は現代において人間の成熟はきわめて困難になっていると強調する。

　本稿にとって重要なのは、永井の次の指摘だろう。「現在われわれの直面している根本的な問題のひとつは、衣食住のような絶対的要求（欠乏と稀少性）の充足が中心的課題であった時代（経済学が主役となる時代）から、むしろ対人関係（社会関係）のなかで享受される「名誉価値」（権力、愛情、尊敬、地位、生きがい一般）——ケインズの語で言えば「相対的価値」の欲求充足の問題にすでに移ってしまっていることである」（永井 1974: 73）。永井の目に、現代社会とは生存欲求が至上の時代から、承認欲求の充足が求められる時代への転換の途上にあるものとして映った。経済成長の時代の終わりを迎えるにあたって、人間の生における「成熟」の意味を、とくに人間と人間の関係に着目して論じたことに、永井の論考の特徴が見出せるであろう。そしてその際に、人間が象徴を用いる生物で

あること、広い意味での「文化」こそが重要な役割を果たすという主張をしていることが注目される。

これに対し、村上はどのような議論を展開していたのだろうか。

すでに指摘したように、村上はこの年に、『生涯設計計画』をまとめている。あとがきによれば、村上は編者の一人として総論を執筆しているが、序もまた村上の思考を濃厚に反映したものであろう。この序が強調するのは、日本社会が歴史的な転換期にあるという認識である。日本は高度成長路線から福祉社会の建設へと向かうとともに、明治以来の欧米を範とする近代化からの脱却を求められている。いわば産業化後の「豊かな社会」への対応という世界共通の課題とともに、欧米モデルからの転換という日本独自の課題を同時に達成しなければならないのである。

> 振りかえってみると、日本社会はこれまで百年間、近代化を目標として欧米諸国のやり方を大幅にとり入れながら前進してきた。しかし経済を中心とした国際比較可能な側面では、昭和四十年代中頃に日本はほぼ欧米に追いついてしまっている。欧米を模範にとるやり方には、明らかに限界がみえてきており、日本人としては、欧米のやり方を排するのでは決してないが、基本的には自分自身の判断で新しい社会の姿を模索しなければならない段階を迎えたのである（村上・蠟山ほか 1975: vi）。

これは興味深い指摘であろう。一九七〇年代に日本は新たな歴史の段階に突入しているが、それは高度経済成長以降の社会への移行であるとともに、欧米諸国に範を取る近代化の終わりでもあるというのである。この両者を一体のものとして捉える点に、村上の思考の特徴を見出せるだろう。

その上で序は、新たな人間像として「強い、安定した、自由な個人」を示している。その内実については、この後でさらに検討するが、あくまで個人主義的な理念を提示していること、そしてそれと関連して、個人の人生の「生涯設計（ライフ・サイクル）」という問題提起がなされていることが重要だろう。

「主体的な個人」の理念は戦後日本社会において、多くの知識人によって強調されたものであるが、村上もまた個人主義の理念を掲げつつ、その

中に込めた内容には、戦後民主主義の論調とは明らかに異質なものが含まれている。この報告は、ナショナル・ミニマムの確保を強調する一方で、それを超えた部分では「自己責任による創意工夫」が必要であるとも指摘している。ここでいう個人主義の理念に、自己責任論的な要素が含まれていることが注目されるだろう。その上で、短期的な視野に陥りがちな現代の個人に対し、生涯を展望するような意識を与え、またそれを可能にする社会保障や住宅環境のあり方を整備する[7]、というのがこの報告の基本的な主張となっている。

その際も、村上があくまで日本的な文脈を強調しているのも興味深い。総論においては「新しい日本的社会システム」が論じられているが、その際にも個人と社会の関係について考慮することが重要とされる。村上によれば、日本社会にはイエやムラに象徴される「集団主義」の伝統があり、これは戦後の社会においても企業組織の内部などに残されている。これに対し、明治以来、個人主義的な価値観が浸透しているが、これは家族や企業や地域共同体といった「中間的集団」の意味を否定するものではない。村上が理想とするのは、法の前の平等、機会の均等などの形式的平等性と、ナショナル・ミニマムによる最小限の生活保障を前提に、個人と集団が自らの役割と影響力を自覚し、自生的にルールと合意を発展させていくことである。目指すべきは、あくまで個人と社会が調和する「分権的な社会システム」である。

三　成熟社会論の位相（2）
──「個人」、「幸福」、「期待」

以上、それぞれに日本社会の成熟期に向けての移行を検討していた村上と永井の議論は、何を、どの程度共有していたのだろうか。『中央公論』一九七五年一一月の対談「成熟社会への生涯設計」における両者の議論を確認してみたい。

第一の論点は「計画」と「個人」である。村上らの提言もあって三木内閣は「生涯設計（ライフ・サイクル）計画」をスローガンに掲げるが、これは池田勇人内閣の所得倍増計画や、田中角栄内閣の日本列島改造計画と

比べ、個人の生涯というミクロの視点に立っている。「もの」的な意味では一定の充足を得た日本社会において、いかに「計画」が個人の内面や価値観に働きかけられるか。この点を問う永井に対し、村上は「ライフ・サイクル計画」はあくまで「もの」の次元にとどまるものであり、個人の内面領域には立ち入らないと答えている。「生きがい」のような問題は個人に委ね、政策はあくまでのそのための枠組みを準備するにとどめるというのが、その趣旨である。

　第二の論点は「幸福」である。すでに指摘したように、生存のための物質的要求から、対人的な承認欲求への移行を重視する永井は、「幸福」についても、「もの」の充足ではなく、自らの社会的・公的な必要性を実感することに着目する。その上で、はたして現在の社会において個人が自らの価値を実感し、アイデンティティを確認できる機会があるかを問題にする。これに対し、村上はやや異なった角度から反応している。村上によれば、イエ社会に代表される日本の集団主義は現在その「解体期」にある。これを前提に、個人と公共の関係を、時間をかけて再建しなければならないという。

　　　イエ社会的な集団主義は解体傾向にあるということを踏まえて、もう一ぺん個人を作り直すようなことが必要なんじゃないだろうか。そこから、かなり時間をかけて、公共と個人のバランスを作り直すという以外に対応の仕方はないんじゃないだろうか。これは、ある意味ではペシミズムなんです。可能性が高いかどうかは問題はあるけれども、条件を整えてみて、そこで一緒に努力しようじゃないか、というわけなんです（村上・永井 1975: 82–83）。

　したがって、「強い、安定した、自由な個人」という場合も、ポイントは日本社会やその集団の伝統的な構造が解体していくなかで、個人主義をいかに立て直していくかにある。そこに村上の強い危機意識がうかがえるだろう。かつての戦後民主主義の議論において、集団主義の伝統に対抗しいかに個人主義を確立するかが問題になったとすれば、村上においては、日本的な集団主義が解体するなかで個人をいかに立て直すかにポイントがあるのが興味深いと言える。

第三の論点は政府への「期待」である。この点について、永井と村上はともに国民の政府に対する過大な期待に警鐘を鳴らしている。いまや先進民主主義国において、統治能力の危機が起きているとする日米欧委員会の報告にも触れつつ、永井は肥大化した福祉国家に対して、依然として国民の期待が高いことを問題視する。人々は諸悪の根源をすべて政府にあると考えがちだが、それは裏返しに政府への過信があることを意味する。このような過大な期待はむしろ、政府への依存や政府による介入拡大にもつながる。この点について「ライフ・サイクル計画」が意識的であることを、永井は評価する。

　このような永井の指摘に同意しつつも、村上は「政府が与えるべきものを与えないで、与えなくていいものを与えているという面がある」（村上・永井 1975: 89）と発言している。例えば土地私有権の制限や住宅政策について、村上は、政府がより積極的に役割をはたすべきであると主張する。公害問題も同様であり、村上の議論は単純な「小さな政府」主義というよりは、個人と公共のより明確な責任分担にあることがうかがえる。関連して村上は、「ミニマムなルール」を再建する必要を説いている。明確なルールがあってこそ、個人の具体的な生の選択も可能になるというのが村上の主張である。

　全体を通じて、永井の議論があくまで先進国に共通の成熟社会問題を論じているのに対し、村上は日本社会の構造転換に対する関心が目立つ。永井の関心が経済第一主義の批判や個人のアイデンティティ問題にあるとすれば、村上の問題意識は日本における集団主義の行方や新たな公私ルール形成にある。また、両者はともに個人主義の再建を重視し、政府への過大な期待に警鐘を鳴らしているが、村上の方が、同時に政府の一定の役割も指摘している。「（政治家が）本当の政治をすべき時代がきた」という村上の締めくくりの言葉が印象に残る。

四　産業社会論

　以上、「個人」、「幸福」、「期待」などの論点を振り返りつつ、一九七五年の時点に焦点を置いた成熟社会論の位相を確認してきた。本稿では引き

続き、村上の同年の著作『産業社会の病理』を中心に、日本社会における成熟社会論を構成する諸要素について検討していきたい。『産業社会の病理』こそ、この時期の村上の問題意識をもっとも包括的に表現した著作であり、そこに内包される多様な議論を分析することで、この時期における日本の成熟社会論の意義と本質が明らかになるであろう。

その第一の要素は「産業社会論」である。「産業社会（industrial society）」とは、この時期の村上の議論の中心的な枠組みであると同時に、高度経済成長から成熟社会へと向かう世界に広く見られた視座の一つである。

言葉の起源としては、一九世紀フランスの思想家サン゠シモンがあげられる[8]。初期社会主義者の一人として知られるサン゠シモンは、一八一六年から『産業』四巻本を刊行し、「産業主義」や「産業体制」を提唱した。その議論の本質は、封建体制から産業体制への移行を主張するものであり、産業の発展こそが、経済的自由のみならず、政治的自由の発展につながると説く。自由な社会こそが産業の発展をもたらし、産業の発展が自由な社会を実現するように、自由と産業発展の不可分な関係を重視するのが特徴的である。経済的自由に限らず、およそ自由一般を実現するための社会の根本的な再組織化を主張する点に、「産業社会論」の本質の一つを見出せるであろう。

サン゠シモンの産業社会論には、経済を論じる際に、政治はもちろん、文化との関係に着目するなど、村上の議論にもつながる側面が見られる。また、科学を重視し、自然科学から社会科学までを包括する学問の総合性への志向を強く持つ点も、村上と共通している。その意味からすれば、村上の産業社会論とは、サン゠シモン的な思考法を継承しつつも、いまや産業社会の発展が新たな段階を迎えているという認識の下、産業化を超える新たな社会的組織化の原理と、そのための総合的な社会科学を構想する議論として理解することができるだろう[9]。

ちなみに、経済学者の稲葉振一郎は、この産業社会論が、マルクス主義的な資本主義社会論に対抗しつつ、社会主義とは異なる、西側の自由主義社会を正当化する言説としてこの時期に大きな影響力を持ったと論じている（稲葉 2018）。代表的な論者として、稲葉はフランスのレイモン・アロンや、アメリカのクラーク・カー、ピーター・ドラッカーなどを挙げている。彼らは自由市場体制と議会制民主主義を擁護しつつ、マルクス主義に

対抗する総合的な社会科学の体系を構築しようとした。村上もまた、そのような世界的な知の流れに属していた一人として理解することができるだろう。

その意味からすれば、産業社会論のねらいは、西側における高度経済成長と福祉国家の実現を背景に、資本主義と社会主義というイデオロギー対立を乗り越える視座を提示することにあった。産業社会論の視座によれば、ケインズ主義的な福祉国家政策によって、いまや伝統的な階級対立は過去のものとなりつつある。政府の適切な経済への介入と産業政策により、「豊かな社会」が実現されたのであり、もはや完全な計画経済でもなければ、純粋な市場経済でもない「混合経済」しか、現代先進国にとっての選択肢は存在しない。資本主義か社会主義かという古い論争は有効ではなく、いわばすべては産業社会へと収斂しつつある。このような主張に、産業社会論がこの時期にはたした一定のイデオロギー的性格を見てとることができるだろう。

産業社会論の特徴として、稲葉が多元主義を指摘している点も重要である。マルクス主義がいわば経済中心主義であったとすれば、産業社会論は政治や経済、文化の領域の一定の自律性を認めている。純粋に経済学的な議論というよりは社会学的な議論を大幅に導入しており、単純な生産関係による決定論を排し、近代社会の多元性を重視する点に特徴があったと言える。この立場からすれば、近代化とは単一の現象ではなく、政治的近代化、経済的近代化、文化的近代化の複合から成るものであった。

このうちとくに、文化の領域を重視するのも、この時期の産業社会論の特徴である。そのうち最も有名な議論は、ダニエル・ベルの『資本主義の文化的矛盾』（1976〜77）であろう。高度経済成長の結果、多くの国々は、人々の勤労倫理や革新意欲が衰退する「先進国病」にかかってしまっている。産業社会は、その発展によってむしろ自らを支えるべきエートスやモラルを解体しているのではないか。このような問題意識は村上にも共通して見られるものである。

村上は『産業社会の病理』で次のように論じている。産業社会の発展により人々は生存の必要から自由になったが、そのような人間は生きることの意味をどこに見いだすか。はたして生存を超えた永遠性と卓越性を獲得することができるのか。その一方で、人間社会の技術的発展は地球的限界

に届きつつある。資源の逼迫が起きるなか、反成長主義の論調も高まりつつある。人間はいかにして内と外のバランスを取り戻すことが可能か。この問題に答えることができない限り、産業社会はその病理のうちに沈むと村上は主張する。

村上はこの課題をとくに個人主義の問題として位置づける。産業社会の基本的な価値観は業績に基づくものであり、マックス・ウェーバーがいうように、あらゆる行為はその目的をいかに達成するかによって評価される。しかしながら、そのような傾向はやがて、手段としての行動の能動主義と究極目的の喪失をもたらす。エリートとしての自覚と誇りに依拠する高等教養主義も失われ、人々は生きがいを求めて右往左往するようになる。

村上は、何らかの目的のためではなく、行動それ自体の価値が求められる傾向を指して「コンサマトリー化」と呼ぶ。それは一時的な快楽主義に向かうこともあれば、倫理や宗教などへの献身に向かうこともある。何れにせよ、行為がもたらす結果ではなく、行為それ自体が価値とされることへの欲求に基づく。このように論じた上で、コンサマトリー化した個人主義は、やがて産業社会の統合を脅かすようになると、村上は指摘する。

　　新しい個人主義を育てたのは豊かさである。しかしその個人主義はコンサマトリー化することによって、豊かさを作り出した産業化の根柢をほり崩す傾向をもっている。政治＝経済＝文化のトータルシステムとして考えたとき、資本主義型産業社会は自己崩壊的な傾向を含むことになる。（村上 2010: 192）。

　　結局、大衆の一人一人が、コンサマトリーな要求と、手段合理的な必要との両者とを認識し、その間の分裂に耐えるだけの強さを持たなければならない。それは、大衆がかつての貴族以上のものになることを意味するだろう。しかしそれが果たされなければ、産業社会は人類史上の愚かなエピソードの一つにすぎないものとなるのではないか（村上 2010: 200）。

最終的に村上は、産業社会の自己崩壊を食い止めるためには、一人ひと

りの個人が、社会の一員として目的合理的に行動すると同時に、行為それ自体の価値を追い求め、何らかの卓越的理想の追求を続けることに期待する。しかしながら、それがはたして可能なのか、『産業社会の病理』に明確な答えは見当たらない。村上の産業社会論は、ある意味で精神的な貴族主義へと行き着いたとも言える。それは高度経済以降の日本社会における、価値の喪失についての村上の危機意識を反映したものであった。

五　保守主義の回帰

　村上の成熟社会論の第二の要素は「保守主義」である。興味深いことに、この時期における村上の成熟社会論は、「保守主義の回帰」という論点と深く結びついている。稲葉が指摘するように、この時期の産業社会論のねらいの一つは、福祉国家の下における自由民主主義体制の肯定にあった。その意味で、村上の議論が保守主義の再評価と結びつくことは意外ではないが、日本における独自な文脈もあって、成熟社会論が独特に保守主義論に結びついていたことが注目される。

　高度経済成長期、日本の戦後保守主義は独特な困難に直面することになった。自民党の政治家石田博英は、一九六三年に雑誌『中央公論』に「保守政党のビジョン」と題する論考を発表した。このなかで石田は、経済が成長し、都市化が進むにつれて、農村部に支持基盤を持つ日本の保守政治も衰えると予測した。公害問題もあって革新自治体が増加するなか、保守主義の側において危機意識が高まったのである。この問題提起を受けて、さまざまな保守政党の「近代化」を目指す改革論が登場することになったのが、一九六〇年代後半から七〇年代前半にかけての状況であった。

　これに対し、村上の議論は新たな段階を示すものである。村上は佐藤誠三郎、公文俊平とともに「脱「保革」時代の到来」という論文を『中央公論』（一九七七年二月号）に発表している。ここで村上らは、日本における「保守」と「革新」の意義の変化を次のように論じている。

　村上らによれば、明治以降、欧米へのキャッチアップを課題として、官僚主導の下で発展した日本政治は、経済成長の実現によって変容を余儀なくされている。その要因は「追いつき型近代化という目標の達成」と「新

しい中間階層の成立」にあった。結果として「保革」の意味内容は変化し、日本政治は「保革」対立以降の段階に入ろうとしている。

保守主義とは本来、社会の変化の不可避性を承認しつつ、その一方で過去からの経験の蓄積を重視するものである。結果として「良き伝統」を保持するためには改革をいとわないという姿勢こそが保守主義の本質となる。これに対し革新主義は、理性が経験に先立ち真理を把握する力を持つと考え、あくまで理性の力を信頼するユートピア主義を志向する点に特徴があった。

このような保革本来のあり方に対し、「追いつくための近代化」を目指した日本の近代においては、状況がやや異なってくる。欧米をモデルとして近代化を進めた日本の場合、欧米の制度や文物を導入する指導層が「保守」となり、これを批判する側が「革新」となったのである。「追いつき型近代化」の現実化を担当し、そのために必要な妥協を行った「保守」が思想的・文化的な無原則性を批判されたのに対し、無原則的妥協に支えられた現実の変革を批判した「革新」は、あくまで目標とすべきユートピア的社会理念を固守した。いわば、保守が「保守」的手法によって現実を「革新」し、革新が「革新的理念」を「保守」するという役割分業をはたしたのである。結果として、日本の保守はついに保守主義としての思想を持ちえず、逆に革新は「正しくはあるが無力な」批判を続けることになったと村上らは指摘する。

しかしながら、経済成長の実現により、いまや日本社会は大きく変わりつつある。欧米がもはやユートピア的なモデルではなくなる一方、日本社会に「新しい中間階層」が成長しつつあるからである。このような「新しい中間階層」は一定の生活水準を享受することで、経済成長の既得権者となる。彼らは達成された生活水準を守ろうとするが、同時に漠然とした不満も持ち続ける。

結果として、ユートピアモデルを失った革新が衰退するとともに、保守もまた何を保守するのかが問われることになる。保革がともにそれまでの基盤を失い、不動化する有権者によってその意義を問い直されるようになったのである。以上の検討を踏まえ、村上らは「自由主義制度」[10] についての合意、およびそれを踏まえての新たな政党再編、さらに、情報公開の下での「政策体系に責任をもつ政治」や、地域における文化の育成を訴

えている。これらの論点も、一部が大平研究会などに継承されることになった。

　注目すべきは、一九七七年の段階では、従来の保革の対立図式が崩れるなか、村上らがまだ新たな政治的構図を描くに至っていないことである。前年の衆議院選では、自民党が金権体質を批判される一方、社会党や共産党も伸び悩み、新自由クラブの出現によって保革のあり方に変化が見られていた。これを受けて、村上らの論考も、従来型の保革図式の無効化と、自由主義制度への合意を指摘するにとどまっている。

　これに対し、一九八四年の『新中間大衆の時代』においては、より積極的に「新中間大衆」の「保守回帰」を論じるようになっている。一九七七年の時点では、新たな中間層の政治的行方について判断を留保していたのが、八四年においては、彼らが保守主義の新たな支持基盤となりつつあると主張するに至っているのである。このような村上らの判断は世論調査における自民党支持の回復を受けてのものであるが、ある意味で一九八六年の中曽根政権における衆参同日選挙の圧勝を予言している点で興味深い。

　保守回帰の理由として、村上は当時しばしば論じられたようなナショナリズムの復活としての側面は弱いとする。むしろ、自民党への弱い支持、いわば浮動票が保守回帰へ向かっているのであり、その背景には、自民党が伝統志向型を脱して利益志向型に変化し、包括政党化している事実があった。都市消費者を中核とする「新中間大衆」は私生活中心主義であり、これを「顧客」として日本における「豊かな社会」を完成させたことが自民党支持増大の原因であったと村上は結論づけている。

　その上で村上は、「追いつき型発展」を達成した後発国型保守主義は、もはや原理的反対党に対抗するだけでは意味を持たないとも指摘する。「日本の保守主義は、百年余の近代化の努力の後にいま初めて「新しい保守主義」の原則を求めている」(村上 1987: 266)。高度経済成長による「豊かな社会」の実現は「保守回帰」をもたらしたが、日本の近代化の終焉が、あらためて保守主義の原則の再確認という課題を提起しているのである。成熟社会においてこそ保守主義の意義が問われるという点は、興味深い指摘であろう。

六　日本社会の伝統への着目

　村上に焦点をあてたこの時期の成熟社会論の要素として、第三に「日本社会の伝統への着目」をあげられるだろう。ここまで繰り返し述べてきたように、村上は一九七〇年代に日本が迎えた転換点について、「高度経済成長以降の成熟社会への移行」を「欧米を範にとる近代化の終焉」と重ね合わせて捉えた。結果として出てくるのが、「近代化以前の日本社会の再評価」という論点である。明治以降の近代化は、それ以前の日本社会における歴史の伝統や社会のあり方との断絶をもたらすものであった。その意味で、そのような意味での近代化の終わりは、同時に近代化以前の日本社会の再検討を促したのである。

　すでに指摘した『産業社会の病理』において、村上は第九章を「日本近代化の構造」と題して、この課題に答えようとしている。同じ産業社会であっても、日本の発展が欧米のそれと異なるのはキリスト教の有無による。産業社会に必要な手段的能動主義を発展させるにあたって、神と個人を切り離した上で直面させるプロテスタント型の宗教を介した西欧型に対し、日本の場合は独特な集団主義の伝統が重要であったと村上は指摘する。

　その背景には、江戸時代の日本社会において、朱子学的合理主義に対して徂徠学や宣長学が発展し、独特な合理主義を形成したこと、勤労や節倹などの世俗内禁欲主義が発展したこと、さらに修養や教育への関心が高まったことなどがあった。しかしながら、村上によれば、それらは産業化に向けての価値観のための予備的条件ではあっても、近代化を始動させる十分なバネとはならなかった。むしろ決定的な重要性を持ったのは、日本的な同族的集団主義であった。

　この議論はのちに、佐藤・公文との共著『文明としてのイエ社会』にまとめられるが、そのアウトラインはすでにこの時点で描かれている。村上はまず、集団主義にも種類があり、日本において支配的なのは、利害を超えた情動的結合に基づく同族型であるという。一般に同族型の集団主義には規模の限界があり、産業化の要請と矛盾する側面を持つ。しかしなが

ら、日本の場合、本家と分家の関係や、血縁よりも同居性に同族の基準を見出す点などに独自性があり、規模の拡大にもある程度対応することができた。さらに首長は実際には集団の執行機能を担わず、集団の構成員の忠誠は首長の人物ではなく、その地位へと向けられた。結果として忠誠は非人格的なものとなり、集団の支配はより広い範囲に及ぶことになった。

さらに日本のムラ共同体は、氏神と祭を通じて一体感を醸成し、自給自足の単位として、共同農業生産のための勤労主義を発展させた。秩序への服従を前提に構成員に保護を与え、政治における全員一致主義を掲げることで、ムラ共同体もまた非支配的な集団主義の性格を持つことになった。このような日本のムラ共同体は、中国や朝鮮における大家族主義とは異質なものであり、長期間における運用を経て、単なる血縁や地縁を超えて拡大するようになった。

このようにして、日本におけるイエとムラは血縁より同居という機能的事実を重視することによって、情動的結合に基づきつつも機能的に開かれた集団となった。両者があいまって、徳川期の日本において、同族型集団主義が統合原理として半ば意識的に採用され、これが日本の産業化に向けての能動主義を準備したというのが、村上（と佐藤、公文）の仮説である。

このような日本のイエ－ムラ型のモデルは、明治の近代化以降、産業化に向けての規模拡大への阻害要因となりつつも、人々の情動的結合への心理的欲求をもたらした。結果として、明治政府が武士団を解体し、中央政府の権力を強化する一方、同族型集団主義は産業化の要請に応えつつ、姿を変えて生き残ることになる。都会に集まった独身の学生や労働者はムラの代用物を求め、郷党組織、学校閥、都会の町内会などを作り出すが、最大のイエ－ムラ型組織は大企業組織であった。終身雇用制、年功賃金制、企業内福祉制度などによって、企業は新たなイエ－ムラとなり、地方から流入した若者たちを定着させるとともに、その同族型集団主義の心理をも定着させたのである。

第一次大戦以降の時期は日本的同族型集団主義のより一層の定着期であり、このような統合原理はさらに、第二次大戦後の社会においても生き残ることになる。戦後においてナショナルなレベルでの同族型集団主義が後退し、地域の伝統的な農村的秩序も解体していった。結果として、都会に

おける企業家族主義が、もっぱら日本の同族型集団主義として花開くことになったのである。

　問題は、このような特徴を持つ日本の産業社会の今後の展望である。村上は、このような日本的な同族型集団主義が日本に真の個人主義をもたらさなかったことを認めつつ、その一方で丸山眞男や大塚久雄に代表される「欠如型発想」を批判し、そのような発想は日本における新たな原動力にはならないと指摘する。現代日本の課題は、欧米を範にとる近代化の終焉による目標の喪失であり、個人主義の発展による手段的能動主義の弱体化である。結果として、家郷を失った日本の擬似的な個人主義は、亢進するばかりであろう。そうだとすれば、同族的結合に依存する日本的心性が今後も持続することを前提に、新たな未来図を模索すべきではないか。村上は日本の伝統の再検討を行った上で、そのように結論づけているように思われる。

　もちろん、これまで西欧に追いつき追い越せという大目標によって正当性を与えられ、擬似ムラ集団の間の利害調整にあたってきた日本の官僚主義のスタイルが、このまま続くとは思われない。むしろ重要なのは、人々のより広範な合意を獲得できるような目標の発見である。官僚制による新たな家郷の再建についてやや両義的な姿勢を示しつつ、村上は議論を終えている。

七　結び

　以上、一九七五年における村上泰亮の議論を中心に、日本における成熟社会論の展開を見てきた。経済成長を至上とする時代の終焉を迎え、環境問題など、地球規模での人類の危機への意識が高まるなか、物質的価値に変わる新たな価値観やライフスタイルを模索したのが同時期の成熟社会論の特徴であった。このような議論は、ローマ・クラブによる「成長の限界」報告もあって世界的な議論の潮流であったが、オイルショックによって高度経済成長の終わりを迎えた日本においても、それに呼応する議論が展開された。

　しかしながら、ここまで見てきたように、「日本型」の成熟社会論には

いくつかの固有の特徴があった。何よりも経済成長の終焉を、欧米を範にとる近代化の終わりと重ね合わせて捉えた点に、日本における独特な問題意識を見て取れる。物質的価値に代わる新たな価値の模索は、同時に、日本の伝統社会の意義の模索と結びついたのである。その際に、西欧におけるプロテスタンティズムの機能的代替物として、日本独自のイエ－ムラ型組織に着目したのが、村上らの議論の特色であった。

このような村上の議論は、悪しき文化決定論の典型として、今日的にはそのままでは支持し難いものかもしれない。しかしながら、成熟社会を迎えるにあたって、社会の大目標が失われ、擬個人主義が進むなかで、産業社会はいかに維持可能なのかという村上の問題意識それ自体は、理解可能なものであろう。その際に、日本的組織原理の伝統を前提に、新たな個人と社会のバランスを模索しようとした村上の議論が、まったく無意味なものとは思えない。そうだとすれば、この時期の村上らの成熟社会から何を継承すべきであろうか。

第一に村上の産業社会論の枠組みである。産業社会論とは、産業の発展を自由の成長と結びつけ、両者の不可分性を強調する視点であった。その際に、政治、経済、文化などの各領域の自律性を重視し、単純な経済力決定論を取らない点に、村上の産業社会論のポイントがあった。さらに近代を政治的近代、経済的近代、文化的近代の複合として捉え、それぞれの関係や矛盾を検討するとともに、それにふさわしい総合的な社会科学のあり方を模索したことも重要である。このような村上の議論には、福祉国家の下における官僚主導の行政国家に対する評価など、今日的に見れば、そのままでは受け入れ難い部分も少なくない。とはいえ、成熟社会を迎えて新たな社会の枠組みを構想するにあたり、社会システムを複合的に捉え、システム間の関係を考察することの意義は小さくないだろう。とくに文化の領域に着目し、これと経済・政治領域の矛盾を考察する視座は今日なお示唆的である。

第二に保守主義をめぐる考察も興味深い。産業化を迎えた社会において変化は必然であるとしても、人間の理性を信頼し、その変革能力に期待する革新主義に対し、人間の理性の限界に着目し、むしろ伝統を重視する点に保守主義の本質がある。これに対し、明治以降の日本の場合、保守の側がプラグマティックに変革を主導し、これに対し、革新の側が原理的な批

判を行うという役割分担を行ってきた。結果的に保守の側が現実の「革新」を実践し、革新の側が原理の「保守」を担うという逆説的な状況が続いた。これに対し、経済成長の終焉とともに西欧諸国へのキャッチアップという課題をはたした日本社会において、目指すべき目標の喪失によって革新の側が力を失うとともに、保守の側も自らを見失うようになる。経済成長の既得権者となった「新中間大衆」がむしろ保守の側に回帰するとしても、その支持は流動的であり、新たな哲学なき保守主義が迷走するという村上の指摘は、ある意味でその後の日本政治の適切な予言であったとも言える。

第三に伝統を踏まえた日本社会の未来像である。村上の見るところ、日本社会の伝統において特徴的なのは、情動的結合に基づきつつも、開かれた機能組織としての側面も持つ独自の集団主義であった。このような集団主義は、個人主義がますます高まりを見せる今日、そのままでは維持不能であることは言うまでもない。しかしながら、個人主義は地域コミュニティなどさまざまな「中間的集団」と原理的に矛盾するものではない。むしろ、日本社会の伝統は、このような中間的集団を組み込んだ「分権的な社会システム」であった。そうだとすれば、二一世紀の現状を踏まえ、新たな分権的社会を構想することこそが、村上の知的遺産を継承することになるのではないか。その際に、行政はあくまでナショナル・ミニマムの確保に努めるべきであり、個人の生きがいといった問題は個人に委ねるべきであるとする村上の議論も示唆的である。

このように一九七五年に一つのピークを迎えた日本の成熟社会論は、そのイデオロギー性、時代制約的な側面が厳しく検証されるべきであるが、それでもなお、今日に対し、一定の理論的意義を持つものであろう。その起源をたどり、射程を検討した本稿が、戦後日本の社会科学の見直しにわずかでも役立てば幸いである。

---

[1] 本稿では、「成熟社会論」についての単一の定義を採用していない。この語を用いて一九七二年前後に始まった世界的な論調を中心に、高度経済成長や産業化以降の社会を展望し、そこで価値とされるものについて論じる多様な言説を広く指すものとして理解する。以降で論じるように、そこに盛り込まれる内容や関心は一つに収斂するものではなく、特定の少数の理論家に従うものでもない。

[2] 本特集のほかの論文を参照。とくに山崎論文は、成熟社会への移行を促した変化が、リベラリズムの再審を求めたという視点から論を展開している。また今井・古賀・稗田論文はいずれも成熟社会化したヨーロッパにおいて、なぜポピュリズムが台頭したかを分析している。とくに今井論文は、ブレグジットを「成熟社会への掣肘」という視点から検討している。

[3] この書は、三木首相に対する「私的提言」である旨を強調している。「私たちは、専門家としての意見を求められれば、原則として、誰に対しても率直に見解を披露すべきであると考えており、この「私的提言」を書いたのも、そのような判断に立ったためである[中略]。この「私的提言」が、どの程度まで三木首相自身の考え方と一致し、現実の政策にとり入れられるかは今後の問題である。現時点においては、この本の内容、とくに具体的諸施策の提言については、私たちが責任を負うのであって、三木首相が直接責任を負う立場にないことは明白である」（村上・蠟山ほか 1975: 302）。

[4] 同じ一九七五年に、のちに村上と共著で本を書く公文俊平が、経済学者のケネス・ボールディングの成熟社会論を紹介している。「最近のボールディングは、来るべき社会を人類の"成熟社会"とみなす、あるいは期待する方向に傾いているようである。それは変化の激しい青春時代に比べると、はるかに穏やかで変化の緩やかな時代であるが、さりとて、あらゆるポテンシャルの枯渇した老衰期の定常状態にまでは至っていない」（公文 1978: 81、初出は『月間エコノミスト』一九七五年二月号）

[5] 三木と村上の関わりについては、三木の秘書であった岩野美代治が次のように述べている。「経済政策については、村上泰亮さん、蠟山政道さん［原文ママ、蠟山昌一の誤りか］、鈴木淑夫さんあたりが中心になり、いろいろとやっていました。事務局長的な立場は村上さんでした。ライフサイクルも村上さんが中心にまとめられました」（岩野 2017: 161）。

[6] 「大平総理の研究会」については、宇野 2014、宇野 2018 を参照。

[7] この報告書では、「強い、安定した、自由な個人」を可能にするために、持家政策を強調しているのが注目される。この時期における「持家」政策の意味については、砂原 2018 を参照。

[8] サン゠シモンの理解については、中嶋洋平の研究が有益である。以下の議論も、中嶋の著作に基づく。

[9] 村上自身は、産業社会を「(一) 高度の分業を達成し、(二) 科学技術の革新に基づいて、(三) 高水準の投資を行う社会」と定義している（村上 2010: 28）。

[10] 村上らは、「自由主義制度」として、以下の要素をあげている。「（ⅰ）複数政党下の議会制（ⅱ）これ以上統制的でない経済（ⅲ）機会の平等化とナショナルミニマムの保障、およびそれらを超える面での自由な活動という形の組み合わせ（ⅳ）控えめな自衛力」（佐藤・村上・公文 1977: 87）。

❖ 参考文献

石田博英 1963 「保守政党のビジョン」、『中央公論』、1963 年 1 月号、88–97 頁。

稲葉振一郎 2018 『「新自由主義」の妖怪——資本主義史論の試み』、亜紀書房。

岩野美代治 2017 『三木武夫秘書回顧録——三角大福中時代を語る』、吉田書店。

宇野重規 2014 「鈍牛・哲人宰相と知識人たち——大平総理の政策研究会をめぐって」、『アステイオン』81 号、172–183 頁。

宇野重規 2018 「戦後保守主義の転換点としての 1979〜80 年——大平報告書・再読」、アンドルー・ゴードン／瀧井一博編『創発する日本へ——ポスト「失われた 20 年」のデッサン』、弘文堂、45–61 頁。

ガボール，デニス 1973 『成熟社会——新しい文明の選択』、林雄二郎訳、講談社。

公文俊平 1978 『転換期の世界』、講談社学術文庫。

佐藤誠三郎・村上泰亮・公文俊平 1977 「脱「保革」時代の到来」、『中央公論』、1977 年 2 月号、64–95 頁。

砂原庸介 2018 『新築がお好きですか？——日本における住宅と政治』、ミネルヴァ書房。

永井陽之助 1974 「経済秩序における成熟時間」、『中央公論』、1974 年 12 月号、58–83 頁。

中嶋洋平 2018 『サン゠シモンとは何者か——科学、産業、そしてヨーロッパ』、吉田書店。

ベル，ダニエル 1976〜77 『資本主義の文化的矛盾』上・中・下、林雄二郎訳、講談社学術文庫。

村上泰亮 1987 『新中間大衆の時代——戦後日本の解剖学』、中公文庫（原本は 1984 年刊行）。

村上泰亮 2010 『産業社会の病理』、中公クラシックス（原本は 1975 年刊行）。

村上泰亮・公文俊平・佐藤誠三郎 1979 『文明としてのイエ社会』、中央公論社。

村上泰亮・永井陽之助 1975 「成熟社会への生涯設計」、『中央公論』、1975 年 11 月号、78–92 頁。

村上泰亮・蠟山昌一ほか 1975 『生涯設計計画——日本型福祉社会のビジョン』、日本経済新聞社。

メドウズ，ドネラ・H. 1972 『成長の限界——ローマ・クラブ「人類の危機」レポート』、大来佐武郎監訳、ダイヤモンド社。

ソマリアPKO派遣構想の挫折
──第二次国連ソマリア活動（UNOSOM II）参加と外務省

三重大学教養教育院特任講師　庄司貴由

　これまで宮澤政権期の PKO 政策をめぐっては、カンボジア派遣の事例に研究上の関心が寄せられてきた。ところが、実現こそされなかったものの、日本政府、とくに外務省内ではソマリア派遣の検討も同時に進められていた。そこで本論は、ソマリアでの国連平和維持活動（PKO）参加などに着目し、外務省がどのような検討を行い、いかに模索したのかを明らかにする。

　まず、航空輸送をめぐる試行錯誤に触れ、その帰結としての世界食糧計画（WFP）との共同空輸が残した問題点を浮き彫りにする。次に、政府調査団が指摘した情勢認識や人的貢献案を論じていく。最後に、外務省の関係省庁、首相官邸との交渉プロセスを、国連事務総長訪日なども交えながら解明する。そして結論では、外務省の説得が合意形成どころか、調整機能の停滞や深刻な対立を招いたこと、その一方でソマリア PKO 派遣構想自体には、後の日本が直面する諸課題が凝縮されていたことを明らかにする。

キーワード：PKO、外務省、ソマリア、国際平和協力法、
　　　　　　　UNOSOM II

1. 問題の所在

　1991 年 11 月、第 78 代内閣総理大臣に宮澤喜一が就任した [1]。日本国憲法の下、何が日本にできるのかを示すという意味で、「本心、積極的に法案を成立させたいと思っていた」宮澤は [2]、衆参両院でおよそ 190 時間に及ぶ審議を経て [3]、「国際連合平和維持活動等に対する協力に関する法律」（国際平和協力法）をようやく成立させた [4]。国連カンボジア暫定

統治機構（UNTAC: United Nations Transitional Authority in Cambodia）への人的貢献を長らく見据えてきた外務省からすれば[5]、法的基盤が遂に整備されたことになる。

　宮澤の首相就任以前から、いわゆる「アフリカの角」の東端に位置するソマリアは混乱の渦中にあった。ソマリアでは、モハメド・シアド・バーレ（Mohamed Siad Barre）率いる長期独裁政権が、1991年1月に瓦解の時を迎えていた[6]。その後発足した暫定新政権「統一ソマリア会議（USC: United Somali Congress）」では、アリ・マフディ・モハメド（Ali Mahdi Mohamed）大統領と、モハメド・ファラー・アイディード（Mohamed Farah Aideed）将軍との対立が絶えず、11月には大規模な戦闘に発展、やがてソマリアは国連も巻き込むほどの内戦に突入していく[7]。

　ソマリア情勢が悪化の一途を辿るなか、国際平和協力法成立後の日本はいかに関与しようとしたのか。ブトロス・ブトロス・ガリ（Boutros Boutros-Ghali）第六代国連事務総長が提出した「平和への課題（Agenda for Peace）」が公知となり[8]、第一次国連ソマリア活動（UNOSOM I: United Nations Operation in Somalia I）が次第に内戦に巻き込まれていく一方で、外務省は、第二次国連ソマリア活動（UNOSOM II: United Nations Operation in Somalia II）がいかなる形態で設置されるのか、に並々ならぬ関心を寄せていた。そして、いくつかの具体的オプションで頭を悩ませながら、検討作業を重ねていった。

　従来、ソマリアでの国連平和維持活動（PKO: Peace-Keeping Operations）をめぐっては、国連の介入を扱った研究が多数蓄積されてきた[9]。これとは対照的に、日本のソマリア派遣を扱った研究は、極めて少ない。先行研究では、外務省が、首相官邸、総理府国際平和協力本部事務局、防衛庁の説得を試みる局面が一部明らかにされたのみである。だが、外務省で、どのような派遣案が浮上し、いかに検討作業が施されてきたのか、国連やアメリカとの接触、交渉過程などは、依然として解明されていない[10]。また、事前調査に携わった外務官僚の記録もあるが、首都モガディシュでの体験談にとどまる[11]。それに、宮澤政権期の人的貢献をめぐる研究上の関心が、主にカンボジアPKO派遣の事例に注がれてきたという点も[12]、研究が手薄な状況と全く無縁ではない。ソマリアでの人的貢献を検討する試みは、歴史に埋もれた政策を見出すばかりか、昨今の流動的な自衛隊海

外派遣を検討していく新たな足掛かりを提供するだろう。

そこで本論は、「行政機関の保有する情報の公開に関する法律」（情報公開法）に加え、アメリカの「情報自由法（FOIA: Freedom of Information Act）」を通じて筆者が取得した一次史料、それらの情報に基づく政府関係者へのインタビューを交えながら、外務省を中心とする政策決定過程を分析していく。ソマリアでの人的貢献をめぐって、外務省はどのような検討を行い、いかに模索したのだろうか。いまだ史料上の制約も残されているが、前段階としての航空輸送と、外務省が最も重視してきたPKO参加に焦点を絞って明らかにし、先行研究に残された間隙を埋めていきたい。

2. 空輸をめぐる試行錯誤——三つのオプション

日本政府がカンボジア派遣を進めていた1992年8月18日、栗山尚一駐米大使とアーノルド・カンター（Arnold Kanter）国務次官が会談を行い、アメリカ側は日本に空輸活動への協力を要請した。アメリカ政府の要請を受け、外務省では、「(1) 国際平和協力法に基づく参加、(2) 緊急援助隊法に基づく参加、(3) 民間の業者を活用しての参加」の三つが検討作業に付されるようになる[13]。

結論を先取りするなら、外務省内で最も有力視されていたのがオプション (1) であった。それでは、オプション (2)、(3) の実現には、どのような問題が横たわっていると認識されていたのだろうか。そもそも、「国際緊急援助隊の派遣に関する法律」（国際緊急援助隊法）を法的根拠とする活動といえば、「自然災害及びガス爆発等人為災害のみを対象とし、紛争による被害は対象としていない」。それゆえに、たとえ現地で紛争当事者間の停戦合意が成立していようとも、空輸の実現は事実上「困難」を伴った。もっとも、国際緊急援助隊法の枠内では、「国際協力事業団法」（JICA法）に規定された物資供与も検討されている。ところが、同法の対象もまた、災害に限定されてしまい、例外とは成り得なかった[14]。

ただし、オプション (3) をめぐる問題については、若干様相が異なる。すでに1990年の湾岸危機時、国内の航空会社に輸送要請を断られた日本政府は[15]、アメリカのエバーグリーン社を通じた空輸を余儀なくさ

れている[16]。仮に、ソマリアを対象とする活動で国内の民間航空会社に委託した場合は、乗員組合との関係で積極的対応は期待できないし、他国の民間航空会社に委ねた場合には「日本による目に見える貢献とならない」のである[17]。

任務、主体の双方で問題に直面した外務省は、空輸の法的根拠を国際平和協力法で定義された「人道的な国際救援活動」に求めるようになる。同活動は、紛争に伴う被災民の救援、ならびに被害の復旧を行うものだが[18]、必ずしも問題が皆無だったわけではない。その根底には、以下の条文がある。

> …当該活動が行われる地域の属する国の当該活動が行われることについての同意があり、かつ、当該活動が行われる地域の属する国が紛争当事者である場合においては武力紛争の停止及びこれを維持するとの紛争当事者間の合意がある場合に、国際連合その他の国際機関又は国際連合加盟国その他の国…によって実施されるもの（国際連合平和維持活動として実施される活動を除く。）をいう[19]（括弧書き原文のまま）。

かかる条文上の要件は、二つの難題を外務省に突き付けた。すなわち、第一に「内乱によるいわば無政府状態」（下線省略引用者）のソマリアから「国としての有効な同意」を取り付けられるのか、第二に同状況下で「停戦の合意」をいかに捉えるのか、である。もとより、国際平和協力法では、日本人要員の派遣先を「我が国の承認国家に限定していない」。それゆえ、「輸送を実施する地域を実効的に支配する勢力を国」と解釈する余地も残されてはいたが、この場合においても、敵対勢力との「停戦の合意」を要する[20]。つまり、ソマリアでの「人道的な国際救援活動」は、条文上の要件で閉ざされてしまうのである[21]。

そこで日本政府は、世界食糧計画（WFP: World Food Programme）と合同で海外の航空機をチャーターし、日本からケニアまでの食料輸送を日本が担い、懸案だったケニアとソマリア間の輸送をWFPに委ねた[22]。WFP側の優先順位に従うなら、空輸は、WFP空輸計画への拠出に次ぐ位置付けとなる。しかし、その場合には、WFPの調整下に日本の民間機を

置く形が求められたし、最も必要とされたのがソマリア国内向けの直接空輸であった。WFP とすれば、ケニア国内の輸送事情は陸路が可能、かつ効率的なため、高価な空輸にわざわざ頼る必要性が低いし、ソマリア国内への空輸に比して効果的でもない [23]。WFP との共同空輸をかろうじて成し遂げた日本政府ではあったが、「目に見える貢献」、コストパフォーマンスともに疑義を残すものだったのである。

ただし、内に国際平和協力法の解釈と運用、外にアメリカ政府の要請を抱え込んだ日本政府にとって、ソマリア周辺国における空輸の実現は、ソマリア国内支援の完全なる排除を意味するものではなかった。

3. 「ソマリア人道支援調査団」の派遣

（1）国連とアメリカの軋轢

人的貢献の具体策が定まらない日本政府とは対照的に、UNOSOM Ⅰ の活動は重大な曲がり角にさしかかっていた。1992 年 3 月 3 日には、モハメドとアイディードが「停戦の履行に関する合意（Agreement on the Implementation of a Cease-fire)」に署名し [24]、4 月 24 日には UNOSOM Ⅰ が設置されている [25]。停戦合意の安定化、緊急人道支援の円滑な提供を目指した UNOSOM Ⅰ ではあったが [26]、なおも襲撃が後を絶たなかった。そこでガリは、国連憲章第 7 章に規定された措置を国連安全保障理事会に勧告し [27]、安保理は、武力行使を認めた決議 794 を 12 月 3 日に採択する [28]。この決議を根拠とし、アメリカ主導の多国籍軍「統一タスク・フォース（UNITAF: Unified Task Force)」が編成され、始動することになる [29]。

安保理決議 794 採択、続く UNITAF の組織編成に伴い、国会で野党から質疑が相次いだのが、日本に可能な対応とは具体的に何かであった。この点をめぐっては、小原武外務省中近東アフリカ局長が「いかなる協力が可能か広く検討してまいりたい」との見解を示し [30]、加藤紘一内閣官房長官は「今度、私たちは何をやるべきかといったら、資金面での協力をやる心構えでおります」と国会審議で述べている [31]。実際、1992 年 12 月 18 日時点で日本は「ソマリア信託基金（Trust Fund for Somalia-Unified

Command)」に 1 億ドルの拠出を誓約していたし、その他の国の額は、フィンランド 70 万ドル、フィリピン 5000 ドル、サウジアラビア 1000 万ドルだった[32]。また、宮澤は、経済協力開発機構（OECD: Organisation for Economic Co-operation and Development）の先進国、東南アジア諸国連合（ASEAN: Association of South East Asian Nations）など 38 カ国に対し、財政拠出を求める書簡を 12 月 24 日までに送付している[33]。同基金への協力に限るなら、外務省と同様に、官邸も積極的であった。

FOIA を通じて取得したアメリカ国務省の文書によると、かかる日本の誓約は、ジョージ・H・W・ブッシュ（George H.W. Bush）大統領を喜ばせた[34]。アメリカ側は、平和強制ミッションに自衛隊を派遣する困難さに理解を示しながらも、資金に乏しい部隊拠出国向けの資金協力を日本に強く求めてきた[35]。その意味で、「ソマリア信託基金」への誓約は、国会審議に応えるばかりでなく、アメリカの要請にも合致するものだったのである。

ところが、日本政府、とりわけ外務省からすれば、検討の対象は資金協力に限定されたものではなかった。野上義二外務省中近東アフリカ局審議官を団長とし、外務省（4 名）、総理府国際平和協力本部、厚生省、JICA（各々 1 名）で構成された「ソマリア人道支援調査団」が[36]、12 月 19 日、モガディシュ入りを果たした[37]。チャーター便着陸直後、調査団一行を待ち構えていたのは武装集団の自動小銃（AK-47）だった。一行は入国審査として小屋に連行されると、野上がダンヒルのタバコを分け与え、かろうじてその場を切り抜けている[38]。同日中にも野上らは、イスマット・キタニ（Ismat Kittani）国連事務総長特別代表との意見交換に入り、日本の調査団派遣の目的として、ソマリア難民救援活動のニーズ、現状と見通しの把握を掲げた。わけても後者に至っては、「一定の要件（国連決議の存在、停戦合意、当事者の受け入れ同意等）」（括弧書き原文のまま）が充足された場合、PKO への日本の参加は「理論的には可能」と意欲を滲ませたのであった[39]。

野上の説明に対し、キタニはソマリアの状況を説明しながら、PKO 設置の不透明さを強調した。キタニに言わせれば、「ソマリア問題の解決について、SG（ガリ国連事務総長）はカンボディア型の暫定統治機構を設けることもありえるとしている。しかし、カンボディアでは 4 派に過ぎな

かつたが、ソマリアでは当事者の数が極めて多いので、それも容易ではない」（括弧書き引用者）。モハメド・サヌーン（Mohamed Sahnoun）前特別代表の経験が端的に示すように、そもそも当事者各人と議論するのは「時間の無だ」なのであって、一同に集めた方が望ましいのだ[40]。何と辛辣な言葉を野上らは聞かされたのだろう。キタニは、「統一タスク・フォース」から日本の国内法にとって親和性の高い PKO への移行を早期に果たすためにも、どうにかして当事者間の政治的和解も促さなければならないというのである。

キタニの説明以上に、「カンボディア型」の PKO 設置に難色を示したのは、野上が翌 20 日に意見交換を行ったロバート・オークリー（Robert B. Oakley）在ソマリア米国大使であった。「ソマリアでカンボディア型の停戦協定等を想定することは常識的に考えても無理」との直截的な表現は、オークリーの言である[41]。表現こそ異なるものの、ソマリアでの停戦協定の確立がカンボジア以上に困難であるというただ一点において、確かに国連とアメリカの考えは一致を見ていた。だが、野上に対し、オークリーが「強い懸念」という言葉で国連の対応を評したように[42]、「可及的速やかに（as soon as possible）」UNITAF から新たな UNOSOM に引き継ぐよう望むアメリカ側と、時期尚早と見る国連側の懸隔は、依然として解消されずにいた[43]。調査団一行は、「カンボディア型」の PKO 設置どころか、PKO そのものの見通しすら全く立たないなかで、ソマリアでの調査を余儀なくされたのであった。

（2）「ソマリア人道支援調査団」と検討作業

モガディシュで、キタニから前任者批判を、オークリーから国連批判を聞かされた野上ら一行は、国連児童基金（UNICEF: United Nations Children's Fund）ソマリア事務所も訪問している。在ケニア日本大使館から外務省本省宛に送られた電信によれば、マーク・スターリン（Mark Stirling）所長は、プロジェクト管理を担う人材だけでなく、北部に保健・医療ユニット、農業、畜産専門家チームを派遣した際の支援などもニーズとして挙げている。席上、野上が、結核向けの保健・医療ユニット派遣を仮定した場合の考えを問うと、UNICEF 側から「極めて効果的な派遣になり得ると思う」との言質を得たという[44]。12 月 19 日夜、モガディシ

ュに一泊した調査団は、武装集団と UNICEF 警備の銃撃戦を目の当たりにするが、なんとか翌日には無事ナイロビへと戻った[45]。

キタニとの意見交換を行った 12 月 19 日の「ぶら下がり会見」のなかで、野上は「ソマリアの状況は極めて特殊であり、だれを当事者と考えるのかが極めて難かしい」と質問に答えている[46]。このような情勢認識は、帰国後作成された「ソマリア人道支援調査団（とりあえずの所見）」と題する A4 二枚の短い報告書にも反映されている。「ソマリアの状況は他に例を見ないほど異常である。インフラは全て破壊されており、社会秩序も存在しない」と綴られ、「輸送、通信、食糧の自給自足、及びミニマムの安全確保（自衛手段）が可能となるような体制を組んで人員を派遣する以外にほぼ方策はない」（括弧書き原文のまま）と断じた。けれども、同文書は「枠内にいる限り安全性、生活面での問題はほぼない」（下線削除引用者）、「全体のオペレーションの中心であり"visibility"が高い」などとしたうえで、人道活動全体を調整する「人道オペレーション・センター（HOC: 英文正式名称不明）」へのリエゾン・オフィサー 1 名の派遣を指摘する。しかも、HOC 派遣には二つの機能が記されている。第一に UNOSOM Ⅱ派遣で「我が国にとって好ましい役割分担を確保する上で効果的である」し、第二にソマリア国内での調査、要人視察時の「連絡ポイント」としての機能である[47]。12 月 19 日にモガディシュで、アメリカ海兵隊から野上に示唆があったのが、HOC への派遣であった[48]。これ以降、外務省は、2 月初旬を目処に、在ケニア日本大使館から職員を派遣するよう人事院との調整に入る一方で[49]、HOC の実態を内々で調査し始めるようになる[50]。

「ソマリアの状況は他に例を見ないほど異常」としたものの、「ソマリア人道支援調査団（とりあえずの所見）」では、UNOSOM Ⅱ段階での参加にも触れている。この部分では、アメリカに日本の意図を早期に伝え、日本の実施し易い分野や形態を固めていく必要を訴え、ニーズについては「分野、形態の両面において相当広範囲に亘る」とした[51]。だからこそ 1993 年 1 月 11 日、アフリカ第二課、および国連政策課は、UNOSOM Ⅱ、国連モザンビーク活動（ONUMOZ: United Nations Operation in Mozambique）それぞれへの参加オプションを念頭に置き、「関係省庁との調整を進めていく」と意欲を示していた。それに、この二つの課からすると、「我が国

が早期に人的貢献の意向を示すことが対外的に重要」なのである[52]。

このように、国際平和協力法に則ったうえで、外務省はいくつかのオプションを練り始めていた。ソマリア情勢の進展を見極めつつも、あとは、どう関係省庁、そして官邸を説得し、閣議決定にまで導くかである。けれども、人的貢献の実現に向けた外務省の粘り強い邁進の行く末には、これまで周到に重ねてきた議論を覆す事態がにわかに訪れようとしていた。

4. UNOSOM II 派遣案の黄昏
——ソマリア派遣をめぐる交渉

（1）関係省庁との交渉

内閣改造を 1992 年 12 月 12 日に終え、翌 93 年初の閣議を招集した宮澤は、景気対策、政治改革に並び、国際貢献を閣僚に指示した。前任の加藤紘一に代わって、新たに内閣官房長官に就任した河野洋平は、国際貢献の在り方を多面的に捉え、「PKO ばかりに議論が流れないように気を配った」という[53]。空輸を実現する一方、PKO 派遣も同時に追求しようとする外務省の営みは、必ずしも河野の考えと相容れないものではなかった。

ところが、宮澤の政治的求心力は失われつつあった。東京佐川急便事件、続く金丸信の自民党副総裁（経世会会長）辞任に端を発し、自民党内はすでに分裂し始めていた[54]。それに、宮澤内閣支持率も低落していた。『朝日新聞』世論調査によれば、支持率は同年 9 月の 33％から 20％にまで下落し、同内閣最低を記録している。他方、不支持率は、47％から 63％に急増した[55]。もはや、宮澤政治への遠心力が働き、政治基盤は侵食されていたのである。

この過程で、イニシアティブを行使したのが外務省だった。1993 年 1 月 6 日、山口寿男中近東アフリカ局アフリカ第二課長が、総理府国際平和協力本部事務局の川口雄参事官、貞岡義幸参事官に説明し、意見交換に入っている[56]。

外務省中近東アフリカ局の文書によれば、川口、貞岡は、防衛庁の検討作業を「モザンビークかソマリアのどちらかで『法』に基づく参加をすることを事務的に検討している模様」（下線原文のまま）とし、同庁の関心

がモザンビークに向いていると指摘した。また、同庁の姿勢を「あくまでも頼まれる形」とも評している。そして彼らは、柳井俊二事務局長の意向として「ソマリア周辺国で無理して実施しても、大して評価もされないのであるから、むしろモザンビークのPKOに参加する方向で準備を進めるべしとの御考えである」と告げた[57]。防衛庁の動向、活動の将来的評価に鑑みた場合、モザンビーク派遣の方が現実的だというのである。

むろん、外務省は防衛庁にも説明を行っている。それでは、総理府の見解に対し、伊藤康成防衛局防衛政策課長、野津研二防衛局運用課長の反応はどのようなものだったのか。いまだUNOSOM IIの決議内容が不透明な現状だが、「ソマリア問題は一般的な意味での人道的救援活動ではなくなり、対米関係を中心に考えざるを得なくなっている」、「UNOSOM IIへの参加は、決議の内容を見極める必要があるとしても、参加できる場合はタイミング良く参加しなければ意義が減殺されてしまう」と説く外務省に対し、自衛隊を管轄する防衛庁の二人は率直に返答している[58]。

　…モザンビークでのPKO（7,000人）も1月末から3月末の間に80％程度の配置が行われる予定と聞いている。自衛隊の能力を考えると、カンボディア（ママ）に加え、ソマリアでもモザンビークでもというのは負担が重すぎる。どこで参加し、どこで参加しないかという点については、国際平和協力本部や外務省で整理して欲しいし、今後とも協議させて頂きたい[59]（括弧書き原文のまま）。

総理府の分析に反し、伊藤と野津は、どこの国だからどうと述べたわけではない。むしろ、派遣先をめぐる「選択」の問題として捉えていたのである。なにせ、自衛隊のカンボジア派遣は初のPKO参加に他ならず、「若葉マーク」とも呼ばれていた。それゆえ彼らは、事実上の二者択一を総理府と外務省に突き付けたわけである。

ソマリア派遣をめぐる外務省の説得は、1月12日開催の三省庁会議でも続けられた。総理府、防衛庁に対し、外務省は「これらの地域（ソマリア、モザンビーク）に積極的に人を派遣することで世論を喚起できるであろうし、国連平和協力法（ママ）の見直しのためにも幾つか実績を積んでいくことが必要。モザンビークでの貢献も当然前向きに検討すべきものと考える

が、外交的インパクトからは、UNOSOM Ⅱへの参加が圧倒的に重要である」（括弧書き引用者）と釘を刺す。そして「輸送面での協力について、将来 UNOSOM Ⅱが通常の PKO に移行した際に、ソマリアにおいて実施する可能性をも留保しておきたいと考えるところ、右可能性（ソマリアでの通常の PKO 派遣）を排除しないでほしい」（括弧書き引用者）となおも食い下がっている[60]。これほどまで外務省が UNOSOM Ⅱへの参加を追求したのは、世論の喚起、法的根拠の見直しを見据えた場合、有効な派遣先の一つだからであった。しかも、1月6日の意見交換で「対米関係を中心に考えざるを得なくなっている」と外務省側が指摘した点を踏まえると、三省庁会議での「外交的インパクト」とは主に対米関係を意味する。すなわち、UNOSOM Ⅱに派遣した方が、対米インパクトを残せるというのである。

　ところが、総理府はソマリア周辺国のさらなるニーズ調査を求めたし、防衛庁に至っては「UNOSOM Ⅱに参加することとなった場合、後方支援としていかなる要請がくるか不安」と返答した[61]。総理府が UNOSOM Ⅱ派遣に関わる明言を避け、防衛庁がはっきりと不安感を吐露したところに、UNOSOM Ⅱ派遣をめぐる溝がいかに深いかが現れていた。

　ただし、関係省庁からの批判に接する一方、外務省が自己省察を怠っていたわけではない。UNOSOM Ⅱが「通常の PKO」にならない可能性も、また参加か否かの判断が3月中旬のソマリア和平会議以降まで結局持ち越しであることも、アフリカ第二課、国連政策課は認識していた。それに、ONUMOZ 派遣との兼ね合いも気掛かりだった[62]。国際平和協力法第18条では「国際平和協力業務に従事する者の総数は、二千人を超えないものとする」と定められているから[63]、すでにカンボジアで自衛隊と文民が活動している現状では、人数の上限も無視できないわけである[64]。

　こうした問題点を認識する反面、アフリカ第二課、国連政策課は、UNOSOM Ⅱへの参加に次のような利点を見出してもいた。

　　　①国際の平和と安全の確保のために我が国が責任ある国際社会の一
　　　　員としてとるべき行動として何よりも先ず検討すべき問題。
　　　②米国の期待にも合致するもの。
　　　③人道目的ということで国内関係者の理解も得やすい[65]。

UNOSOM II 派遣こそ最優先との考え方は、外務省内の ONUMOZ 認識と比較したとき、より直截的なものとなる。アフリカ第二課と国連政策課では、ONUMOZ 参加で「対米効果は期待できない」わけだから、参加規模を 50 名程度に絞り、輸送部隊派遣を例に「余力をソマリア用に温存しておく」という案も浮上していたからである[66]。ONUMOZ 以上に、UNOSOM II に二つの課が拘った背景には、アメリカの期待により効果的に応えるという意図があった。

だが、UNOSOM II 派遣に対する外務省の熱意はともかく、1 月 6 日、12 日の協議内容は、いかに利点③が現実と懸け離れたものかを如実に示していた。たとえ人道目的であったとしても、総理府、防衛庁からすると、調査や選択が不十分に見える派遣案には理解しかねるところがあった。こうして UNOSOM II 参加構想は、関係省庁と落とし所を導き出せず、閉塞感が漂う状況に追い込まれたのである。

（2）官邸への接触――外務省と国連

UNOSOM II 派遣に消極的姿勢を示したのは、他省庁だけではなかった。在ケニア日本大使館員の HOC 派遣案をめぐって、1993 年 1 月 21 日付の外務大臣発米大使宛電信には、「ネガティヴな感触が伝えられてきているが、今後更に調整」と手書きで記されている。この具体的な派遣方式として、とりあえず在ケニア日本大使館員を 3 カ月程度の長期出張として派遣し、以後は人員交代を施して派遣期間を延長していく形が念頭に置かれていた[67]。その後、HOC 派遣案をめぐる調整がどのように進捗したのかは定かでない[68]。ただ、人材が不足し、HOC 要員へのサポート体制も困難であったため、結局同案が実現されることはなかった[69]。

国際機関、関係省庁はおろか、在外公館とも折り合いが付かないなか、外務省本省は政治レベルでの調整にも迫られていた。折しも 1993 年 1 月 28 日には、柿沢弘治外務政務次官が、ジブチ、ソマリア、マラウイ、モザンビーク、南アフリカに向けて日本を発った[70]。主な目的として「アフリカに対する我が国の関与を高めること」を掲げる今次訪問の途中、柿沢は「内在する問題が表面化し、中央政府の統制力が失われてしまった国」ソマリアにも立ち寄ることになる[71]。

柿沢が、モガディシュに到着したのは1月31日のことであった[72]。その足でアメリカ大使事務所を往訪した彼は、オークリーとの会談を行っている。UNOSOM Ⅱが「伝統的なPKO」になるよう望む柿沢に対し、オークリーは日本の制約を承知しつつも、それを再び否定した。野上らとの会談時と同様の反応を示したオークリーは次の二点を提示する。すなわち、(1) 治安の良好な北部での医療やインフラ整備、(2)「統一タスク・フォース」が安全圏を確保した後、PKOに移行し得る場所での活動、がそれである[73]。あくまで従来までの原則論を固持しようとする柿沢に対し、オークリーは柔軟な対応を迫ったわけである。

　ただ、柿沢のソマリア訪問は、日本の対アフリカ政策とも無関係ではない。今次訪問について、事前に作成されたアフリカ第二課の文書には、日本の問題意識として「アフリカにおける好ましい変化を積極的に支援するとともに、危機的状況に直面している国に対しては人道面での支援を強化していきたい」と綴られている。ソマリアへの関与は、明らかに後半部分に該当する。折しも日本は、同年10月に第一回アフリカ開発会議（TICAD Ⅰ：Tokyo International Conference on African Development Ⅰ）の東京開催を控え、「こうした日本の問題意識に基づくもの」がTICAD Ⅰだったのである[74]。つまり、同時期のソマリアへの関与、とくに柿沢の訪問は、PKO派遣の模索ではあるが、後のTICAD Ⅰ開催を見据えた営みの一環でもあった。

　時を同じくして、ソマリア派遣をめぐる議論は、外務省と官邸の間でも浮上した。2月1日、小和田恆外務次官は官邸の宮澤を訪ね、モザンビーク派遣と比較しながら次のように説明している。

　　…ソマリアで本当の意味でのPKO活動が行える状況となり、日本に派遣要請があった場合に、モザンビークに出したからもう余裕がないのでソマリアには応じられないという話になることは、国際的に見て困ったことになると考えている。国際的に注目されているのはソマリアの方であって、少人数であってもそこに出すことが政治的には重要なことと思う[75]。

　話を聞いた宮澤は「そこは自分…もそう思う」と返答したが、しばらく

して、「カンボディアでなくてアフリカだっていくのだということは良い
ようなものの、ちょっと、あまり頻度が多すぎませんか」（下線省略引用
者）と別の問題を提起している[76]。

小和田は、法案成立直後ゆえ、PKO派遣に肯定的評価が得られるよう
慎重になることに「ありうる」と理解を示しつつも、カンボジアに多くの
人員を割き、他の場所を知らない「マイナス」も考慮に入れるよう説い
た。だが、宮澤の脳裏には、外交上の判断はもとより、国民の反応も過っ
ていた。「まあ、外交的には、アフリカのこととなると熱心ではないとい
うことになるのは良くないが……国民としては、またそっちの方にも行
くのですかと、こういうことですかねえ」と述べている[77]。

慎重姿勢こそあるものの、今後の対処方針をめぐり、外務省と官邸は最
初から対立していたわけではない。小和田が、ソマリア、モザンビークを
めぐる情勢を一通り説明し、外務省内で状況を睨みながら検討を進める意
向を口にしたとき、宮澤は「わかった」（下線省略引用者）と返答した[78]。
また、2月2日に同様の説明を受けた河野も「はい」と答えている[79]。
省内での検討の実施に限るなら、外務省と官邸は、概ね見解の一致をみて
いた。

ところが数日後、こうした部分的な協調関係に亀裂が入る。その契機と
なったのが、2月8日にアフリカ歴訪から帰国した柿沢の言動だった。成
田空港到着後、直ちに官邸を訪ねた柿沢は「モザンビークはPKO派遣五
原則の条件を満たしています。日本も派遣すべきです」と進言した。それ
に対し、河野は厳しく「あなたは報告だけすればよろしい。後は政治判断
の問題です」と返答し、激しいやり取りに発展している[80]。そもそも、
河野は「初めての派遣であるカンボジアPKOをしっかりと成功させるこ
とがまず重要であり、次に国民からその成果について納得と支持を得られ
るかどうかという点を見極めることが必要」と考えていた。そして、かか
る政治判断を抜きに政府のみで進めるのは「いかにも拙速ではないか」と
問題視していたのである[81]。さらに、今次柿沢発言に河野が激怒してい
たことを、石原信雄内閣官房副長官も証言している[82]。河野の考え方か
らすると、派遣先の問題というよりも、政治判断のプロセスこそ重要なの
である。

このように、外務省が官邸を説得しようとしていた2月16日、ガリが

日本を訪れ、宮澤との会談に入った。ガリは、ソマリアを含め過去の日本の貢献に謝意を示し、「国連の原則は加盟国の内政に干渉しないことである」と告げた。意外にも、ソマリア問題の本格的口火を切ったのは宮澤の方であった。宮澤が、多国籍軍撤退後の PKO にアメリカが引き続き残るのか、そして国連の指揮下に米軍が入るのは初めてかを問うた。ガリは、前者に対してロジスティクス担当 3000 人、そして緊急部隊 2000 〜 3000 人の沖合待機などを返答し、後者に対しては第一次大戦時の仏将軍指揮下、またサントドミンゴ（ドミニカ共和国）の事例も挙げている[83]。前者の質問をめぐる議論は成立しているものの、後者のそれは噛み合っていない。国際連盟発足以前の第一次大戦時は言うまでもなく、サントドミンゴに至っては米州機構（OAS: Organization of American States）の活動であり、いずれも国連指揮下にアメリカは位置付けられていないからである。一度は躊躇したものの、宮澤はソマリア情勢に関心を失ったわけではない。けれども、現役国連事務総長の訪日は、ソマリア派遣のインセンティブとはなり得なかった。

　奇しくも、ガリが宮澤と会談していた時期は、事務総長報告の作成期間とも重なる。1993 年 3 月 3 日付事務総長報告執筆中の数週間、キスマヨ、モガディシュから戦闘、暴動の再開が報告されている。1 月、2 月には、農村地域やエチオピア、ケニア国境で、多数の部隊が展開していたにもかかわらず、UNICEF、国際赤十字（ICRC: International Committee of the Red Cross）、その他の救援活動者が殺害された。武装解除も遅々として進まないなか、事務総長は、憲章第 7 章下での武力行使も辞さない UNOSOM II を設置し、UNITAF から移行させる旨を勧告する[84]。これを承認した安保理は、3 月 26 日に決議 814 を採択し、UNOSOM II 設置が遂に決定した[85]。

　こうした状況を受け、日本政府の判断は派遣不可に傾いていた。3 月 25 日の衆議院において、渡辺美智雄外相は「これはソマリアはもう最初から無理、今の PKO 法の中ではやれません」とまで言い放っている[86]。確かに 27 日には、暫定国民評議会（TNC: Transitional National Council）設置などを掲げるアジスアベバ協定に主要 15 勢力が調印しているが、最大武装勢力アイディード派からの参加は依然として得られないままだった[87]。UNOSOM II の軍事的強制措置は、いよいよ目前に迫っていたのである。

31日の参議院では、宮澤も「重火器を持って場合によっては戦闘行動に入ることも、これは人道上の立場でしょうが、やむを得ない、こういうのがこのたびのミッションであるといたしますと、国際平和協力法の規定によりまして我が国はそれに参加することはできないと考えます」と答弁した[88]。これまでイニシアティブを行使してきた外務省のトップだけでなく、宮澤も事実上の断念を表明したのである。映画『ブラックホーク・ダウン（Black Hawk Down）』が描き出したような[89]、ソマリア内戦の悪化を待つまでもなく、日本のUNOSOM Ⅱ派遣への道程は閉ざされたのであった。

5. 結論

　国際平和協力法の成立後、外務省をはじめ、日本政府内では、ソマリア派遣の検討作業が重ねられてきた。第一にして最大の懸案事項は、ソマリアの治安情勢をどのように捉え、いかに日本のプレゼンスを示せるかであった。外務省は、共同空輸と資金協力、そして UNOSOM Ⅱ参加を組み合わせ、その実現をどうにか図ろうとしてきた。

　国内法に照らすなら、ソマリア情勢は「災害」ではなく、「紛争」に該当する。他方、「停戦の合意」も満たさない以上、人的貢献は見込めない。ひとたび国内の民間航空会社に委ねたなら、乗員組合の反応が懸念され、海外の場合は「目に見える貢献」に道を閉ざす。そこで浮上したのが、WFPとの共同空輸だった。海外の航空機を合同でチャーターし、ケニアまでを日本が担う同案は、プレゼンス、費用対効果ともに課題を残す一方で、苦肉の策でもあったのである。

　また、ソマリアへの人道支援をめぐる日本政府の営為は、アメリカ政府や国連との関係を抜きにしては語れない。代替策としての「国連ソマリア信託基金」拠出誓約はブッシュを喜ばせたし、自衛隊が平和強制に参加する困難さにアメリカ側は理解を示してもいた。ところが、「カンボディア型」のPKO設置という日本が求め続けた理想に対し、アメリカは概して否定的であった。この点では国連も引けを取らない。主として治安維持に携わったアメリカ、政治的和解に向き合った国連、日本のソマリアPKO

観は、そのいずれとも懸け離れたものだったといえよう。

「ソマリア人道支援調査団」の帰国後、UNOSOM II 派遣をめぐる合意形成は、より一層困難を極めていく。総理府、防衛庁は、さらなる調査や選択を求め、とりわけ防衛庁は後方支援に不安感を隠さなかった。一度は UNOSOM II における「輸送面での協力」を提示した外務省ではあったが、ソマリア情勢の不透明性を前に、調整機能を十分発揮できずにいた。

さらに、外務省の働き掛けは、官邸との調整で対立を招いてしまった。当初、外務省の説明に対し、官邸は慎重さを貫きつつも、特段異を唱えたわけではない。小和田がソマリアなど情勢報告を行い、省内で検討を進める意向を示したとき、宮澤、河野ともに受け入れてさえいる。ところが、柿沢発言のように、外務省が官邸の政治判断に踏み込んだ提言をした瞬間、河野との軋轢が生まれていく。派遣先の情勢に主眼を置く外務省の説得を待っていたのは、あくまで政治判断のプロセスを重んじる河野の拒絶であった。つまり、柿沢発言に端を発し、ソマリアも含む PKO 派遣一般に係る問題が新たに浮上したといえよう。結局、外務省が官邸の説得で膠着状態に陥る一方、国連で武力行使を伴う UNOSOM II 設置が決定され、ソマリア PKO 派遣構想は破綻に終わったのである。

このように、ソマリア PKO での人的貢献が検討されていたころは、カンボジア問題をめぐる和平工作、PKO、復旧・復興支援を組み合わせた「三次元立体外交」が終盤に差し掛かっていた時期とも重なる[90]。その「三次元立体外交」の後景で進められたソマリア PKO 派遣構想は、内政では世論の喚起、国際平和協力法の見直しを目指し、外交ではアメリカへの貢献をより効果的に成し遂げんとする壮大な試みであった。それから四半世紀の間、日本の PKO 政策の歩みは、少なくともそのいずれかが現出し、向き合ってきた歴史に他ならない。その意味で、ソマリア PKO 派遣構想をめぐる試行錯誤には、後の日本が直面する諸課題が凝縮されていたのである。

---

[1] 御厨貴、中村隆英編『聞き書　宮澤喜一回顧録』岩波書店、2005 年、359 頁。
[2] 同上、300 頁。
[3] 外務省編『平成 4 年版（第 36 号）外交青書——転換期の世界と日本』大蔵省印刷局、

1993 年、54 頁。

[4] 「第 123 回国会衆議院会議録第 33 号」『官報号外』1992 年 6 月 15 日。

[5] C.O.E. オーラル・政策研究プロジェクト『栗山尚一（元駐米大使）オーラルヒストリー――湾岸戦争と日本外交』政策研究大学院大学、2005 年、25 頁。

[6] Ioan Lewis and James Mayall, "Somalia," James Mayall, eds., *The New Interventionism, 1991–1994: United Nations Experience in Cambodia, Former Yugoslavia and Somalia,* New York: Cambridge University Press, 1996, pp.100, 105.

[7] 滝澤美佐子「国連ソマリア活動（UNOSOM ⅠⅡ：1992–1993、1993–1995）」、横田洋三編『国連による平和と安全の維持――解説と資料』第一巻、国際書院、2000 年、1863–187 頁。柴田久史『ソマリアで何が？』岩波書店、1993 年、50 頁。

[8] Boutros Boutros-Ghali, An Agenda for Peace: Preventive Diplomacy, Peacemaking and Peace-keeping, A/47/277, S/24111, 17 June 1992.「平和への課題――予防外交、平和創造、平和維持」1992 年 6 月 17 日、国際連合広報センター訳『平和への課題 1995 年』第 2 版、1995 年。

[9] ソマリアにおける国連の介入を検討したものは、枚挙に暇がない。さしあたり、井上実佳「国連による国内紛争解決とソマリア内戦――『人道的干渉』、PKO、国連の対応における各活動の相互関連性」、津田塾大学紀要委員会編『国際関係学研究』第 29 号、2003 年 3 月。滝澤美佐子「ソマリアに対する人道的介入の合法性と実効性」『国際問題』第 493 号、2001 年 4 月。同「ソマリアと人道的介入」、日本国際連合学会編『人道的介入と国連』国際書院、2001 年。則武輝幸「国連とソマリア内戦――『平和執行部隊』構想の挫折」『外交時報』第 1306 号、1994 年 3 月。Lewis and Mayall, "Somalia". John L. Hirsch and Robert B. Oakley, *Somalia and Operation Restore Hope: Reflections on Peacemaking and Peacekeeping,* Washington D.C.: United States Institute of Peace Press, 1995、などが挙げられる。

[10] 庄司貴由『自衛隊海外派遣と日本外交――冷戦後における人的貢献の模索』日本経済評論社、2015 年、第 4 章。

[11] 官房総務課長金杉憲治「ソマリアの首都モガディシュでの一泊」『世界あちらこちら』霞関会、2011 年 2 月 1 日（http://www.kasumigasekikai.or.jp/cn3/sekaiachira.html, 2018/10/7）。

[12] カンボジアにおける日本の人的貢献を詳細に扱ったものとして、たとえば、池田維『カンボジア和平への道――証言 日本外交試練の 5 年間』都市出版、1996 年、第 8 章。今川幸雄『カンボジアと日本』連合出版、2000 年、第 8 章。河野雅治『和平工作――対カンボジア外交の証言』岩波書店、1999 年、第 21 章、第 22 章。庄司、前掲『自衛隊海外派遣と日本外交』第 3 章。三好範英『特派員報告 カンボジアPKO――地域紛争解決と国連』亜紀書房、1994 年、第 2 章、第 3 章。村上友章「カンボジア PKO と日本――『平和の定着』政策の原型」、軍事史学会編『PKOの史的検証』第 42 巻第 3・4 合併号、錦正社、2007 年。Hugo Dobson, *Japan and United Nations Peacekeeping: New Pressures, New Responses,* London: RoutledgeCurzon, 2003, Chapter 5. Lam Peng Er, *Japan's Peace-Building Diplomacy in Asia: Seeking a More Active*

Political Role, London: Routledge, 2010, Chapter 2. Yasuhiro Takeda, "Japan's Role in the Cambodian Peace Process: Diplomacy, Manpower, and Finance," *Asian Survey,* Vol. 38, No. 6, June 1998, などが挙げられる。

[13] アフリカ第2課「ソマリア問題（空輸の問題点）」情報公開第00933号、開示請求番号2013-00822、1992年9月22日。

[14] 同上。

[15] 五百旗頭真、伊藤元重、薬師寺克行編『外交激変——元外務省事務次官柳井俊二』朝日新聞社、2007年、79-80頁。五百旗頭真、宮城大蔵編『橋本龍太郎外交回顧録』岩波書店、2013年、28頁。ただし、船舶の派遣をめぐっては、寺嶋潔運輸省国際運輸観光局長が佐藤国汽船（神戸）を説得した結果、「平戸丸」という貨物船1隻をアメリカ側に提供している。なお、その過程については、五百旗頭真、伊藤元重、薬師寺克行編『岡本行夫——現場主義を貫いた外交官』朝日新聞出版、2008年、178-181頁、がとくに詳しい。

[16] アフリカ第2課、前掲「ソマリア問題（空輸の問題点）」。

[17] 同上。

[18] 「国際平和協力法（平成4年制定）」（http://www.pko.go.jp/pko_j/data/law/law_data02.html, 2018/5/31）。

[19] 同上。

[20] 「ソマリア支援と国際平和協力法について（メモ）」情報公開第00933号、開示請求番号2013-00822、1992年10月16日。

[21] アフリカ第2課「（ノン・ペーパー）国際平和協力法の下でのソマリア支援策（案）」情報公開第01541号、開示請求番号2015-00277、1992年10月22日。

[22] 『読売新聞』1992年11月21日、1992年11月25日。

[23] WFPの優先順位のなかで、軍用機の使用は三番目の位置付けである。その理由としては、「多くの規則があり、その結果、1機当りの輸送量は民間機の半分程度となり、非効率かつ高価である」と書かれている。佐藤大使発外務大臣宛電信第1099号「ソマリア支援（空輸）」情報公開第01541号、開示請求番号2015-00277、1992年10月22日。なお、11月16日に日本政府は、WFPに対して1230万ドルの拠出を決定している。『毎日新聞』大阪朝刊、1992年11月17日。

[24] Report of the Secretary-General, S/23693, 11 March 1992.

[25] Resolution 751, S/RES/751, 24 April 1992.

[26] Ibid.

[27] Letter Dated 29 November 1992 from the Secretary-General Addressed to the President of the Security Council, S/24868, 30 November 1992.

[28] Resolution 794, S/RES/794, 3 December 1992.

[29] Letter Dated 17 December 1992 from the Permanent Representative of the United States of America to the United Nations Addressed to the President of the Security Council, S/24976, 17 December 1992.

[30] 「第125回国会参議院外務委員会会議録第1号」1992年12月7日。

[31] 「第125回国会参議院内閣委員会会議録第1号」1992年12月8日。

[32] Report of the Secretary-General Submitted in Pursuance of Paragraphs 18 and 19 of Security Council Resolution 794 (1992), S/24992, 19 December 1992.

[33] 『朝日新聞』1992年12月25日。

[34] Letter from President Bush to Prime Minister Miyazawa, 30 December 1992, U.S. Department of State Case No. F–2013–21285.

[35] International Coalition for Somalia: Follow-up to the President's Call, December 1992, U.S. Department of State Case No. F–2013–21285.

[36] 近ア2「未決裁　野上近ア局審議官の記者ブリーフ概要」情報公開第01541号、開示請求番号2015–00277、日付不明。

[37] 『朝日新聞』1992年12月20日。

[38] 実は、こうした事態に直面する以前に、調査団一行を乗せたチャーター便の着陸先が急遽変更になっていた。当初、同便が着陸予定だったのは、モガディシュ空港（南部空港、かつての国際空港）の方だった。しかし、同空港が、国連関係の航空機で非常に混雑していたため、離陸後急遽、「まったく名ばかりの」北部空港（モガディシュ郊外の地均しされた砂浜）への着陸を余儀なくされている。しかも、着陸先が変更になったという事情を彼らが知り得たのは、搭乗中に伝えられたからではなく、後にUNOSOM関係者から聞いたからであった。金杉、前掲「ソマリアの首都モガディシュでの一泊」。

[39] ケニア発本省宛電信第1422号「ソマリア情勢（人道支援に関する調査団の派遣）」情報公開第00933号、開示請求番号2013–00822、1992年12月21日。

[40] 同上。

[41] ケニア発本省宛電信第1423号「ソマリア情勢（人道支援に関する調査団の派遣）」情報公開第00933号、開示請求番号2013–00822、1992年12月21日。

[42] 同上。

[43] S/24992.

[44] 佐藤大使発外務大臣宛電信第1435号「ソマリア情勢（人道支援に関する調査団の派遣）」情報公開第01541号、開示請求番号2015–00277、1992年12月22日。

[45] 金杉、前掲「ソマリアの首都モガディシュでの一泊」。

[46] 佐藤大使発外務大臣宛電信第1414号「ソマリア人道支援調査団（キタニ特別代表との意見交換――ぶら下がり会見）」情報公開第00933号、開示請求番号2013–00822、1992年12月20日。

[47] 外務省中近東アフリカ局「ソマリア人道支援調査団（とりあえずの所見）」情報公開第00933号、開示請求番号2013–00822、1992年1月5日。

[48] 佐藤大使発外務大臣宛電信第1427号「ソマリア情勢（人道支援に関する調査団の派遣）」情報公開第01541号、開示請求番号2015–00277、1992年12月22日。

[49] アフリカ第2課、国連政策課「ソマリアにおける人的貢献の基本的考え方（案）」情報公開第00933号、開示請求番号2013–00822、1993年1月11日。

[50] 外務大臣発米大使宛電信第471号「事務連絡」情報公開第01541号、開示請求

番号 2015–00277、1993 年 1 月 21 日。

[51] 外務省、前掲「ソマリア人道支援調査団（とりあえずの所見）」。

[52] アフリカ第 2 課、国連政策課、前掲「ソマリアにおける人的貢献の基本的考え方（案）」。

[53] 河野洋平『日本外交への直言――回想と提言』岩波書店、2015 年、92 頁。

[54] 草野厚『連立政権――日本の政治 1993 ～』文藝春秋、1999 年、30–31 頁。北岡伸一『自民党――政権党の 38 年』読売新聞社、1995 年、259–261 頁。五十嵐武士「宮沢喜一――保守本流　最後の指導者」、渡邉昭夫編『戦後日本の宰相たち』中央公論社、1995 年、422–423 頁。

[55] 『朝日新聞』1992 年 9 月 18 日、1992 年 12 月 23 日。

[56] 近ア 2「ソマリア問題（人的貢献）」情報公開第 00933 号、開示請求番号 2013–00822、1993 年 1 月 6 日。

[57] 同上。

[58] 同上。

[59] 同上。

[60] 国連政策課「ソマリア、モザンビークに対する我が国の人的貢献に関する三省庁会議メモ」情報公開第 01877 号、開示請求番号 2011–00145、1992 年 1 月 12 日。

[61] 同上。

[62] アフリカ第 2 課、国連政策課「ソマリアにおける人的貢献のオプション（案）」情報公開第 00933 号、開示請求番号 2013–00822、1993 年 1 月 13 日。

[63] 前掲「国際平和協力法（平成 4 年制定）」。

[64] アフリカ第 2 課、国連政策課、前掲「ソマリアにおける人的貢献の基本的考え方（案）」。

[65] アフリカ第 2 課、国連政策課、前掲「ソマリアにおける人的貢献のオプション（案）」。

[66] 同上。

[67] 外務大臣発米大使宛電信第 471 号、前掲「事務連絡」。

[68] 筆者は、「行政文書ファイル管理簿」で記載されている「日・ソマリア関係／人的貢献」に基づき、情報公開請求を行ってきた。しかし、同ファイルの対象は、1993 年 2 月 2 日までとなっている。そのため、同日以降の同ファイル外の文書も新たに請求したものの、「不開示（不存在）」という結果になった。情報公開第 00202 号、開示請求番号 2015–00628。

[69] 野上義二外務省中近東アフリカ局審議官へのインタビュー、2016 年 10 月 17 日、於東京。

[70] アフリカ第二課、国連政策課「（対外応答要領）対ソマリア人的貢献」情報公開第 00933 号、開示請求番号 2013–00822、1993 年 2 月 1 日。『朝日新聞』1993 年 1 月 29 日。

[71] アフリカ第 2 課「柿沢政務次官ご発言のポイント（記者との接触）」情報公開第 00304 号、開示請求番号 2013–00822、1993 年 1 月 26 日。

[72] アフリカ第二課、国連政策課、前掲「（対外応答要領）対ソマリア人的貢献」。

[73] 佐藤大使発外務大臣宛電信第 154 号「ソマリア情勢（政務次官のソマリア訪問）」情報公開第 01541 号、開示請求番号 2015–00277、1993 年 2 月 2 日。

[74] アフリカ第 2 課、前掲「柿沢政務次官ご発言のポイント（記者との接触）」。

[75]「小和田次官の対総理ブリーフ（第 40 回）（平成 5 年 2 月 1 日）」情報公開第 00344 号、開示請求番号 2013–00821、1993 年 2 月 4 日。

[76] 同上。

[77] 同上。

[78] 同上。

[79]「小和田次官の対官房長官ブリーフ（第 4 回）（平成 5 年 2 月 2 日）」情報公開第 00344 号、開示請求番号 2013–00821、1993 年 3 月 9 日。

[80] 朝日新聞国際貢献取材班『海を渡った自衛隊』朝日新聞社、1993 年、143 頁。

[81] 河野、前掲『日本外交への直言』95 頁。

[82] 石原信雄『官邸 2668 日──政策決定の舞台裏』日本放送出版協会、1995 年、78–79 頁。

[83] 国連政策課「総理・ブトロス＝ガーリ事務総長会談（国政長ブリーフ概要）」情報公開第 00109 号、開示請求番号 2013–00823、1993 年 2 月 16 日。

[84] Further Report of the Secretary-General Submitted in Pursuance of Paragraphs 18 and 19 of Resolution 794 (1992), S/25354, 3 March 1993.

[85] Resolution 814, S/RES/814, 26 March 1993.

[86]「第 126 回国会衆議院内閣委員会議録第 4 号」1993 年 3 月 25 日。

[87] Further Report of the Secretary-General Submitted in Pursuance of Paragraph 18 of Resolution 814 (1993), S/26317, 17 August 1993. 滝澤、前掲「国連ソマリア活動」187–188 頁。

[88]「第 126 回国会参議院予算委員会会議録第 12 号」1993 年 3 月 31 日。

[89] 映画『ブラックホーク・ダウン』を解説したうえで、ソマリア内戦の経過を簡潔にまとめた数少ないものとして、三上貴教「ブラックホーク・ダウン──ソマリアの失敗がアメリカを変えた」、三上貴教編『映画で学ぶ国際関係』法律文化社、2005 年、がとくに詳しい。

[90] 河野、前掲『和平工作』v 頁、248–249 頁。

「日米防衛協力のための指針」再考

東京大学総合文化研究科アメリカ太平洋地域研究センター助教 板山真弓

1978 年の「日米防衛協力のための指針」策定は、従来、秘密裡になされていた共同計画策定が公式化された、日米安全保障関係史上、画期的な出来事だと位置づけられる。本論文では、この「指針」策定をもたらす契機となった米国側のイニシアチブ、すなわち公式化要請の背景には、従来見逃されてきた、米国の国内政治要因があったのではないかとの仮説を提示する。具体的には、米＝タイ間の秘密裡の共同計画が米軍の越権により策定された等と議会で問題視されたことを受け、日本との同様のそれについても批判を受けるのではないかと危惧されたことが背景にあったとする。他方、「指針」策定作業においては、この米国側の要請を受けた日本側が「指針」の基礎となる文書を起草する等、イニシアチブを取ることとなった。これは、日本の国内政治上の理由より、共同計画策定が秘密裡に実施されるようになったとの歴史的経緯より、公式化を実現する上では、日本側が自らの問題を解決すること、すなわち、日本国内において共同計画策定に関する政治的なコンセンサスを形成することが最も重要な課題であったことに由来する。

キーワード：日米関係、日米防衛協力、「日米防衛協力のための指針」、同盟、公式化

はじめに

1978 年の「日米防衛協力のための指針」（以下、「指針」と略）策定は、従来、秘密裡になされていた共同計画策定が公式化された、日米安全保障関係史上、画期的な出来事だと位置づけられる。この「指針」策定は日米どちらのイニシアチブによりもたらされ、またその背景となった要因は、どのようなものだったのか。本論文では、既存研究により繰り返し問われ

てきたこの問題について、改めて考察することとする。

　この問題を扱った既存研究をまとめると、以下の通りである。第一に、「指針」は、日本側（特に防衛庁の一部）のイニシアチブにて策定された、とする議論である[1]。それによると、1975年3月の上田哲議員の国会における質問（有事の際の海域分担に関する日米間の秘密協定があるのではないかとの追及）を契機として、坂田道太防衛庁長官や丸山昂防衛局長を中心とした防衛庁が、それを逆手に取る形で、有事の際の共同計画策定の必要性について持ち出し、「指針」策定へと結びつけたという。ちなみに、この背景には、ニクソン・ドクトリンを契機として米軍が削減される中で、日本側に「捨てられる恐怖」が発生したことがあったとされる[2]。

　これに対して、第二に挙げられるのは、「指針」策定は、日本側が持ち出したものではなく、米国側のイニシアチブで動いたのではないか、とする議論である[3]。この立場を取る研究では、米国側（特に太平洋軍司令官）が、ニクソン・ドクトリン後の新たな任務分担を実施し、防衛協力を進展させるために「指針」の作成を進めたとの説明がなされている。特にその証拠とされるのは、「米国は1976年から開始された日米防衛協議の約3年も前に『ガイドライン』の原案となる『日米二国間計画のための指針』を決定して」いたことであり[4]、これを基礎として「指針」作成が進められたとの見方である。

　さらに、最近では、この第二の議論に異を唱え、日本側のイニシアチブを再度強調する議論も存在する[5]。このように、既存研究には、様々な異なる見解が存在するが、本論文では、この論争を解決するべく新たな捉え方を提示する。それは、やはり第二の議論と同様に、米国側のイニシアチブが存在したとはするものの、それは既存研究が指摘するような内容ではなかったとするものである。

　第一に、前述の通り、既存研究では、米国側が、ニクソン・ドクトリン後の新たな任務分担を実施し、防衛協力を進展させるために「指針」の作成を進めたとの説明がなされている。

　ただし、この点について厳密に考えると、この理由は、この時期に日米間で防衛協力が進展したことを説明することはできても、「指針」という形での公式化を促した要因ではないのではないか、という疑問が残る。「指針」策定の主な理由は、既存の非公式な防衛協力を公式化したことで

あったが、もし、米国側が必要だと考えた、新たな任務分担を実施し、防衛協力を進展させるという目的を達成するのであれば、既存の非公式な防衛協力を進めるだけで十分だったのではないか[6]。特に、「指針」の内容が非公式に策定されていた共同統合有事計画概要（Coordinated Joint Outline Emergency Plan、以下 CJOEP と略）と類似すること、また、新たな日本の任務分担の内容が、日本から約 1000 海里迄の海上交通路の防衛、いわゆるシーレーン防衛という、既存の非公式な防衛協力において進展しつつあった領域の内容だということを鑑みても、そう考えることができる。

　また、時期を遡れば 1960 年の安保改定前後の時期に、日本側が日米防衛協力（共同計画を含む）の公式化を狙って軍事委員会を設置しようとしたが、それを受けた米国側（特に米軍や国防総省）が反対したため、軍事委員会設置構想は、1960 年代初めの時点で一旦挫折したとの経緯があった[7]。ここで米国側が反対した理由は、日本側の提案に従えば、軍間の計画作成に文民が関与する可能性が出てくるということであったが、この反対要因は、1970 年代においても解消したとは言えない状況であった（現に「指針」策定過程でも同様の問題が取り沙汰された）。それなのに何故、太平洋軍司令官が公式化を主導したのか、という疑問も残る。以上より、この時期、非公式に行われていた日米防衛協力を公式化せねば解決できない問題が発生したのではないかと考えるのが自然であろう。

　さらに、既存研究が「指針」の原案だと主張する「日米二国間計画のための指針」と「指針」の内容とを比較すると、かなりの違いを認めることができ、本当にこの文書が「指針」の原案だったのかという疑問も生まれる。また、「指針」策定過程においては日本政府が主導権を握る形で議論が進められた（それが故に、第一、第三の先行研究は日本のイニシアチブを強調する）。もし米国側のイニシアチブで「指針」策定が開始されたのであったとするのならば、しかも米国は「指針」の基礎となる文書を作成していたのであるのならば、それにも関わらず、何故「指針」策定過程において日本政府が主導権を握り、「日米二国間計画のための指針」とは大きく異なる内容の、日本側の意向が強く反映された「指針」を策定することになったのであろうか[8]。

　本論文では、新しく開示された日本側及び米国側の一次史料[9]及びイ

ンタビューにより裏付ける形で、米国側の公式化要請の背景には、従来見逃されてきた、米国の国内政治要因があったのではないかとの仮説を提示する。具体的には、米国議会においてタイと米国との間で秘密裡に締結された共同計画は、米軍の越権により結ばれたものであり、しかも、米国のオーバー・コミットメントの内容が含まれたものだと問題視されたことを受け、米国側は、日本との間で従来の秘密裡の共同計画策定を続ければ、同様の批判を受けるのではないかと危惧したことが背景にあったとする。

　また、既存研究において「指針」の基礎となったと主張される、1973年に米国側が作成した「日米二国間計画のための指針」文書は、新たなCJOEP の前提と目的について米国政府が承認するためのものであり、「指針」の基礎となった文書ではないこと、そして「指針」の基礎となったのは、日本側が起草した文書であったことも示す。このように、この米国側の要請を受けた日本側が「指針」の基礎となる文書を起草する等、「指針」策定作業においてイニシアチブを取ることとなったが、これは、「指針」策定の目的が、従来秘密裡に進められていた共同計画策定作業を日本国内において公式化することであったことよりもたらされた結果であったとの主張も行う。

（1）共同計画の公式化に関する問題提起 と日米両政府の承認

①米国側からの CJOEP 策定の一時停止要請とその背景

　1950 年代半ばより、自衛隊と米軍との間では、有事の際の対処について定めた CJOEP が秘密裡に策定されていた[10]。これは、日本防衛のための共同計画策定を行う上での指針であり[11]、統合幕僚会議議長や在日米軍司令官らによって構成される連合計画委員会により作成されていた[12]。CJOEP は 1955 年以降、毎年見直され、12 月に翌年の CJOEP を統合幕僚長と極東軍総司令部参謀長（1957 年に極東軍が廃止された後は、太平洋軍総司令部参謀長）が承認するやり方が定着した。ただし、CJOEP に日米両政府による公式の承認が存在しないがゆえに、それが両政府の行動を必ずしも拘束し得ないという問題は残った。紆余曲折を経て、この公式化

の問題が解決されるのは、1970年代に入ってからのことであった。その契機となったのが、米国からのCJOEP策定の一時停止の申し出である。

日本側にこの申し出がなされる前に、米軍内部において2国間有事計画の見直しがなされたが[13]、その際にはニクソン・ドクトリンの考え方が反映され、米国のオーバー・コミットメントの有無が確認されたと言う[14]。その結果、日本との間に存在したCJOEPを含む、いくつかの2国間計画が国防長官によって承認された。すなわち、この時点で、日本との間の共同計画には、米国のオーバー・コミットメントと受け取れるような内容は含まれていないことが国防長官によって認められたのであった。このようにして日本とのCJOEP策定は、国防長官の承認を得て継続されることとなったが、12月に入ると、パースリー（Robert E. Pursley）在日米軍司令官が、ゲイラー（Noel Gayler）太平洋軍司令官からの指令を受けるまで日本との2国間計画に対する自らの承認を延期することを決定した。この背景には、日米文民による明白な許可なしにCJOEP策定を継続することが政治的に危険だとの憂慮があった。

この点に関して厳密に考えると、このパースリーの憂慮には、二つの解釈があり得る。一つは、既存研究が指摘するように、パースリーが憂慮したのは日本の国内政治状況だったという解釈である[15]。それに対して、これは米国の国内政治状況をも鑑みたものだと考えることもできる。このことは、第一に、シュースミス（Thomas P. Shoesmith）駐日米国首席公使がスナイダー（Richard L. Sneider）国務次官補代理に対して行った、パースリーの意図に関する説明より読み取れる[16]。それによると、パースリーは、現状のままであれば、もしこの共同計画策定が公になった場合に、日米双方が非常に危うい状況に置かれることになると感じており、これが是正されるまで、一時停止を要請するイニシアチブを取ったとのことであった。また、この問題は、熟慮された上で出された承認の下で非常に慎重に進めるべきであり、政治的敏感性を両方の側が持つような政治的課題を含むものであると考えているとのことであった。つまり、パースリーは、日本側のみならず米国側も、秘密裡の共同計画策定が公になれば、国内政治上の問題を抱えることになると見ていたのであった。

それでは、パースリーは米国国内政治上のどのような問題を憂慮していたのであろうか。これは、次の日本側関係者の証言より伺えることであ

る。中村龍平統合幕僚会議議長によると、1973年の在日米軍からの CJOEP 承認延期の申し入れについて、「その理由とするところは政府間において正式の協定を伴わないかかる研究は、米国内で万一の場合問題となる可能性があるからである。例えば米軍とタイ政府との協定でタイを基地とするベトナム爆撃が米議会で取り上げられ米軍は越権との非難をうけた……との説明のようであった。しかしこれは申すまでもなく、日本側で総理をはじめ政府に明確な説明の出来ない……そのように公式に日米間に協定されていない……計画やそのための研究は徒労であり、在日米軍としては随分忍耐して政府のとりあげを待ったが、限界に来た」とのことであった[17]。

ここで中村が言及している、米軍とタイ政府との協定が米国議会で非難された出来事とは、1969年夏に、米国議会において、タイと米国との間で秘密裡に締結された有事計画が問題視されたことであった。この有事計画は、ベトナム戦争への対応策の一環として1965年に結ばれたものであるが、その内容には、共産主義勢力がタイ国境を越える前に、タイ陸軍を援助するために米軍が使用されるとのこと、また、それが実行に移された場合には、少なくとも名目上は、米軍がタイ軍司令官の指揮下に置かれるとのことが含まれていた[18]。米国議会は、この有事計画は、米国のタイに対する条約上のコミットメントを超える内容を含んでいるという点で問題であり、タイの国内紛争に米国が（望んでもいないのに）巻き込まれる可能性をもたらすものだとして政府を追及した。つまり、米国側（在日米軍）は、政治承認しないまま、従来のように秘密裡に日米両軍間で共同計画を作成することになれば、タイと米国との間の秘密裡の共同計画と同様の批判、すなわち軍の越権との批判を米国内で受けることになるのではないかとの危惧を表明したのであった。

ただし、このような背景があるとすれば、何故、米国議会で問題となった1969年辺りではなく、この時期（1973年）にこのような憂慮が米国側から日本側に示されたのか、という疑問が生まれよう。その一つの答えは、上記の1972年10月の JCS による2国間計画策定の一時停止がどのような理由によりもたらされたのかということに関連すると思われる。史料上の制約により、この点について現時点で確実に実証することは難しいが、1972年8月に米国議会においてケース法（Case Act）が策定されたこ

とが大きく影響しているのではないかと推測できる。

　ケース法とは、1971 年 2 月 3 日にケース（Clifford P. Case）上院議員（共和党）により提出され、1972 年 8 月 22 日に成立した米国の国内法である（Public Law 92–403）[19]。この法律では、大統領を含む行政府によって締結された全ての国際的な行政協定の最終条文を、60 日以内に議会に提出することが定められている。このケース法が作成された背景としては、米国国内において、1960 年代末から 1970 年代にかけて、ベトナム戦争の泥沼化への反省より、議会が大統領の外交・軍事権限に規制を加え始めたことがあった。具体的には、1973 年 11 月の戦争権限法の制定、予算的措置による拘束等様々なものが存在したが[20]、その一つの方策として、ケース法が策定されたのであった。同法成立以前においては、大統領は行政協定を締結することにより、議会の承認なしに国際的な約束を行うことができた[21]。なぜなら、米国憲法では、公式的な条約のみが上院の助言と承認を必要とすると規定されていたからであり、行政協定であれば、議会に報告する必要がなかったからである。現にアイゼンハワー政権からジョンソン政権にかけて、米国政府は南ベトナム政府といくつもの行政協定を締結したが、議会は 1969 年までその存在すら知らされていなかった。しかし、1969 年から 1970 年に、上院外交委員会小委員会は、大統領が南ベトナムのみならず、韓国、ラオス、タイ、エチオピア、スペイン等の国々と重要な内容を含む秘密合意について交渉してきたことを明らかにした。これに対応するためにケース法が制定されたのである。このようにして 1972 年 8 月にケース法が成立したことを受けて、JCS が、米国のオーバー・コミットメントがないかどうかを確認するために 2 国間有事計画を検討したと考えることができるのではないか。

　また、もう一つの理由としては、従来の在日米軍司令官と比較して、パースリーが職歴上、この問題に特に敏感に反応したと考えられることが挙げられる。パースリーは、1966 年 4 月以降、1972 年 8 月に日本に赴任する迄、マクナマラ（Robert S. McNamara）、クリフォード（Clark M. Clifford）、レアード（Melvin R. Laird）といった歴代国防長官に補佐官として仕えた経験を持っていた。よって、以上の米国国内政治上の変化に、従来の在日米軍司令官以上に敏感に反応したと考えるのはそれほど無理なことではない。このことより、パースリーは日本との秘密裡の共同計画策定をこのま

ま継続することを「政治的に危険」だと考え（特に、タイとの秘密協定同様に、再び軍の越権として捉えられることを憂慮し）、一時停止することを提案したのではないかと考えられる。

よって、ここでは、パースリーは日本のみならず、米国の国内政治状況をも憂慮していたと考える。このようなパースリーの憂慮を知ったゲイラー太平洋軍司令官は、これをJCSに報告し、文民である国防長官からの明白な承認があれば助けになると主張した。ここで文民からの承認を求めた背景には、そうすることにより、軍の越権として捉えられる可能性をなくそうとしたのではないかと考えられる。また、パースリーに対しては、過去の承認に基づいてCJOEP策定に取り組み続けることを求めた。JCSからの働きかけにより、1973年1月11日には、この問題に関する国務省・国防総省共同メッセージが出され、ゲイラーに対して、日本側と共同計画を策定する権限が与えられた[22]。すなわち、この時点で米国政府のトップレベルの文民による承認がなされたのであった。また、同メッセージでは、ゲイラーに対して、日本政府の理解と承認を得るよう指示が与えられた。これは、日本との共同計画は2国間計画であり、日本側との共通理解の存在が必要、すなわち、オーバー・コミットメントのない現状の計画を、日本側も認める必要があるとの認識からではないかと推測できる。そこでゲイラーは、自衛隊の担当者に接触したところ、自衛隊側は、共同計画策定が日本国内で極度に政治的に敏感な問題であることを理由に、日本政府の承認を得ることに対して躊躇する姿勢を見せた。これを受けたゲイラーは、日本政府の承認が得られるまで計画策定を一時停止すると通告するに至る。その後、日本政府部内での調整を経て、3月27日に、中村統合幕僚会議議長は、米国側に対して、2国間計画作成に関する日本政府の承認が得られたとの報告を行なった。この際承認を行ったのは、田中角栄首相及び田中の直属スタッフ2、3人、大平正芳外相、法眼晋作外務事務次官、東郷文彦外務審議官、そして増原恵吉防衛庁長官であったと言う[23]。これは完全ではない形であれ従来存在したとされる首相や防衛庁長官による承認に加えて外務大臣及び外務省高官からの承認を得た点で、より確かなものとなったと言えよう[24]。

これを受けたパースリーは、ゲイラーに対し、日本政府の承認を伝えるとともに、新たな共同計画策定作業の目的について説明する内容の4月1

日付文書を送付した[25]。ここで示された目的とは、「調整された2国間有事計画作成努力の拡大」であり、具体的には、日本が、自らの防衛においてより積極的な役割を担うこと、そして、日本及び韓国、台湾の防衛における自衛隊の支援内容の拡大を目指すことであった。これを受けたゲイラーは、以上の目的に賛成した上で、「極東における日本の安全保障上の利益、戦略、目的」や「地域の相互安全保障目的への参加や支援に関する考え」を現実的に認識する必要があるとの考えを示した[26]。

②米国政府部内における共同計画の再承認

　以上のように、日米両政府の承認を得て、日米間の共同計画策定作業が円滑に進展するかに見えたが、国務省が、1月11日付の国務・国防総省共同メッセージでの承認を取り下げたことより、再び米国政府部内において承認問題が持ち上がった。5月までに国務省は日米間の2国間計画策定作業への承認を取り下げたが、スナイダーは、その理由を、共同計画策定に関する日本側との議論は政治的に敏感な問題に関わるからだと説明した[27]。

　既存研究では、このようにスナイダーが承認を取り下げた理由として、共同計画が日本国内で公になった場合の政治的問題を憂慮したからだと説明されている[28]。ただし、このような政治的問題は以前から存在した筈であり、何故、この時点でスナイダーがこのような行動に出たのかという点についてはそれだけでは必ずしも明らかではない。スナイダーがこのような行動を取った背景には、前述の通り、新たな共同計画が「調整された2国間有事計画作成努力の拡大」、つまり、日本の自らの防衛におけるより積極的な役割や、韓国、台湾防衛における自衛隊の支援内容の拡大をもたらし得るものであり、既存の米国政府の政策を超えるものになりかねないことへの懸念があった[29]。

　そこで、国務省が承認を取り下げた後の5月下旬には、国務省・国防総省・在日米国大使館・在日米軍の代表者が東京にて非公式協議を行い、計画の前提や目的が、JCSもしくは国務省の政策に関わると考えられるものは全て、国防総省が国務省と共に行なう見直しと調整のために、JCSに送付されることが合意された[30]。これを受けてゲイラーは、6月23日に、CJOEP見直しの際に使用するための計画策定上の前提及び目的をJCSに

提出した[31]。

　これを受けた JCS は、ゲイラーより提出された共同計画策定上の前提や目的のほとんどは、現在の政策の範囲内のものであり、計画策定のために使用する上で適切であるとの考えを示した[32]。また、7月25日には、JCS がゲイラーより提出された前提や目的を見直したものを国防長官に提出した[33]。そこでは、共同計画策定上の前提として、日本の有事法制制定や、韓国、台湾等の有事の際の米軍による在日米軍基地使用等の4項目が挙げられた。また、計画の目的としては8項目が挙げられたが、中でも注目すべきは「新たな CJOEP に、日本の直接的防衛のために必要とされる現実的な軍隊の展開と、間接的防衛のための抽象的な軍隊の展開とを組み込む。……日本の間接的防衛とは、北東アジアへの脅威もしくは攻撃が存在したときに米軍や同盟国の軍隊によって行われる軍事的作戦の結果として、日本本土の防衛も行われるということである」とする内容の第1項である。つまり、従来の CJOEP の中心であった日本の直接的防衛のみならず、間接的防衛、すなわち北東アジアでの有事における軍隊の展開を含むこと、つまり新たな CJOEP に地域防衛における自衛隊の役割が含まれることが示されていた。これは4月1日にパースリーが提案した「調整された2国間有事計画作成努力の拡大」という目的を反映したものであり、JCS レベルでそれが承認されたのであった。

　この文書は、国防総省にて承認された後、国務省に転送された。国務省は、この前提と目的が十分詳細ではなく、政治的過ぎるものであるとの理由で、これを承認せず[34]、それから更に2か月の間、内容の修正が進められた。その修正（例えば、前提部分に存在した日本の有事法制制定に関する項目の削除）の後、11月10日付の国務省・国防総省共同メッセージにて、日本との共同計画策定上の前提と目的に承認が与えられた。

　この11月10日付文書は名称こそ「日米二国間計画のための指針」であるが、1978年に策定された「指針」とは、その内容の面で似て非なるものである。これは、あくまで CJOEP の前提と目的であり、「指針」のように、より幅広い内容を含むものではなく、その策定過程[35]を鑑みても「指針」の基礎になったと考えるのは難しい[36]。また、これは CJOEP や研究計画そのものでもない[37]。CJOEP の一部に記載されている前提及び目的部分に関連する内容であり、それに対する米国政府の承認が与えら

れたということであった。

　また、後に、在日米軍司令官は、1978年に「指針」が策定された後の自衛隊との共同計画作成に当たり、この文書を使用しようと考えたようである[38]。すなわち、1970年代末の時点までこの文書が有効であり、CJOEP策定を行う上で使用されていたのである。このことからも、この文書が「指針」の基礎となったものではないと結論付けることができよう。なぜなら、もしこの文書が「指針」の基礎となったのであれば、「指針」策定後の共同計画策定においてはその内容が含まれた「指針」のみを使用すればよいのであり、この文書をも使用する必要はないからである。

（2）新たな共同計画策定と日本での公式化

①日本での公式化に向けた問題提起

　このようにして、米国政府内部において、日米間で新たな共同計画を策定することへの承認が行われた。それを受けて、1973年末より、自衛隊と米軍との間で、新たな共同計画を作成するための作業が行われることとなった。この新たな共同計画策定には、従来参加していた自衛隊、そして在日米軍司令部の代表のみならず、太平洋軍司令部の代表も参加した。この作業は順調に進み、1974年7月初めに草案がまとまった。

　そこで、松尾繁統合幕僚会議第三室長らが、この案をゲイラーに提出し、説明を行なった[39]。その際ゲイラーは、日本の国会による承認がなければ、米国政府はこの共同計画案を承認することはできないと言及したと言う。すなわち、ゲイラーは、従来のように秘密裡での共同計画策定を続けるのではなく、それを国会で政治的に承認し公にすること、つまり公式化を要請したのだが、この問題を提起した背景として持ち出したのは、上記の米国議会におけるタイと米国との間で秘密裡に締結された有事計画が問題視された経緯であった。ここで、何故米国側は1973年の日本側の承認に満足せず、国会での公式的な承認を求めたのかという疑問が生まれよう。これについては、史料上の制約より確かではないものの、恐らく非公式に行われた1973年の承認では、依然として、仮に公になった場合に日米両政府が政治的に大きな痛手を受ける状況に変わりないと考えたから

ではないか。すなわち、たとえ日本との共同計画の内容に問題がないとしても（つまり、米国のオーバー・コミットメントの内容が含まれていないとしても）、日本との間で秘密裡に協定を結んでいた事実そのものが批判の対象になり得た。なぜなら、米＝タイ秘密協定が問題視された際に、米国議会は、協定の内容のみならず、軍や大統領が秘密裡に協定を結んでいたという事実をも批判したからである。よって、ゲイラーは、日本における公式化を求めたと言えるのではないか。これに対して松尾は、ゲイラーに対して日本の国会で承認を得るのは非常に困難であると伝えた上で、帰国後、この会談内容を山中貞則防衛庁長官に報告した。山中長官はこれに前向きな姿勢を示したことから、10月に予定されていた長官訪米の際に、この問題について米国側と協議し、日本国内での承認に向けた布石を打つこととなった。

　そこで防衛庁は長官訪米前に、国会にて有事計画に関する自らの意向を公にすることで、野党や世論の反応を見定める試みを行う。具体的には、9月6日の衆議院内閣委員会での鈴切康雄議員（公明党）とのやり取りにて、山中長官が、来るシュレシンジャー（James R. Schlesinger）国防長官との会談にて、日本有事の際に安保条約を履行するための詳細な計画策定の必要性について話し合うつもりであると言明した[40]。この発言がほぼ批判の対象にならなかったことを受けて、丸山防衛局長は、日米防衛首脳会談時に、日米両政府が、安保条約実施に向けて具体的に前進することが望ましいと合意することを確実にする声明を出すことで、共同計画への政治的承認を行いたいとの意向を米国側に伝えた[41]。

　このような日本側の動きを背景として、米国政府内部では、来る日米防衛首脳会談において、日本側が共同計画の問題を取り上げる可能性があるとの見通しが示された[42]。また、米国側が取るべき対応としては、この問題を日本側が取り上げない限り、こちらからは議論しないとの姿勢が推奨された。この背景には、共同計画の公式化は日本側の問題であり、米国側が圧力をかけてそうさせるのではなく、日本側が自らイニシアチブを取って行うべきだとの考えがあったと推測できる。そもそも、共同計画の策定が秘密裡に行われるようになったのは、日本側の要請によるものであり、日本側は、国内政治上の理由から、そうすることを米国側に求めたとの経緯が存在した[43]。よって、公式化を実現する上では、日本側が自ら

の問題を解決すること、すなわち、日本国内において共同計画策定に関する政治的なコンセンサスを形成することが最も重要な課題であった。その意味で、共同計画の公式化は日本側の問題であり、米国側としては、このような問題は、米国側がイニシアチブを取り進める性質のものではなく、日本側がイニシアチブを取り行うべきだと考えたと推測できる。

他方、日本側にも共同計画の公式化を進める必要性への認識があった。歴史的には、安保改定前後において、軍事委員会を設置し、そこで共同計画策定を行うことで、共同計画に対する公の承認を確保しようとする動きが存在した[44]。この動きは挫折したものの、この構想は、その後も日本政府内部に存在し続けることとなる[45]。ただし、1965年に三矢事件が起こったことで、このような問題を正面から取り上げることが、政治的に難しい状況が続いた。そのような中、米国側から共同計画の公式化を促されたことで、日本側が再び動くことになったのであった。

山中長官の訪米は、1974年10月10日から25日にかけて行われた。議事録によれば、15日のシュレシンジャー長官との会談では、シーレーン防衛のための自衛隊の防衛力増強や米軍との相補性向上、共同訓練といった議題が主に取り上げられた一方、共同計画について触れられることはなかった[46]。その背景には、当時、田中政権がロッキード事件により重大な政治的困難に見舞われており、日本側が、シーレーン防衛や共同訓練以上に政治的に敏感な問題である共同計画について深く議論するのを躊躇したことがあった[47]。

このように、長官レベルの協議において共同計画の政治承認の問題が具体的に議論されなかったことを受けて、アブラモウィッツ（Morton I. Abramowitz）国防次官補代理が丸山に提案し、米国側の数人と、松尾、竹中義男防衛駐在官とを含めた話し合いを行なうこととなった[48]。その中で、アブラモウィッツは、日本側に対して政治承認に向けて動いてほしいと要請した。これに対して、丸山は肯定的な返事をした上で、田中首相と山中長官がこの問題に取り組むことへの私的な合意を行ったと伝えた。ただし、山中訪米直後に、ラロック（Gene R. La Rocque）米海軍少将が、米国議会にて核兵器の持ち込みに関する証言を行ったことで、実際に国会でこの問題を取り上げる迄には更なる時間が必要となった。

②日本での公式化に向けた動き

　自衛隊と米軍との間の共同計画に対して公に政治的承認を行なうための日本政府の挑戦は、1975 年 3 月 8 日の参議院予算委員会において、社会党の上田哲議員がシーレーン防衛をめぐる日米間の秘密協定が存在するのではないかとの質問を行ったことを契機として行なわれた[49]。この上田議員の質問に対して、坂田道太防衛庁長官は、4 月 2 日の同委員会にて、上田議員の言う秘密協定の存在を否定した上で、本来そのような役割分担についての取り決めが必要であり、今後、シュレシンジャー長官とこの問題を話し合うと言明した[50]。つまり、上田議員の質問を逆手に取る形で、共同計画作成の必要性を公の場で明らかにしたのであった。

　この坂田の行動は、共同計画に対して公に政治的承認を行なうための布石として、三木武夫首相、宮澤喜一外相、坂田防衛庁長官との間で注意深く調整されたものであり、首相レベルの承認が既に存在していた[51]。また、そこで計画されたスケジュールは、以下のものであった。まずは 4 月の外相訪米時に、外相と国務長官の間で日米安保条約への双方のコミットメントを再確認した上で、7〜8 月の日米首脳会談時に、日米安保条約の安全保障の側面を履行する上での共同計画の必要性について合意する。さらに、8 月の日米防衛首脳会談時に、共同計画策定の開始を決定し、その後、日米安全保障協議委員会（SCC）または SCC の下部組織にて共同計画策定を行うとのものであった[52]。その後の過程を辿ると、まさにこの時点で計画された通りに推移したことが分かる。このことからも、共同計画の公式化は、日本政府がイニシアチブを取る形で進められたと言えよう。

　その後、5 月から 7 月にかけて、防衛庁内部では、日米防衛協力をどのような形で実施するかに関して、その内容を具体化する作業が行なわれた[53]。特に、日米防衛協力に関する両政府間の合意については、5 月の時点で二つの草案が作成されたが[54]、これらはその内容を鑑みても「指針」の基礎となった文書だと考えることができる。一つ目の案は日米防衛協力に関する包括的な内容を含むものであり、「指揮系統」、「作戦分担」、「作戦調整機関」、「その他」、「この取極の実施に対する措置」の 5 つの項目より成っていた。このうち「指揮系統」に関しては、自衛隊及び米軍に

対する指揮は、日米それぞれの指揮系統を通じて実施することになっており、日本国内で批判されると想定される統合指揮を否定した形となっている。また、「作戦分担」の部分では、自衛隊は、日本防衛に必要な限度内で日本領域及びその周辺海空域において防勢作戦を実施する一方、米軍は、核による戦略抑止、戦略攻勢作戦、自衛隊の実施する防勢作戦に対する補完を行なうとされた。つまり、自衛隊は防勢、米軍は攻勢との役割分担を明確にしたのであった。「作戦調整機関」については、有事の際の作戦協力に関して緊密な連携を図るために作戦調整機関を設置し、そこで現実の事態に即した具体的な作戦分担、情報交換、後方支援に関する相互支援要領その他について協議し調整するとされた。「その他」の部分では、以上に定める日米両軍間の作戦協力大綱の細部について、平素から随時研究会同を実施し協議するとされた。「この取極の実施に対する措置」では、この取極の発効や改訂について定めてある。

　また、もう一つの草案はより形式的に整ったものであり、国会での承認を必要とすることを前提として作られていた。具体的には、前文と6つの条文（第一条（日本・極東の安全に対する脅威が生じた際の措置）、第二条（日本有事の際の措置）、第三条（作戦調整機関）、第四条（平素からの研究・防衛専門委員会の設置）、第五条（他の取り決めとの関係等）、第六条（協定の施行と改定））によって成り、内容は、基本的には第一の草案と同様のものであった。

　以上の防衛庁案は、その後外務省にて検討された。そこで出た結論は、この草案にはいくらかの問題点があるものの、外務省はこれを支援するということであった[55]。ここで外務省が挙げた問題点とは、例えば、防衛庁が提出した草案は、防衛庁長官が過去に締結した平時における日米防衛協力について定めた専門的・技術的な取極と比較すると、より包括的な内容であり、これを防衛庁長官が締結できるのか疑問だというものであった。そこで代案として、1968年に設置された幕僚研究会同のような自衛隊と米軍との間の協議機関を設けた上で、そこでより技術的な取極を作成することが提案された。

③ SDC での日本のイニシアチブ

　その後、当初の計画通り、8月上旬の日米首脳会談（三木・フォード会

談）では、日米防衛協力を進めること、そしてそのために SCC の枠内に新機関を設けることが合意された[56]。この時点では、その新機関の内容について具体的に議論されることはなかったが、8 月末の坂田防衛庁長官とシュレシンジャー国防長官との会談では、その点に関する議論がなされ、有事の際の作戦上の調整を行うための公式的な協議機関の設置が決定された[57]。この協議機関は、翌年（1976 年）7 月 8 日の第 16 回 SCC 会合において防衛協力小委員会（SDC）として設置され、活動を開始することとなる[58]。そこでは、日本がイニシアチブを取る形で議論が進められ[59]、「指針」の基礎となった「日本防衛のための基本的考え方」も、第 4 回 SDC（1977 年 4 月 18 日）に日本側が提出した[60]。この文書は、「侵略を未然に防止するための態勢」及び「日本に対する武力攻撃に際しての対処行動等」の 2 つの項目により成るものである。特に重要だと考えられるのは、「日本に対する武力攻撃に際しての対処行動等」として示された「日本に対する武力攻撃がなされた場合」の行動であり、指揮関係については、自衛隊と米軍がそれぞれの指揮系統を保ちつつ行動するとされており、また、役割分担についても、自衛隊は防勢、米軍は攻勢との分担を明確にした内容となっていた。また、これらの点は、5 月に防衛庁が作成した草案と同様の内容であるが、そのことより、この文書は 5 月の防衛庁の草案を叩き台として、外務省との調整を経て日本政府案として提出されたものだと推測できよう。

　日本側としては、この文書を基礎に、SDC や作業部会にて、日米防衛協力のあり方に関する研究・協議を行い、その結果を元に「指針」を起草したいとの意向を持っていたが[61]、実際にそのような流れとなった。このように、「指針」策定作業においては、終始日本がイニシアチブを取ったと言えるが、これは、「指針」策定の目的が、従来秘密裡に行っていた共同計画策定を、日本において公式的に政治承認するためのものであったため、ある意味当然のことだったと言えよう。それが故に、結果として出来上がった「指針」には日本側への配慮が多くみられる内容となったのである[62]。

おわりに

　以上の議論では、「指針」策定を巡る政治過程では、秘密裡に行われていた日米間の共同計画の承認及び公式化に関する米国側の要請があり、その背景には、米国国内政治状況への憂慮があったことを示した。すなわち、公式化しないままであれば、秘密裡に行われていた共同計画策定が公になった場合、米国内政治上の問題を抱えることになるとの認識より公式化が要請され、それが最終的に「指針」策定へとつながったのである。このことを鑑みると、米国側にとっての「指針」の意義には、米国内における政治的問題の発生を未然に防ぐことも含まれたと言えるのではないか。また、このような捉え方をすることにより、すなわち、米国にとっての「指針」策定の一義的な目的とは、防衛協力の進展というよりはむしろ、秘密裡に行われていた共同計画を公式化すること（しかも、歴史的経緯より、日本における公式化が重要であったこと）であったと考えれば、米国側が「指針」策定過程においてイニシアチブを取らず、しかも、策定された「指針」が、かなりの程度、日本側の意向に沿ったものであったことに関しても、整合的に説明され得ると言えるのではないか。以上の議論により、共同計画の公式化は米国のイニシアチブを契機としたにも関わらず、何故日本が「指針」策定過程においてイニシアチブを取ったのかという点を説得的に示すことができたと言えよう。

＊本研究は JSPS 科研費助成事業（課題番号 17H06589,19K13622）の助成を受けたものである。

---

[1]　大嶽（1983）、田中（1997）、村田（1997）、渡邉（2001）。
[2]　代表的なものとして、土山（2004）。
[3]　松村、武田（2004）。
[4]　同上、94 頁。
[5]　徳地（2016）。それによると、もし米国側が「指針」の原案を作成していたのであれば、先行研究が指摘するような「指針」策定時における日米間の対立は見

られなかった筈である等の理由により、米国側のイニシアチブからの説明を否定する。また、このように明示的ではないものの、同様に、米国側のイニシアチブからの説明を受け入れない立場も存在する（吉田（2012）、武田（2015））。そこでは、第二の議論で強調されていた米国側の防衛協力進展への意図が存在した1970年代初めには、日本側にも同様の意図があったとされ、それらは「二重のデタント」の影響で日本国内の反軍主義が高まったことにより実現しなかった。しかし、1970年代半ば以降、国際情勢の変化や反軍主義の低下等が背景となり、日本側のイニシアチブにより「指針」策定がもたらされたとの説明である。

[6] 「指針」策定までの非公式な日米防衛協力の実態については、板山（2017）。

[7] 板山（2016b）。

[8] 武田（2009）でも同様の問いが提示され、それに対して指針策定過程で日本政府が主導権を握った要因は、米国の対日防衛圧力の手詰まり、すなわち「日本の国内事情への配慮ゆえに任務分担の具体化を日本側に要求できなかった」ことと、日本の防衛政策の自由度の増加であったとの主張がなされた（13頁）。

[9] 具体的には、日本側については、国立公文書館所蔵の防衛庁史資料、米国側については、米国立公文書館所蔵の国務省、統合参謀本部（JCS）、空軍の史料である。

[10] 厳密に言えば、1955年より1964年までのCJOEPは、それ以降のものと名称が異なり、連合統合有事計画概要（Combined Joint Outline Emergency Plan）と呼ばれていた。この名称変更の経緯については、板山（2017）。

[11] すなわち、CJOEPは共同計画作成の際に指針となるべく策定される計画の概要であり、共同計画の基礎となる文書だと考えることができる。

[12] CJOEPの内容や策定過程の詳細については、板山（2017）。

[13] この節の以下の内容は、他に引用がない限り、CINCPAC, Command History 1973に多くを依拠している。

[14] 源川幸夫オーラル・ヒストリー（防衛省防衛研究所戦史研究センター（2013）495頁）。

[15] 吉田（2012）203-204頁。

[16] Letter from Shoesmith to Sneider, March 2, 1973, RG 59, UD–UP275 Files of Ambassador Richard Sneider, Box 7163, National Archives II, College Park, Maryland（以下、NARA）。

[17] 「中村龍平元陸将回想録」1980年12月16日、『自衛力の確立7（2/3）』防衛庁史資料、本館 –4A–035–00平17防衛02008100、国立公文書館。

[18] The New York Times, August 16, 1969.

[19] 宮脇（2004）122頁。

[20] 佐々木（2009）140-141頁。

[21] Dye（1994）。

[22] "Bilateral Planning," January 15, 1973, RG 218, Chairman Joint Chiefs of Staff, Admiral

Moorer's File, 091 Japan (3 Jul 70), Box 17, NARA.

[23] "Bilateral Planning," June 23, 1973, RG 341, Entry UD–WW 243 JCS Briefing Files 1973, Box 1, NARA.

[24] 防衛庁長官については、1955年以降、歴代の長官に共同計画策定について申し送りされてきたとの証言がある（「中村龍平元陸将回想録」、32頁）。また、不完全な形ではあるものの、防衛庁長官に加えて首相もCJOEPについて認識していたとの見方もある（Letter from Shoesmith to Sneider）。ただし、首相の認識については、それ程確実なものではなかったのではないか。確かに、1950年代前半のCJOEP策定作業は、吉田首相の特命事項であったことより（「中村龍平元陸将談話要約」、1980年9月8日、防衛庁史資料、本館–4A–035–00・平17防衛02008100、国立公文書館）、少なくとも吉田政権までは、首相レベルの認識が確実に存在した。ただし、それがその後の首相に引き継がれていたかどうかは不明であり、防衛庁長官の認識と比較すると、首相のそれを示す証拠が少ないことからも、恐らく存在したとしてもかなり不完全なものであったと推測できる。

[25] この新たな計画策定作業における目的は、2月15日迄に日本側（統合幕僚会議）も参加する幕僚研究会同において検討されたようである（"Bilateral Planning," June 23, 1973）。つまり、この時点での「目的」は、日本側と調整した上で提示されたものだと考えられる。

[26] Ibid.

[27] Sneider, Richard L., "Forage Raid," RG 59, Bureau of East Asia and Pacific Affairs Lot Files, East Asia and Pacific Affairs, Office of the Assistant Secretary, Subject Files, 1961–74, Box 24, NARA; CINCPAC to CJCS, "Bilateral Planning," Japan 1973 April–July File, Box 349, Chief of Naval Operations Immediate Office Files, 1946 to the Present, Operational Archives Branch, Naval History and Heritage Command, Washington, D.C. (以下、CNOIOF, NHHC).

[28] 吉田（2012）204頁、武田（2015）31頁。

[29] From Sneider to Shoesmith, October 1, 1973, RG 59, UD–UP275 Files of Ambassador Richard Sneider, Box 7163, NARA. 当時の米国の対日政策では、地域における日本の役割拡大に関して、従来よりも抑制的な立場を取るようになっていた。すなわち、将来的に日本に地域における軍事的役割を担わせるとの最終目標が変更され、日本の防衛力の程良い増強と質的向上の努力を奨励するとの政策が採択されたのであった（The National Security Archive, ed., *Japan and the United States: Diplomatic, Security, and Economic Relations, 1960–1976*, ProQuest Information and Learning, 2000（以下、*Part I*）, JU 01074）。よって、ここでのスナイダーの憂慮は、パースリーが提案した新たな共同計画における日本側の役割拡大が、この対日政策を超えるものになりかねないとのものであった。

[30] "Bilateral Planning."

[31] "Bilateral Planning," June 23, 1973; JCS to the Chief of Staff, USAF, "US–Japan Bilateral Planning," July 23, 1973, RG341, Entry UD–WW 243 JCS Briefing Files

1973, Box 1, NARA.

[32] "US – Japan Bilateral Planning," July 23, 1973.

[33] The National Security Archive, ed., *Japan and the United States: Diplomatic, Security, and Economic Relations, Part II, 1977–1992*, ProQuest Information and Learning, 2004（以下、*Part II*）, JA00063.

[34] この国務省の行動にもスナイダーの意図が反映されていたようである。スナイダーはパースリーとゲイラーが軍事的な問題を取り扱う素振りを見せつつ、政治的な領域にかなり侵入してきていること、また、それが米国政府の現在の政策を超えたものであり、ともすれば現在の日本へのコミットメントを越えるものとなる可能性を憂慮していた（From Sneider to Shoesmith）。

[35] 1978年指針の策定過程については、武田（2009、2015）、板山真弓「日米共同防衛体制の成立――防衛協力小委員会（SDC）における『日米防衛協力のための指針』策定過程を中心として」（『日本研究』第29輯、2018年2月）。ここでは日本側の案を叩き台として1978年指針が策定されたことが明らかになっている。

[36] 村松、武田（2004）は1978年指針の基礎となったと主張している。

[37] 吉田（2012）はCJOEP、武田（2015）は研究計画だと主張している。

[38] The National Security Archive, ed.. 2012. *Japan and the United States: Diplomatic, Security, and Economic Relations, Part III, 1961–2000*（以下、*Part III*）, ProQuest Information and Learning, JT00293.

[39] 松尾繁氏インタビュー（2010年12月18日）。

[40] 『第73回衆議院内閣委員会』第3号、1974年9月6日。

[41] American Embassy Tokyo to Secretary of State, "Yamanaka Visit," October 11, 1974, CNOIOF, NHHC.

[42] *Part III*, JT00144.

[43] 1950年代前半に日米間で共同計画策定が開始された際の議論において、日本側は主に国内政治上の理由より、共同計画策定を秘密裡に行うことを主張し、米国側はそれを受け入れた。この詳細については、板山（2016a）。

[44] この詳細については、板山（2016b）。

[45] 板山（2014）。

[46] この会談の内容については、*Part II*, JA00101.

[47] *Part I*, JU01936.

[48] *Part II*, JA00094.

[49] 『第75回参議院予算委員会』第5号、1975年3月8日。

[50] 『第75回参議院予算委員会』第21号、1975年4月2日。

[51] COMUS Japan to CINCPAC, "Bilateral Planning," April 16, 1975, Japan Jan–Apr 1975 File, Box 351, CNOIOF, NHHC.

[52] Ibid.

[53] 坂田道太関係文書、「3）日米防衛協力（防衛分担）について」、「4）日米防衛分担ないし協力について」、「5）防衛分担に関する問題点」、「7）日米防衛分担

について」（1975 年 6 月 7 日）；坂田道太関係文書は坂田家所蔵。

[54] 坂田道太関係文書、「6) 日本国の防衛のための作戦協力に関する取極 (案 1、2)」。

[55] 坂田道太関係文書、「8) 日米防衛分担についての外務省見解」(1975 年 6 月 12 日)。

[56] 「日米共同新聞発表 (1975 年 8 月 6 日)」、『外交青書』第 20 号、93-6 頁。

[57] *Part II,* JA00120. 坂田道太関係文書、「坂田・シュー会談原稿メモ 2」「坂田・シュー会談報告 (日米防衛協力について)」「坂田・シュー会談要旨 4」「坂田・シュレシンジャー会談記録 4-5、9」。

[58] CINCPAC to JCS, "16th Security Consultative Committee (SCC) Meeting," July 9, 1976, April-Aug File, Box 353, CNOIOF, NHHC.

[59] SDC での議論の詳細については、板山 (2018)。

[60] American Embassy Tokyo to Secretary of State, "April 18 Meeting Subcommittee on Defense Cooperation (SDC-IV)," April 26, 1977, April-July File, Box 425, CNOIOF, NHHC.

[61] American Embassy Tokyo to Secretary of State, April 8, 1977, April-July File, ibid.

[62] 武田 (2015)、板山 (2018)。

❖ 引用文献リスト

板山真弓「日米同盟における共同防衛体制の成立　1951-1978 年」東京大学総合文化研究科博士論文、2014 年。

板山真弓 a「日米同盟における共同防衛体制の萌芽——共同防衛計画策定を巡る政治過程」『国際関係論研究』第 32 号、2016 年 3 月。

板山真弓 b「日米同盟における軍事委員会設置構想とその挫折」『国際安全保障』第 43 巻第 4 号、2016 年 3 月。

板山真弓「『日米防衛協力のための指針』策定以前における日米防衛協力の実態」『国際政治』第 188 号、2017 年 3 月。

板山真弓「日米共同防衛体制の成立——防衛協力小委員会 (SDC) における『日米防衛協力のための指針』策定過程を中心として」『日本研究』第 29 輯、2018 年 2 月。

大嶽秀夫『日本の防衛と国内政治』三一書房、1983 年。

佐々木卓也『戦後アメリカ外交史』有斐閣、2009 年。

武田悠「『日米防衛協力のための指針』策定をめぐる日米交渉——その意義と限界を中心に」『国際安全保障』第 36 巻第 4 号、2009 年 3 月。

武田悠『「経済大国」日本の対米協調』ミネルヴァ書房、2015 年。

田中明彦『安全保障——戦後五〇年の模索』読売新聞社、1997 年。

土山實男『安全保障の国際政治学』有斐閣、2004 年。

徳地秀士「『日米防衛協力のための指針』からみた同盟関係——『指針』の役

割の変化を中心として——」『国際安全保障』第 44 巻第 1 号、2016 年。

防衛省防衛研究所戦史研究センター編『オーラル・ヒストリー　冷戦期の防衛力整備と同盟政策 2（防衛計画の大綱と日米防衛協力のための指針）』防衛省防衛研究所、2013 年。

松村孝省、武田康裕「1978 年『日米防衛協力のための指針』の策定過程——米国の意図と影響」『国際安全保障』第 31 巻第 4 号、2004 年。

宮脇岑生『現代アメリカの外交と政軍関係』流通経済大学出版会、2004 年。

村田晃嗣「防衛政策の展開——『ガイドライン』の策定を中心に」『年報政治学　1997』、1997 年。

吉田真吾『日米同盟の制度化：発展と深化の歴史過程』名古屋大学出版会、2012 年。

渡邉昭夫「日米同盟の五〇年の軌跡と二一世紀への展望」『国際問題』490 号、2001 年。

Thomas R. Dye, *Politics in America,* Prentice Hall, 1994.

グローバル化と党派政治

——アウトサイダー層に着目した理論構築と 法人税率のパネルデータ分析

早稲田大学大学院政治学研究科博士後期課程，
日本学術振興会特別研究員（DC2）　鈴木淳平

　比較政治学において、グローバル化が経済政策をめぐる政党間の差異（＝党派政治）を弱めるという立場とグローバル化が党派政治を強めるという立場の間で長年論争が繰り広げられてきた。本稿は、これらの議論を架橋することを目的として理論構築を行う。その理論は、グローバル化は労働者内部のアウトサイダー層の規模という要因を介して党派政治と曲線的な関係にある、ということを主張する。グローバル化は労働者の中にアウトサイダー層を生み出すが、そのアウトサイダー層の規模によって左派政党の政策選好が変化する。すなわち左派政党の政策選好はアウトサイダー層が小規模の時には市場介入的となり、中規模の時には市場親和的となり、大規模な時にはふたたび市場介入的となると予想される。一方で右派政党の政策選好はアウトサイダー層の規模に左右されないと考えられる。本稿は1981年から2016年までのOECD加盟諸国の法定法人税率のパネルデータを分析することでこの予想を検証する。その結果、この予想を支持する結果が得られた。このことから、党派政治はグローバル化によって最初は弱体化するものの、のちには強大化に転じる可能性が示唆される。

キーワード：グローバル化、党派性理論、左派政党、
　　　　　　　　アウトサイダー層、法人税

1.　はじめに

　2018年、法人税率引き下げを公約にして当選したドナルド・トランプ大統領のもと、アメリカの法定法人税は35％から21％に引き下げられた[1]。フランスでは、2017年に誕生して以来、エマニュエル・マクロン政権が

段階的な減税に取り組んでいると報じられている[2]。また日本でも、2018年度の税制改革で、賃上げを行った大企業を中心に法定法人税率の減税を行うことが議論されている。これらの動向は、先進諸国が近年「国際租税競争」ないしは「底辺への競争」に巻き込まれる形で税制改革を推し進めてきた一端を示している（Swank and Steinmo 2002; Griffith and Klemm 2004; Hines and Summers 2009）。より一般的に、こうしたトレンドは、図1で確認できる。この図によると、1980年代ではOECD加盟35か国における法定法人税率の平均は40％を超えることが多かったのに対し、1990年代終わりまでにはその平均は35％を下回った。そして2000年代以降も引き続き下落し、2010年以降は25％を下回るようになっている。

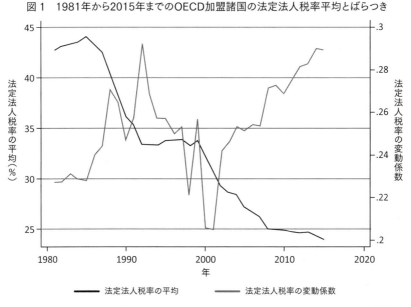

図1　1981年から2015年までのOECD加盟諸国の法定法人税率平均とばらつき

（出典）OECD (2016b) の "corporate income tax rate (central government)" より筆者作成。

比較政治学の有力な考え方の一つである「党派性理論」は、先進諸国における経済実績や経済政策は、政権政党のイデオロギー的指向ないし党派性によって規定されると主張する（Hibbs 1977; Boix 1998; Franzese 2002）。

この理論にしたがうと、右派政党が政権を担っているときには低インフレ・高失業と市場親和的な経済政策が実現し、左派政権下では高インフレ・低失業と市場介入政策が実現する、と考えられる[3]ため、法人減税に関しても、通常、労働者や消費者に対する税負担の転嫁を伴うと考えられる（Shin 2017; Genschel and Schwarz 2013; Lierse and Seelkopf 2016）[4]。典型的には、法人減税は企業を優遇する右派的な政策であり、労働者を支持基盤とする左派政党はそれに反対する、と考えられる[5]。当然ながら、法人に対する課税政策も、党派性理論に即せば、左右の政権によって異なると予測される（e.g. Inclan et al. 2001）。ただし、1990年代以降急速に進んだグローバル化にかんがみて、党派政治がグローバル化によって弱まる可能性もしばしば指摘されてきた（Garrett 1995; Osterloh and Debus 2012）。グローバル化によって資本の移動が自由になると、各国政府は資本の流出を恐れるため、資本への課税を通じた歳入の確保が不可能になる（Schäfer and Streeck 2013）。そのため、先進諸国はこぞって法人税率を引き下げて、企業や資本の流出を防止し、ひいては自国に対する企業進出や投資を呼び込もうとすると考えられる[6]。しかし、これと全く逆に、グローバル化が経済政策をめぐる党派性をむしろ強めるはずだという議論もある（Garrett 1998; Walter 2010）。後者の議論は、グローバル化によって経済的に脆弱な層が増大すると、そうした層が市場への介入政策を一段と強く要求するようになり、左派政党はその圧力を無視できなくなるだろうと予測するのである。

　図1が示す法定法人税率の平均は、ほぼ一貫して右肩下がりに低い税率へと推移しており、グローバル化が党派政治を弱めるという議論の傍証を提供しているように見える。しかし同じ図1に示した各国の法定法人税率のばらつきを示す変動係数[7]は、2000年以降上昇傾向にあるようにも見える。もしそうだとすると党派政治がむしろ強化され各国の政策の差異が顕著になっているという解釈にも余地が生まれる。このように集計レベルに留まって平均やばらつきだけに着目するだけでは、動向を正確に把握することもまたそれについての正確な解釈を導くこともできない。

　以上の簡単なレヴューからも分かる通り、グローバル化が党派政治に与える影響については、対立する方向性を含意する二つの議論が両立しており、様々な実証結果も整理がついていない状況にある。したがって本稿

は、労働者内部のアウトサイダー層という要因に注目することで、グローバル化が党派政治に与える影響について詳細に見極めることを目的とする。最終的に本稿はグローバル化が労働者内部のアウトサイダー層の規模を介して党派政治と曲線的な関係にある、ということを主張する。まず、第2節では、その二つの議論について概観し、それぞれの問題点を指摘する。その上で第3節ではどちらの議論も部分的に正しいことを示唆し、両者を架橋するより包括的な新しい理論的枠組みを提示する。その枠組みから検証可能な仮説を引き出した上で、第4節ではOECD諸国の1981年から2016年までの法人税率のデータを従属変数として、いくつかの推定モデルを提示する。第5節では分析結果と議論を整理して結論とし、本稿の課題と含意について検討する。

2. 先行研究

グローバル化が労働者を分断し内部に非正規雇用などの「アウトサイダー層[8]」(Rueda 2005) と呼ばれる脆弱な層を増大させることについては、古くは国際貿易の進展の影響に関する古典的研究 (Stolper and Samuelson 1941) の知見に遡る。そしてこの点はより最近の経済学者たちによっても指摘されてきた (Williamson 1997; Wade 2004; Frieden 1991)。図2は、OECD加盟国における近年のグローバル化とアウトサイダー層の増減を時系列に示している。両者はともに1980年代以降ほぼ一貫した上昇トレンドを見せており、その間に強い相関がうかがわれる[9]。

経済学からの指摘は、比較政治学の研究者たちにも受け入れられ、脆弱なアウトサイダー層の存在とその増大については、グローバル化と党派政治との関係に焦点を当てた研究の中ではほぼ前提とされてきたといえる。しかし、アウトサイダー層が増大しているという事実認識には異論がないものの、それが党派政治に対してどのような影響を与えるかについては、先行研究の中で対立した見解が共存している。アウトサイダー層の増大によって党派政治が弱まると主張する一群の研究 (Garrett 1995; Milner and Judkins 2004; Osterloh and Debus 2012) では、根拠として、アウトサイダー層はそもそも組織化されていないか、もしくは（政治的リソースが乏しい

図2 1981年から2016年までのOECD加盟諸国の
KOF経済統合指標の平均と短期雇用者の割合の平均の推移

（出典）Dreher (2006) の"economic"指標とOECD (2017b) の
"share of temporary employment (dependent employment)"より筆者作成。

などの理由により）組織化されにくいことが強調される。そうだとすると、この層が労働者全体の政策選好を主導するとは考えにくく、阻害された彼らは党派政治の舞台から退出を余儀なくされ、その影響力は最小にとどまるということになる。結果として、グローバル化のもとでのアウトサイダー層の増大は、旧来左派政党が掲げてきた市場介入政策の基盤を切り崩す、というのである（Kurzer 1993; Rueda 2005; Kessler-Harris and Vaudagna 2017）。これと反対に、アウトサイダー層の増大は左派政治勢力を活性化し、むしろ党派政治を強めるはずだと予測する研究もある（Garrett 1998; Potrafke 2009）。こうした研究では、脆弱なアウトサイダー層は、「退出」でなく「抗議」するアクターとして、党派政治に影響を与え続けるだろうと捉えられている。たしかに、グローバル化が一段と進みアウトサイダー層が非常に大きくなれば、左派政党がその存在や政策選好をまったく無視するということは想定しにくい。結果として、左派政党が政権についた際、市

場介入政策への圧力は依然として同程度か、もしくは以前よりも強いものとなり、グローバル化のもとでも党派政治は決して減退していかないと予想される（Cameron 1978; Rodrik 1998; Boix 1998; Garrett 1998; Walter 2010）。

　筆者の考えでは、これら二つの既存の議論は、どちらも部分的に正しいものの、アウトサイダー層が増大することの政治的効果を体系的に捉える上ではともに限界がある。まず、グローバル化のもとで党派政治の弱体化を予測する議論は、アウトサイダー層による介入政策を求める圧力をあまりに過小評価しているように思われる。アウトサイダー層が組織化されることに困難が立ちはだかるとしても、彼らは少なくとも潜在的には大きな政治勢力となりうる存在であり、それゆえ彼らの政策への影響をまったく無視することはできないだろう。他方、党派政治の強化を主張する議論は、規模が大きくなったアウトサイダーの政策選好が左派政党に反映される過程をあまりに単純に想定しているように思われる。特に、留保すべきは、規模拡大に伴って組織化や動員を巡る集合行為問題が発生し、アウトサイダー層が拡大することに伴って必ずしも直裁的にその影響力が大きくならないという可能性である（e.g. Culpepper 2010; Busemeyer and Garritzmann 2017）。

　党派性理論の研究の流れの中で、労働者たちが直面する集合行為問題を見据えた研究としては Kwon and Pontusson（2010）が例外としてあり、参考となる。彼らの研究関心も、筆者と同じくグローバル化のもとでの党派政治の帰趨に向けられている。具体的には、労働階層が集合行為問題を解決できる国々では党派政治が強化され、そうでない国々では党派政治が弱まっていく、との報告がされている。しかし、彼らの研究においては、労働階層が集合行為問題を解決する能力が外生的で一定であると仮定されていることが問題である。この仮定では、そもそもグローバル化が労働者を分断し内部に新たにアウトサイダー層を出現させているという点、またそのアウトサイダーの規模はグローバル化の進展度合いによって影響を受けるかもしれないという点が見過ごされることになりかねない。上述したように、もしアウトサイダー層の多寡が集合行為問題発生の可能性に影響し、こうした層を取り巻く制約環境を左右するのであれば、アウトサイダー層の政治的影響力は、グローバル化の進展に内生的なものとして捉える視角から考察を進めなければならないことが示唆される。

3. 理論と仮説

　本稿では、グローバル化の進展の度合いによって影響を受けるアウトサイダー層の動向をより体系的に把握したいとの動機から、大きな枠組みとしてアウトサイダー層の規模を三つのレベル、すなわち大中小の三段階に分けて検討することからはじめたい。まず、グローバル化によってアウトサイダー層が分断されつつあっても、その層に属する労働者数が相対的にまだ少ない時、労働者全体の中では組織化されたインサイダー層が多数を占めているため、集合行為問題を解決することができる。この時、市場介入政策への要求は左派政党に対して十分な形で伝達されることが予想される。したがって、左派政党が政権についた場合、市場介入政策が実行されることによって党派政治が展開されることが予想される。

　次に、アウトサイダー層の規模が中程度まで膨らむとどうなるか。この段階では、市場介入政策に対する潜在的な要求は大きくなるが、組織化されえない層が相対的に増えたことにより集合行為問題が発生するため、労働者全体としての政治的影響力が増える訳ではない（Olson 1965）。もし労働者たちの左派政党に対する介入政策への要求がうまく伝達されなければ、左派政党はむしろ市場親和的な（＝右派的な）政策へと転換して支持や得票を増やす方が得策と判断するかもしれず、したがって党派政治は下火になることが予想される。

　最後に、アウトサイダー層の数が中程度からさらに大規模へと移行すると、市場介入政策への要求は潜在的にも実際にも非常に大きくなり、再び党派政治が復活する。たしかに、アウトサイダー層は依然として組織化されず、集合行為問題は引き続き発生することが予想されるが、もしアウトサイダー層の伸長が労働者全体の多数派を占めるような勢いである場合、市場介入政策への要求を左派政党が無視することはもはやできなくなるであろう[10]。この場合、左派政党は再び市場介入政策へと回帰し、そうした政党が政権につくことによって党派政治が活性化すると予想できる。

　以上のようなアウトサイダー層の規模と左派政党の政策選好の間の関係は具体的な事例によっても窺い知ることができる。まず、大陸欧州の中で

は短期雇用者の割合が小さいドイツ（2016年13.12％）における代表的な左派政党であるドイツ社会民主党（SPD）は、2017年の総選挙にて、低所得者向けの賃料補助、非正規雇用への制約、失業手当支給要件緩和、産業別賃金交渉の推進、年金支給額の維持など典型的な左派の政策を掲げていた[11]。SPDは結局対立政党であるキリスト教民主同盟（CDU）との大連立政権に加わることとなったが、中核となる労働分野および年金分野の主張を連立政権の方針に盛り込むことをCDUに認めさせることに成功した。

　一方、短期雇用者の割合が欧州の中では中程度のフランス（2016年16.23％）では、2012年のフランソワ・オランド大統領の就任以来中道左派政党であるフランス社会党が政権を担ってきた。選挙戦において、オランドは大企業に対する課税、労働組合との交渉枠組みの構築、富裕税創設、雇用の安定化など典型的な左派の政策を掲げていた[12]。しかし政権を獲得して以降、オランドは創設した富裕税を廃止し、財政赤字の削減のために緊縮政策を進めるなど、右派的な政策位置にシフトしていった[13]。結局、オランドは有権者の不興を買い、2017年の大統領選の出馬を断念せざるを得なくなった。

　しかし、短期雇用者の割合がフランスよりも高いポルトガル（2016年22.27％）では、フランス社会党とは逆の動きを左派政党が見せている。2010年以降の財政問題の顕在化以降、中道左派政党である社会党・中道右派政党の社会民主党政権ともに緊縮政策を進めていたが、2014年にアントニオ・コスタが社会党党首となると一転して緊縮政策の見直しを掲げ[14]、翌年には政権の奪取に成功した。

　さて、ここまでの議論は、アウトサイダー層と左派政党との相互作用を図式化して捉えようとするものであるが、グローバル化のもとでのアウトサイダー層の規模の変化は右派政党の戦略や政策に影響を及ぼさないのであろうか。そもそも右派政党が、経済的に脆弱なアウトサイダー層を支持基盤にしているとは考えにくい。実際のところ、通常、党派性理論においては、右派政党が支持基盤とするのは企業・資本家であるとされるが、これらはグローバル化によって強大化されることはあっても弱体化するとは考えにくい（Kurzer 1993; Scharpf 2000）。言い換えれば、右派政党の政策がアウトサイダー層の規模の変化によっては影響を受けず、一貫して市場

介入政策へ反対を唱えるであろうと予測できる。以上から、この枠組みからは次のような理論的仮説を導くことができる。

仮説1：左派政党が政権に就いたとき、その政策は労働階層のアウトサイダー層の規模によって影響を受け、規模が小さいならば市場介入政策を行い、中程度ならば親市場的政策を行い、大規模ならば市場介入政策を行う。

仮説2：右派政党が政権に就いたとき、その政策はアウトサイダー層の規模によって影響を受けない。

4. 法人税率のパネルデータ分析

　前節で提示した仮説は、アウトサイダー層の規模が右派／左派の各政党の政策選好に対して与える影響に関するものである。したがって、本節での実証分析では、アウトサイダー層の規模が独立変数、各政党の政策選好が従属変数ということになる。まず、独立変数のアウトサイダー層の規模については、OECD（2017b）が発行するデータセットに収録されている短期雇用者の割合で操作化する。次に、従属変数である各政党の政策選好については、右派政党あるいは左派政党はそれぞれ政権に就いているとき、法定法人税率の値をどのように設定しているか、という観点で操作化する。Cruz et al.（2016）が各国の政権首脳の出身政党の経済党派性を右派／中道／左派と分類しているデータセットを作成しているので、仮説1に対してはこのデータで左派と分類されているサンプルだけを、仮説2に対しては右派と分類されているサンプルだけを用いて、それぞれアウトサイダー層の規模と法人税率の関係を見ることになる。法人税率に関してはOECD（2016b）が集計している中央政府の法定法人税率を使用する。
　統制変数のセレクションに際してはまず国際租税競争論の文脈を踏まえる必要がある。国際租税競争論の主張は、経済の開放性が高まると各国は企業の流出を恐れてこぞって法人税率を引き下げる、というものであった。したがってまずは開放性の指標を統制する必要がある。伝統的に開放

性の指標については貿易開放性（＝輸出入総額÷GDP）と、各国が資本移動に際し課している制約の程度が統制変数として用いられてきた（e.g. Garrett 1995; Swank and Steinmo 2002）。本稿ではその流れを踏まえ、Dreher（2006）が構築したグローバル化に関するデータセットのうち、経済的フローの指標と経済的移動への制約の指標の二つを用いる。しかし、国際租税競争には各国の開放性が高まったために減税するというだけでなく、他国の減税に合わせて自国を減税するという側面も存在する（Franzese and Hays 2008; Leibrecht and Hochgatterer 2012; Swank 2016）。したがって、本稿では近隣諸国の平均税率も統制変数としてモデルに投入する。近隣諸国の税率の算出については、Franzese and Hays（2008）の方法に従った[15][16]。

　これら以外の統制変数としては人口規模、GDP成長率、中央政府負債率、トレンド項を投入する。これらの変数は法人税率に関する先行研究（e.g. Osterloh and Debus 2012; Swank 2016）でよく投入されているが、具体的に以下のような理論的背景を踏まえている。まず人口規模を統制するのは、Katzenstein（1985）やHines and Summers（2009）による指摘を踏まえてのことである。すなわち、企業の海外逃避は小規模な国に対してより大きな影響を与えるため、小規模な国の方が大規模な国よりも税率を低く設定するインセンティブがあると考えられるからである（Hines and Summers 2009: 141）。GDP成長率の統制は、近年の多くの国々において法人税減税が成長戦略の一環として行われている[17]ことを考慮してのことである。また、中央政府負債率を統制するのは、政府は負債を抱えている場合、増税によって財源を確保すると考えられるためである。トレンド項を統制するのは、図1のように従属変数である法定法人税率が下降トレンドを示しているためである。以上の従属変数・独立変数・統制変数の記述統計およびデータの出典は以下の表1に示している。これらのデータは最終的に1981年から2016年までのOECD加盟35か国[18]をカバーするパネルデータセットを構成している。

　実際の分析にあたっては、固定効果モデルによる回帰分析を用いる[19]。標準誤差に関しては、国ごとの系列相関に対処するためにクラスター頑健標準誤差を用いる（太田 2013）。具体的には以下の数式の各係数を推定す

表1 各変数の記述統計

変数	観察数	平均	標準偏差	最小値	最大値
法定法人税率	1,704	30.82	10.39	8.5	56
	[備考・出典] OECD（2016b）の "corporate income tax rate (central government)"。				
短期雇用者の割合	790	12.01	6.47	2.13	35.01
	[備考・出典] OECD（2017b）の "share of temporary employment (dependent employment)"。				
短期雇用者の割合（二乗項）	790	187.80	214.77	4.54	1225.7
	備考・出典　同上。				
経済的フロー	1,137	65.83	18.96	20.76	100
	[備考・出典] Dreher（2006）の "flows"。貿易額の対 GDP 比、外国直接投資の対 GDP 比、外国籍者に対する所得支払いの対 GDP 比の合算値。				
経済的移動への制約	1,137	77.85	13.85	34.47	98.48
	[備考・出典] Dreher（2006）の "restrictions"。潜在的な輸入障壁、平均関税率、国際取引への税（対経常収益比）、資本勘定規制の合算指標。				
近隣諸国の税率平均	1,260	27.32	13.13	0	56
	[備考・出典] Franzese and Hays（2008）の方法に従い筆者が算出した。近隣諸国の定義については表 A-1 を参照。				
人口規模	1,124	16.36	1.52	12.35	19.38
	[備考・出典] 人口の自然対数値。OECD（2017a）の "population (all ages)" より筆者が算出。				
GDP 成長率	1,174	2.75	3.15	−14.72	25.56
	[備考・出典] OECD（2017a）の "GDP growth rate (expenditure approach)"。				
中央政府負債率	823	45.86	30.08	0.82	183.53
	[備考・出典] OECD（2017a）の "Total central government debt"。				
トレンド	1,260	18.5	10.39	1	36
	[備考・出典]1981年を1とし、1年経過ごとに1を加算した指標。つまりトレンド＝年－1980。				

ることになる。

$$SCTR_{it} = \alpha + \beta_1 temporary_{it-1} + \beta_2 flows_{it-1} + \beta_3 restrictions_{it-1} + \beta_4 neighborSCTR_{it-1}$$
$$+ \beta_5 population_{it-1} + \beta_6 growth_{it-1} + \beta_7 debt_{it-1} + \beta_8 trend_t + \varepsilon_{it}$$

$$\cdots\cdots [1]$$

　数式［1］において、α は定数項、β_κ は各変数の係数、ε は誤差項である。*temporary* は短期雇用者の割合、*flows* は経済的フローの指標、*restrictions* は経済的移動への制約の指標、*neighborSCTR* は近隣諸国の税率、*population* は人口規模、*growth* は GDP 成長率、*debt* は中央政府の負債率、*trend* はトレンド項である。i は国、t は年を表している。独立変数および統制変数の変化が従属変数（法定法人税率）の変化をもたらすまでの時間的な隔たりを考慮し、独立変数はすべて一期前のラグを取っている。このモデルを、まず仮説 1 に対応して左派政権サンプルのみで推定し、次に仮説 2 に対応して右派政権サンプルのみで推定することになる。

　しかし、仮説 1 において短期雇用者の割合は従属変数である法定法人税率に対して非線形的な影響を与えることが示唆されている。したがって短期雇用者の割合については二乗項もモデルに投入しなければならない。そのモデルは以下のように示される。

$$SCTR_{it} = \alpha + \beta_1 temporary_{it-1} + \beta_2 temporary_{it-1}^2 + \beta_3 flows_{it-1} + \beta_4 restrictions_{it-1}$$
$$+ \beta_5 neighborSCTR_{it-1} + \beta_6 population_{it-1} + \beta_7 growth_{it-1} + \beta_8 debt_{it-1}$$
$$+ \beta_9 trend_i + \varepsilon_{it}$$

$$\cdots\cdots [2]$$

　数式［2］においても、表記は数式［1］とほぼ同様である。この場合、短期雇用者の割合の二乗項を投入しているが、そもそも二乗項を投入することが適切であるかどうかという問題がある。ここではそれぞれのデータに対する適合度を示す指標である赤池情報量規準（AIC）およびベイズ情報量規準（BIC）を用いて、二乗項を含まないモデル（＝数式［1］）と含むモデル（＝数式［2］）どちらを用いるのが適切であるか評価する。

　表 2 は左派政権サンプルでの分析結果を示している。経済的フローの指標・経済的移動への制約の指標に関しては図 2 が示すように明確な上昇ト

表2　左派政権サンプルにおける固定効果モデルの分析結果

	(1)	(2)	(3)	(4)	(5)	(6)	(7)	(8)
	二乗項なし	二乗項あり	二乗項なし	二乗項あり	二乗項なし	二乗項あり	二乗項なし	二乗項あり
	統制なし		フロー・制約・近隣諸国以外		トレンド以外		すべて統制	
変数	法定法人税率	法定法人税率	法定法人税率	法定法人税率	法定法人税率	法定法人税率	法定法人税率	法定法人税率
短期雇用者の割合（ラグ）	-0.517	-1.797^{***}	-0.0184	-1.206^{**}	-0.00511	-1.500^{**}	0.0496	-1.247^{**}
	(0.339)	(0.622)	(0.240)	(0.473)	(0.270)	(0.534)	(0.248)	(0.443)
短期雇用者の割合（二乗項）（ラグ）		0.0384^{***}		0.0283^{***}		0.0363^{***}		0.0310^{***}
		(0.0123)		(0.00796)		(0.00955)		(0.00744)
経済的フロー（ラグ）					-0.381^{***}	-0.341^{***}	-0.219	-0.235
					(0.0976)	(0.101)	(0.144)	(0.139)
経済的移動への制約（ラグ）					0.0257	0.0309	0.0277	0.0316
					(0.112)	(0.109)	(0.118)	(0.114)
近隣諸国の税率平均（ラグ）					-0.00533	-0.00533	0.0151	0.000369
					(0.0538)	(0.0538)	(0.0454)	(0.0488)
人口規模（ラグ）			69.79	61.58	36.50	37.44	68.07^{*}	59.02
			(45.24)	(45.79)	(31.12)	(31.04)	(38.01)	(36.66)
GDP成長率（ラグ）			-0.0490	-0.0856	0.0466	0.0832	-0.0639	0.00196
			(0.179)	(0.179)	(0.167)	(0.177)	(0.152)	(0.148)
中央政府負債率（ラグ）			-0.923^{***}	-0.0435	-0.0579	-0.0434	-0.0394	-0.0328
			(0.0561)	(0.0542)	(0.0519)	(0.0553)	(0.0582)	(0.0575)
トレンド			(0.321)	-0.802^{**}			-0.531	-0.365
			(0.179)	(0.332)			(0.377)	(0.327)
定数項	37.03^{***}	45.27^{***}	$-1,110$	-967.0	-550.6	-559.7	$-1,078$	-921.3
	(4.154)	(5.456)	(750.4)	(760.3)	(518.0)	(516.0)	(632.7)	(610.1)
AIC	1307.505	1288.712	937.4797	926.6543	941.8382	920.7408	930.9263	916.452
BIC	1310.903	1295.508	953.4722	945.8453	964.2277	946.3288	956.5143	945.2385
国数	24	24	23	23	23	23	23	23
観察数	221	221	181	181	181	181	181	181
R-squared	0.073	0.157	0.509	0.543	0.509	0.567	0.542	0.582

注：カッコ内は国別クラスター頑健標準誤差。
***p<0.01, **p<0.05, *p<0.1

レンドがあると考えられるため、また近隣諸国の税率の平均は下降トレンドがあると考えられるため、それぞれトレンド項との多重共線性を考慮しなければならない。したがって、この表では統制変数がないモデル（＝(1)(2)）、トレンド項を投入し経済的フローの指標・経済的移動への制約の指標・近隣諸国の税率の平均を投入していないモデル（＝(3)(4)）、経済的フローの指標・経済的移動への制約の指標・近隣諸国の税率の平均を投入しトレンド項を投入していないモデル（＝(5)(6)）、経済的フローの指標・経済的移動への制約の指標・近隣諸国の税率の平均・トレンド項すべてを投入しているモデル（＝(7)(8)）に分けて分析している。そして、奇数番号のモデルは二乗項がないモデル、偶数番号のモデルは二乗項を投入しているモデルである。

　主たる独立変数である短期雇用者の割合を見ると、オリジナル項だけを投入している奇数番号のモデルでは一貫して有意な影響を示していない。一方二乗項を投入している偶数番号のモデルでは、オリジナル項・二乗項ともに一貫して有意な影響を示している。また、統制変数の投入の方法が同じモデルのうち、奇数番号のモデルと偶数番号のモデルで AIC および BIC の値を比較すると [20]、偶数番号のモデルの方が一貫して値が小さいことがわかる。このことは、二乗項を含むモデルの方がそうでないモデルよりもデータに対する適合度が高い、ということを意味している。したがって二乗項をモデルに投入するのは適切だといえる。

　以上のことから、短期雇用者の割合は法定法人税率に対して直線的ではなく曲線的な影響を与えていることがわかった。では短期雇用者の割合はどのような実質的影響を与えているのであろうか。ここではモデル (8) を用いて、短期雇用者の割合から法定法人税率を予測した。その結果を表しているのが図3である。この図によると、短期雇用者の割合が約 20％前後になるまで法定法人税率の予測値は減少していく。しかし 20％を超えたあたりから再び上昇していく。すなわち、短期雇用者の割合が小さいときには左派政権下で高い税率が実現し、中程度では低い税率が設定され、大きくなると再び高い税率になることが示されている。この結果は仮説 1 を支持しているといえる。

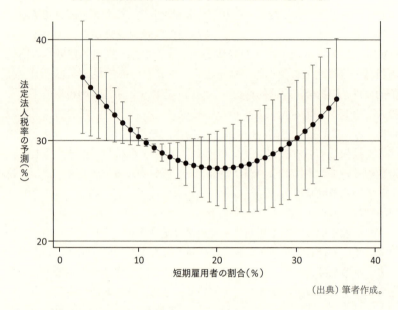

図3 短期雇用者の割合から予測した法定法人税率の値

(出典) 筆者作成。

　表3は右派政権サンプルでの固定効果モデルの分析結果を示している。モデルの分け方は表2と同様である。この分析では、短期雇用者の割合とその二乗項はモデル(2)において有意な影響を示しているものの、他の変数を統制すると有意な影響を示さなくなる。したがって、右派政権下において短期雇用者の割合は法定法人税率に対して影響を与えているとはいえない。このことは仮説2を支持しているといえる。

グローバル化と党派政治　223

表3　右派政権サンプルにおける固定効果モデルの分析結果

	(1)	(2)	(3)	(4)	(5)	(6)	(7)	(8)
	二乗項なし	二乗項あり	二乗項なし	二乗項あり	二乗項なし	二乗項あり	二乗項なし	二乗項あり
	統制なし		フロー・制約・近隣諸国以外		トレンド以外		すべて統制	
変数	法定法人税率	法定法人税率	法定法人税率	法定法人税率	法定法人税率	法定法人税率	法定法人税率	法定法人税率
短期雇用者の割合（ラグ）	−0.937	−2.859***	−0.135	0.938	−0.416	−1.263	−0.177	0.180
	(0.575)	(1.094)	(0.294)	(1.039)	(0.399)	(1.355)	(0.172)	(0.921)
短期雇用者の割合（二乗項）（ラグ）		0.0641***		−0.0416		0.0330		−0.0138
		(0.0219)		(0.0374)		(0.0462)		(0.0339)
経済的フロー（ラグ）					−0.704***	−0.719***	−0.390***	−0.379***
					(0.196)	(0.194)	(0.123)	(0.115)
経済的移動への制約（ラグ）					−0.102	−0.0995	0.192	0.196*
					(0.130)	(0.130)	(0.113)	(0.112)
近隣諸国の税率平均（ラグ）					0.117	0.114	−0.161	−0.164
					(0.165)	(0.160)	(0.0970)	(0.0993)
人口規模（ラグ）			122.6	122.4	27.70	33.43	166.4***	166.2***
			(84.58)	(83.50)	(55.58)	(56.12)	(50.94)	(51.37)
GDP成長率（ラグ）			0.0396	0.0105	0.359	0.381*	0.0906	0.0774
			(0.125)	(0.134)	(0.217)	(0.212)	(0.139)	(0.133)
中央政府負債率（ラグ）			0.0501	0.0520*	−0.0492	−0.0499	0.0649	0.0670
			(0.0304)	(0.0274)	(0.0593)	(0.0570)	(0.0409)	(0.0399)
トレンド			−1.314***	−1.333***			−1.232***	−1.251***
			(0.384)	(0.370)			(0.268)	(0.238)
定数項	43.60***	55.18***	−2,000	−2,001	−370.6	−461.8	−2,722***	−2,721***
	(7.087)	(9.684)	(1,412)	(1,393)	(925.5)	(933.1)	(854.2)	(859.5)
AIC	2077.851	2062.27	1227.07	1224.451	1258.404	1257.88	1142.334	1143.633
BIC	2081.568	2069.704	1244.173	1244.974	1282.348	1285.245	1169.698	1174.418
国数	27	27	25	25	25	25	25	25
観察数	304	304	226	226	226	226	226	226
R-squared	0.082	0.134	0.726	0.731	0.690	0.694	0.816	0.817

注：カッコ内は国別クラスター頑健標準誤差。
***p<0.01, **p<0.05, *p<0.1

5. 結論と含意

　グローバル化が党派政治に与える影響について詳細に把握するという目的の下、本稿はアウトサイダー層の規模という要因に着目した新たな理論的枠組みを提示した。その理論によると、グローバル化によってアウトサイダー層の規模は増大していくが、その規模の増大に応じて左派政権は政策志向を市場介入政策から親市場政策へ変化させ最終的に市場介入政策に回帰することが予想される。反対に、右派政権の政策はアウトサイダー層の規模によって左右されないと予想される。法人税を対象とする本稿の統計分析は、こうした予想を裏付ける結果を示している。このことはグローバル化は労働者内部のアウトサイダー層の規模という要因を介し、党派政治と曲線的な関係にあることを示唆している。

　とはいえ、本稿にもいくつかの課題が存在する。まず、本稿の実証分析は主に法人税政策を対象としていたため、それ以外の政策（例えば社会支出など）に対する外的妥当性は未知数である。社会支出などをめぐる党派政治が年を追うごとに消失し、そののちに強くなっているのか、この傾向があるとして、その傾向はグローバル化とそれに伴うアウトサイダー層の規模の増大で説明できるのかなど様々な課題を孕んでいる。また本稿の統計分析モデルにおいても、同時性バイアスの対処や、グローバル化・アウトサイダー層の規模・法人税率をすべて考慮した媒介変数による分析を含めるなどの必要がある。とはいえ、本稿はグローバル化と党派政治の間の複雑な関係を提示できたという点で、以上のような問題を考慮しても学術的意義があると考えられる。

　本稿は以下のような含意も持つと考えられる。1990年代に相次いだ「第三の道」では、左派政党が先行する保守政権の新自由主義的な側面を受け継いで市場親和的な政策を行った。例えば1997年の下院選挙において、トニー・ブレア率いるイギリス労働党は「失業者を福祉から就労へ」「貧困と福祉依存の削減」など、従来の左派的な政策からは一線を画したマニフェストを掲げて選挙戦を戦い勝利した[21]。本稿の枠組みによれば、このような現象は中程度のグローバル化そして中程度のアウトサイダー層の

グローバル化と党派政治　　225

付録　表 A-1 近隣諸国の定義

国	近隣諸国
オーストラリア	ニュージーランド
オーストリア	スイス、ドイツ、イタリア、チェコ、ハンガリー、スロバキア、スロベニア
ベルギー	ドイツ、フランス、イギリス、オランダ、ルクセンブルク
カナダ	アメリカ
スイス	オーストリア、ドイツ、フランス、イタリア
ドイツ	オーストリア、ベルギー、スイス、デンマーク、フランス、オランダ、チェコ、ルクセンブルク、ポーランド
デンマーク	ドイツ、ノルウェー、スウェーデン
スペイン	フランス、ポルトガル
フィンランド	スウェーデン、エストニア
フランス	ベルギー、スイス、ドイツ、スペイン、イギリス、イタリア、ルクセンブルク
イギリス	ベルギー、フランス、アイルランド、オランダ
ギリシャ	トルコ
アイルランド	イギリス
イタリア	オーストリア、スイス、フランス、スロベニア
日本	韓国
オランダ	ベルギー、ドイツ、イギリス
ノルウェー	デンマーク、スウェーデン
ニュージーランド	オーストラリア
ポルトガル	スペイン
スウェーデン	デンマーク、フィンランド、ノルウェー
アメリカ	カナダ、メキシコ
チリ	なし
チェコ	オーストリア、ドイツ、ポーランド、スロバキア
エストニア	フィンランド、ラトビア
ハンガリー	オーストリア、スロバキア、スロベニア
イスラエル	なし
韓国	日本
ルクセンブルク	ベルギー、ドイツ、フランス
ラトビア	エストニア
メキシコ	アメリカ
ポーランド	ドイツ、チェコ
スロバキア	オーストリア、チェコ、ハンガリー、ポーランド
スロベニア	オーストリア、イタリア、ハンガリー
トルコ	ギリシャ
アイスランド	なし

注：Franzese and Hays（2008）と同様、原則として領土が接している国同士を近隣諸国と定義
　　している。しかし、イギリスとフランス・ベルギー・オランダ、日本と韓国、オース
　　トラリアとニュージーランド、フィンランドとエストニアについては領土を接してい
　　るわけではないものの社会的文化的経済的な近接性を考慮して近隣諸国と扱った。

下で発生したものと解釈することが可能である。しかし、近年に入って伝統的な左派政治家の復権が著しい。例えば 2015 年にイギリス労働党の党首となったジェレミー・コービンは、完全雇用や「累進課税」による格差是正を唱えるなど伝統的な市場介入政策を主張することで知られている。このコービン党首の下、2017 年の庶民院総選挙で労働党は 30 議席増の 262 議席を獲得するに至った。この躍進の背景には、第三の道とその後の保守党政権下における緊縮に対する労働者階層の反発があるといわれている[22] (ブレイディ他 2018)。また、フランスにおいても、2017 年のフランス大統領選挙で最終的に決選投票にまで進むことは叶わなかったものの、公共支出増と増税を掲げる左翼党のジャン＝リュック・メランションが大きな支持を獲得するなどの現象が起こった[23]。これらの現象は、グローバル化の程度が高く、アウトサイダー層の数も多いという状況で生起しているものと解釈できる。もちろん、アウトサイダー層の支持が極右排外主義的な政党へ流出する可能性があることは否定できないものの、こうした意味での党派政治の強大化の傾向は、今後グローバル化が進展し、それに伴いアウトサイダー層の規模が増大する限り続くと予想できる。

謝　辞

　本論文は、2018 年度日本政治学会研究大会の報告論文を加筆・修正したものです。執筆に際して早稲田大学の眞柄秀子先生・久米郁男先生・河野勝先生・久保慶一先生・高橋百合子先生・安中進氏を始めとして多くの方から指導・助言を頂きました。また、日本政治学会研究大会でコメンテーターを務めてくださった木寺元先生（明治大学）・豊福実紀先生（お茶の水女子大学）、ならびに匿名査読者 2 名の方々から大変有益なコメントを頂きました。ここに衷心より感謝申し上げます。

---

[1] 『朝日新聞』2017 年 12 月 24 日朝刊「トランプ減税、法成立　10 年で 170 兆円規模」。

[2] みずほ総合研究所『みずほインサイト』2017 年 8 月 21 年「マクロン大統領『最初の 100 日——国民は厳しい評価、労働市場改革の成否が試金石に』（https://

www.mizuho-ri.co.jp/publication/research/pdf/insight/eu170821.pdf 2018 年 9 月 21 日アクセス）。

[3] 本稿ではこのように政権の党派性によって経済政策の内容に差異が存在していることを「党派政治が強い」などと表現する。一方この差異が弱まることを「党派政治が弱体化する」などと表現する。

[4] 具体的には、法人税が減税される一方消費税や累進課税の課税基準の緩和によって低所得者に対する所得税が増大することになる。OECD（2016a）によると、加盟国における付加価値税率の平均は 1975 年時点では 15.6% であったのが、2016 年では 19.2% となっている。

[5] 各国の政党のマニフェストを確認しても、右派が法人減税に積極的である一方、左派はそうでないという傾向が確認できる（Lehmann et al. 2018）。右派政党の例としては、アメリカの共和党が 2004 年から 2016 年までの 4 回の大統領選挙で一貫して減税を主張しており、フランスの共和党も 2017 年のマニフェストで明確に法人税率の引き下げを掲げている。一方、左派政党の事例を挙げるならば、フランスの左翼戦線は 2012 年のマニフェストで明確に企業収入への課税を掲げているし、ドイツの左翼党も 2013 年、2017 年ともに法人税率の引き上げを主張している。

[6] このような法人税率の下落は「国際租税競争」と呼ばれる。その競争においては、経済のグローバル化の下で可能になった資本や企業の逃避を抑制し、投資を呼び込むために各国政府はこぞって法人税率を引き下げる（Swank and Steinmo 2002; Griffth and Klemm 2004; Hines and Summers 2009）。

[7] 変動係数は標準偏差を平均で割ることによって求められる。もっとも、この変動係数については、この分野の先行研究で用いられているものの（e.g. Hays 2003; Swank 2016）、何を測定する数値なのかが一概に自明でないという疑問も拭えない。

[8] 本稿では、多くの先行研究にならい、アウトサイダー層には単純未熟練労働者、各種非正規雇用労働者、零細中小企業の従業員などが含まれると想定している。一方、インサイダー層としては、大企業の正規労働者、専門職業人などを想定している。

[9] もちろん、アウトサイダー層の規模はグローバル化以外の要因も反映していると考えられるため、アウトサイダー層の規模の増大はグローバル化そのものではない。本稿ではあくまでアウトサイダー層の規模をグローバル化と党派政治の間を媒介する変数として扱っている。

[10] Kimura（1989）は、集団の規模が大きいほど各個人が集団の目的の達成のために貢献するインセンティブが高まるとし、Olson（1965）の集合行為論を批判している。

[11] みずほ総合研究所『みずほインサイト』2018 年 3 月 5 日「ドイツ新政権に関する Q ＆ A——第 4 次メルケル政権に関する 5 つの疑問に答える」（https://www.mizuho-ri.co.jp/publication/research/pdf/insight/eu180305.pdf 2018 年 12 月 21 日アク

セス)。

[12] https://manifesto-project.wzb.eu/down/originals/31320_2012.pdf（2018 年 12 月 22 日ア クセス)。

[13] 『ロイター』2014 年 8 月 26 日「フランスが内閣改造、大統領は緊縮財政 批判の経済相更迭へ」（https://jp.reuters.com/article/france-politics-government-idJPKBN0GQ00C20140826　2018 年 12 月 22 日アクセス)。

[14] "Portuguese PM and socialist opponent clash over austerity as election nears." （https://www.reuters.com/article/portugal-election-debate/portuguese-pm-and-socialist-opponent-clash-over-austerity-as-election-nears-idUSL5N11N25I20150917　2018 年 1 月 5 日アク セス)。

[15] Franzese and Hays（2008）は、近隣諸国の税率だけでなく一期前のラグ従属変数 を同時に投入した空間時間モデルを用いることを提唱しているが、この場合他 の独立変数の影響が過小評価されてしまうとの批判がある（Achen 2000）。した がって本稿ではラグ従属変数を統制しないモデルを用いた。

[16] 近隣諸国の定義については付録の表 A-1 で示している。

[17] 例えば日本の財務省は税制改革を案内するパンフレットの中で法人税減税を 「成長志向の法人税改革」と位置付けている（http://www.mof.go.jp/tax_policy/publication/brochure/zeisei16_pdf/16zeisei.pdf　2017 年 11 月 8 日アクセス）。また 同様に、アメリカ合衆国大統領ドナルド・トランプも、選挙戦時において「雇 用を促進し経済成長を刺激するため」の法人税減税を掲げている（https://assets.donaldjtrump.com/trump-tax-reform.pdf　2017 年 11 月 8 日アクセス）。

[18] OECD 加盟国は分析対象期間中 1980 年代まで 24 か国であったが、1990 年代以 降 11 か国が加盟し、2016 年時点で 35 か国となっている。本稿の計量分析にお いてこれらの新規加盟国については、加盟以前の観察を欠損値と扱っている。

[19] 固定効果モデルは時間で変化しない国ごとの固有の効果（＝固定効果）を統制 するために用いられる。ここで固定効果として想定されているのは、各国の選 挙制度（Iversen and Soskice 2006）、拒否権プレイヤーなどの執政権力の制度的配 置（Basinger and Hallerberg 2004）、資本主義類型（Hays 2003）などである。

[20] AIC および BIC の比較に際してはサンプル数が一致している必要がある。統制 変数のデータには欠損があるため、統制の仕方が同じモデル同士（すなわち、(1)vs.(2)、(3)vs.(4)、(5)vs.(6)、(7)vs.(8) の四つの組み合わせ）で比較しなければな らない。

[21] http://www.labour-party.org.uk/manifestos/1997/1997-labour-manifesto.shtml（2018 年 12 月 25 日アクセス）。

[22] イギリスにおける短期雇用者の割合は複雑な変動が見られるものの、一旦 2008 年に 2000 年代以降の最低値（5.41％）を記録している。しかし翌年以降は増大 を続け、2010 年代以降は 6％以上で推移している。

[23] フランスの場合もイギリスと同様、緊縮に対する労働者階層の不満が表出した ものと考えられる。短期雇用者の割合は 2004 年には 13.29％であったのが 2017

年には 16.89％ となっている。また OECD（2017b）によると、失業率も 2008 年には 7.06％ であったのが 2014 年以降は 10％ を超えるようになった。

❖ 参考文献

Achen, Christopher H. (2000) "Why Lagged Dependent Variables Can Suppress the Explanatory Power of Other Independent Variables," Paper presented at the Annual Meeting of the Political Methodology Section of the American Political Science Association, UCLA, July 20–22, 2000.

Basinger, Scott J. and Mark Hallerberg (2004) "Remodeling the Competition for Capital: How Domestic Politics Erases the Race to the Bottom," *American Political Science Review,* Vol. 98, No. 2, pp. 261–276.

Boix, Carles (1998) *Political Parties, Growth and Equality: Conservative and Social Democratic Economic Strategies in the World Economy:* Cambridge University Press.

ブレイディみかこ・松尾匡・北田暁大（2018）『そろそろ左派は〈経済〉を語ろう──レフト 3.0 の政治経済学』，亜紀書房.

Busemeyer, Marius R. and Julian L. Garritzmann (2017) "The Effect of Economic Globalization on Compensatory and Social Investment Policies Compared: A Multi-level Analysis of OECD Countries," DaWS Working Paper Series, WP2017-2, Danish Centre for Welfare Studies.

Cameron, David R. (1978) "The Expansion of the Public Economy: A Comparative Analysis," *American Political Science Review,* Vol. 72, No. 4, pp. 1243–1261.

Cruz, Cesi, Philip Keefer, and Carlos Scartascini (2016) "Database of Political Institutions Codebook, 2015 Update (DPI2015)," *Inter-American Development Bank.*

Culpepper, Pepper D. (2010) *Quiet Politics and Business Power: Corporate Control in Europe and Japan:* Cambridge University Press.

Dreher, Axel (2006) "Does Globalization Affect Growth? Evidence from A New Index of Globalization," *Applied Economics,* Vol. 38, No. 10, pp. 1091–1110.

Franzese, Robert and Jude C. Hays (2008) "Interdependence in Comparative Politics: Substance, Theory, Empirics, Substance," *Comparative Political Studies,* Vol. 41, No. 4–5, pp. 742–780.

Franzese, Robert (2002) *Macroeconomic Policies of Developed Democracies:* Cambridge University Press.

Frieden, Jeffry A. (1991) "Invested Interests: The Politics of National Economic Policies in A World of Global Finance," *International Organization,* Vol. 45, No. 4, pp. 425–451.

Garrett, Geoffrey (1995) "Capital Mobility, Trade, and the Domestic Politics of Economic Policy," *International Organization,* Vol. 49, No. 4, pp. 657–687.

Garrett, Geoffrey (1998) *Partisan Politics in the Global Economy:* Cambridge University Press.

Genschel, Philipp and Peter Schwarz (2013) "Tax Competition and Fiscal Democracy," in Schäfer, A. and W. Streek eds. *Politics in the Age of Austerity:* Polity Press, pp. 59–83.

Griffth, Rachel and Alexander Klemm (2004) "What Has Been the Tax Competition Experience of the Last 20 years?," IFS Working Papers, W04/05, The Institute for Fiscal Studies, University College London.

Hays, Jude C. (2003) "Globalization and Capital Taxation in Consensus and Majoritarian Democracies," *World Politics,* Vol. 56, No. 1, pp. 79–113.

Hibbs, Douglas A. (1977) "Political Parties and Macroeconomic Policy," *American Political Science Review,* Vol. 71, No. 4, pp. 1467–1487.

Hines, James R. and Lawrence H. Summers (2009) "How Globalization Affects Tax Design," *Tax Policy and the Economy,* Vol. 23, No. 1, pp. 123–158.

Inclan, Carla, Dennis P. Quinn, and Robert Y. Shapiro (2001) "Origins and Consequences of Changes in US Corporate Taxation, 1981–1998," *American Journal of Political Science,* Vol. 45, No. 1, pp. 179–201.

Iversen, Torben and David Soskice (2006) "Electoral Institutions and the Politics of Coalitions: Why Some Democracies Redistribute More Than Others," *American Political Science Review,* Vol. 100, No. 2, pp. 165–181.

Katzenstein, Peter J. (1985) *Small States in World Markets: Industrial Policy in Europe:* Cornell University Press.

Kessler-Harris, Alice and Maurizio Vaudagna (2017) "Introduction," in Kessler-Harris, Alice and Maurizio Vaudagna eds. *Democracy and the Welfare State: The Two Wests in the Age of Austerity:* Columbia Univ Press, pp. 1–25.

Kimura, Kunihiro (1989) "Large Groups and A Tendency Towards Failure: A Critique of M. Olson's Model of Collective Action," *The Journal of Mathematical Sociology,* Vol. 14, No. 4, pp. 263–271.

Kurzer, Paulette (1993) *Business and Banking: Political Change and Economic Integration in Western Europe:* Cornell University Press.

Kwon, Hyeok Yong and Jonas Pontusson (2010) "Globalization, Labour Power and Partisan Politics Revisited," *Socio-Economic Review,* Vol. 8, No. 2, pp. 251–281.

Lehmann, Pola, Jirka Lewandowski, Theres Matthie, Nicolas Merz, Sven Regel, and AnnikaWerner (2018) *Manifesto Corpus. Version:* 2018–1 : WZB Berlin Social Science Center, URL: https://visuals.manifesto-project.wzb.eu/mpdb-shiny/cmp_

dashboard_corpus/（2018 年 12 月 11 日アクセス）

Leibrecht, Markus and Claudia Hochgatterer (2012) "Tax Competition as A Cause of Falling Corporate Income Tax Rates: A Survey of Empirical Literature," *Journal of Economic Surveys,* Vol. 26, No. 4, pp. 616–648.

Lierse, Hanna and Laura Seelkopf (2016) "Capital Markets and Tax Policy Making: A Comparative Analysis of European Tax Reforms since the Crisis," *Comparative European Politics,* Vol. 14, No. 5, pp. 686–716.

Milner, Helen V. and Benjamin Judkins (2004) "Partisanship, Trade Policy, and Globalization: Is There a Left-Right Divide on Trade Policy?" *International Studies Quarterly,* Vol. 48, No. 1, pp. 95–119.

OECD (2016a) *Consumption Tax Trends 2016,* URL: https://www.oecd-ilibrary.org/content/publication/ctt-2016-en.（2018 年 3 月 30 日アクセス）

OECD (2016b) *OECD Tax Database: Corporate Income Tax Rates,* URL: https://www.oecd-ilibrary.org/content/data/7cde787f-en.（2017 年 6 月 13 日アクセス）

OECD (2017a) *National Accounts of OECD Countries, Volume 2017 Issue 1,* URL: https://www.oecd-ilibrary.org/content/publication/na_ma_dt-v2017-1-en.（2017 年 11 月 2 日アクセス）

OECD (2017b) *OECD Labor Market Statistics: Employment by Permanency of the Job: Incidence,* URL: https://www.oecd-ilibrary.org/content/data/data-00297-en.（2017 年 9 月 29 日アクセス）

Olson, Mancur (1965) *The Logic of Collective Action:* Harvard University Press.

太田浩司（2013）「パネル・データ分析におけるクラスター頑健手法の使用について」,『証券アナリストジャーナル』, 第 51 巻, 第 11 号, 77–87 頁.

Osterloh, Steffen and Marc Debus (2012) "Partisan Politics in Corporate Taxation," *European Journal of Political Economy,* Vol. 28, No. 2, pp. 192–207.

Potrafke, Niklas (2009) "Did Globalization Restrict Partisan Politics? An Empirical Evaluation of Social Expenditures in a Panel of OECD Countries," *Public Choice,* Vol. 140, No. 1, p. 105–124.

Rodrik, Dani (1998) "Why Do More Open Economies Have Bigger Governments?" *Journal of Political Economy,* Vol. 106, No. 5, pp. 997–1032.

Rueda, David (2005) "Insider-Outsider Politics in Industrialized Democracies: the Challenge to Social Democratic Parties," *American Political Science Review,* Vol. 99, No. 1, pp. 61–74.

Schäfer, A. and W. Streeck (2013) "Introduction: Politics in the Age of Austrerity," in Schäfer, A. and W. Streeck eds. *Politics in the Age of Austerity:* Polity Press, pp. 59–83.

Scharpf, Fritz W. (2000) "The Viability of Advanced Welfare States in the International

Economy: Vulnerabilities and Options," *Journal of European Public Policy,* Vol. 7, No. 2, pp. 190–228.

Shin, Mi Jeong (2017) "Partisanship, Tax Policy, and Corporate Profit-Shifting in a Globalized World Economy," *Comparative Political Studies,* Vol. 50, No. 14, pp. 1998–2026.

Stolper, Wolfgang F. and Paul A. Samuelson (1941) "Protection and Real Wages," *The Review of Economic Studies,* Vol. 9, No. 1, pp. 58–73.

Swank, Duane (2016) "Taxing Choices: International Competition, Domestic Institutions and the Transformation of Corporate Tax Policy," *Journal of European Public Policy,* Vol. 23, No. 4, pp. 571–603.

Swank, Duane and Sven Steinmo (2002) "The New Political Economy of Taxation in Advanced Capitalist Democracies," *American Journal of Political Science,* Vol. 46, No. 3, pp. 642–655.

Wade, Robert Hunter (2004) "Is Globalization Reducing Poverty and Inequality?" *International Journal of Health Services,* Vol. 34, No. 3, pp. 381–414.

Walter, Stefanie (2010) "Globalization and the Welfare State: Testing the Microfoundations of the Compensation Hypothesis," *International Studies Quarterly,* Vol. 54, No. 2, pp. 403–426.

Williamson, Jeffrey G. (1997) "Globalization and Inequality, Past and Present," *The World Bank Research Observer,* Vol. 12, No. 2, pp. 117–135.

選挙勢力から政権勢力へ
——西欧における極右政党の主流化に関する比較分析

東北大学大学院法学研究科博士後期課程 譚　天

2000 年代以降、一部の急進右翼ポピュリスト政党（以下、「極右政党」）が政権入りや閣外協力の形で「主流化」を果たしたことが、西欧の政党間競争のメカニズムを根本的に変化させつつある。本稿は西欧主要国における極右政党を考察対象として、その主流化の成否を規定する政治的環境を定量的手法と定性的手法を統合して解明しようとするものである。まず、本稿では極右政党を含むニッチ政党の主流化に関する 2 つの重要な分析枠組み、すなわち「包摂＝穏健化理論」と「政党戦略モデル」を概観し、それぞれの問題点を説明した。そして、連立政権の形成に影響を与え得る政治的環境について 5 つの仮説を立てて検証した。結局のところ、既に一大勢力を誇るようになった極右政党が直面する「抑圧的な政治的環境」こそ、極右政党の主流化を決める鍵であることが示された。極右政党の主流化自体が相対的に新しい現象であるがゆえに、事例数や使用可能なデータの量の不足は否めない。実証分析の手段が物理的に制約されていることから、国際比較的な視点からの考察は極めて難しいが、本稿はこの困難を克服するための最初の一歩である。

キーワード：急進右翼ポピュリスト政党、主流化、抑圧的な政治的環境、防疫線、政党間競争

はじめに

2000 年代において、一部の急進右翼ポピュリスト政党（以下、「極右政党」）[1] が「成功した野党」から「有能な与党」へと転身したことが、西欧の政党間競争のメカニズムを根本的に変化させつつあることは、多くの論者の指摘するところである（Mudde 2013; Oesch & Rennwald 2018）。だ

が、ほぼ同時期に台頭した緑の党や急進左翼ポピュリスト政党以上に「パーリア」(pariah) 的性格を色濃く持つ極右政党が、政権入りをも射程に収める存在へと変化した原因は十分明らかにされていない。

本稿は、西欧主要国における極右政党を考察対象として、その主流化の成否を規定する政治的環境を国際比較の枠組みを通じて解明しようとするものである。

以下では、まず、第1節において主流化の含意を明確化する。そして第2節では、先行研究を回顧した上で、未解決の問題を示す。第3節において極右政党の主流化と政治的環境との関係について仮説を提示し、実証的に検証した後、第4節と第5節では2000年代以降の極右政党の主流化に対して政治的環境が及ぼした影響を総合的に検討し、本稿の結論とする。なお、極右政党の主流化は相対的に新しい現象であり、利用可能なデータは少ない。この問題を克服するために本稿では定量的手法と定性的手法を統合して分析を進める。

1. 極右政党の主流化の3段階

極右政党の主流化とはそもそも何か。最近の研究 (Akkerman et al. 2016) では「急進性」(radicalism)、「ニッチ度」(nicheness)、「反エスタブリッシュメント」(anti-establishment) の3つの指標で極右政党の主流化を捉えようとするが、これはむしろ「極右政党であるかどうか」を判定するための基準であると言える。

ペゼアセンによれば、政党は主に「政党の結成」(declaration)、「政党要件の獲得」(authorization)、「議席の獲得」(representation)、「政治的有意性の獲得」(relevance) という4つの段階を経て発展する (Pedersen 1982)。しかし、「反システム的」性格を有する極右政党にとっては、政党間競合に影響を与え得る「有意な政党」であるだけでなく、連合形成と政権担当の可能性をもつ「重要な政党」となることも必須である (サルトーリ 1995, pp.211-213)。こうした「政権参与の実現」は、極右政党の主流化の最も端的な標識であると考えられる。

【図1.1】に整理したように、極右政党は主に3つの段階を経験して主

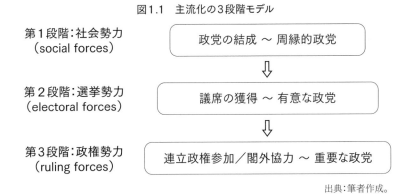

図1.1 主流化の3段階モデル

出典：筆者作成。

流化を実現する。第1段階とは、極右政党は結成からしばらくの間、政党間競合にあまり影響を及ぼさない段階である。第2段階とは、極右政党は議会への進出を実現し、拒否権の行使ができる段階である。西欧の極右政党のほとんどは、1980年代中葉以前に第1段階にあったのに対し、80年代後半から続々と第2段階に入り始めた。さらに、1994年のイタリアの「北部同盟」[2]（LN: Lega Nord）を皮切りに、とりわけ2010年代には9つの極右政党が既に第3段階に突入し、政権入りや閣外協力を経験した（【表1.1】）。

本稿に言う「主流化した極右政党」とは、この第3段階、すなわち連立政権あるいは閣外協力の地位にある極右政党である。

表 1.1 主流化した極右政党

国	極右政党	内閣	連立与党	期間
オーストリア	自由党(FPÖ)	第1次シュッセル内閣	ÖVP、FPÖ	2000.02.04 -2002.11.24
	自由党(FPÖ)	第2次シュッセル内閣	ÖVP、FPÖ	2002.11.24 -2003.02.28
	自由党(FPÖ)	第3次シュッセル内閣	ÖVP、FPÖ	2003.02.28 -2005.04.04
	自由党(FPÖ)	第1次クルツ内閣	ÖVP、FPÖ	2017.12.18 -2019.06.03
	未来同盟(BZÖ)	第4次シュッセル内閣	ÖVP、BZÖ	2005.04.05 -2006.10.03
デンマーク	国民党(DF)	第1次 A.F. ラスムセン内閣	V、KF、DF*	2001.11.27 -2005.02.18
	国民党(DF)	第2次 A.F. ラスムセン内閣	V、KF、DF*	2005.02.18 -2007.11.23
	国民党(DF)	第3次 A.F. ラスムセン内閣	V、KF、DF*	2007.11.23 -2009.04.05
	国民党(DF)	第1次 L.L ラスムセン内閣	V、KF、DF*	2009.04.05 -2011.10.03
	国民党(DF)	第2次 L.L ラスムセン内閣	V、KF*、LA*、DF*	2015.06.28 -2016.11.28
	国民党(DF)	第3次 L.L ラスムセン内閣	V、KF、LA、DF*	2016.11.28-現在
フィンランド	真のフィンランド人(PS)	1次シピラ内閣	KESK、KOK、PS	2015.05.29 -2017.06.12
イタリア	北部同盟(LN)	第1次ベルルスコーニ内閣	FI、AN、LN、CCD、UdCe	1994.05.10 -1995.01.17
	北部同盟(LN)	第2次ベルルスコーニ内閣	FI、AN、LN、CCD+CDU	2001.06.11 -2005.04.23
	北部同盟(LN)	第3次ベルルスコーニ内閣	FI、AN、LN、UDC、NPSI、PRI	2005.04.23 -2006.05.17
	北部同盟(LN)	第4次ベルルスコーニ内閣	FI、LN	2008.05.08 -2011.11.12
	同盟(L)	コンテ内閣	M5S、LN	2018.06.01 -2019.08.20
オランダ	ピム・フォルタイン党(LPF)	第1次バルケネンデ内閣	CDA、VVD、LPF	2002.07.22 -2002.10.16
	ピム・フォルタイン党(LPF)	第2次バルケネンデ内閣	CDA、VVD、LPF	2002.10.16 -2003.01.22
	自由党(PVV)	第1次ルッテ内閣	VVD、CDA、PVV*	2010.10.14 -2012.04.23
ノルウェー	進歩党(FrP)	第1次ソルベルグ内閣	H、FrP、V*、KrF*	2013.10.16 -2017.09.09
	進歩党(FrP)	第2次ソルベルグ内閣	H、FrP、V*、KrF*	2017.09.09 -2018.01.17
	進歩党(FrP)	第3次ソルベルグ内閣	H、FrP、V、KrF*	2018.01.17-現在
スイス	国民党(SVP)**	————	FDP、SP、CVP、SVP	1990s-現在

*閣外協力　**SVPは1990年代初頭から急進化し始め、2000年代初頭に極右政党へと変容した。

出典：筆者作成。

2. 極右政党の主流化をどう説明すればいいのか？

　1980 年代中葉以降のいわゆる極右台頭の「第 3 の波」（von Beyme 1988）に伴って、極右政党研究は活況を呈するようになり、比較政治学における一大産業となった。それから約 40 年間が経過する間に蓄積された膨大な理論的研究の多くは、マクロレベルにおける政治的・経済的・社会的変化に着目する「需要側」（demand-side）と、ミクロレベルにおける制度的要因や政党の組織構造を重視する「供給側」（supply-side）という 2 つの分析視角のいずれかに依拠する（Eatwell 2003）。

　概して言えば、需要側の論理からは、極右政党の「復活」や台頭（第 1 段階）といった現象が説明できるが、その後の選挙での躍進や政治システム内への定着（第 2 段階）の原因に関しては、供給側の論理からの考察が必要である（Mudde 2007; 古賀 2013–2014）。

　しかしながら、より多くの極右政党が主流化（第 3 段階）に成功した 2000 年代の状況をどのように説明すればよいのかについて、共通了解は存在しない。この問題を念頭に置いて、以下では極右政党の主流化に関する既存の理論を考察する。

2.1 「包摂＝穏健化理論」（Inclusion-Moderation Thesis）

　極右政党の躍進と歩調を合わせるかのように、過去の 10 年間の政党研究において最も注目されるようになった分野の 1 つは、「ニッチ政党」[3]（niche party）に関するものである（Zons 2016）。

　ニッチ政党の主流化問題を考察する際の理論的出発点は、ダウンズの「空間競争モデル」（spatial competition model）（Downs 1957）であろう。このモデルによれば、新たに選挙市場に参入した政党は、得票最大化のために政策主張を穏健化せざるを得ない。同様の見方は、ハンティントンの「デモクラシー・バーゲン」（Huntington 1991, p.169）にも見られる。このように、新興政党の穏健化を民主主義的手続きと制度への関与によって説明する理論を、「包摂＝穏健化理論」と呼ぼう。

　現在に至るまで、社民党（Przeworski & Sprague 1986）、カトリック政党

（Kalyvas 1996）、共産党（Berman 2008）といった戦前に出現した政党から、緑の党（Müller-Rommel & Poguntke 2002）、イスラム主義政党（Schwedler 2011）、地域主義政党（Mazzoleni & Mueller 2017）に至る新興政党の主流化を、「包摂＝穏健化理論」を前提として説明しようとする研究が蓄積されてきた。

極右政党の主流化を示唆する研究は、早くも 2000 年代初頭に始まっている（Hainsworth 2000）が、他の政党群に関する研究と同様に、穏健化と主流化の因果関係を当然視するものがほとんどである一方、それらの研究における「極右政党の主流化」が意味するのは、「政権参加の実現」ではなく、「政治舞台の中心に立つ」ことであった。また、上述のように、最近の研究（Akkerman et al. 2016）には穏健化と主流化を混同する傾向が見られ、その結果、個々の政党を「極右政党」と呼び得るかどうかが主要論点となった。

「包摂＝穏健化理論」自体にも 2 つの問題がある。第 1 の問題は、ある政党が穏健化後に政治的に包摂されるのか（例えば、Kalyvas 1996）、政治的包摂を通じて穏健化するのか（例えば、Schwedler 2011）について、既存研究の解釈が一致していないことである。第 2 の問題は、極右政党の穏健化と政治的包摂（主流化）との間に必ずしも相関関係がないことである。

実際、近年の西欧の主要な極右政党は、少なくとも 4 つのグループに分類できる。第 1 のグループは、自らの政策主張を穏健化しながら主流化しつつある一群であり、その典型はデンマーク国民党[4]（DF: Dansk Folkeparti）である。DF は EU 内で最も厳格な移民排斥を唱えるとともに、「福祉排外主義」（welfare-chauvinism）を標榜した最初の極右政党の 1 つである（Schumacher & van Kersbergen 2016; 吉武 2005）が、現行の党綱領には、「議会制民主主義の尊重」や「外国人の社会統合の容認」などの特徴が著しく（Dansk Folkeparti 2002）、従来より柔軟な姿勢を見せている。実に 10 年以上の閣外協力の経験を持つ DF は、左右の主流政党との信頼関係の構築に成功し、イデオロギーとスタイルの穏健化によって着実に主流化しつつある（Christiansen 2016）。

第 2 のグループは、第 1 のグループとは逆に、政治的に排除される一方で急進化の一途を辿りつつある一群であり、その典型は「ドイツのための選択肢」（AfD: Alternative für Deutschland）である。2013 年結党の AfD の

中核的主張は「脱ユーロ」であり、その限りで「柔軟な欧州懐疑主義政党」（Arzheimer 2015）に過ぎなかった。しかし2015年代半ばから徐々に極右化し、これに伴ってその支持率を継続的に高めつつある。最近では「社民党」（SPD: Sozialdemokratische Partei Deutschlands）と勢力伯仲するまでになった（INSA/YouGov 2018）。にもかかわらず、過去の負の遺産に強く影響されている現代ドイツでは、極右政党に対する朝野の警戒心が根強いため、AfD の主流化が依然として考えにくい状況である。

　第3のグループは、政治的に排除されるにもかかわらず、穏健化しつつある一群であり、その典型はフランスの「国民戦線」[5]（FN: Front National）である。マリーヌ・ル・ペン（Marine Le Pen）は、2011年に党首就任後、極右ゲットーからの FN の脱却を図り、自党の「脱悪魔化」（Dédiabolisation）に着手した。彼女はフランス革命に由来する自由や平等の価値観、そして共和制を受容するようなイメージを有権者に広げ、世論の抵抗感を薄めようとしている（畑山 2016, pp.159–160）。それでも、根底からのイデオロギー的清算を伴わない「脱悪魔化」戦略が、FN の政治的孤立状態を根本的に変えることはない（中山 2016, pp.44–45）。

　最後に、第4のグループは、急進化しつつあるにもかかわらず主流化を成し遂げた一群であり、その典型は「真のフィンランド人」（PS: Perussuomalaiset）である。農民政党に由来する PS は、「農業ポピュリズム的」性格を保持しつつ、「中道左派的」な経済主張を際立たせてきた（Perussuomalaiset 2017）。しかし、その PS が、2007年総選挙の選挙綱領において初めて移民・難民問題に関する独立の章を設け（Arter 2010）、2011年と2015年には、同党は反移民・難民の姿勢を一層強めたのである（Perussuomalaiset 2011; 2015）。このように急進化した PS は、2015年の総選挙において第2党となり、連立政権への参加によって主流化を完成させた。

　以上の極右政党の多様性から見れば、「包摂＝穏健化理論」は極右政党の主流化の成否を十分に説明できないと言えるだろう。

2.2　連合形成理論の中の「政党戦略モデル」

　ニッチ政党の主流化の理解に役立つもう一つの重要な分析枠組みは、「政党戦略モデル」である。これによれば、「票」、「政権」、「政策」のいずれの目標を「至上命題」とするか（vote-, office-, policy-seeking）によって、

政党の行動様式と党勢が大きく左右される（Müller & Strøm 1999）。

2大政党制の下での「得票追求」行動は、中道への政策的収斂をもたらすとされる。これに対して、主に多党制の形をとる大陸ヨーロッパ諸国の政党政治では、極右政党の政策の中道化は逆に中核的支持者の離反を招くかもしれない。すなわち、「得票追求」を最優先目標とする極右政党は、急進的で非妥協的な政党と見なされ、主流化が極めて困難であると推論される。

しかしながら、上述のPSの事例は、この推論の重大な反証となる。近年、経済政策と社会文化政策の両面で顕著に急進化しつつ、2018年総選挙で「減税」「移民制限」「反EU」（Lega 2018, pp.3–10）を掲げて大勝したLNの事例もまた、極右政党が急進化と並行して支持基盤を大幅に拡大し、主流化を成し遂げることが決して不可能ではないことを示唆する。

これに対して、ウィリアム・ライカーは、合理的な政治アクターとしての政党の最終目標が「政権獲得」であるとした（Riker 1962, p.22）。論理的に考えれば、政党間の連合が日常化している欧州政治の文脈の中で「政権獲得」を最重視するならば、連立可能な相手とされるために、極右政党は中核的主張に関してさえも何らかの譲歩をする可能性がある。そうした政党は、極右政党の中でも最も主流化しやすいタイプであると考えられる。

ところが実際には、FNのように、「政権獲得」を明確に第一目標として掲げながらイメージ転換を試みるものの、この目標を実現できない極右政党が存在する一方、DFのように、「中位立法者」（median legislator）（Laver & Schofield 1998）として「受動的」ながら政権入りを果たし、かつ「ログローリング戦術」（logrolling tactics）を活用して自らの選好を叶えた政党も存在する（Christiansen 2011）。

さらに、極右政党は「政策実現」を第一目標とする政党でもあり得る。だが、「純粋政策追求者」（policy purifier）であろうとするのか、あるいは「政策影響追求者」（policy influencer）を目指すのかによって、その行動様式は異なると考えられる。

前者の場合、極右政党は政策の「純粋さ」を最も重視するため、政党間交渉の過程における妥協はあまり期待されず、それどころか、コーポラティズムや多元主義など、いわば自由民主主義の基本的な特徴と理念にさえ反対する傾向がある（Strøm 1990a）。この点から見れば、「純粋政策追求

者」たる極右政党の主流化はそもそも不可能とさえ言えるだろう。他方、後者の場合、「政策実現」という目標自体の優先度が低くなり、かえって政権追求に従属する「二次的」な目標となってしまう可能性がある。

サラ・L・デランゲはこうした「政党戦略モデル」を用いて極右政党の主流化の原因を分析した[6] (De Lange 2017)。彼女によれば、1990年代後半以降の西欧諸国における政党政治の「右傾化」とそれによる右派陣営全体の支持拡大という好機の下で政権獲得、とりわけ政策実現を目指す中道右派政党には、極右政党との「最小距離連合」(minimal range coalition)を選択する傾向がある。

極右政党の主流化現象へ多国間比較の視点から分析可能な枠組みを提供した点は、デランゲの研究の一大貢献である。しかし、彼女が認めるように、上記の分析はある種自明のことである (ibid., p.591) し、中道右派政党の戦略目標より、政党政治の「右傾化」などのマクロレベルにおける政治的変化が重要な要素であるように見える。さらに、逸脱例としてのイタリアに関しては、制度上の制約が決定的要素であると自ら指摘している (ibid., pp.601–602)。

要するに、穏健化と主流化との因果関係を重視する「包摂＝穏健化理論」や、政党の目標と行動から主流化の成否を説明しようとする従来の分析は、必ずしも妥当ではない。これらの研究では、極右政党をはじめとするニッチ政党の興亡に決定的な影響を与えてきた政治的環境が、常に見逃されているからである (Lucardie 2000; Strøm 1990a)。

3. 政治的環境から見る極右政党の主流化

これまでにも、ニッチ政党の選挙パフォーマンスを制約する政治的・制度的要因を分析した研究は数多く存在した (Harmel & Robertson 1985; Müller-Rommel 1998; Hakhverdian & Koop 2007; Hino 2012)。だが、極右政党の選挙での躍進を促す特定の政治制度[7]が、その主流化にも影響を及ぼすとは限らない。選挙は連立交渉に参加するための「予備戦」に過ぎないからである。政権形成という「決戦」に影響を与える政治的環境とは何であろうか (Laver & Schofield 1998, pp.89–90)。

極右政党をはじめとする新興政党を含む「革新的な連合」（innovative coalition）の出現は、ここ数十年間の西欧の政党政治の変動を示す最も重要な指標の1つであり（Deschouwer 2008）、こうした革新的な連合を導いた原因の1つは、政党システムに根付いた「機会の数理的な構造」（numerological structure of opportunities）という要素である（Bartolini 1998）。とりわけユーロ危機以降、議会の「断片化」（fragmentation）、「選挙変易性」（electoral volatility）および「分極化」（polarization）の程度の増大による政党システムの「脱編成」（dealignment）は、政党間の競争構造の開放度を高めて新興政党の政権参画に道を開いたとされる（Lisi 2018）。

これを受けて、以下では「政党システム」、「議会」ならびに「政党間関係」という3つのレベルから、政治的環境が極右政党の主流化に及ぼす影響を考察する。

3.1 仮説

まず、政党システムのレベルについて、本稿は政党システムの「分極化」と「競争度」（competitiveness）の影響に注目する。

政党システムの分極化の程度が高いほど、政党間の「遠心的」（centrifugal）な競争が激化して反システム政党の党勢伸張は著しくなる（サルトーリ 1995）。加えて、こうした遠心的な競争のエスカレーションによって社会のイデオロギー空間が拡大し、従来「タブー視」されてきた争点も受容され始める。結果として、極右政党などの反システム政党が徐々に「正当性」を獲得するようになり、反システム政党を含む新しい連立政権のパターンの出現も可能となる（Mair 1997, pp.217–218）。そのため、本稿の仮説1は次の通りである。

> **H1**：政党システムの分極化の程度が極右政党の主流化の成否に顕著な影響を与える。政党システムの分極化の程度が高いほど、極右政党の主流化の可能性が高い。

与党は選挙に直面する際に常に「現職効果」（incumbency effect）によって不利な立場に置かれる（Strøm 1990b, pp.45–47）。とりわけ、野党からの競争が激しいほど、与党の不利は昂進する。もし、与党が選挙に負けれ

ば、選挙勢力としての極右政党にとって、連立交渉を通じて政権に入るチャンスが到来するかもしれない。そのため、与党の政権維持の不確実性、すなわち政党システムの競争度が高いほど、極右政党の政権入りの可能性が高くなる（Przeworski 2018, p.6）。本稿は政党間競争の構造的変動に関する多国間の比較研究において最も多く利用されている「選挙変易性指数」を採用し、選挙変易性が高いほど政党システムの競争度が高いと見なす。以上を踏まえ、本稿の仮説2は次の通りである。

H2：政党システムの競争度が極右政党の主流化の成否に顕著な影響を与える。政党システムの競争度が高いほど、極右政党の主流化の可能性が高い。

　続いて、議会レベルについて、本稿は極右政党の「規模」と議会の「断片化」の影響に注目する。

　連立形成理論には、政党連合の構成員に対する利益配分を最大化するため、議席の過半数を超える可能な限り必要最低限の政党からなる「最小勝利連合」（minimal winning coalition）が望ましいという考え方がある（Von Neumann & Morgenstern 1944; Riker 1962）。この場合、極右政党が政権参加するには、「かなめ政党」（pivotal party）となることが肝心である（Bolleyer 2008, p.29）。例えば、「オーストリア自由党」（FPÖ: Freiheitliche Partei Österreichs）、PS、LNといった政党は、過半数を超える必要不可欠な議席数を確保することによって、「中心性の承認」（qualified pivotality）（Bolleyer 2007, p.130）を得たために、予想通り政権に入ることができた。

　一方、過半数に満たない少数派政権の樹立も珍しくない。この場合、「立法連合」（legislative coalition）の形成が重要であり、政府の議案、特に毎年度の予算案を議会で順調に通過させるために与党は何らかの形で野党と閣外協力の合意を結ばなければならない。これにより、一定の規模を有する極右政党に主流化の道が開かれる。要するに、最小勝利連合であれ、少数派政権であれ、極右政党の規模、すなわち議席占有率がその主流化の成否に大きな影響を与えると考えられる。それゆえ、本稿の仮説3は次の通りである。

H 3：政党の規模が極右政党の主流化の成否に顕著な影響を与える。政
党の規模が大きいほど、極右政党の主流化の可能性が高い。

政党の規模の他に、極右政党の主流化に影響を及ぼす可能性があるもう
1つの要素は、「議会有効政党数」によって表される議会の断片化の程度
である（Laakso & Taagepera 1979）。政党の数が多いほど、有権者の分断状
況は厳しい。それによって議会の断片化が進み、最終的には安定的な多数
派形成が困難となる（Rae 1967）。こうした状況は極右政党に対して有利
に働くと考えられる。特に小党乱立の議会では、連立政権交渉に臨む右派
陣営の主要政党が、一定勢力を誇る極右政党の協力や支持を得る必要に否
応なく直面する。そこで、本稿の仮説4は次の通りである。

H 4：議会の断片化の程度が極右政党の主流化の成否に顕著な影響を与
える。議会の断片化の程度が高いほど、極右政党の主流化の可能
性が高い。

最後に、政党間関係のレベルについて、本稿では主に極右政党の「政治
的孤立の度合い」、つまり他の主流政党が形成する「防疫線」（cordon
sanitaire）の影響に注目する。

政治用語としての「防疫線」は、ドイツのナショナリズムとロシアの共
産主義という2種類の「政治的伝染病」の「蔓延」を阻止しようとした第
1次世界大戦直後のフランスで初めて用いられたとされる（Gilchrist 1982,
p.60）。これは冷戦期にジョージ・ケナン（George Kennan）が提唱したソ
連に対する「封じ込め」（containment）戦略の雛形でもあるが、ソ連崩壊
に伴って「防疫線」の重心は極右政党に移動した。その典型例はベルギー
の「民主宣言」[8]（democratic charter）である。

「防疫線」には主に2つの種類がある（Van Donselaar 2017, p.552）。1つ
は、マスメディアの「敵意」や反ファシズム団体による「妨害」運動に象
徴される「社会的防疫線」であり、これらは時に極右政党の組織崩壊さえ
も引き起こす（Art 2011, pp.82–86）。もう1つは、極右政党の政治的孤立
をめぐる主要政党間の合意としての「政治的防疫線」である。こうした
「防疫線」の強度は、一大選挙勢力を確立した極右政党のさらなる躍進を

左右する重要な要素である。

　極右政党は、地方政治において「防疫線」を突破するのが相対的に容易である。例えば、フランスでは、強固な「防疫線」の存在にもかかわらず、1983年のドルー（Dreux）市議会選挙を皮切りに地方レベルにおけるFNと中道右派政党との連携が常態化した（Minkenberg 2017, pp.447–448）。だが、国政レベルの「防疫線」に阻まれているオランダの「自由党」[9]（PVV: Partij voor de Vrijheid）や「スウェーデン民主党」（SD: Sverige-demokraterna）は、同程度に強力な極右政党でありながら、「世評の庇護」（reputational shield）（Ivarsflaten 2006）を受けているFPÖとは対照的に、主流化の困難に直面している。以上を踏まえて、本稿の仮説5は次の通りである。

　　H5：国政レベルにおいて「防疫線」の有無が極右政党の主流化の成否
　　　　　に顕著な影響を与える。国政レベルに「防疫線」がない限り、極
　　　　　右政党は主流化しやすい。

3.2　実証的分析を試みる
（1）変数・データ・方法
〈従属変数〉

　本稿の従属変数は、「極右政党の主流化の成否」であり、ある国政選挙の後に極右政党が連立政権の一角を占めていたか、閣外協力の形で与党連合を支持していたならば（【表1.1】）、当該選挙を「主流化した標本」と見なす[10]。

〈独立変数〉

　上記の仮説を踏まえ、本稿は政党システムの分極化と競争度、議会における極右政党の規模と断片化ならびに国政レベルの「防疫線」の有無という5つの指標を独立変数とする（【表3.1】【表3.2】）。

　まず、政党システムの分極化の程度を観測するために、本稿はラッセル・ダルトン（Russell Dalton）の「分極化指数」[11]（PI = SQRT{Σ（政党$_i$の議席率）＊（[政党$_i$の左右位置スコアー当該国の政党システムの平均的な左右位置スコア]/5)^2}）（Dalton 2008, p.906）を用いる。選挙ごとに各国

表 3.1 記述統計 (1)

	政党システムの 分極化	政党システムの 競争度	政党規模	議会の断片化
指標	分極化指数 Dalton（2008）	選挙変易性指数 Emanuele（2015）	議席の占有率	議会有効政党数 Laakso & Taagepera（1979）
データベース	Döring & Manow （2018）	Emanuele （2015）	Döring & Manow （2018）	Döring & Manow （2018）
N	115	115	115	115
平均値	0.4364	13.6461	0.08991	5.001
中央値	0.44	12.5	0.067	4.9
最大値	0.54	40.7	0.325	9.1
最小値	0.32	3.55	0	2.2
最頻値	0.44	8	0	3.5
SD	0.04683	7.21678	0.083008	1.6213
分散	0.002	52.082	0.007	2.629

のスコアが 0 から 10 までの範囲で変動し、スコアが大きいほど、当該国における政党システムの分極化の程度が高い。

　次に、政党システムの競争度を説明するために最も多用されるのは「ペゼアセン指数」（Pedersen 1979）である。同指数は有権者の既成政党支持の流動化を表す上で有効であるが、政党システムの競争度に影響を与え得る、新旧政党の「参入」や「退出」[12]による支持の流動化という側面を捉えきれていない（Chiaramonte & Emanuele 2015, p.2–3）。本稿ではこうした不足を補ったエマニュエルの「選挙変易性指数」（TV ＝新旧政党の参入と退出による選挙変易性＋1％以上の得票を得た政党間の選挙変易性＋1％以下の得票を得た政党間の選挙変易性）（Emanuele 2015）を採用する。

　続いて、極右政党の規模の大小を表示する指標としては当該政党の議席占有率、また、議会の断片化の程度についてはラークソとタガペラの「議会有効政党数」（ENP=1/Σ（政党$_i$の議席率）^{2}）（Laakso & Taagepera 1979）を利用する。

　「防疫線」は「極右政党との連携を避けることをめぐる主要政党間の合意」として定義される（Art 2011, p.23）が、ファン・ドンスウルが述べる

表 3.2　記述統計（2）

国	極右政党	主流化	防疫線	選挙年
オーストリア	自由党(FPÖ)	● (2000–)		1986 1990 1994 1995 1999 2002 2006 2008 2013 2017
ベルギー	フラームス・ベランフ (VB)*		● (1989–)[1]	1978 1981 1985 1987 1991 1995 1999 2003 2007 2010 2014
	国民戦線 (FNb)		● (1985–)[1]	1991 1995 1999 2003 2007
デンマーク	国民党(DF)	● (2001–)		1973 1975 1977 1979 1981 1984 1987 1988 1990 1994 1998 2001 2005 2007 2011 2015
フランス	国民戦線(FN)		● (1988–)[2]	1986 1988 1993 1997 2002 2007 2012 2017
フィンランド	真のフィンランド人(PS)	● (2015–)		1999 2003 2007 2011 2015
ドイツ	ドイツのための選択肢(AfD)		● (2013–)[3]	2013 2017
オランダ	中央党(CP)		● (1982–1986)[4]	1982
	中央民主党 (CD)		● (1984–2002)[1]	1989 1994 1998
	ピム・フォルタイン党(LPF)	● (2002–2003)		2002
	自由党(PVV)	● (2010–2012)	● (2012–)[5]	2006 2010 2012 2017
イタリア	イタリア社会運動(MSI)		● (1948–1994)	1948 1953 1958 1963 1968 1972 1976 1979 1983 1987 1992 1994
	北部同盟(LN)	● (1994–)	● (1991–1994)	1992 1994 1996 2001 2006 2008 2013 2018
ノルウェー	進歩党(FrP)	● (2013–)		1973 1977 1981 1985 1989 1993 1997 2001 2005 2009 2013 2017
スウェーデン	民主党(SD)		● (1988–)[1]	1988 1991 1994 1998 2002 2006 2010 2014
	新民主党 (NyD)			1991 1994
スイス	国民党(SVP)	●		1991 1995 1999 2003 2007 2011 2015

*2004 年 11 月に「フラームス・ブロック」(VB: Vlaams Blok) は党名をフラームス・ベランフ」(VB: Vlaams Belang) に変更した。
[1]Art(2011, p.44, Table 2.1; pp.142–144)　[2]Minkenberg(2017, pp.447–448)　[3]Arzheimer(2015, p.552)　[4]Art(2006a, p.208)　[5]Vossen(2017, p.75)

ように、ほとんどの国には「物理的」（physical）な「防疫線」が存在せず（Van Donselaar 2017, pp.552–553）、それはある種の「排除のための黙契」（conventio ad excludendum）に過ぎない。したがって、その強度や存否を示す指標は必ずしも明確ではないが、本稿では主に二次資料に基づいて国政レベルにおける「防疫線」の存否を判断する。また、【表3.2】に示されるように、ある国には「防疫線」が存在する場合、その形成の開始年も表示されている。

〈データ〉

　本稿の分析では、① Parliaments and Government database（ParlGov）（Döring & Manow 2018）と② Dataset of Electoral Volatility and its internal components in Western Europe（1945–2015）（Emanuele 2015）の2つのデータベースを使用する。前者は、EU および OECD に加盟した合計 37 カ国における約 1600 の政党、940 回の選挙と 1500 の内閣の資料を公開し、極右政党の「議席率」に加え、以上の「分極化指数」と「有効議会政党数」も、各選挙の結果を掲載するウェブページで簡単に入手できる。後者は戦後の西欧諸国で行われた各選挙の「選挙変易性指数」を提供している。

〈方法〉

　極右政党の躍進（第2段階）の要因を考察する多くの既存研究とは事情が異なり、本稿のように国政レベルにおける極右政党の主流化（第3段階）を分析するための標本数が極めて少ない。第2次世界大戦後の 17 の主要な極右政党（【表3.2】）が参加した国政選挙の標本数は 115 であり、そのうち、主流化した標本の数は 24 しかない。こうした標本数の不足という客観的な制限により、極右政党の主流化の成否に対する政治的環境の影響を説明するために使用できる手法は限られる。そこで、本研究は標本サイズが小さい場合に常用される、標本集団からの「再標本化」（resampling）を 1000 回繰り返すという「ブートストラップ法」（bootstrap method）を使い、より信頼性が高い結果を導こうとする。

　続いて、「対応のない2標本 t 検定」を通じて極右政党が主流化した国と、そうでない国の政党システムの分極化と競争度、極右政党の規模、議会の断片化および国政レベルの「防疫線」の有無の間に差異があるかどう

か、換言すれば、上記の独立変数が従属変数に対して著しい影響を与える
かどうかを分析する。

さらに、従属変数に顕著に影響できる独立変数を抽出して「2項ロジス
ティック回帰分析」を行い、それらの有意な独立変数が極右政党の主流化
の成否に一体どのような影響を及ぼすかを考察する。

（2）分析結果

表3.3　対応のない2標本t検定の結果

	主流化した場合（N = 24）		そうでない場合（N = 91）		
	平均値	SD	平均値	SD	t 値
政党システムの分極化	0.47	0.05	0.43	0.04	4.35*
政党システムの競争度	15.42	10.14	13.18	6.22	1.03
政党規模	0.19	0.07	0.06	0.07	7.99*
議会の断片化	5.20	1.23	4.95	1.71	0.80
「防疫線」の有無	0.00	0.00	0.57	0.50	10.95

*p<0.01（両側）

まず、対応のない2標本t検定の結果を見よう。【表3.3】からは、極右
政党が主流化した国とそうでない国の間には、「政党システムの競争度」
と「議会の断片化」に関する統計的に有意な差がなく、この2つの変数は
極右政党の主流化の成否に顕著な影響を及ぼさないという結論が導かれ、
本稿の仮説2と4が否定される。

一方、「政党システムの分極化」、「極右政党の規模」ならびに「防疫線
の有無」については、それぞれの有意確率（両側）が共に0.00（<0.01）
であるため、極右政党が主流化した国とそうでない国の間には統計的に有
意な差があると判断し、この3つの変数は極右政党の主流化の成否に著し
く影響するという結論を下すことができる。そのため、本稿の仮説1、仮
説3と仮説5は部分的に正しいと言える。

次に、「政党システムの分極化」、「極右政党の規模」ならびに「防疫線の有無」は一体、極右政党の主流化の成否にどのように影響するかを考察するために、ブートストラップ法を用いた2項ロジスティック回帰分析（強制投入法）を行う。

表 3.4　2 項ロジスティック回帰分析の結果

	B	SE	wald	自由度	有意確率（両側）	95% 信頼区間	
						上限	下限
政党システムの分極化	11.694	12.193	2.893	1.000	0.196	−3.534	44.261
政党規模	14.122	4.726	9.236	1.000	0.002	7.175	25.242
防疫線の有無（無）	19.159	0.542	0.000	1.000	0.001	17.824	20.005
定数項	−26.969	5.459	0.000	1.000	0.008	−41.129	−20.498
−2 対数尤度	62.832						
Cox-Snell R^2	0.380						
Nagelkerke R^2	0.593						
Hosmer と Lemeshow 検定の有意確率	0.984						

2 項ロジスティック回帰分析の結果によれば、「極右政党の規模」と「防疫線の有無」のそれぞれの有意確率は 0.002 と 0.001（<0.05）であるため、この 2 つの変数は極右政党の主流化の成否を規定する要因と判断できる。加えて、それぞれの非標準化回帰係数（B）の値は 14.122 と 19.159 であることにより、本稿の仮説 3 と仮説 5 の正確性が証明される。つまり、「極右政党の規模」が極右政党の主流化の成否に顕著な影響を与え、政党規模が大きいほど、極右政党の主流化の可能性が高い。また、国政レベルの「防疫線の有無」も極右政党の主流化の成否に顕著な影響を与え、国政レベルに「防疫線」がない限り、極右政党は主流化しやすい、という

のである。

　しかしながら、対応のない2標本t検定を通じて統計的に有意な変数と判断された「政党システムの分極化」は、予想に反して2項ロジスティック回帰分析において0.196（>0.05）の有意確率によって有意でない変数になってしまう。結局、政党システムの分極化と極右政党の主流化の成否との間に相関関係が存在せず、本稿の仮説1は否定される。

　さらに、「政党システムの分極化」、「極右政党の規模」と国政レベルの「防疫線の有無」のそれぞれと、極右政党の主流化の成否との関係を図示してみよう（【図3.1】）。

　まず、下側の層別ドット・プロットを見れば、国政レベルの「防疫線」が極右政党の主流化を阻止する機能を上手く発揮することが読み取れる。次に、上側の箱ひげ図に目を転じると、主流化を果たした極右政党の平均的規模がそうでない極右政党のより明らかに大きい。

　一方、主流化した極右政党の所在国がそうでない極右政党の所在国に比べ、平均的に政党システムの分極化の程度は高いが、その差異はそれほど明確なものではない。加えて、「外れ値」[13]の数が多いことから、極右政党の主流化の成否に対する「政党システムの分極化」という変数の有意性の低さが説明される。また、より詳しく観察すれば、これらの逸脱事例のうち最も代表的なのはノルウェーとフィンランドであるが、政党システムの分極化というより、政党規模の大小に左右されるように見える。

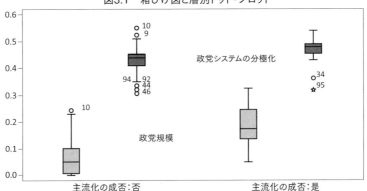

図3.1　箱ひげ図と層別ドット・プロット

要するに、対応のない 2 標本 t 検定と 2 項ロジスティック回帰分析の結果からは、極右政党の主流化の成否を規定する要因は、「極右政党の規模」と国政レベルの「防疫線の有無」の 2 つしかないことが示唆される。

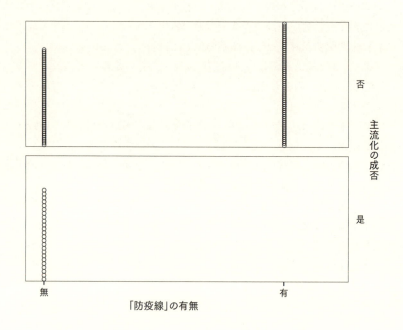

4. 含意と検討

極右政党の主流化のように、標本数が限られた現象を定量的に分析することは、結果に対する過大評価を引き起こしがちである（De Lange 2017, p.605, n.6）。しかし一方、「防疫線」に代表される「抑圧的な政治的環境」（repressive political environments）が極右政党の「運命」を左右する中心的な要素であること（Art 2006a pp.196–211）が、以上の考察により再確認された。

第 1 節で論じたように、極右政党は主に 3 つの段階を経験して主流化を実現する。それぞれの段階において極右政党が直面する「防疫線」の類型と強度は異なる。

第1段階では、極右政党が社会勢力として一定の影響力を持つにもかかわらず、選挙において未だ議席獲得に及ばないため、主流政党にほぼ無視される。しかし、マスメディアや市民団体はこの時点で早くも極右政党の動向に注目し、その日常の政治活動の監視や対抗運動の組織化を通じて極右政党の伸張を封じ込めようとする。こうした比較的「低強度」の「社会的防疫線」による圧力は、極右政党の組織基盤の強化を阻むばかりか、「イギリス国民党」（BNP: British National Party）、オランダの「中央民主党」（CD: Centrumdemocraten）といった、過去の有名な極右政党の凋落の重要な原因の1つであった（Art 2011）。

ところが、極右政党が議会進出を果たし、社会勢力から選挙勢力へと成長し始めると、「社会的防疫線」だけでこの流れを止めることが難しい。極右政党の主流化の第2段階以降は、主流政党による「政治的防疫線」が作用し始める。ベルギーのVBに加え、オランダの「中央党」[14]（CP: Centrumpartij）、フランスのFN、ドイツのAfD[15]など、いずれも選挙で躍進した直後に「政治的防疫線」に直面するようになった好例である。ただし、極右政党が頭角を現す機会は、中央政府の構成に影響しない地方選挙などの「二次的選挙」（second-order election）である場合がほとんどである。したがって、この段階で直面するのは主に「中強度」の（多くの場合、地方レベルの）「政治的防疫線」であり、そこに「抜け穴」がないわけではない。

この点で最も典型的な例はフランスとイタリアである。フランスでは各レベルでのFNとの連携を公式に拒否してきた中道右派の2大政党、すなわち「共和国連合」（RPR: Rassemblement Pour la République）と「フランス民主連合」（UDF: Union pour la Démocratie Française）が、1986年以降の地域圏議会選挙においてFNとの連携を常態化させ、その報酬としてFNは常に副議長などの重要なポストを手に入れることになった（Downs 2002, pp.42–43; Minkenberg 2017, p.447）。

一方、「反ファシズム」を基調とする1947年憲法の下で、イタリアの極右政党は中央政治における政治的排除の対象でありながら、1950年代以降、南部ではネオ・ファシズムの「イタリア社会運動」（MSI: Movimento Sociale Italiano）と「キリスト教民主党」（DC: Democrazia Cristiana）の連携も稀ではなくなった（Art 2006b, p.15）。最も強固な「防

疫線」を有するベルギーとドイツでさえ、地方レベルでは主流の中道右派
政党が躍進する極右政党との連携を模索する光景がしばしば見られる[16]
（Mudde 2000, pp.88–89; Van Spanje & Van Der Brug 2007, p.1030)。

　真に機能しているように見える「防疫線」とは、極右政党がさらに歩を
進め、「一次的選挙」（first-order election）において伸張した後に直面す
る、「高強度」の国政レベルの「政治的防疫線」である。ドイツにおいて
「共和党」（REP: Die Republikaner）や AfD に対する「キリスト教民主同盟
／社会同盟」（CDU: Christlich-Demokratische Union/ CSU: Christlich-Soziale
Union）の「周辺化戦略」（Ausgrenzung）（Art 2006a）のような、歴史的原
因で「極右」と認定された政党に対しては、これらの完全排除を目指す、
いわば「先天的」な「政治的防疫線」がある。一方、ベルギーの「民主宣
言」、もしくはオランダにおける PVV に対する「後天的」な「政治的防
疫線」もある（注［9］を参照）。オランダの場合、極右政党が「大きすぎ
て排除できない」（too big to cordon）存在となり、主流政党が「政治的防
疫線」の維持に固執するあまり、極めて複雑な大連立が出現するのではな
いかとの予測もある（Abts 2015, p.670)。

　最近では、極右政党が国政レベルの「高強度」の「政治的防疫線」を突
破する可能性も増大しつつある。2018 年 4 月に実施された世論調査によ
れば、EU 域内では失業問題と経済情勢に対し、極右政党の政策主張の中
で中核的な位置を占める移民・難民問題が、有権者の最大の関心事である
（YouGov 2018）。加えて、国際移住機関の報告書によれば、ヨーロッパに
おける移民・難民受け入れの減少や停止に賛成する人は調査参加者の全体
の 8 割にも上った（IOM 2015, pp.8–9)。

　このように、かつての「対立争点」（position issue）であった移民・難民
問題が「合意争点」（valence issue）化しつつある中では、極右政党の勢力
伸張が避けられず、いったん議会における極右政党の規模が無視できない
程度まで拡大すれば、上記のように主流政党による「政治的防疫線」が機
能不全に陥る可能性がある。主流の右派政党は、極右政党の主張を部分的
に取り入れる「協調／採択戦略」（accommodative/adopt strategy）（Meguid
2008; Bale et al. 2010）を通じて自己防衛を図るかもしれない。ニコラ・サ
ルコジ（Nicolas Sarközy）の下での「国民運動連合」（UMP: Union pour un
Mouvement Populaire）、マルク・ルッテ（Mark Rutte）に率いられるオラ

ンダの中道右派連合など、いずれもその好例であろう。

5. 結論

　政治的環境が極右政党の選挙パフォーマンスに与える影響について、多くの研究者は以前から注目してきたが、その主流化を左右する要素の検討はほとんど行われてこなかった。本稿は、こうした既存研究の欠漏を補う試みであった。もっとも、極右政党の主流化自体が相対的に新しい現象であるがゆえに、事例数や使用可能なデータの量の不足は否めない。実証分析の手段が物理的に制約されていることから、国際比較的な視点からの考察が極めて難しいことは間違いないが、本稿はこの困難を克服するための最初の一歩である。

　本稿では極右政党を含むニッチ政党の主流化に関する2つの重要な分析枠組み、すなわち「包摂＝穏健化理論」と「政党戦略モデル」を概観し、それぞれの問題点を説明した。そして、極右政党の主流化の成否を分析する際に連立政権の形成に影響を与え得る政治的環境を検討するために5つの仮説を立て、それらを検証した。本稿の分析を通じて、イデオロギー上の変化も、政党の目標と行動も、制度的・「数理的」な要素も、極右政党の主流化、すなわち政権入りや閣外協力の成否にあまり影響を及ぼさないことが示された。結局のところ、「社会的／政治的防疫線」のような、既に一大勢力を誇るようになった極右政党が直面する「抑圧的な政治的環境」こそが、極右政党の主流化の成否を決める鍵である。

　最後に、極右政党と緑の党との興味深い類似性について付言しよう。1970年代以前に環境保護や反核などの理念は「生産主義」を信奉する左右両翼の主流政党に批判・無視されていたが、脱産業化の進展とともに、80年代以降に社会で広く共有されるようになった。西欧の社民党がそうした理念を吸収して「緑化（greening）／急進化」した（Sassoon 2014, pp. 674–679）結果、かつて周辺的な位置にあった緑の党は徐々に政治的な舞台の中心に立つようになり、1995年にはフィンランドでヨーロッパ初の緑の党を含む中道左派連立政権が発足した。

　こうした緑の党の主流化過程は、移民・難民問題の「合意争点化」によ

る極右政党の主流化と酷似しているように見える。確かに、ほとんどの国の議会においてはるかに大規模な極右政党の主流化の成否は、緑の党と大きく異なり、「防疫線」の有無に大きく制約されている。しかし、主流右派政党の急進化が「政治的防疫線」自体の正当性を掘り崩しつつある状況が、目下進行中なのである。

[掲載承認日]

2019 年 01 月 23 日。

[謝辞]

本論文の執筆にあたり、東北大学大学院法学研究科における正・副指導教員である横田正顕教授、平田武教授に懇切丁寧なご指導を賜った。また、2 人の匿名査読者からも非常に有益なコメントをいただいた。ここに記して感謝を申し上げる。

[1] 極右政党の定義は多様であるが、本稿では最も広く受け入れられているミュデの定義（Ennser 2012, p.156）を採用する。すなわち、極右政党とは、「移民排斥主義」（nativism）、「権威主義」と「ポピュリズム」という 3 つの中核的なイデオロギーを持つ政党である（Mudde 2007, pp.22-23）。

[2] かつて地域主義の色彩が濃厚であった LN は、近年、加速度的に国民政党化し、2018 年総選挙前には党名を「同盟」（Lega）に変更したが、本稿ではよく知られた日本語呼称「北部同盟」（LN）を続用する。

[3] ニッチ政党の定義をめぐっても研究者の間で長らく議論が続いているが、大まかには、①政策主張、②議会における行動のあり方、③支持基盤、④政党間競争の構造への影響という 4 つの側面から主流政党との相違を区別できる（Bischof 2017）。もっとも、どの定義を採用するにしても、極右政党のニッチ政党的属性についてはほとんど異論が存在しない。

[4] DF は 1972 年に結成した「進歩党」（FRP: Fremskridtspartiet）から分裂した政党である。しかしながら、1995 年に党内の権力闘争で敗北したピア・ケアスゴー（Pia Kjærsgaard）が創設した DF は FRP の支持者のほとんどを奪ったことで、事実上 FRP の後継政党であると言える。

[5] 2018 年 6 月 1 日、党員投票の結果を受けて FN は党名を「国民連合」（RN: Rassemblement National）に変更した。こうした動きは、マリーヌ・ル・ペンが着手してきた党のイメージ刷新の一環であると思われるが、本稿ではよく知られ

た日本語呼称としての「国民戦線」（FN）を続用する。

[6] 本稿の文脈とやや異なるのは、デランゲが主に中道右派政党の戦略目標が極右政党の主流化に与えた影響に注目するという点である。

[7] 一方、ニッチ政党研究の制度的アプローチの「欠点」にも注意を払う必要がある。メギドによれば、選挙制度、執政制度、中央‐地方の権力構造などの制度的要素は、あるニッチ政党の選挙パフォーマンスの変動や、同じ国における各政党の選挙パフォーマンスの差異を説明しきれない。また、政治制度は時に主要政党の戦略目標の要求に応じて改変されるため、制度的アプローチは政党戦略アプローチの一部と理解するのが妥当である（Meguid 2008, pp.6–10）。

[8] 1988年のアントウェルペン（Antwerpen）市議会選挙で「フラームス・ブロック」（VB:Vlaams Blok）は過去最高の得票と議席（17.7%、10議席）を記録した。翌年の5月10日にフランデレン地域の主要政党は「防疫線協定」を締結し、以後各レベルにおけるVBとの交渉を拒否することで合意したが、7週間後にこの協定は事実上破棄された（Mudde 2000, pp.88–89）。さらに、1991年の連邦議会選挙でVBが党勢を持続した（6.6%、12議席）ことを受けて1993年には新たな「防疫線協定」、いわゆる「民主宣言」が署名され、VBを各レベルの政権から排除する合意が成立した（Dézé 2017, p.570）。

[9] PVVは2010年の総選挙において第3党の地位で中道右派の少数派政権の支持政党となったが、2012年に政府予算の削減に反対する理由から支持を撤回したことによって少数派政権が倒れた。これを受けてPVVは「交渉可能な相手」としての信用を失った（Vossen 2017, pp.74–75）。その後、2017年の総選挙では第2党へと躍進したものの、他の諸主要政党は同党との連立交渉を拒否し続けている。

[10] 本稿で用いるデータは各選挙の結果によるものであり、選挙の終わりと連立政権の形成の間に時間差（time-lag）が生じることもあり得る。例えば、FPÖが1999年10月の総選挙で第2党の地位を獲得したが、第1党の社民党と各党との連立交渉の難航によってFPÖの政権入りの実現は4カ月後であった（馬場2013, p.200）。ただし、FPÖとÖVPの連立政権の成立は依然として1999年の選挙結果の反映であると言える。

[11] 元来、これは「得票の分極化」を計算する方程式であるが、その中の「得票率」を「議席率」と入れ替えれば、「議席の分極化」も算出できる。

[12] キアラモンテとエマヌエルは政党システムにおける政党の参入と退出の「敷居」を「1%の得票」とする（Chiaramonte & Emanuele 2015, p.3）。

[13] 外れ値としての分極化指数については以下の通りである。オーストリア（2002年0.36）、ベルギー（1978年0.32; 1985年0.33）、フィンランド（2003年0.34; 2011年0.34; 2015年0.32）、ノルウェー（2005年0.52; 2009年0.54）（Döring & Manow 2018）。

[14] 1980年に結成したCPは1982年の国政選挙において0.8%の得票で1議席を獲得し、戦後、オランダ国会に進出した初めての極右政党となった（Mudde 2000, p.120）。結局、すべての主流政党がCPとの協力を拒否しただけでなく、オラン

ダ各地で CP に対抗するための「反ファシスト委員会」（antifascist committee）も
成立した（Art 2006a, p.207-208）。

[15] AfD は 2013 年 9 月の連邦議会選挙で 4.7％の得票を得て「5％阻止条項」を突破
できなかったが、CDU/CSU から 29 万票を奪った（野田 2016, p.204）。また、こ
れも 1953 年以来、国政選挙に新たに参入した政党として最も良い成績である。
しかしその後、CDU/CSU をはじめとする諸主流政党は、各レベルでの AfD と
の連携を拒否し続けてきた（Arzheimer 2015）。

[16] 2018 年 10 月のバイエルン州議会選挙前、CSU と AfD の一部政治家による水面
下での交渉に関する報道もあった（NEOpresse 2018）。また、ドイツ公共放送連
盟 ARD の世論調査が示したように、61％の AfD 支持者が CSU 党首ホルスト・
ゼーホーファー（Horst Seehofer）を連邦首相の適任者と見ている（ARD 2018）
点にも、将来における両党の協力関係の可能性が仄見える。

❖ 引用文献

Abts, K. (2015). "Attitudes Towards a Cordon Sanitaire vis-à-vis Extremist Parties: Instrumental Pragmatism, Affective Reactions, and Democratic Principles." *Ethical Perspective,* 22(4), 667-698.

Akkerman, T., de Lange, S. L. & Rooduijn, M. (eds.). (2016). *Radical Right-Wing Populist Parties in Western Europe: Into the Mainstream?.* Routledge.

Art, D. (2006a). *The Politics of the Nazi Past in Germany and Austria.* Cambridge University Press.

Art, D. (2006b). "The European Radical Right in Comparative-Historical Perspective." *Paper Prepared for the Annual Meeting of the American Political Science Association,* August 31-September 3, Philadelphia.

Art, D. (2011). *Inside the Radical Right: The Development of Anti-Immigrant Parties in Western Europe.* Cambridge University Press.

Arter, D. (2010). "The Breakthrough of Another West European Populist Radical Right Party?: The Case of the True Finns." *Government and Opposition,* 45(4), 484-504.

Arzheimer, K. (2015). "The AfD: Finally a Successful Right-Wing Populist Eurosceptic Party for Germany?." *West European Politics,* 38(3), 535-556.

Bale, T., Green-Pedersen, C., Krouwel, A., Luther, K. R. & Sitter, N. (2010). "If You Can't Beat Them, Join Them? Explaining Social Democratic Responses to the Challenge from the Populist Radical Right in Western Europe." *Political Studies,* 58(3), 410-426.

Bartolini, S. (1998). "Coalition potential and governmental power." in Pennings, P. &

Lane, J-E. (eds.). *Comparing Party System Change.* Routledge, 40–61.

Berman, S. (2008). "Taming Extremist Parties: Lessons From Europe." *Journal of Democracy,* 19(1), 5–18.

Bischof, D. (2017). "Towards a renewal of the niche party concept: Parties, market shares and condensed offers." *Party Politics,* 23(3), 220–235.

Bolleyer, N. (2007). "Small parties: From party pledges to government policy." *West European Politics,* 30(1), 121–147.

Bolleyer, N. (2008). "The organizational costs of public office." in Deschouwer, K. (ed.). *New Parties in Government: In power for the first time.* Routledge, 17–44.

Chiaramonte, A. & Emanuele, V. (2015). "Party system volatility, regeneration and de-institutionalization in Western Europe (1945–2015)." *Party Politics,* DOI: 10.1177/1354068815601330.

Christiansen, F. (2011). "Minority Coalition Governance in Denmark." *Parper prepared for the 6th ECPR Gerneral Conference,* August 25–27, Reykjavik, Iceland.

Christiansen, F. (2016). "The Danish People's Party: Combining coorperation and radical positions." in Akkerman, T., de Lange, S. L. & Rooduijn, M. (eds.). *Radical Right-Wing Populist Parties in Western Europe: Into the Mainstream?.* Routledge, 94–112.

Dalton, R. J. (2008). "The Quantity and the Quality of Party Systems: Party System Polarization, Its Measurement, and Its Consequences." *Comparative Political Studies,* 41(7), 899–920.

De Lange, S. L. (2017). "New Alliances: why mainstream parties govern with radical right-wing populist parties." in Mudde, C. (ed.). *The Populist Radical Right: A reader.* Routledge, 590–608.

Deschouwer, K. (2008). "Comparing newly governing parties." in Deschouwer, K. (ed.). *New Parties in Government: In power for the first time.* Routledge, 1–16.

Dézé, A. (2017). "Between adaptation, differentiation and distinction: Extreme right-wing parties within democratic political systems." in Mudde, C. (ed.). *The Populist Radical Right: A reader.* Routledge, 558–574.

Downs, A. (1957). *An Economic Theory of Democracy.* New York: Harper and Bros.

Downs, W. M. (2002). "How Effective Is The Cordon Sanitaire? Lessons from Efforts to Contain the Far Right in Belgium, France, Denmark and Norway." *Journal für Konflikt und Gewaltforschung,* 4(1), 32–51.

Eatwell, R. (2003). "Ten Theories of the Extreme Right." in Merkl, P. H. & Weinberg, L. (eds.). *Right-Wing Extremism in the Twenty-First Century.* London: Frank Cass, 47–73.

Ennser, L. (2012). "The homogeneity of West European party families: The radical right in comparative perspective." *Party Politics,* 18(2), 151–171.

Gilchrist, S. (1982). "The Cordon Sanitaire: Is It Practical?." *Naval War College Review,* 35(3), 60–72.

Hainsworth, P. (ed.). (2000). *The Politics of the Extreme Right: From the Margins to the Mainstream.* Pinter: London and New York.

Hakhverdian, A. & Koop, C. (2007). "Consensus Democracy and Support for Populist Parties in Western Europe." *Acta Politica,* 42(4), 401–420.

Harmel, R. & Robertson, J. D. (1985). "Formation and Success of New Parties: A Cross-National Analysis." *International Political Science Review,* 6(4), 501–523.

Hino, A. (2012). *New Challenger Parties in Western Europe: A comparative Analysis.* Routledge.

Huntington, S. P. (1991). *The third wave: Democratization in the late twentieth century.* University of Oklahoma press.

Ivarsflaten, E. (2006). "Reputational Shields: Why Most Anti-Immigrant Parties Failed in Western Europe, 1980–2005." *Paper Prepared for the Annual Meeting of the American Political Science Association,* August 31–September 3, Philadelphia.

Kalyvas, S. N. (1996). *The rise of Christian Democracy in Europe.* Cornell University Press.

Laakso, M. & Taagepera, P. (1979). "'Effective' Number of Parties: A Measure with Application to West Europe." *Comparative Political Studies,* 12(1), 3–27.

Laver, M. & Schofield, N. (1998). *Multiparty government: the politics of coalition in Europe.* The University of Michigan Press.

Lisi, M. (2018). "The impact of the European crisis on party system change: some comparative reflections." in Lisi, M. (ed.). *Party system change, the European Crisis and the State of Democracy.* Routledge, 310–333.

Lucardie, P. (2000). "Prophets, Purifiers and Prolocutors." *Party Politics,* 6(2), 175–185.

Mair, P. (1997). *Party System Change: Approaches and Interpretations.* Oxford University Press.

Mazzoleni, O. & Mueller, S. (eds.). (2017). *Regionalist Parties in Western Europe: Dimensions of Success.* Routledge.

Meguid, B. M. (2008). *Party Competition between Unequals: Strategies and Electoral Fortunes in Western Europe.* Cambridge University Press.

Minkenberg, M. (2017). "The radical right in public office: Agenda-setting and policy effects." in Mudde, C. (ed.). *The Populist Radical Right: A reader.* Routledge, 443–457.

Mudde, C. (2000). *The ideology of the extreme right.* Manchester University Press.

Mudde, C. (2007). *Populist Radical Right Parties in Europe.* Cambridge University Press.

Mudde, C. (2013). "The 2012 Stein Rokkan Lecture: Three Decades of Populist

Radical Right Parties in Western Europe: So What?." *European Journal of Political Research,* 52(1), 1–19.

Müller-Rommel, F. (1998). "Explaining the electoral success of green parties: A cross-national analysis." *Environmental Politics,* 7(4), 145–154. DOI: 10.1080/09644019808414428.

Müller-Rommel, F. & Poguntke, T. (eds.). (2002). *Green Parties in National Governments.* Frank Cass Publishers.

Müller, W. C. & Strøm, K. (eds.). (1999). *Policy, Office, or Votes?: How Political Parties in Western Europe Make Hard Decisions.* Cambridge University Press.

Oesch, D. & Rennwald, L. (2018). "Electoral competition in Europe's new tripolar political space: class voting for the left, centre-right and radical right." *European Journal of Political Research,* Online First.

Pedersen, M. N. (1979). "The Dynamics of European Party Systems: Changing Patterns of Electoral Volatility." *European Journal of Political Research,* 7(1), 1–26.

Pedersen, M. N. (1982). "Towards a New Typology of Party Lifespans and Minor Parties." *Scandinavian Political Studies,* 5(1), 1–16.

Przeworski, A. & Sprague, J. D. (1986). *Paper stones: A history of electoral socialism.* University of Chicago Press.

Przeworski, A. (2018). *Why Bother with Elections?.* Polity Press.

Rae, D. W. (1967). *The Political Consequences of Electoral Laws.* Yale University Press.

Riker, W. (1962). *The Theory of Political Coalitions.* Yale University Press.

Sassoon, D. (2014). *One Hundred Years of Socialism: The West European Left in the Twentieth Century.* I.B.TAURIS.

Schumacher, G. & van Kersbergen, K. (2016). "Do mainstream parties adapt to the welfare chauvinism of populist parties?." *Party Politics,* 22(3), 300–312.

Schwedler, J. (2011). "Can Islamists Become Moderates? Rethinking the Inclusion-Moderation Hypothesis." *World Politics,* 63(2), 347–376.

Strøm, K. (1990a). "A Behavioral Theory of Competitive Political Parties." *American Journal of Political Science,* 34(2), 565–598.

Strøm, K. (1990b). *Minority Government and Majority Rule.* Cambridge University Press.

Van Donselaar, J. (2017). "Patterns of response to the extreme right in Western Europe." in Mudde, C. (ed.). *The Populist Radical Right: A reader.* Routledge, 543–557.

Van Spanje, J. & Van Der Brug, W. (2007). "The Party as Pariah: The Exclusion of Anti-Immigration Parties and its Effect on their Ideological Positions." *West European Politics,* 30(5), 1022–1040.

Von Beyme, K. (1988). "Right-Wing Extremism in Post-War Europe." *West European*

Politics, 11(2), 1–18.

Von Neumann, J. & Morgenstern, O. (1944). *Theory and Games of Economic Behavior.* Princeton University Press.

Vossen, K. (2017). *The Power of Populism: Geert Wilders and the Party for Freedom in the Netherlands.* Routledge.

Zons, G. (2016). "How programmatic profiles of niche parties affect their electoral performance." *West European Politics,* 39(6), 1205–1229.

古賀光生（2013–2014）「戦略・組織・動員——右翼ポピュリスト政党の政策転換と党組織（1）–（6）」『国家学会雑誌』126（5・6）–127（3・4）。

サルトーリ、ジョヴァンニ（岡沢憲芙・川野秀之訳）（1995）『現代政党学——政党システム論の分析枠組み』〔新装版〕早稲田大学出版部。

中山洋平（2016）「福祉国家と西ヨーロッパ政党制の「凍結」——新急進右翼政党は固定化されるのか」水島治郎編『保守の比較政治学——欧州・日本の保守政党とポピュリズム』岩波書店、25–56頁。

野田昌吾（2016）「ドイツ保守政治空間の変容——キリスト教民主・社会同盟の「復活」とその背景」水島治郎編『保守の比較政治学——欧州・日本の保守政党とポピュリズム』岩波書店、195–217頁。

畑山敏夫（2016）「フランスの「欧州懐疑主義」と「再国民化」——「国家主権」をめぐる攻防」高橋進・石田徹編『「再国民化」に揺らぐヨーロッパ——新たなナショナリズムの隆盛と移民排斥のゆくえ』法律文化社、145–165頁。

馬場優（2013）「オーストリアのポピュリズム——ハイダーからシュトラッヘへ」高橋進・石田徹編『ポピュリズム時代のデモクラシー——ヨーロッパからの考察』法律文化社、190–207頁。

吉武信彦（2005）「デンマークにおける新しい右翼——デンマーク国民党を事例として」『地域政策研究』8（2）、21–50頁。

〔党綱領、選挙公約〕

Dansk Folkeparti. (2002). *The Party Program of the Danish People's Party.* [danskfolkeparti.dk/politik/in-another-languages-politics/1757-2/]（最終アクセス：2018.12.11）.

Lega. (2018). *Elezioni 2018・Programma di Governo.* [leganord.org/component/phocadownload/category/5-elezioni?download=1514:programma-lega-salvini-premier-2018].

Perussuomalaiset. (2011). *Fit for the Finns: The Finns Party's Elections Programme for the Parliamentary Election 2011 (Summary).* [perussuomalaiset.fi/wp-content/uploads/2013/04/perussuomalaisten_eduskuntavaaliohjelma_2011-english_ summary_2.0.pdf].

Perussuomalaiset. (2015). *The Finns Party's Immigration Policy.* [perussuomalaiset.fi/wp-content/uploads/2013/12/ps_immigration_final.pdf].

Perussuomalaiset. (2017). *The Finnish Workday is the Starting Point.* [perussuomalaiset.fi/wp-content/uploads/2013/12/finnish_working_day_is_the_starting_point.pdf]

〔専門家調査、データベース〕

Döring, H. & Manow, P. (2018). *Parliaments and Government database (ParlGov): Imformation on parties, elections and cabinets in modern democracies.* Development version. [parlgov.org].

Emanuele, V. (2015). *Dataset of Electoral Volatility and its internal components in Western Europe (1945–2015).* Rome: Italian Center for Electoral Studies. [dx.doi.org/10.7802/1112].

International Organization for Migration (IOM). (2015). *How the World Views Migration.* [gmdac.iom.int/how-world-views-migration].

〔世論調査〕

ARD. (2018.09.21). *Deutschlandtrend: Ist Seehofer eine Besetzung für sein Ministerium?.* [tagesschau.de/multimedia/bilder/crbilderstrecke-515.html]（最終アクセス：2018.12.30）.

INSA/YouGov. (2018.12.10). *Wenn am nächsten Sonntag Bundestagswahl Wäre.* [wahlrecht.de/umfragen/insa.htm].（最終アクセス：2018.12.11）.

YouGov. (2018.04). *EUI Topline Results April 2018.* [yougov.co.uk].

〔新聞記事〕

NEOpresse. (2018). *CSU fängt an, sich bei der AfD anzubiedern.* [neopresse.com/politik/csu-faengt-an-sich-bei-der-afd-anzubiedern]（最終アクセス：2018.12.30）.

首相の地位維持策としての内閣改造

京都大学大学院法学研究科特定助教　上條諒貴

本稿は、議院内閣制における「内閣改造」を、外部の政治状況の変化に応じた首相の人事権の戦略的行使と捉え、それが首相の地位維持にいかに資するかという観点から分析するものである。

まず、数理モデルを用いて、現政権（首相）への有権者からの支持が低下すると、大臣職を与えることによって首相からの政策的距離が遠い議員の支持を取り付けることが困難になり、首相は地位維持に必要な党内支持を獲得できる可能性に賭けて自らに政策的に近い議員を大臣に任命するようになるという仮説を導く。

その後、「東京大学谷口研究室・朝日新聞共同調査」および第一次安倍政権以降の日本の大臣人事データを用いた計量分析によってこの仮説を検証する。首相からの政策距離と内閣支持の交差項を含んだロジスティック回帰分析の結果、内閣支持が低下すると、経済政策に関する政策的距離が首相に近い議員の方が有意に大臣に任命されやすくなることが示される。

キーワード：議院内閣制、内閣改造、首相交代、数理モデル、計量分析

1. はじめに

議院内閣制における首相は、常に議会からの信任を必要とする。議会からの信任の喪失によっていつでも執政長官が交代しうるという点は、片一方の代表的執政制度である大統領制に対する最も顕著な違いの一つといえるだろう。比較政治学においては、大陸ヨーロッパの連立内閣を念頭に、主に政党間交渉という観点から議院内閣制における内閣や首相の交代の理解が試みられてきたが[1]、近年になって、首相と首相輩出党内の一般議員の関係からこうした議院内閣制のダイナミズムを理解しようとする研究

も現れてきた（Matsumoto and Laver 2015; Burden 2015; 上條 2017）。そこでは、党全体により大きな選挙上の利益をもたらすことができる党首への再委任として首相交代という現象が捉えられ、それゆえ分析の主眼は、委任をする一般議員側の誘因構造にあったと言えよう。

　しかし、一般議員が自らにとってより良い首相に委任先を変更するという誘因を持つ中で、首相にどういった対抗手段があり、それをいかに戦略的に用い得るのかを検討することも、議院内閣制において大きな意味を持つ首相交代という政治現象を理解するためには必要であろう。そこで本稿は、首相の「地位維持策」として、外部の状況変化に応じた首相の人事権の行使という側面を持つ「内閣改造（cabinet reshuffle）」の分析を行う。

　以下ではまず、なぜ首相の対抗策として内閣改造を取り上げるのかを説明した後、内閣改造に関する先行研究を整理しつつ理論的な問題点を検討する。その後、そうした問題点を考察するための数理モデルを構築することで、どのような議員を大臣に任命するかという首相の人事戦略が、政権への支持低下による党内からの交代圧力の増加に応じていかに変化するのかについての仮説を導出する。そしてその含意を日本の内閣データおよび政治家サーベイを用いて検証する。

2. 理論的検討

2.1 なぜ内閣改造か

2.1.1 大臣人事への着目——首相の党内統治における特別な困難

　首相は、議会解散権や信任投票制度といった執政制度上の権限（Cox 1987; Huber 1996）や、公認権などの党内制度上の権限（Bowler et al. 1999）など、多くの場合、党内の一般議員の反発を抑えうる複数の権限を持ち合わせている。しかし、こうした権限は、党内の一般議員からの首相（党首）交代圧力への対処としては必ずしも効果的でないと考えられる。

　まず議会解散権についていえば、首相への交代圧力が高まっているときは概して与党への支持も低下していることが多く、そのような場合には下野の危険があるため解散の脅しには信用性がなく、党内からの交代圧力を

抑えるのに効果的な手段ではないと考えられる。

また、造反といった一般議員の行動に条件づけて公認権などの権限を懲罰的に行使するという規律の方法も、首相（党首）が交代させられてしまえば、そのための権限は失われるため、一般議員がそうした脅しを恐れる必要はなく、効果的でないといえる。つまり、上述した諸研究が主に問題にしてきた議場内投票における一体性確保という局面に比して、首相交代を抑止するという局面においては、首相側に有効な対抗策が少ないという特別な困難が予想されるのである。

そこで本稿では、首相が自らの地位を守るために用い得るものとして首相の閣僚に対する人事権に着目する。大臣ポストが党内の議員にとって大きな価値を持つならば、現政権の存続を支持させる誘因づけ[2] を行うことが可能になり、首相交代を抑止することに資すると考えられる。

また、大臣の候補となる議員は通常、キャリアの長い、他の議員への影響力を持った議員である。そのため、大臣ポストの配分によって有力議員の支持を取り付けるという方法は、個々の議員の支持を何らかの利益供与によって取り付けるという方法に比して、より効率的であるということができよう。

以下ではまず、内閣改造に関する先行研究を整理することから問題の具体化を試みる。

2.1.2 内閣改造に関する先行研究

議院内閣制における大臣人事に関して最も多く研究蓄積があるのは、連立内閣における政党間のポスト配分[3]（portfolio allocation）に関する研究である。これらの研究は、選挙後の議席率、あるいはその関数である投票ウェイト（Ansolabehere et al. 2005 など）が基本的には政党間のポスト配分を規定するものと考え、政権形成時の交渉ルールの違い（Bassi 2013）などの個別の影響による逸脱を考察するものといえよう。

このように大臣人事に関する研究の中心が、議席率や政権形成交渉など政権発足時の要因を重視するものであったのに対し、内閣改造に関する研究は当然、政権発足後の状況変化を想定するものである。まず、内閣改造が、単なる人事慣行ではなく首相の何らかの戦略的判断の結果であることを示す研究がある。カムとインドリダソンは、ウエストミンスター諸国の

データを用いて、内閣改造が政権への支持が低下した時に行われやすいことを実証した（Kam and Indriđason 2005）。また、ヒューバーとマルティネス＝ガラルドは、首相の人事権が拘束されている程度が低いほど大臣の在任期間が短くなる傾向があることを示した（Huber and Martinez-Gallardo 2008）。これらの研究は首相が内閣改造を戦略的に用いていることを示しているといえよう。また、これらの研究がいわば内閣改造に政権への支持回復の効果があることを間接的に示唆したものであるのに対し、三輪の研究は、日本の世論調査データを用いて、内閣改造が行われたという情報が与えられると内閣を支持するという回答率が高まるという結果を示した（Miwa 2018）。

　しかし、首相が内閣改造をどのように用いるのかという点についての理論的検討は十分ではない。多くの研究は、大臣を首相の代理人とみなし、内閣改造を逆選択（Huber and Martinez-Gallard 2008）、あるいはモラルハザード（Indriđason and Kam 2008）への対処とみなしている。こうした見方は、大臣の選好などに関する新たな情報に基づく対応か、各大臣のパフォーマンスの観察に基づく対応かという違いはあれど、内閣改造を首相から見てより"良い"代理人への再委任とみなしている。とりわけモラルハザードについては、大臣のパフォーマンスと在任期間の間の正の関係を示す研究（Berlinski et al. 2010）や、パフォーマンスの悪い大臣の辞職が政権支持に正の効果を持つことを示した研究（Dewan and Dowding 2005）などがあり、実証的にも支持されている。こうした見方は重要ではあるが、パフォーマンスの低い大臣を挿げ替えることで支持の回復を図るという論理だけでは内閣改造を理解するには不十分であろう。なぜなら、そうして空いたポストを誰に割り振るのかという重要な問題が依然として残るからである。

　つまり、首相がいかに内閣改造を用いているのかを明らかにするためには、どのような人物を新たに大臣に任命するかという問題も考える必要がある。こうした大臣の選択（ministerial selection）についても研究の蓄積があるが [4]、そこでの関心は大臣への任命に結び付きやすくなる個人特性の検討であった。しかし再び本稿の問題意識からすれば、ここで考えたいのは、政権への支持低下など首相交代に結び付きうる状況変化によって首相の大臣ポスト配分戦略がいかに変化するかである。つまり、一般的に大

臣への任命に結び付きやすい個人特性を明らかにしたいのではなく、そうした特性の効果と外部の状況変化の交互作用に関心があるという点に、本稿と既存研究との違いがあるのである。

以上の議論より、本稿では、政権（首相）への支持低下という外部状況の変化に伴い、どのような議員を大臣に任命すべきかという首相の誘因構造が変化することから内閣改造が生じるものと捉える。以下では大臣の任命において首相にどのような考慮要素があるのかという理論的前提について議論し、議員の政策選好が重要な基準になると考えられることを示す。

2.2 大臣任命を取り巻く複雑性——先行研究の理論的問題
2.2.1 大臣ポストの多面性

本稿では大臣ポストを、党内議員に自分を支持させるために首相が用いる誘因づけの手段と考えていくが、大臣には程度の差はあれ政策的影響力があるために、例えば選挙資金の提供などの利益供与による誘因づけに比してより多様な面を持つ。つまり、大臣ポストを与えることは、それに付随する物質的利益や威信などにとどまらず、政策的利益を与えるという意味合いも持つと考えられる[5]。

大臣が政策に対する影響力を持つということは、首相と大臣の政策選好が乖離すると常に首相に損失が生まれることを意味するようにも思われる。しかし、首相からある程度独立した政策的影響力が大臣にある場合、首相は大臣人事を利用して政策位置の変更を信用できる形で有権者に示しうるとも考えられる[6]。例えば、自らの政策に対する世論からの支持が低下している場合、敢えて自らとは政策的に距離がある人物を大臣に任命することで、首相の座を維持しながら有権者からの支持回復を図るという戦略も考えられるのである[7]。

2.2.2 本人－代理人関係

2.2.1 で述べた、大臣の任命における戦略性の指摘は、そのまま内閣改造の先行研究に対する理論的な批判になっている。というのも、上述した通り先行研究は、内閣改造を本人である首相にとってより"良い（忠実な）"代理人への再委任とみなしているが、大臣の政策選好について、これを額面通り受け取れば、大臣の政策選好が不完備情報であることを前提

に、より首相の政策選好に合致した人物を探していくプロセスを示唆していると考えられる。しかし、政権（首相）への支持が低下しているときに、首相と一致した政策選好を持つ代理人を選び出すことがそもそも首相の利益になるのかは不明であり、2.2.1で述べたようにあえて政策の面では利益が一致しない者を大臣に任命することが合理的になり得るのである。

2.2.3 党内融和の視点

2.2.1、2.2.2の議論では、新たに任命する大臣の政策選好と有権者からの政権への評価の関係について議論したが、他方繰り返し述べているように、大臣ポストは議員にとって大きな価値を持つため、それを配分することによって党内からの支持を集めうるという観点も重要である。先行研究の中にも、内閣改造が党内からの首相への挑戦を食い止める効果を持ちうるということを指摘するものもあるが（Kam and Indriðason 2005）、実際のところ後者については多くの場合議論の射程外におかれている。

こうした点について尾野の研究は、内閣改造のみならず大臣ポストの配分一般を分析するものだが、有権者の政権支持と党内の派閥構造からみて、首相の基盤が磐石であるほど、首相派閥が大臣ポストに占めるシェアは大きくなることを示した（Ono 2012）。この分析結果は、大臣ポストをより多く非首相派閥に与えることで、首相への挑戦を抑止するという意図が大臣任命の際に働いていることを示唆している。こうした指摘は、大臣ポストの配分が首相の地位維持に貢献しうることを示す重要なものであるが、以下のような問題がある。まず、①大臣のシェアを従属変数にするという研究設計上、各議員の政策選好などの個人的特性は統制できていない。②大臣が首相派閥に属しているか否かということ自体は有権者からの政権への評価に何の影響も与えないと考えられるため、それだけで首相への挑戦の抑止になりうるのかは不明である。すなわち、政治的状況の変化に応じた首相の大臣ポスト配分の戦略性は、派閥といった党内集団の観点からだけでは捉えきれないことが示唆されるのである。

2.2.4 小括

ここまでの議論から、内閣改造においてどのような議員を大臣に任命すべきかという首相の選択の戦略性について、①誰を大臣にするかによって

有権者に対してコミットできる政策位置が異なる、②そうした政策位置の変化は有権者からの政権への支持に影響する、③大臣ポストの配分を用いた誘因づけによって党内支持の獲得が可能である、といった点が問題になる。これらの点から、本稿が着目する大臣（候補者）の政策選好が重要な変数になることは明らかであろう。政策位置についてはもちろん、大臣ポスト配分による個人的誘因づけについても、そもそも現政権の枠組を維持することにどれだけの利益を見出すかは、首相との政策距離によって強く左右されるはずだからである。

　そこで、大臣の選任基準となり得る特性は様々あり得るものの、次項では単純な数理モデルを用いて、上記の①〜③を考慮に入れつつ、どういった政策選好を持つ者を大臣に任命するかという点に焦点を絞って分析を行う。

2.3　フォーマルモデル

　以下では、現政権（首相）に対する有権者の支持が低下した場合に、首相の大臣ポスト配分戦略にどのような変化があるかを考察するための数理モデルを構築する。紙幅の都合上、数理的表現の詳細は Online Appendix を参照されたい[8]。

　プレイヤーは現首相 P（*Prime minister*）、議員（大臣候補者）L_1, L_2（*Legislator*）、（潜在的な）新首相 NP（*New Prime minister*）である。

　次に、各プレイヤーの戦略と、その組み合わせから生じる帰結について説明する。ここでの分析の焦点は、有権者からの支持の低下に直面した首相が、自らと政策選好が近い者と遠い者のいずれを大臣に任命するかということである。よって現首相 P の戦略は、有権者からの支持を観察したうえで、自らと政策選好を同じくする者（L_1）か、自らと離れた政策選好を持つ者（L_2）を大臣に任命するかのいずれかであるとする（$S_P = \{L_1, L_2\}$）。同様に、首相交代が起こった場合の新首相 NP についても自らと政策選好を同じくする者（L_2）か、自らと離れた政策選好を持つ者（L_1）のいずれかを大臣に任命するものとする（$S_{NP} = \{L_1, L_2\}$）。このような戦略についての設定に加えて、選好配置[9]について $X_P = X_{L_1} = 0$, $X_{NP} = X_{L_2} \in \left(0, \frac{1}{2}\right); X_O = 1$（*O*＝野党（*Opposition*））を仮定する。

　また、こうした P, NP の戦略によって、P 政権、NP 政権における政策位置 Y が以下の様に定まるものとする[10]。

$$Y_{P,S_P} = rX_P + (1-r)X_{S_P} \quad \{r \in (\frac{1}{2}, 1]\} \quad P\text{政権下での政策位置}$$
$$Y_{NP,S_{NP}} = rX_{NP} + (1-r)X_{S_{NP}} \quad\quad\quad\quad NP\text{政権下での政策位置}$$

すなわち、各政権の政策位置は、首相と任命した大臣の理想点の加重平均によって表現される[11]。これを図示したのが以下である。

図1　政策選好及び政策位置

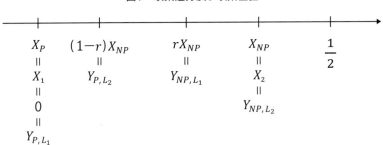

ここで説明が必要なのは、①$X_P(=X_{L_1}=0)$より$X_{NP}(=X_{L_2})$の方が野党の理想点X_Oに近く、②「現首相Pから離れた政策選好を持つ者」というときにX_{NP}の方向だけを考えるという点であろう。この点については、本稿のモデルでは単純化のために選挙過程を明示的にモデル化しないが、黙示的に空間モデルを想定していることから生じている。つまり図1のような一次元の政策空間を想定した時、現首相Pへの支持が低下する、とは有権者の理想点[12]が野党の理想点に近づいていく方向にシフトすることと解釈できる[13]。よって、首相の交代あるいは大臣の任命によって有権者にとってより好ましい政策位置にコミットするという戦略が意味を持つためには、$X_P < X_{NP}$, $X_P < X_{L_2}$が必要となると考えられるのである。

次にLについて述べると、Lの戦略は、Pによる大臣ポストの配分を観察したうえで、Pを支持するかNPを支持するかである（$S_{L_1} = S_{L_2} = \{P, NP\}^2$）。冒頭で述べたようにここでいう$L_1, L_2$は大臣候補者であり、末端の議員の決定に対する影響力のある議員と考え、単純化のため、P政権の存続はL_1, L_2の意思決定のみに依存すると仮定する。以下では、L_1, L_2にとってPとNPはそれぞれが（将来）もたらす効用によって同様に評価される対象と考えていくが、Pは党内の多数派に支持されたがゆえに現在その地位に

いるという意味で、いわば挑戦者であるNPとは党内基盤が非対称である
とも考えられる。そこで、本稿のモデルにおいては、Pが政権を維持する
ためにはL_1, L_2いずれかの支持があればよいが、NPへの首相交代には
L_1, L_2双方の支持が必要であると仮定する。

　以上の前提の下、各プレイヤーの効用について述べる。まずPおよび
NPの効用について、首相職に就くこと自体から得る効用Rを想定する。
本稿のモデルは、首相が地位維持のためにどのような戦略をとるかを分析
することが目的であるため、Rはその他の要素から得る効用に比べて十分
大きいと仮定する。したがってPおよびNPは常に首相の座を維持する確
率を最大化する戦略をとる。首相の座を維持する確率に違いがない時、
P, NPは各政権での政策から得る効用も考慮に入れる。ただし、政策選好
は大臣の選任における重要な基準の一つであると考えられるが、その他の
個人特性や首相との人間関係など、他の選任基準もありえ、そういった政
策選好以外の基準で高く評価されるものを選任することからより高い効用
を得ることも考えられる。そこで、ここでは単純に、L_1, L_2のうち、政策
選好以外の要素において相対的に好ましい者を大臣にした場合には、政策
から独立した一定の効用$\gamma_P (\gamma_{NP})$を得るとする。この非政策的効用γにつ
いて、P, NPがそれぞれL_1, L_2のいずれを任命することから効用を得るのか
には属人的な要素も大きく影響し、外部からの把握が困難なものと考えられ
る。そこで、P, NPにはそれぞれ2つのタイプ$t_k = \{1, 2\}$ $(k = P, NP)$が存
在するとし、タイプ1の場合(P_1, NP_1)にはL_1を任命することから、タイ
プ2の場合(P_2, NP_2)にはL_2を任命することから効用γを得るとし、それ
ぞれの事前確率[14]は$Pr(t_k = 1) = \frac{1}{2}$であるとする。効用の一般的表現
は Appendix 1 に譲り、ここではL_2を任命した場合のP_1の期待効用、L_2を任
命した場合のNP_2の期待効用を例示する。

$$EU_{P_1}(L_2) = W_{P, L_2}\{-|Y_{P, L_2} - X_P| + R\} + (1 - W_{P, L_2})(-|X_O - X_P|)$$
$$(P政権が維持された場合\,^{[15]})$$
$$EU_{NP_2}(L_2) = W_{NP, L_2}\{-|Y_{NP, L_2} - X_{NP}| + \gamma_{NP} + R\}$$
$$+ (1 - W_{NP, L_2})(-|X_O - X_{NP}|)$$

なお、W_{P, L_2}はL_2を任命した場合のP政権の、W_{NP, L_2}はL_2を任命した場

合のNP政権の選挙における勝利確率を表す。

　対して、L_1, L_2は政策から得る効用に加えて、各政権で大臣に任命されれば効用δを得る。ここでも具体的に、P政権で大臣に任命され、NP政権に交代した場合にはNP_1ならばL_1が、NP_2ならばL_2が任命されることが予測される場合のL_2の期待効用を例示すると、以下のとおりである。

$$
EU_{L_2} =
\begin{cases}
W_{P,L_2}\{-\left|Y_{P,L_2}-X_{L_2}\right| + \delta\} + (1-W_{P,L_2})(-\left|X_O-X_{L_2}\right|) \\
\qquad （P政権が維持された場合） \\[6pt]
\dfrac{1}{2}[W_{NP,L_1}\{-\left|Y_{P,L_2}-X_{L_2}\right| + (1-W_{NP,L_1})(-\left|X_O-X_{L_2}\right|)\}] \\
+ \dfrac{1}{2}[W_{NP,L_2}\{-\left|Y_{NP,L_2}-X_{L_2}\right| + \delta\} + (1-W_{NP,L_2})(-\left|X_O-X_{L_2}\right|)] \\
\qquad （首相交代が起こった場合）
\end{cases}
$$

　各プレイヤーの効用はこのように表されるが、具体的にその大小関係を求めるためには選挙での勝利確率Wについて仮定を置く必要がある。本稿では単純化のため、その分布を特定するということはせず、以下のように二つの状況を想定し、その比較によって含意を導く。具体的には、

　　<u>モデル1</u>（P政権への有権者からの支持が高いとき）においては、
$$W_{P,L_1} = W_{P,L_2} = W_{NP,L_1} = W_{NP,L_2}$$
　　<u>モデル2</u>（P政権への有権者からの支持が低いとき）においては、
$$W_{P,L_1} < W_{P,L_2} < W_{NP,L_1} < W_{NP,L_2}$$

であるものとする。こうした仮定の背後には、上述したような一次元の空間モデルがある。つまり、有権者の理想点がPの理想点に十分近く、有権者からの支持が磐石な場合、大臣の政策位置を操作したり、首相を交代させたりすることによってより野党の方向に近い政策にコミットすることは選挙での勝利確率に影響を与えない[16]と考えられる。これに対して、有権者の政権への政策的支持が低下し、有権者の理想点が野党の方向にシフトすると、より有権者に好まれる政策にコミットする必要性は大きくなる。図1で示したように、$Y_{P,L_1} < Y_{P,L_2} < Y_{NP,L_1} < Y_{NP,L_2}$の順に与党の政策位置は野党の理想点の方向に近づくので、選挙での勝利確率もこの順に大

きくなると仮定する。

　最後に、あらためてゲームの流れを示しておくと以下のようになる。

〇タイムライン
（⓪すべてのプレイヤーが有権者の政府への支持を観察する（モデル1、
　モデル2いずれをプレイしているかはすべてのプレイヤーの共有知識））
①自然がP, NPのタイプを決定する（いずれも自分以外のプレイヤーは観
　察できない）
②PがL_1, L_2のいずれかを大臣に任命する（内閣改造）
③L_1, L_2がそれぞれP政権を維持することを望むか、NP政権への交代を望
　むか表明する
④L_1, L_2のいずれかがP政権の維持を望んだ場合P政権が維持され、P政権
　の下で選挙が行われる。L_1, L_2双方がNP政権への交代を望んだ場合、
　首相交代が起こり、NPがL_1, L_2のいずれかを大臣に任命したのち選挙
　が行われる。

　以上の設定の下、二つのモデルの均衡[17]を求める。まず、モデル1（P
政権への有権者からの支持が高いとき）の均衡から以下を得る。

<u>命題1</u>　モデル1の均衡において、PがL_1, L_2のいずれを大臣に任命する
　　　　かは、Pのタイプとγ_Pの大きさに依存する。

　命題1は、有権者からのP政権への支持が高く、与党の政策位置の変化
が選挙での勝利確率に影響を与えないとき、L_1, L_2のいずれもPによって
大臣に任命される場合があること、言い換えればPによる大臣の任命には
大きな自由度があることを意味している。
　NPの決定から遡ってこのメカニズムを説明しよう。このとき、NPによ
る大臣の任命にもまた大きな自由度がある。つまり（1）政策の重要度が
高い（γ_Pが小さい）場合にはいずれのタイプのNPも政策選好を同じくす
るL_2を任命し、（2）政策以外の要素の重要度が高い（γ_Pが大きい）場合
は、タイプに合致するようそれぞれL_1, L_2を任命する。
　LはこうしたNPの決定を予想して戦略を選択するが、ここで重要なの

は、どのような場合であっても L の少なくとも一方が P を支持し、P 政権が存続するということである。なぜなら、上記（1）の場合、L_1 は NP のタイプがいずれであっても NP 政権では大臣に任命されないことが予想されるため、仮に P 政権下でも大臣に任命されなかったとしてもより政策的に近い P を支持する。対して上記（2）の場合、L の双方とも NP 政権下で大臣に任命される見込みは半々である。よって、①L にとっての大臣の価値が大きければ、P が大臣に任命した方が P を支持し、②L にとっての大臣の価値が小さければ、やはり政策的に近い L_1 が P を支持するからである。

このように、P の大臣の任命に関わらず P 政権が存続するため、P もまた、政策／非政策的要素のいずれを重視するかに応じて大臣職を配分できるのである。

こうした命題１の含意は直観にも合致するものである。インフォーマルに言えば、政権への支持が磐石であり、大臣の任命や別の首相への交代が与党の選挙での勝利確率に影響を与えないのなら、与党が P を交代させる誘因は小さく、党内からの圧力におびえなくともよい P は自身の選好に従って自由に大臣を任命できるのである。

では、有権者の P 政権への支持が低下した結果、誰が首相であり、大臣であるかが選挙での勝利確率に影響を与えるようになったとき、首相の大臣職の配分にはどのような変化が起こると考えられるのだろうか。モデル２（P 政権への有権者からの支持が低いとき）の均衡から以下を得る。

命題２　モデル２において、L にとっての大臣職の価値 δ が大きいとき、そしてその時に限り P 政権が存続する均衡が存在する[18]。その均衡において P による大臣の任命はタイプと γ_P の大きさに依存せず、常に政策選好が一致する L_1 を任命する。

命題２は、有権者からの P 政権への支持が低下し、与党の政策位置が選挙での勝利確率に影響を与えるようになると、P の大臣の任命における自由度は失われ、政権の存続を図るためにはタイプと γ_P の大きさに関わらず常に政策選好の近い L_1 を大臣に任命しなければならなくなることを意味している。

再び NP の決定から遡って説明しよう。この場合首相職にとどまること

を最優先するNPは、タイプに関わらず、より大きな勝利確率をもたらすL_2を常に大臣に任命することになる。インフォーマルに言えば、P政権への支持が低下しているとき、現首相Pおよび選好を同じくするL_1の理想とする政策は、有権者から見てかなり不人気なものになっているため、そうした政策選好を持つL_1を大臣ポストに据えることは、選挙戦略上誤った政策位置にコミットしてしまうことを意味する。よって、仮に非政策的効用がNPにとって重要であり、L_1がより大きな非政策的効用をもたらすとしても、不人気な現首相Pと政策選好を同じくするL_1を大臣に任命する人事戦略上の余裕はなくなるのである。

　NPがタイプに関わらずL_2を任命するようになるという予測はL双方の行動に変化をもたらす。まずL_1について、モデル1とは異なり、首相が誰になるかによって選挙での勝利確率に違いが出るため基本的にNPを支持する誘因を持つ。しかし他方で、NP政権においては大臣に任命される見込みがないので、δが十分大きい場合、現政権で大臣に任命されるならばPを支持し、されなければ上述の理由によりNPを支持する。より重要なのはL_2の誘因構造である。このときL_2はNP政権下でも大臣に任命されることが確実視されるので、仮に現政権下で大臣に任命されても、大臣職から得る効用は両政権で等しく、他方、政策から得る効用はNP政権下の方が大きく、選挙での勝利確率もNP政権に移行した場合の方が高いため、常にNPを支持することになる。すなわち、L_2に関していえば、δが"どれだけ大きくとも"、NP政権でもポストが得られるL_2に対してPを支持させる誘因づけにはなりえないのである。

　ここから明らかなように、Pから見ると、L_2に大臣職を配分することにより選挙での勝利確率は上昇するものの、それはL_2の支持を得ることにはつながらない。他方L_1は大臣職を配分した時に限りPを支持する（可能性がある）ので、Pはタイプとγ_Pの大きさに関わらず、常に政策選好が一致するL_1を大臣に任命するしかないのである。

　命題2のメカニズムが意味しているのは、仮に大臣の交代によって有権者からの支持回復を図るということが可能であったとしても、首相（党首）交代というオプションが一般議員側に存在することが、そうした戦略の有効性に制約をかけるということである。つまり、政権への支持回復のために大臣になってもらいたい議員にとっては、より政策選好が一致して

おり、有権者にもよりアピールできる新政権に移行する方が、現政権の枠組のなかで大臣ポストを得るより好ましく、またそういった状況下では新政権下でもポストが得られる見込みが大きいので、彼らに大臣ポストを配分するということは党内支持調達のための資源を浪費してしまうことになるのである。そのため、*P*が党内からの支持を保つために大臣ポストを用いてできることは、政策的に近いためそもそも自らを支持する誘因が相対的に大きく、加えてそのような選好の近さゆえに潜在的な次期政権ではポストを得られないであろう議員にポストを配分することにより党内支持の維持に賭けるという戦略[19]に限られるのである。

　数理モデルから得られた以上のような二つの含意は、より実証に適した以下の様な仮説に言い換えられる[20]であろう。

仮説　（他を一定とすると）有権者からの政権への支持が低下した場合、
　　　　首相と政策選好が近いものが大臣に任命されやすくなる

　次節では、この仮説を検証する。

3. 実証分析

3.1 データ

　本節では、日本の内閣データを用いて、上記の仮説を検証する。日本のデータを用いる理由は、本稿の鍵変数である政策選好の推定を可能にする政治家サーベイのデータが利用できることに加えて、閣僚人事に影響することがしばしば指摘される[21]が特定することが難しい、党内集団（派閥）のメンバーシップに関するデータが存在するためである。

　首相との直接の信任関係があることおよび首相の人事への影響力を考慮し、分析の対象は、各内閣及び改造内閣発足時における与党第一党所属の衆議院議員[22]に限定する。すなわち分析単位は内閣（首相就任時の内閣＋改造内閣[23]）×与党第一党（首相輩出党）議員である。分析期間は政治家サーベイの利用可能性の制約から、2006年9月に発足した第一次安倍内閣[24]から、2017年8月に発足した第三次安倍第三次改造内閣まで

を対象とする。

①従属変数

従属変数は、各内閣及び改造内閣において、大臣[25]に任命されれば1、そうでなければ0をとるダミー変数である[26]。

②独立変数

前節で述べたように、本稿における仮説は、有権者からの政権への評価が変化すると、議員の政策選好（首相からの政策距離）が大臣の任命に与える効果も変化するというものであり、政策距離と政権支持の交互作用を主張するものであるといえる。そこで両者をそれぞれ操作化し、その交差項も含めてモデルに投入する。

・首相からの政策距離

首相からの政策距離については、まず東京大学谷口研究室・朝日新聞共同政治家調査[27]における6つの質問項目に対する回答を主成分分析にかけ、主成分得点を計算した[28]。この結果から第1主成分を安全保障に関するもの、第2主成分を経済に関するものと解釈し、それぞれについて首相の値からの差の絶対値をとり、「首相からの政策距離（安保）」、「首相からの政策距離（経済）」として含んだモデルを推定する[29]。

・内閣支持

内閣支持については内閣総理大臣官房広報室『世論調査年鑑』に基づき、首相就任月と改造前月の内閣支持率の差を投入する[30]。

③統制変数

統制変数については、大臣の選任に関する研究（濱本2015など）でしばしば投入される3種類の変数と政権ダミーを投入する。

・首相派閥ダミー、首相派閥ダミーと内閣支持の交差項

尾野が指摘しているように、政権への支持が低下した場合は、非首相派閥へのポスト配分を増やす誘因が働きうる（Ono 2012）ので、首相派閥ダミー[31]および内閣支持との交差項を投入した。首相派閥ダミーは自民党議員については『国会便覧』、民主党議員については濱本（2015）の補遺に基づいて作成した。

- 当選回数、年齢
  当選回数、当選回数の二乗値、及び年齢を投入する
- 性別
  女性であれば1をとるダミー変数を投入する。
- 政権（首相）ダミー
  政権（首相）毎の要因を統制するため政権（首相）[32]ダミーを投入する

各変数の記述統計は以下の通り。

表1 記述統計

variable	mean	sd	max	min
当選回数	3.388203	2.697181	16	1
年齢	52.94747	11.08779	84	27
性別	0.104701	0.306195	1	0
内閣支持	−9.0805	10.73795	0.2	−31.9
首相派閥	0.153477	0.36048	1	0
距離（安保）	1.113557	0.917289	6.406123	0.000462
距離（経済）	0.8747483	0.731079	4.637839	0.000806

3.2 分析方法

本稿の分析における従属変数は二値変数であるため以降ではロジスティック回帰分析を用いて推定を行う。ただし、データの中には同一の議員が複数回含まれるため、これをパネルデータとみなして上記の変数では統制しきれない議員固有の影響を考慮することが望ましい。サンプルサイズに対して相異なる議員の数が多く、また主要な独立変数である政策選好の議員内分散も小さいという理由から固定効果推定を用いることが困難であったため、ここでは変量効果モデルを用いて推定を行った。

3.3 分析結果

ロジスティック回帰分析の結果を示したのが表2である。まず政策距離

と内閣支持の変数を見ると政策距離（経済）と内閣支持の交差項が1以上のオッズ比を得ており、これは1％水準で有意である。これに対して、安保の交差項は有意ではなく、経済の交差項について以下で行うのと同様のシミュレーションを行っても仮説を支持する結果が得られなかった。

表2　分析結果

変数	オッズ比
当選回数	12.10*** (2.895)
当選回数2乗	0.872*** (0.0146)
年齢	0.960** (0.0157)
性別	3.172** (1.767)
内閣支持	0.982 (0.0142)
首相派閥	1.375 (0.545)
首相派閥＃内閣支持	1.019 (0.0289)
政策距離（安保）＃内閣支持	0.990 (0.00917)
政策距離（安保）	0.933 (0.137)
政策距離（経済）＃内閣支持	1.033*** (0.0120)
政策距離（経済）	0.952 (0.177)
N	5,421
（相異なる）議員数	742
内閣数	19
対数化尤度	−688.9

（　）内は議員を単位としたクラスター頑健標準誤差
*** $p<0.01$, ** $p<0.05$, * $p<0.1$

　つまり、経済争点に関する政策選好に関してのみという形ではあるものの、仮説は部分的な支持を得たといえよう。ただし表内で交差項自体の有意性は示しているものの、ロジスティック回帰分析のような非線形モデル、とりわけその交差項については効果量、有意性ともに直観的な理解が難しいため、このままではどのような結果が実際には得られているのか解釈が困難である。そこで、その他の変数の値を平均的な値[33]に固定し、

政策距離（経済）が各議員の大臣への任命確率に与える効果が、内閣支持とともにどう変化するかをシミュレートし、推定値と 95% 信頼区間を示したのが図 2 である。

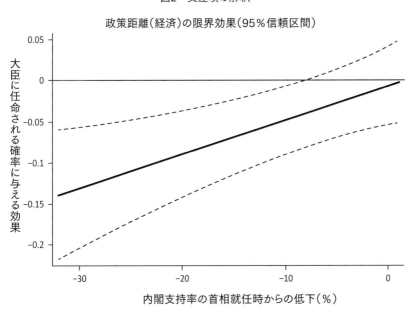

図2　交差項の解釈

　図から、首相就任時と内閣支持率が変わらない場合、首相との政策距離が 1 単位大きくなることは有意な効果を持たないが、例えば支持率が就任時から 20% 低下した場合には、首相との政策距離が 1 単位離れることは、大臣に任命される確率を平均して約 10% 下げる有意な効果を持つことが分かる[34]。つまり、政権への支持が低下すると、首相が政策選好の近い者を大臣に任命するようになるという仮説は経済政策に関する政策選好に関していえば[35]、支持されているといえる。

4. 結論

　本稿では、有権者からの支持を失い、一般議員からの交代圧力にさらされている場合に首相はいかなる手段を講じうるのかという観点から、内閣改造について検討した。大臣ポストの配分は、影響力のある有力な議員に対する強力な誘因づけになりうるという利益配分としての側面のみならず、大臣の政策的影響力ゆえに有権者からの政府への評価も変化させうる重大な決定である。本稿ではこうした多様な面を考慮しつつ、首相は有権者からの支持低下が進むと、自らと政策的に近い者を大臣に任命しやすくなるという仮説を導き、経済政策に関する政策選好に限定されるものの実証的に支持された。

　こうした結果は、首相が地位維持のために戦略的に大臣人事を用いていることを示唆しているといえるが、大臣の人事権という強力な権限も、地位維持策として極めて有効とはいいがたいというのがむしろその含意であろう。というのも、ここで示唆された首相の戦略とは、有権者からの支持の低下という本質的な問題には効果的な手を打てず[36]、自らをそもそも支持する誘因が大きい政策選好の近い議員に利益として大臣ポストを配分することで、党内の支持をつなぎとめる可能性に賭けるという消極的な手段ともいえるからである。

　これは、①現政権が政策的に不人気な場合、大臣を交代させるより、首相自体が交代することの方が、与党の支持回復のためには効果的であり、②そうした潜在的な新政権に適合的な政策選好を持つ（よって政策的に不人気な現首相とは政策的に遠い）議員は、新政権に移行する方が大きい効用が得られるため、大臣ポストによる懐柔が困難であるという理由による。

　本稿の分析は、党内からの交代圧力に対する首相の対応の一つの在り方を示したが、その過程の中で、党内の一般議員を抑え首相の地位を維持することの困難さをあらためて示したものと言えよう。

〔謝辞〕本稿は日本政治学会 2018 年度研究大会分科会 C1「内閣・政党

組織と選挙」における報告を加筆・修正したものである。討論者の稗田健志先生・濱本真輔先生、司会の藤村直史先生からは貴重なコメントをいただいた。加えて、査読の過程において二名の匿名の査読者の方からも貴重なご指摘をいただいた。ここに記して感謝申し上げる次第である。

〔付記〕本稿は JSPS 科研費 JP18H05663 による研究成果の一部である。

---

[1] 代表例として Lupia and Strøm (1995) など。

[2] 人事権自体は前述したような事後的な規律の文脈でも議論されている (Kam 2009)。

[3] ここでは政党間の資源配分に着目した議論を紹介したが、大臣の政策的影響力を重視して政権の形成可能性や安定性を議論するものとして Laver and Shepsle (1996) などがある。

[4] 簡潔なレビューを含むものとして Smith and Martin (2017)、任命において重視される要素と選挙制度の交互作用を検討したものとして Pekkanen et al. (2014)、議員の政策選好に関するデータを含んだ分析として、Kam et al. (2010)、濱本 (2015) を参照。

[5] Martin (2016) は、さらに大臣職についていること自体が選挙での得票上の利益を生むという実証結果を報告している。

[6] こうした大臣の政策選好の違いによる選挙への影響を考慮に入れながら民主主義／権威主義体制における大臣の交代を数理的にモデル化したものとして Quiroz Flores and Smith (2011) を参照。

[7] 以下ではこのように大臣の政策選好を操作することが有権者の政権への認識や評価に影響を与えることを理論的前提にしていくが、この前提の妥当性については注 10 を参照。

[8] 筆者の web ページ (https://sites.google.com/view/akitaka-kamijo/) を参照。

[9] 各プレイヤーの理想点を X_i であらわす。

[10] 本稿では首相と大臣の政策選好によって政府の政策位置が決まると仮定する。新たな大臣の任命によって政府の政策位置に対する有権者の認識が変化するというのはとりわけ強い仮定だが、実際に本稿のモデルの結論が導かれるために必要なのは、①首相の交代により政策位置が変化する、②首相交代が起こった時、新首相が自らと政策位置を同じくする者を任命した場合の方が前首相と政策位置を同じくする者を任命した場合より政策位置が大きく変化するという二つの仮定のみであり、この二つはより穏当なものということができよう。実証的にも、党首の交代は有権者による政党の政策位置の認知に有意な影響を与えているこ

とが示されており (Fernandez-Vasquez and Somer-Topcu 2017)、特定の政策選好を持つ大臣の任命によって政府の政策方針を明示したとされる歴史的な例はしばしば指摘される (King and Allen 2010 などを参照)。

[11] $r \in (\frac{1}{2}, 1]$ は、大臣の政策的影響力には違いがあれど、最低限首相の方が相対的に大きい政策的影響力を持つことを意味する。

[12] 正確には有権者の理想点の確率分布の平均である。有権者の政策帰結に対する選好に外生的な変化が起こったと考える必要は必ずしもなく、有権者の置かれた情報環境の変化等により与党 − 野党の政策に対する相対的な好みが変化した（あるいはそれに対する政治家の認識が変化した）と考えてもよい。

[13] この点からも明らかなように、野党の理想点を $X_0 = 1$ とするという仮定は、仮に野党が一次元の政策空間で与党の両側に存在するとしても、首相への支持の低下によって支持を増やすのはそのどちらか一方のみであるという考慮による。

[14] といっても、こうしたタイプの違いがあっても、P による大臣の任命は観察可能なため、実際には NP のタイプの違いが L の選択に影響するだけである。そして L よりあとに NP が行動するために NP のタイプの違いについて L が情報を更新する機会もないので、L はこの初期信念のみに基づいて、NP 政権下での期待効用について予測を行うことになる。

[15] Appendix 1 で示すように、R についての仮定から、NP 政権に交代した場合の P の効用は重要でないので、ここでは P 政権が維持された場合の効用のみを示す。

[16] つまりいずれにせよ勝利することが期待できるということである。

[17] 本稿のモデルは、異なるタイプを持つプレイヤーが存在する不完備情報の展開形ゲームであるため、均衡概念としては完全ベイズ均衡を用いる。ただし、注 14 で述べたように、こうした不完備情報が持つ意味は大きくなく、専ら記法上の技術的な要請であると言え、ほぼ完全完備情報ゲームと同様に捉えることができる（よって、例えば事前確率の値を変更してもモデルの含意は変わらない）。

[18] この δ に関する条件が満たされないとき、L 双方ともに P の戦略に関わらず常に NP を支持し、必ず首相交代が起こるため P は両戦略について無差別になる。この点については注 19 を参照。

[19] 本稿のモデルにおいては、単純化のために δ の値を共有知識としており、それゆえ P 政権が存続する均衡が存在するためには δ の値が外生的な閾値を超えることが必要である（ここでは仮に δ^* としよう）。そのような均衡経路上では P 政権が確実に存続する。ここでの分析の目的に対してはこのような定式化で十分であろうと考えるが、やはり、結果に不確実性がないことに疑問を覚えることもあるであろう。そのような問題は δ の値は L の私的情報であり、P は例えば δ が分布関数 F に従っているということだけを知っているという仮定を導入することで解決できる。このような拡張を施しても、（δ^* が F のサポートに含まれている限り）モデル 2 の含意は変わらない。なぜなら上述したように L_2 は δ がどれだけ大きくても大臣職の配分によって P を支持するようになることはないため、やはり P が L_2 を任命する誘因はないからである。L_1 を任命した場合は確率 $1 - F(\delta^*)$ で P

政権が存続し、確率 $F(\delta^*)$ で首相交代が起こる。

[20] 数理モデルの含意は実証上、①支持が低下した場合は L_1 のみが任命されるので、支持が低下した場合、平均的には選好が近いものの方が任命されやすい、②モデル 1 で L_1 が選択されている場合を、支持が低下した場合でも改造が行われないというように解釈すれば、実際に観察された内閣人事には仮説が述べたような人事戦略の変化があらわれる、という 2 通りに解釈しうる。

[21] 例として Ono (2012)、Ceron (2014) など。

[22] 首相及び衆議院議長は除外する。

[23] 日本においては、内閣改造が行われると報道がなされ、『国会便覧』等においても「改造内閣」という形で明確に記述されるためあまり問題にならないが、一般には何が「内閣改造」に当たるかが問題になり得る。本稿では、単一の大臣の辞任・更迭・死去などによる交代は内閣改造に含めていない（同様の定義として Kam and Indridason 2005 を参照）。分析対象となった内閣・発足日などの一覧は Appendix 2 を参照されたい。

[24] 後述する東大朝日調査は 2003 年から利用可能だが、小泉元首相が過去全ての調査において政策に関する質問に回答していないため、分析から除外している。

[25] 正確には大臣・副総裁・幹事長・総務会長・政調会長を「大臣ポスト」として扱っている。Ono (2012) も参照。

[26] データは首相官邸ホームページ (https://www.kantei.go.jp/jp/rekidaisouri-index.html) より作成した。

[27] http://www.masaki.j.u-tokyo.ac.jp/utas/utasindex.html より利用可能である。

[28] 紙幅の都合上、利用した質問や主成分分析の結果については Appendix 3 を参照されたい。

[29] なお無回答による欠損値については、東大朝日調査が議員サーベイとしては異例なほど高い回答率を誇ることに加え、欠損の殆どが調査自体（すなわちすべての項目について）に無回答であることから生じているため、多重代入などの方法は取らず、一度も回答がしたことがない議員についてはそのまま欠損値として扱い、他の回の調査において回答したことがある場合は最も時間的に近接している調査の回答によって補完するという原始的な方法をとった。

[30] よって首相就任時の内閣については 0 になる。

[31] 実際には自民党内の慣行により、首相、党役員等に就任した際に派閥を抜けることが常態となっている。そこで、より実態を反映したものにするために、政権発足、内閣改造直前の『国会便覧』で無派閥となっていても、その直前に派閥に所属していればその派閥に所属しているものとして扱っている。

[32] ここでいう政権とは就任から交代までであり、総選挙により中断されるものとは考えない。ここでは関心から外れるため係数は報告していない。

[33] 正確には、当選回数、年齢、性別については、大臣の平均的な数字である当選 7 回、60 歳、男に固定した。

[34] これが政策距離 1 単位の効果であるが、内閣支持が最大の 32% 低下した場合、

首相との政策距離（経済）が最大値の 4.5 をとる議員が大臣に任命される確率は約 1.2% なのに対して、距離 0 をとる議員は 37.2% となる。これに対し、内閣支持が全く低下していない場合、両者の任命確率に有意な差は存在しない。

[35] 安全保障について有意な結果が出なかった原因としては、①大臣の多くは内政担当であり経済政策の方が関連度が高いこと、②安全保障問題のセイリアンスには時期的な違いがあり、特に憲法問題も含めて着目されることが多くなった第二次安倍政権以降は支持率が大きく低下していないこと、などが考えられる。

[36] ただし、先行研究が着目していたように、不人気、あるいはパフォーマンスの低い大臣を替えることには支持回復の効果があり得る。

❖ 参考文献

Ansolabehere, Stephen, James M. Snyder, Aaron B. Strauss, and Michael M. Ting. 2005. "Voting Weights and Formateur Advantages in the Formation of Coalition Governments." *American Journal of Political Science* 49(3): 550–63.

Bassi, Anna. 2013. "A Model of Endogenous Government Formation." *American Journal of Political Science* 57(4): 777–93.

Berlinski, Samuel, Torun Dewan, and Keith Dowding. 2010. "The Impact of Individual and Collective Performance on Ministerial Tenure." *The Journal of Politics* 72(2): 559–71.

Bowler, Shaun, David M. Farrell, and Richard S. Katz, eds. 1999. *Party Discipline and Parliamentary Government.* Ohio State University Press

Burden, Barry C. 2015. "Economic Accountability and Strategic Calibration: The Case of Japan's Liberal Democratic Party." *Party Politics* 21(3): 346–56.

Ceron, Andrea. 2014. "Gamson Rule Not for All: Patterns of Portfolio Allocation among Italian Party Factions." *European Journal of Political Research* 53(1): 180–99.

Cox, Gary W. 1987. *The Efficient Secret: The Cabinet and the Development of Political Parties in Victorian England.* Political Economy of Institutions and Decisions, Cambridge University Press.

Dewan, Torun, and Keith Dowding. 2005. "The Corrective Effect of Ministerial Resignations on Government Popularity." *American Journal of Political Science* 49(1): 46–56.

Fernandez-Vazquez, Pablo, and Zeynep Somer-Topcu. 2017. "The Informational Role of Party Leader Changes on Voter Perceptions of Party Positions." *British Journal of Political Science* 49(3): 1–20.

濱本真輔 2015. 「民主党政権下の政府人事」前田幸男／堤英敬編『統治の条件』

千倉書房

Huber, John D. 1996. "The Vote of Confidence in Parliamentary Democracies." *The American Political Science Review* 90(2): 269–82.

Huber, John D., and Cecilia Martinez-Gallardo. 2008. "Replacing Cabinet Ministers." *American Political Science Review* 102(2): 169–80.

Indriđason, Indriđi H., and Christopher Kam. 2008. "Cabinet Reshuffles and Ministerial Drift." *British Journal of Political Science* 38(4): 621–56.

Kam, Christopher J. 2009. *Party Discipline and Parliamentary Politics*. Reissue edition. Cambridge: Cambridge University Press.

Kam, Christopher, and Indriđi Indriđason. 2005. "The Timing of Cabinet Reshuffles in Five Westminster Parliamentary Systems." *Legislative Studies Quarterly* 30(3): 327–63.

Kam, Christopher, William T. Bianco, Itai Sened, and Regina Smyth. 2010. "Ministerial Selection and Intraparty Organization in the Contemporary British Parliament." *American Political Science Review* 104(2): 289–306.

上條諒貴 2017.「多数状況における内閣総辞職──政策決定の集権性と党内支持」『選挙研究』33(1) 57–70

King, Anthony, and Nicholas Allen. 2010. "'Off With Their Heads': British Prime Ministers and the Power to Dismiss." *British Journal of Political Science* 40(2): 249–78.

Laver, Michael and Kenneth A. Shepsle. 1996. *Making and Breaking Governments*. Cambridge University Press.

Lupia, Arthur, and Kaare Strøm. 1995. "Coalition Termination and the Strategic Timing of Parliamentary Elections." *The American Political Science Review* 89(3): 648–65.

Martin, Shane. 2016. "Policy, Office and Votes: The Electoral Value of Ministerial Office." *British Journal of Political Science* 46(2): 281–96.

Matsumoto, Tomoko, and Michael Laver. 2015. "Public Opinion Feedback between Elections, and Stability of Single-Party Majority Governments." *Electoral Studies* 40: 308–14.

Miwa, Hirofumi. 2018. "Can Reshuffles Improve Government Popularity? Evidence from a 'Pooling the Polls' Analysis." *Public Opinion Quarterly* 82(2): 322–42.

Ono, Yoshikuni. 2012. "Portfolio Allocation as Leadership Strategy: Intraparty Bargaining in Japan." *American Journal of Political Science* 56(3): 553–67.

Pekkanen, Robert J., Benjamin Nyblade, and Ellis S. Krauss. 2014. "The Logic of Ministerial Selection: Electoral System and Cabinet Appointments in Japan." *Social Science Japan Journal* 17(1): 3–22.

Quiroz Flores, Alejandro, and Alastair Smith. 2011. "Leader Survival and Cabinet Change." *Economics & Politics* 23(3): 345–66.

Smith, Daniel M., and Shane Martin. 2017. "Political Dynasties and the Selection of Cabinet Ministers." *Legislative Studies Quarterly* 42(1): 131–65.

「自由民主主義を越えて」の多様性

名古屋大学大学院法学研究科教授　田村哲樹

　現代民主主義理論には、様々な理論潮流が存在する。しかし、そうした様々な試みも、「自由民主主義」を前提とし、その深化ないし徹底化を目指すという点では共通しているのではないだろうか。このような疑問に対して、本稿は、現代民主主義理論と自由民主主義との関係を再検討し、両者の関係が「自由民主主義の深化・徹底化」にとどまるものではないことを明らかにしようとする。その際、本稿は、自由民主主義における「自由（リベラル）」の多義性に注目する。すなわち、本稿は自由民主主義の「自由（リベラル）」には少なくとも、資本主義、競争的な政党システム、公私二元論、そして立憲主義の4つの意味があり、かつ、それぞれの意味での「自由（リベラル）」を乗り越えようとする現代民主主義理論が存在することを明らかにする。

キーワード：現代民主主義理論、自由民主主義

序論

　現代民主主義理論には様々な理論潮流が存在し、活発な議論が行われている。「熟議民主主義」、「闘技民主主義」、あるいは「ラディカル・デモクラシー」などは、そうした現代民主主義理論の例である。こうした現代民主主義理論の諸議論は、民主主義を選挙や投票に還元せず、より根本的に考え直すものだとされることが多い（千葉 1995）。

　それにもかかわらず、それらは結局のところ自由民主主義の枠組みを前提とした議論に過ぎないのではないか、との指摘がなされることがある。そうした指摘の最も明確なものとして、たとえば森川輝一は、熟議民主主義と闘技民主主義について、以下のように述べている。

熟議か闘技かといった戦術レヴェルでの論争はあっても、いかにして自由民主主義を存続させるかという戦略目標については、相違も対立もない。言い換えれば、自由民主主義のみが今日私たちに残された唯一正当な政治的な理念であり体制であり、オルタナティヴはない、ということが自明の前提となっている（森川 2017: 272. ルビと傍点は原文）。

　確かに、今日の様々な民主主義理論は、依然として「ポスト冷戦」ないし「ポスト社会主義」という時代状況に規定されているという点では、概ね共通している。つまり、それらの間に「戦術レベル」で違いがあったとしても、民主主義を構想する際に、自由民主主義「以外」にその展望を見出すのではなく、「自由民主主義の深化・徹底化」といった形で、自らの構想を展開しようとする点では、基本的に一致していると思われる。実際（森川が示唆するように）、熟議（討議）民主主義論のユルゲン・ハーバーマスが提起する熟議民主主義の「二回路モデル」はより正当な「民主的法治国家」（という名の自由民主主義）を目指すものだったと言えるし（Habermas 1992＝2002–2003）、他方の闘技民主主義論のシャンタル・ムフも、自由民主主義を否定するのではなく、むしろそこによりラディカルなデモクラシーのための契機を見出すという形で、自らの民主主義理論を展開しようとした（Mouffe 1993＝1998）。たとえ「民主主義」の理論を論じる場合でも、「リベラル」な要素を否定したり排除したりすることは難しいのである。
　しかしながら、だからといって、民主主義をもっぱら自由民主主義の枠組みの中でのみ考えなければならないというわけではない。そこで、本稿の課題は、現代民主主義理論と自由民主主義との関係を再検討し、両者の関係は「自由民主主義の深化・徹底化」だけではない、ということを明らかにすることである。すなわち、本稿は、現代民主主義理論に自由民主主義を乗り越えようとするいくつかの方向性を明確に見出すことができる、ということを論じる。
　その際、本稿が焦点を当てるのは、自由民主主義（リベラル・デモクラシー）の「リベラル」の部分である。特に本稿は、自由民主主義における

「リベラル」の意味が多義的であることに注目する。今日では、自由民主主義における「リベラル」は、（自由権を中心とする）人権の保障やそのための立憲主義の理念として理解されることが多い（Dryzek and Dunleavy 2009）。これが自由民主主義の一つの理解であることは確かである。しかし、詳しくは本論で述べるように、「リベラル」を、資本主義（ないし自由市場）、競争的な政党システム、公私二元論、あるいは立憲主義として捉えることも可能であるし、実際にそのような議論も存在してきた。もしもこのように「リベラル」が多義的であるならば、自由民主主義を越えようとする試みの内実も、それがどのような意味での「リベラル」を念頭に置いているのかによって、異なってくると考えられる。すなわち、本稿は、どのような意味での「リベラル」をどのように「乗り越え」ようとするのかという観点から見ることで、自由民主主義を乗り越えようとする志向性を持つ現代民主主義諸理論を、4つの異なるタイプに類型化できるということを提起する。

　民主主義や（自由）民主主義体制の類型論については、これまでにも規範的・経験的な様々な試みがある。その中で本稿が特に念頭に置いているのは、政治理論の歴史的展開をたどりつつ、様々な民主主義の「モデル」を析出したデヴィッド・ヘルドの議論（Held 2006）と、彼が自らの「モデル」論のヒントを得たとする（Held 2006: 6, n.5）、クロフォード・B・マクファーソンの議論（Macpherson 1977＝1978）である。とりわけ、「自由民主主義を越える」民主主義理論の類型化については、マクファーソンの議論（Macpherson 1966＝1967）が示唆的である[1]。マクファーソンは、「自由主義」と「民主主義」との違いに注意を促しつつ、民主主義を「自由民主主義」と「非自由民主主義」とに区別し、さらに後者を「共産主義型」と「開発途上国型」とに区別した。本稿は、こうしたマクファーソンの試みに示唆を得つつ、それをより今日的な文脈の下で継承しようとするものである[2]。

　本稿における自由民主主義の「乗り越え」が何を意味するかは、単一の基準ないし指標によって測定されるものではない。すなわち、「乗り越え」の意味は、念頭に置かれる「リベラル」が何であるかによって異なる[3]。詳しくは本論で展開するが、ここで概略的に述べるならば、次のとおりである。第一に、「リベラル」を「資本主義」ないし自由市場と理

解する場合には、その「乗り越え」は、資本主義／市場の領域をも民主主義によってコントロールすることを意味する。つまり、この場合の自由民主主義を乗り越えようとする民主主義理論は、かつて盛んに議論された経済民主主義・職場民主主義の再評価に向かうことになる（第1節）。第二に、「リベラル」を「競争的な政党システム」と理解する場合には、その「乗り越え」は、「非代表制的」な民主主義の構想を意味する（第2節）。第三に、「リベラル」が公的領域と私的領域の厳格な区別、すなわち「公私二元論」として理解される場合には、その「乗り越え」は、私的領域において公的領域と同型の民主主義を構想することを意味する（第3節）。最後に、「リベラル」を「立憲主義」と理解する場合には、その「乗り越え」は、「非立憲主義的」な民主主義の理論化となる（第4節）。このようにして、本稿は、「自由民主主義を越える」民主主義理論の、あり得る複数の可能性を探究する。

1. 資本主義としての「リベラル」とその乗り越え

まず、「リベラル」を「自由市場」ないし「資本主義」と理解する場合の「自由民主主義を越えて」についてである。自由民主主義は、資本主義と民主主義との組み合わせとしての「資本主義的民主主義（capitalist democracy）」ないし「民主主義的資本主義（democratic capitalism）」の意味で理解される場合がある（Dryzek 1996; 井戸 1990）。この場合、「リベラル」とは、第一義的には、自由な商品交換と自由競争によって成り立つ経済、特に資本主義経済のことを指す。

資本主義と民主主義との組み合わせとしての「自由民主主義」の「乗り越え」とは、何を意味するのだろうか。それは、資本主義／市場の領域を、自由な商品交換／自由競争に任せずに、民主主義によってコントロールすることである。その度合いをどの程度見積もるかに応じて、自由民主主義の「乗り越え」の程度も高まるということになるだろう。

かつては、この意味での自由民主主義の乗り越えを図る議論は多く存在した[4]。たとえば、議会・代表制民主主義における多数派獲得を通じた資本主義の制御を目指す社会民主主義論は、その一つである。イェスタ・

エスピング゠アンデルセンの著書のタイトル『市場に対抗する政治』は、このことをよく示すものであった（Esping-Andersen 1985）。また、参加民主主義論の中には、産業・職場を参加の場の核心と捉えるものもあった（Dahl 1985＝1988; Macpherson 1977＝1978; Pateman 1970＝1977）。これらは、資本主義の領域を市場の論理に委ねるのではなく、民主主義の論理によってコントロールすることを構想したという点で、自由民主主義を乗り越えようとするものであった。

このような意味での「乗り越え」への関心は、1990年代以降下火になっていた。しかし、近年、産業民主主義・職場民主主義への関心が復活している。ここでは、イザベル・フェレラス（Ferreras 2017; Landemore and Ferreras 2016）とエリザベス・アンダーソン（Anderson 2017）の議論を示すことで、このタイプの「自由民主主義を越えて」の試みが今日の民主主義理論においても存在することを確認しておきたい。

まず、フェレラスの基本的な発想は、政治領域と経済領域をアナロジーで考えることである（Landemore and Ferreras 2016）。フェレラスは、「会社（firm）[5]」の「政治理論」を考えることができるとする。具体的に提案されるのは、会社の統治における「経済的二院制（Economic Bicameralism）」である。それは、「資本」の投資者たちの代表による「資本投資者議院（a Capital Investors' House of Representatives）」と、「労働」の投資者、つまり労働者[6]たちの代表による「労働投資者議院（a Labour Investors' House of Representative）」とから成る「二院制」である（Ferreras 2017: 8）。「会社」とは、資本の投資者とともに、自らの労働の投資者によっても同等に「構成」されるものとして考えられなければならない（Ferreras 2017: 13）。

このように考えると、現状の会社が正統性を欠いていることが明らかになる。なぜなら、それは、会社の二つの構成要素のうち一つしか代表していないからである。すなわち、現在の会社の統治は、一つの集団、つまり資本投資家の利益に適うようにすべての権力の行使を認めているという点で、非道理的（unreasonable）なものである（Ferreras 2017: 13）。したがって、「会社統治への一院制的資本主義的アプローチ」は「疑問に値する」のである（Ferreras 2017: 14）。

アナロジーの方法への依拠といっても、「経済的二院制」のアイデアは、あまりに突飛に見えるかもしれない。しかし、フェレラスは、このア

イデアの正当化のために歴史的説明も用いている。すなわち、経済的二院制は、自由民主主義における政治的・経済的制度の長期的歴史的進化の帰結として位置づけることができる、というのである（Ferreras 2017: 15）。西欧社会の政治は、かつての絶対主義から民主主義へと移行した。そこでは、いかにして権力が（多くの人々に）共有されるべきかが課題であり、「二院制的な契機（bicameral moment）」が伴っていた（Ferreras 2017: 7）。フェレラスは、同様のことが経済の世界においても見られると言う。彼女は、産業革命以降の労働の展開を、「私的領域からの解放」（Ferreras 2017: 26）の段階的なプロセスとして解釈する。まず18〜19世紀に、労働の場が家庭（domus）ではなく工場になった。次に、19〜20世紀にかけて、労働は、工場内という「私的領域」における事柄から、労働運動・労働組合の誕生とその活動を通じて、さらに「公的領域」における事柄となった。特に、20世紀に労働者に集団的交渉の権利が保障されたことは、その象徴である。それは、資本と労働の両者による労働諸条件の決定を意味するからである（Ferreras 2017: 38）。確かに、実際にはこの集団的交渉は、十分なものだったとは言えない。フェレラスは、あくまで企業側が定めた枠組みの範囲内で労働者の参加が認められる場合を「マネジメント」（への参加）、これに対して会社の戦略や目標に関する決定にも労働者が参加できる場合を「政府」（への参加）と呼んで区別し、20世紀の集団的交渉の諸制度の多くは「マネジメント」にとどまっていたとも指摘する（Ferreras 2017: 39–56）。それでも、「公的領域への労働の拡張の歴史」は、会社の「政府」への参加という形で継続されなければならない（Ferreras 2017: 61）。以上のような歴史的説明をも基礎として、フェレラスは「経済的二院制」を提案するのである。

　次に、アンダーソンの議論についてである。彼女は、「統治（government）」と「国家（state）」とを明確に区別する議論を展開している。「統治」とは、「ある人々が他の人々に、制裁によって支えられた命令を発する権威を持つところでは、どこでも存在する」ものである。統治をこのように定義するならば、マックス・ウェーバーが定義するような「近代国家」も、あくまで「様々な統治の中の一つの形態に過ぎない」（Anderson 2017: 42. 傍点は引用者）。

　統治と国家とのこのような区別によって、国家以外の場所にも「統治」

を見出すことが可能になる。その中でもアンダーソンが焦点を当てるのは、企業・職場である。かつ、彼女は、現状の企業・職場における統治を批判的に捉えようとする。そのために導入されるのが、「公的」と「私的」の区別である。統治には、「公的統治（public government）」と「私的統治（private government）」とがある。これは、単に「国家＝公的領域」、（家族や市場を含む）「社会＝私的領域」とした上で、前者を「公的統治」、後者を「私的統治」として捉える、という意味ではない。そうではなく、「私的統治」とは、いかなる場所においても、次のような場合に発生するものである。すなわち、①あなたが、あなたの生活のある領域について、あなたに命令することができ、かつ、命令に従わない時には制裁することができるような権威に服従しており、かつ、②その権威が、それがどのような命令を発するかあるいはなぜあなたを制裁するのかについて、あなたとは関係がないものとして取り扱うような場合に、あなたは、それがいかなる場所であっても「私的統治」に従っていることになる（Anderson 2017: 44-45）。要するに、私的統治とは、「それが統治する人々に対して、恣意的で説明のない権力を持つ統治のことである」（Anderson 2017: 45）。アンダーソンは、現在の企業・職場が、この意味での「私的統治」の場となっているとして、これを批判するのである。もちろん、彼女が規範的に支持するのは、企業・職場において「公的統治」が行われることである。

　以上のように、資本主義・市場の領域への民主主義の拡張を唱える議論は、自由民主主義を乗り越える一つのタイプを示している。

2. 競争的な政党システムとしての 「リベラル」とその乗り越え

　次に、自由民主主義の「リベラル」を、複数政党による競争的な政党システムと捉える場合についてである。この場合の「自由民主主義」は、自由市場における競争原理が政治領域にも波及した結果としての「民主主義のリベラル化」を指す。その制度的な表現形態が、複数政党の競争的な政党システム、得票の最大化を求められる選挙制度、そして、それらに基づく代表制である（Macpherson 1965＝1967; Offe 1984）。

この意味での自由民主主義の「乗り越え」とは、何を意味するのだろうか。それには、少なくとも二つの方向性があり得る。第一は、競争的政党システムと選挙に依拠しない「代表制」を構想することである。第二は、「非代表制的な」民主主義を探究することである。本稿の枠組みでは、第二の方向性は、次節の「公私二元論としての自由民主主義」で主に取り扱われるべきものであるが、本節でも若干の検討を行う。以下で順に述べよう。

2.1　新たな代表制──抽選代表と言説代表

まず、第一の新たな「代表制」の構想についてである。通常の意味での選挙に拠らないにもかかわらず、民主主義の枠組みの中での「代表制」ではあるような原理・仕組みとは、どのようなものだろうか。現代民主主義理論における議論の中から、ここでは二つのものを採り上げたい。

一つは、抽選代表である[7]。このアイデア自体は古代アテネのポリス以来のもので、新しいものではない。しかし、近年、抽選による代表選出は、民主主義理論において急速に注目されるようになっている。たとえば、ジェイムズ・S・フィシュキンにとって、抽選（無作為抽出）は、民主主義のプロセスが「すでに意見を確信している人物」（Fishkin 2009: 51＝2011: 86）あるいは「党派的な人々や筋金入りの支持者」（Fishkin 2009: 53＝2011: 89. 訳は一部修正）、要するに党派的な人々の言動によって支配されることを回避するための、重要な手段である[8]。現実にも、彼自身が提唱する「討論型世論調査」をはじめとする熟議のためのミニ・パブリックスにおいて、抽選による参加者選抜が多く採用されている。また、フーベルトゥス・ブッフシュタインは、抽選が熟議民主主義における「熟議」と「民主主義」の両側面における問題を解決するために役立つと論じている（Buchstein 2009）。一方の「熟議」の側面については、抽選によって、熟議参加者が単なる「正確な統計的な社会の代表」ではなく、より社会的「多様性」を反映したものになる可能性が高まるとされる[9]。他方の「民主主義」の側面については、次のように論じられる。熟議は、その結果の合理性を重視するあまり、民主主義における平等な参加の原則を侵害し、一部の議論に長けた人々による「熟議を通じた専門家支配」を招きかねないが、抽選を採用することで、この危険性を減少させることができ

る、と。

もう一つは、言説代表である。ジョン・S・ドライゼクらによって提起されたこの概念は、代表されるべきものを人ではなく、「言説」として考えるものである（Dryzek 2010: Chap. 3）。話し合いとコミュニケーションを核心に据える熟議民主主義の理念に基づくならば、人の代表という通例的な考え方にこだわる必要はない。むしろ、大切なことは、当該争点に対するすべての妥当な言説が代表されることである（Dryzek 2010: 44）。ドライゼクによれば、人よりも言説の代表の方が、①多様性の下での決定となり、決定の認知的「正しさ」が増す、②代表と「個人」との結びつきを再考できる、③トランスナショナルな意思決定など、民主主義の単位・境界が明確でない場合にも適用できる、がゆえに望ましい（Dryzek 2010: 45–50）。その具体的な制度形態として、「言説院（The Chamber of Discourses）」が提案される。そこには、当該争点に関する多様な言説が「代表」されることが期待される。もちろん、実際に言説院で熟議を行うのは人である。したがって、言説院のメンバー選出においては、そこに集まる人々がいかに諸言説を適切に代表できているかがポイントとなる。そこでドライゼクは、無作為抽出だけではなく、Q分類法など、人々がどのような言説に依拠しているかを調査できる手法を用いることを提案している（Dryzek 2010: 52–56）[10]。

以上の抽選代表と言説代表について、「競争的な政党システムとしての『リベラル』」の乗り越えという観点からまとめると、次のようになる。この二つは代表制ではあるが、選挙に拠らない代表選出方法である。それらが、政治における党派の存在や役割を完全に否定するとは限らない。しかし、従来の代表制を支えていた競争的な政党システムを媒介とした代表選出の発想とは袂を分かっている。したがって、これらは自由民主主義を乗り越える代表制の構想と言える。

2.2 「非代表制的」構想
——オープン・デモクラシーとモニタリー・デモクラシー

第二に、競争的な政党システムと選挙制度に依拠しない民主主義の探究は、文字通り「非代表制的」な民主主義の構想へと至ることもある。「非代表制的」な民主主義論としてここで参照したいのは、エレーヌ・ランデ

モアの「オープン・デモクラシー」論と、ジョン・キーンの「モニタリー・デモクラシー（monitory democracy）」論である。

まず、ランデモアの議論についてである（Landemore 2017）。ランデモアの検討対象は熟議民主主義である。ハーバーマスの議論がそうだったように、熟議民主主義論の多くは（自由民主主義的な）代表制民主主義の枠組みの中で、熟議民主主義を議論している。しかし、ランデモアは、実際には熟議民主主義と代表制との関係は十分には理論化されてこなかったと述べ、このような議論の仕方に異議を唱える。

> 少なくとも大衆社会において、正統性の理論としての熟議民主主義と歴史的パラダイムとしての代表制民主主義との関係は、本質的に偶発的である。すなわち、両者を切り離すことは可能である。私は、「代表制民主主義」と呼ばれるものとは異なる制度原理の組み合わせと両立可能、というよりもむしろ、代表制民主主義とは異なる制度原理の組み合わせの方により合致するような独立した理論的モジュールとして、熟議民主主義が理解されるべきだと主張する。（Landemore 2017: 52）

このようにランデモアは、熟議民主主義が結びつく制度あるいは原理は代表制だけとは限らないと考える。むしろ彼女は、熟議民主主義は、彼女が「オープン・デモクラシー」と呼ぶ「より魅力的なパラダイム」の核心をなす原理として理解されるべきだと言う。さらにランデモアは、代表制民主主義はアジェンダ・セッティング、効果的な参加、理解の啓発という、民主主義が満たすべき3つの基本的基準を満たすことができていない、とする（Landemore 2017: 54–57）。

もちろんランデモアは、代表制からの離脱ではなく「代表制の再定義」という思考の道筋があることを認める。しかし、彼女は次の四つの理由から、それとは異なる道を選択する（Landemore 2017: 57–58）。第一に、もしもある論者が代表制を擁護して言うように「代表制こそ民主主義」だとすれば、「代表制民主主義」という用語は冗長であまり有意味ではないものになる。第二に、歴史的な理由である。歴史的には、代表制民主主義は「民主主義へのオルタナティヴ」として生まれた。つまり、本来的にはそ

れは、「根本的にエリート主義的で反民主主義的」である。第三に、代表制民主主義は、選挙（エリート）民主主義と強く結びつけられており、その見直しを図ることは非常に難しい。最後に、代表制民主主義は、国民国家と「政治的なるもの」の狭い理解とに事実上結びついてしまっている。今日では、民主主義の理解は、垂直的には国際的なレベルに、水平的には経済領域へと拡張されなければならない。こうして、代表制民主主義に代えてランデモアが提案するオープン・デモクラシーは、包括性と平等とを基底的な原理とした上で、①熟議、②多数決原理、③（選挙代表に限られない）複合的な代表、④（代表の）ローテーション、⑤オープンネス[11]、という五つの制度的原理から成る（Landemore 2017: 58ff.）。

　代表制民主主義とオープン・デモクラシーとの違いについての彼女自身の説明をまとめると、次のようになる。第一に、代表制民主主義が民主主義の集計モデルと両立可能であるのに対して、オープン・デモクラシーは、熟議をその規範的核心とする。第二に、代表制民主主義では、先に述べた民主主義の三つの基本的基準を満たすことはできない。第三に、オープン・デモクラシーでは、人々は、代表制民主主義の場合のように単に権力に同意を与えるのではなく、権力にアクセスし保持することができる。これらを踏まえるならば、ランデモアに好意的な解釈は、次のようになる。すなわち、確かに彼女のオープン・デモクラシー論には代表制民主主義と共通する要素も含まれているけれども、核心的な部分が異なるのである、と。

　それでも、ランデモアの議論を本稿の意味での「非代表制的」と呼んでよいかという疑問は残る。特に気になるのは、彼女が掲げるオープン・デモクラシーの五つの制度的原理の中の、②多数決原理と③複合的な代表である。ランデモアが提案しているのは、結局のところある種の「代表制民主主義」であり、彼女の議論は「新たな代表制」の方に位置づけられるべきではないだろうか。実際、「新たな代表制」の一つである言説代表を提起するドライゼクの議論も、全体として見るならばランデモアと大きく異なるものではない。なぜなら、ドライゼクも熟議民主主義を基本的な原理としつつ、より熟議に適合的な代表制のアイデアとして言説代表を提起しているからである。

　この問題は「新たな代表制」と「非代表制」との境界をどのような基準

に基づいて設定するのかという、難しい論点を含んでいる。ここでは、暫定的に次のように述べておきたい。すなわち、確かに「代表制民主主義」と袂を分かつと言っておきながら、新たな民主主義の構想の中にある種の「代表制」をも含めることで、ランデモアは自身の議論のインパクトを弱めてしまっている。しかし、彼女の主眼は、「代表制民主主義」に替わるパラダイムを提起するところにあることは確かである。したがって、この点をもって、彼女の立場を「非代表制的」と把握しておきたい。

次に、キーンの「モニタリー・デモクラシー」論に移ろう（Keane 2009＝2013）。この議論も、代表制民主主義と明確に一線を画することを宣言している。それは、「過ぎし時代の、集会を基盤とする民主主義や代表制民主主義とは明確に異なる『ポスト代表制的』な民主主義」であり、「数多くの多種多様な議会外的な権力監視メカニズムの急速な発達によって定義づけられる、さまざまな『ポスト議会制』政治のことである」（Keane 2009: 688＝2013: 下 226. 訳は一部修正）。

「ポスト代表制」「ポスト議会制」を唱えるからと言って、それは、「選挙や政党や立法府が消滅」すると主張するものではない。しかし、「それらが政治の基軸としての位置を失うことは、きわめてはっきりして」おり（Keane 2009: 689＝2013: 下 227）、「権力を監視するその諸制度」は「選挙や政党や議会に中心を置いてはいない」とされる（Keane 2009: 697＝2013: 下 235）[12]。すなわち、この民主主義論では、国家・政府内に限らず、広く社会に（トランスナショナルに）様々な形態で遍在する、あらゆる「権力を行使する人々や組織」をモニタリングや異議申し立ての対象とすることこそが、民主主義の鍵となるのである（Keane 2009: 689–690＝2013: 下 227–228）。こうしたモニタリングは、その対象があまりに広範かつ錯綜しているため、従来的な意味での代表制の組織やアクターによってだけ行われることはできない。それは、国家レベルだけでなく、ローカルやトランスナショナルのレベルにおける、「政党ではなく、議会外的で、しばしば選挙で選ばれたのではないような諸組織・集合体」によっても担われるものとなる（Keane 2009: 695＝2013: 下 233. 訳は一部修正）。

以上、本節では、「競争的政党システム（に基づく代表制）としての『リベラル』」を乗り越えるような民主主義の諸議論を採り上げた。それらのすべてが「代表制」そのものを否定しているわけではない。むしろ、

（依然として）多くの議論は、何らかの代表制についての言及を含んでいる。しかし、たとえそうであっても、多くの場合、言及される「代表制」は、抽選代表や言説代表など、選挙による代表制（その意味での「代表制民主主義」）とは異なるものである。

3. 公私二元論としての「リベラル」とその乗り越え

自由民主主義は、「公的」と「私的」を厳然と区別する「公私二元論」に基づいているという意味で「リベラル」でもある。この場合の「自由民主主義」は、次の二つの意味を持つ。一つは、「公的領域」（としての国家・政府）における民主主義を通じた「私的領域」の形成、という意味である。もう一つは、民主主義をもっぱら「公的領域」におけるものとして捉えるために、「私的領域における民主主義」という発想が欠如している、という意味である。

いずれにせよ、このような意味での自由民主主義の「乗り越え」とは、「私的領域における民主主義」を構想することである。ただし、ひとくちに「私的領域における民主主義」と言っても、次のようなアイデアでは不十分である。一つは、単に「国家・政府との関係では『私的』とされる空間・領域にも、民主主義がある」と述べるものである。もう一つは、「通常『私的』とされる空間・領域も、国家・政府と連関している」と述べるものである。本稿では、これらのタイプの議論を「私的領域における民主主義」の構想には含めない。その理由は、いずれも自由民主主義の乗り越えとまでは言えないからである。すなわち、これらのように述べるだけでは、国家・政府レベルの競争的な代表制民主主義を「民主主義の主たるメカニズム」として認めたままにとどまる可能性がある。その場合、「自由民主主義を越えて」とまでは言えない。

それでは、どのようであれば「乗り越え」と言えるのだろうか。いくつかの見解があり得るだろうが、本稿では、「私的領域における民主主義も、公的領域におけるそれと同型である」と考える場合、すなわち「私的領域における民主主義も、公的領域におけるそれと同様に、拘束的な意思決定を行う単位である」と考える場合に、公私二元論を基礎とするという

意味での自由民主主義の乗り越えと見なすことにする。この場合にこそ、民主主義は、公的領域と私的領域という区別を越えて、あらゆる領域において同型的に発生し得ると言えるからである。

このような議論は、フェミニズムに示唆を得た政治の再検討の試みの中に見られる。たとえば、田村哲樹は、「個人的なことは政治的である」というラディカル・フェミニズムの主張を踏まえつつ、集合的意思決定としての「政治」およびその一形態としての民主主義が、国家・公的領域だけではなく家族・親密圏などの私的領域にも存在し得ると考えるべきだと論じている（田村 2009; 2015）。彼はまた、家族・親密圏について、それ自体を一つの「熟議システム」として理解すべきことも論じている（田村 2017: 第6章）。したがって、ここでは公私二元論の「乗り越え」の事例をさらに追加するのではなく、一定程度「乗り越え」を果たしているものの、十分とは言い切れない事例を取り上げることを通じて、本稿における「公私二元論の乗り越え」の意味をより明確化することを試みたい。

ここで取り上げるのは、リサ・ウェディーンによるイエメン研究である（Wedeen 2008）。ウェディーンは、一方で自由民主主義と民主主義とを切り離す。イエメンは、自由民主主義の政治体制ではなく、権威主義体制である。しかし、だからといって「イエメンは『民主的』ではない」と見るべきではない。そのように考えるのは、自由民主主義的な「投票箱のロマン化」である。その結果、「私たちが権威主義的と呼ぶような国民国家における民主主義的実践の存在を無視」してしまうことになるかもしれない（Wedeen 2008: 112）。

ウェディーンは、「民主主義者は手続的な〔リベラルな——引用者注〕民主主義なしでも存在し得る」と主張し、そのことを、イエメンの「カート嚙み」の分析を通じて証明しようとする（Wedeen 2008: 146）。カート嚙みとは、カートという嗜好品とされる植物を嚙みながら、自由に集まった人々が議論を行う場のことである[13]。第一に、それは「熟議の日常的な実践が果たす政治的役割」を示すものである（Wedeen 2008: 113–114）。そこでは、様々な立場の政治・社会アクターが、別個に集まって政治に関する諸決定を行っている。また、カート嚙みは、政治に関する情報共有と議論のための場、および政治エリートと有権者とが交渉を行う場として機能している。さらに、カート嚙みは、人々の政治参加能力の涵養にも役立

っている。第二に、カート噛みは「民主主義的」な実践ではあるが、「リベラル」な価値を体現するものではない（Wedeen 2008: 145）。イエメンはリベラルな選挙制度を有しているわけではなく、また、イエメン人の多くは必ずしも「リベラルな」価値を支持していない。それにもかかわらず、カート噛みという形態での「公共圏」（ハーバーマス）は存在しており、そこでは見知らぬ他者が集まって熟議を行い、その結果は当該カート噛みの外部にまで拡がっていく。こうしてウェディーンは、たとえ政治体制が非（自由）民主主義的であっても、社会の水準では「民主主義」が存在し得ると主張する。

　ウェディーンはまた、次のような議論の仕方、すなわち、カート噛みが形成する「公共圏」の実践が競争的な選挙・政党システムという意味での「リベラルな」制度をもつ政治体制を生み出すかどうかといったタイプの、カート噛みを政治体制にとっての「道具的価値」の観点から見る議論の仕方を退けている（Wedeen 2008: 145）。つまり、社会レベルの民主主義を政治体制レベルの（リベラルな）民主主義と結びつける発想そのものが拒否される。「民主主義的と確認できる実践の存在が、必然的に（どのように定義されるとしても）民主主義的な体制の形成を示唆するわけではない」（Wedeen 2008: 145-146）。ハーバーマスにとっての（近代ヨーロッパの）公共圏は、国家の正統化（ないし批判）という政治的機能を果たすものであった。しかし、イエメンの公共圏であるカート噛みは、そのような機能を果たさない。あくまでそれは、政治的争点に関する不同意を含む（闘技的な）討論を喚起するものであり、そのような意味での市民的な活動（citizenship）の場なのである（Wedeen 2008: 119-120）。もちろん、カート噛みが行われるのは、家族ないし親密圏と同じ意味での私的領域においてではない[14]。それでも、社会レベル（公共圏）における民主主義を国家レベルにおける（非）民主主義と連関させずに論じていることから（あるいは、前者を後者のために果たす役割・機能という道具的観点から論じることを拒否することから）、ウェディーンの議論を、本稿の意味での「公私二元論の乗り越え」へと明確に舵を切ったものと、ひとまずは評価することができる。

　それにもかかわらず、ウェディーンの「乗り越え」の程度は不十分である。なぜなら、彼女は、カート噛みをあくまで民主主義的「実践」ないし

「公共圏」としてのみ捉えているからである。彼女の議論に、カート嚙みをそれ自体として一つの政治ユニットとして、すなわち、最終的には国家と同型の集合的意思決定も行われる場として捉える発想を十分には見出すことはできない。確かにウェディーンは、カート嚙みが「政治的」である理由の一つとして、そこで「実際の政策決定」が行われていることを挙げている。そこでは、与党関係者、野党、あるいは活動家のネットワークが、それぞれ別個に集まって、（国家レベルの）政治・政策に関する様々な決定を行っているとされる（Wedeen 2008: 113–114）。しかし、カート嚙みを、国家レベルのそれと同型の、社会レベルの紛争や問題に関する拘束的で集合的決定の場として、究極的にはそれ自体を一つの「政治体制」として把握する視点は見られない。それは、全体としては集合的決定の場ではなく、あくまで公共圏、すなわち討論という意味での市民的な活動の場なのである。したがって、本稿の立場からは、ウェディーンにおける公私二元論の「乗り越え」の程度は、なおも不十分であると評価せざるを得ないのである。

4. 立憲主義としての「リベラル」とその乗り越え

　最後に、「立憲主義」としての「リベラル」という、自由民主主義理解に移ろう。ここで立憲主義とは、「権力＝多数者〔民主主義──引用者注〕によっても侵し得ないものとしての『人権』という概念と、それを担保するための違憲審査制という装置を内容として持ったもの」（阪口2001: 2）を指す。自由民主主義とは、このような立憲主義の理念と民主主義とが結びついたものである。それには、「立憲主義によってこそ、民主主義は実現される」とする考え方や、「民主主義が立憲主義（的な価値）を正当化する」とする考え方が含まれる。また、民主主義の必要性を述べていたとしても、それを限定的に捉える考え方も含まれる（Dryzek 2000: 10–17）。
　一見したところでは、民主主義を限定的に捉える考え方はともかくとして、「立憲主義によってこそ、民主主義は実現される」や「民主主義が立憲主義（的な価値）を正当化する」という考え方には、何も論争的なとこ

ろはないように見える。そうだとすれば、民主主義理論は、立憲主義という意味での自由民主主義を「乗り越える」必要性など、存在しないのではないだろうか。以下では、「立憲主義によってこそ、民主主義は実現される」という考え方に焦点を当て、そうではないことを論じたい[15]。

　ここで参照するのは、ドライゼクの議論（Dryzek 2000）である。ドライゼクは、立憲主義だけが実際の（熟議）民主主義のあり方を規定するわけではないと言う。立憲主義を支持する論者は、民主主義における不平等や排除の問題は立憲主義の規制によって解決される（べきだ）と考える傾向がある。しかし、民主主義のあり方を決めるのは立憲主義だけではなく、したがって、不平等や排除の問題のすべてが立憲主義によって解決されるわけでもない。

　（熟議）民主主義を規定する他の要因としてドライゼクが注目するのは、資本主義経済が発する「物質的諸力」と、人々の間で共有される意味としての「言説」である[16]。前者については、大企業の発言力とそれ以外の集団・人々の発言力との不平等が挙げられ、それを立憲主義によって是正することはできないとされる。後者については、言説間の争い（contestation of discourses）を、立憲主義の枠組みの中にとどめることはできないとされる（Dryzek 2000: 17–18）。つまり、立憲主義の枠組みそのものが、言説間の（熟議的な）争いの中で変更される可能性がある。たとえば、アメリカの奴隷制の事例では、かつては奴隷制擁護者とその批判者との間での熟議が可能であった（Dryzek 2000: 46）。しかし、現在ではそのような熟議は許されない。これは、熟議の「前提条件」（何をどこまで熟議可能か）が変化したためである。しかし、「この変化は立憲主義によって可能になった」と考えることは適切ではない。そうではなく、その前提条件の変化自体が熟議によって可能になったと考えるべきなのである。あらかじめ存在する「人間の尊厳」の原理が熟議の範囲を規定しているのではない。そうではなく、「人間の尊厳」は全ての人々に適用されるべきか、もしそうでないとすればなぜなのか、といった問題についての熟議を通じて、「人間の尊厳」の原理の内容が確定されていくのである。

　このような、立憲主義が体現する価値は熟議を通じて形成されるというドライゼクの考えは、しばしば彼が、公民権運動の指導者マーティン・ルーサー・キングや、反アパルトヘイト運動の指導者ネルソン・マンデラに

注目することからも見て取ることができる（Dryzek 1996: 153–154; 2000: 51–52; 2010: Chap. 4）。彼らの人種差別克服のための行動は、全ての人々は平等という「前提条件」の下で行われたわけではない。そうではなく、キングとマンデラは、熟議的なレトリックを用いながら公共圏における言説の配置状況を、すなわち「前提条件」を変化させたのである。

　以上のように論じるドライゼクからすれば、民主主義にとっての立憲主義の意義を強調する考え方は、「立憲主義という手段によっては容易に対抗できないような、歪曲の立憲主義外部的な要因を認識することに失敗している」ということになる（Dryzek 2000: 21）[17]。むしろ強調されるべきは、「批判理論」の重要性である[18]。批判理論が目指すのは、抑圧的な諸力からの人々の解放である（Dryzek 2000: 20）。そして、そうした「抑圧的な諸力」や「歪曲」は、立憲主義の外部からもたらされる。このように考える時、民主主義理論は、立憲主義という意味での自由民主主義を「乗り越える」ものでなければならないことになる。

結論

　本稿では、現代民主主義理論と自由民主主義との関係を、後者の「リベラル」の部分の意味の多様性を踏まえつつ検討した。自由民主主義の「リベラル」には、①資本主義（第1節）、②競争的政党システム（に基づく代表制）（第2節）、③公私二元論（第3節）、④立憲主義（第4節）、という四つの意味がある。本稿では、それぞれの意味での「自由民主主義」について、現代民主主義理論がそれをどのように乗り越えようとしているのかを考察した。その結果、現代民主主義理論の中に、自由民主主義の枠組みにとどまらずに民主主義を探究する動向が、いくつかの形で存在することが明らかになった。

　以上の検討の含意は、民主主義研究は、もう一度自由民主主義を前提としないで行われることで、より活発化し発展するだろうということである。このことが、政治理論的な民主主義研究に当てはまることは、本稿が示したとおりである。これに加えて、経験的な民主主義研究にも、このことは当てはまるだろう。たとえば、近年、民主主義の「危機」や「終焉」

が多く議論されるようになっている（Levitsky and Ziblatt 2018; Runciman 2018; Streeck 2014＝2016）。しかし、本稿の議論を踏まえるならば、その場合の「民主主義」がどのような民主主義なのかについて、まずは注意すべきであろう。また、ある種の民主主義の「危機」や「終焉」が、全ての民主主義のそれを意味するのかどうかについても、注意深くあるべきだろう。ある種の民主主義、ある種の「自由民主主義」が「危機」に陥ったとしても、別の民主主義、別の「自由民主主義」はそうではないかもしれないのである。

　謝辞
　本稿は、日本政治学会 2018 年度研究大会での報告原稿を加筆修正したものである。乙部延剛、齋藤純一、森川輝一、山崎望の各位、および質問をくださった分科会参加者に感謝申し上げる。また、匿名の査読者の方々にも感謝申し上げる。なお、本稿は、科研費 15K03273 および部分的に同 19H00579 の成果である。

---

[1] マクファーソンを参照しつつ、熟議民主主義を自由民主主義から切り離す議論を行っているものとして、田村（2017）の特に第 8 章を参照。

[2] ただし、マクファーソン自身は、参加民主主義を自由民主主義の望ましい「モデル」として理解するという形で、ある種の「自由民主主義」を支持するという立場をとっている（Macpherson 1977: Chap.5＝1978: 第 5 章）。

[3] 本稿における「乗り越え」には、自由民主主義を「乗り越えた」民主主義の構想の方が規範的・価値的に望ましいという意味は含まれていない（ただし、本稿で取り上げる諸理論の中には、明示的にそのような立場をとるものも含まれている）。本稿が、たとえば自由民主主義の「批判」といった表現を用いないのはそのためである。本稿が目指すのは、自由民主主義と、そうではない「民主主義」諸理論との違いを明確化することである。

[4] 資本主義と民主主義との組み合わせとしての自由民主主義には、両者の両立の危機という可能性も存在する。この可能性は、かつてネオ・マルクス主義の論者によってしばしば議論されたが（Offe 1984）、今日再び議論されている（Iversen and Soskice 2019; Streeck 2014＝2016; 田村 2018a）。

[5] フェレラスは、「会社（firm）」と「法人企業（corporation）」を区別し、前者の用語で資本主義経済の組織を理解するべきだと主張する。

[6] フェレラスにおいて、労働者は、会社において自らとその労働を投資する存在

であると理解される（Ferreras 2017: 13）。

[7] 「市民代表（citizen representative）」という概念もあるが（Urbinati and Warren 2008）、ここでは「抽選」を強調するために「抽選代表」の概念を用いた。

[8] フィシュキン自身は、熟議に党派的・集団的な意見が関わることを回避しようとしているが、熟議民主主義にとって、党派・集団が常に忌避すべきものとなるわけではない（田村 2016）。また、党派の正当化の近年の試みとして、White and Ypi（2016）を参照。

[9] ただし、抽選のみで社会的多様性をうまく反映することができるかどうかには疑問が残る。そのためには他の代表選出方法、たとえば後で述べる言説代表の発想に依拠するべきかもしれない（坂野 2012）。また、近年、西條辰義（西條編 2015）などが提唱する「フューチャー・デザイン」論では、エネルギーや環境問題など、将来の世代にも大きな影響を及ぼし得る問題について検討する場合には、一定の人々に「仮想将来世代」としての役割をあてがい、その立場から議論に参加してもらうという制度設計が構想され、実践や実験が行われている（Hara *et al.* 2017）。抽選と「仮想将来世代」を設けることとが必然的に相反するわけではない（抽選後にその中から「仮想将来世代」を選出することも考えられる）。ただし、抽選のみで「仮想将来世代」が必然的に代表されるわけでもない。

[10] その他にドライゼクは、選出される人々が一つの言説に依拠している場合と複数の言説に依拠している場合とがあり得ることを考慮に入れた言説院の設計提案や、公共圏におけるより非公式の言説院への言及なども行っている（Dryzek 2010: 56–57, 62–64）。

[11] オープンネスは、市民が、①その声をいついかなる時でも聴かれ得ること、②代表による議事設定に満足できない時には自ら法を提案できること、③十分な知見をもって政治過程のすべての段階に目を光らせることができること、を意味する（Landemore 2017: 59）。

[12] ただし、キーンは、モニタリー・デモクラシーは現実的にはある種の代表制にも依拠しているとも述べている。彼が挙げる「代表制」の事例は、ブリティッシュ・コロンビア州の「市民議会」である（Keane 2009: 699–701＝2013: 下 236–238）。この市民議会は、本稿の枠組みでは抽選代表制にあたる。

[13] カートは、国によっては非合法の場合もある。なお、この段落でのウェディーンの議論の整理は、田村（2018b）も参考にしている。

[14] ウェディーンは、ハーバーマスにおける西洋の公共圏とそこでの「批判的思考という反省能力」とが「ブルジョワ家族」と密接に関わっていたのに対して、イエメンのカート嚙みの場合はそうではないと論じている（Wedeen 2008: 116–117）。

[15] 「民主主義が立憲主義（的な価値）を正当化する」という意味での立憲主義と民主主義との結びつきの検討については今後の課題とし、若干のコメントのみにとどめる。この意味での立憲主義＋民主主義は、民主主義をその手続から独立した「正しい」結論と結びつける認識的民主主義論と重なっている。民主主義がそのような意味で認識的である可能性を否定する必要はない。しかし、民主

主義の規範的擁護論のすべてが、この意味での「正しさ」と民主主義との結びつきによって行われなければならないわけでもない。たとえば、熟議民主主義においては、それが導き得る「正しさ」は熟議のプロセスから独立して措定されるものではない（Chambers 2017）。そして、「正しさ」がプロセスに委ねられる部分があるがゆえに、最終的な熟議の結論が必然的に立憲主義的価値と合致するとは限らない。

[16] ドライゼクにおいて、両者は別個のものではなく、絡み合っているとされる。

[17] 「リベラリズム憲法学」に「民主主義憲法学」を対置する本秀紀が、「各人がもつ様々な資源の格差や政治的コミュニケーションが行われる場に浸透したイデオロギー状況等をそのままにして、そこで発せられた『意思』を『民意』と見なすのは、歪められた民主主義と言わざるをえない」（本 2012: 5）と述べるのも、同趣旨である。

[18] マリット・ハモンドは、以前のドライゼクが有していた批判理論的視座は近年の著作（Dryzek 2010）では失われてしまった、と批判している（Hammond 2018）。

❖ 参考文献

Anderson, Elizabeth (2017) *Private Government: How Employers Rule Our Lives (and Why We Don't Talk about It)*, Princeton University Press.

Buchstein, Hubertus (2009) *Demokratietheorie in der Kontroverse*, Nomos.

Chambers, Simone (2017) "The Epistemic Ideal of Reason-Giving in Deliberative Democracy," *Social Epistemology Review and Reply Collective* 6, No. 10: 59–64.

Dahl, Robert A. (1985=1988) *A Preface to Economic Democracy*, University of California Press.（内山秀夫訳『経済デモクラシー序説』三嶺書房）

Dryzek, John S. (1996) *Democracy in Capitalist Times: Ideals, Limits, and Struggles*, Oxford University Press.

Dryzek, John S. (2000) *Deliberative Democracy and Beyond: Liberals, Critics, Contestations*, Oxford University Press.

Dryzek, John S. (2010) *Foundations and Frontiers of Deliberative Governance*, Oxford University Press.

Dryzek, John S. and Patrick Dunleavy (2009) *Theories of the Democratic State*, Palglave.

Esping-Andersen, Gøsta (1985) *Politics against Markets: The Social Democratic Road to Power*, Princeton University Press.

Ferreras, Isabelle (2017) *Firms as Political Entities: Saving Democracy through Economic Bicameralism*, Cambridge University Press.

Fishkin, James S. (2009=2011) *When the People Speak: Deliberative Democracy and Public Consultation*, Oxford University Press.（曽根泰教監修、岩木貴子訳『人々の声

が響き合うとき——熟議空間と民主主義』早川書房）

Habermas, Jürgen (1992=2002–2003) *Faktizität und Geltung: Beiträge zur Diskurstheorie des Rechts und des demokratischen Rechtsstaats*, Suhrkamp.（河上倫逸・耳野健二訳『事実性と妥当性——法と民主的法治国家の討議理論にかんする研究（上）（下）』未來社）

Hammond, Marit (2018) "Deliberative Democracy as a Critical Theory," *Critical Review of International Social and Political Philosophy*," Published Online, 13 February 2018.

Hara, Keishiro, Ritsuji Yoshioka, Masashi Kuroda, Shuji Kurimoto, and Tatsuyoshi Saijo (2017) "Reconciling Intergenerational Conflicts with Imaginary Future Generations: Evidence from a Participatory Deliberation Practice in a Municipality in Japan," *Kochi-Tech, SDES–2017–19*.

Held, David (2006) *Models of Democracy*, The 3rd Edition, Polity.

Iversen, Torben and David Soskice (2019) *Democracy and Prosperity: Reinventing Capitalism Through a Turbulent Century*, Princeton University Press.

Keane, John (2009=2013) *The Life and Death of Democracy,* W. W. Norton.（森本醇訳『デモクラシーの生と死（上）（下）』みすず書房）

Landemore, Hélène (2017) "Deliberative Democracy as Open, Not (Just) Representative Democracy, *Dædalus*, 146 (3): 51–63.

Landemore, Hélène and Isabelle Ferreras (2016) "In Defense of Workplace Democracy: Towards a Justification of the Firm-State Analogy," *Political Theory*, 44 (1): 53–81.

Levitsky, Steven and Daniel Ziblatt (2018) *How Democracies Die: What History Reveals about Our Future*, Viking.

Macpherson, Crawford B. (1966=1967) *The Real World of Democracy*, Clarendon Press.（粟田賢三訳『現代世界の民主主義』岩波新書）

Macpherson, Crawford B. (1977=1978) *The Life and Times of Liberal Democracy*, Oxford University Press.（田口富久治訳『自由民主主義は生き残れるか』岩波新書）

Mouffe, Chantal (1993=1998) *The Return of the Political*, Verso.（千葉眞・土井美徳・田中智彦・山田竜作訳『政治的なるものの再興』日本経済評論社）

Offe, Claus (1984) *Contradictions of the Welfare State*, MIT Press.

Pateman, Carole (1970=1977) *Participation and Democratic Theory*, Cambridge University Press.（寄本勝美訳『参加と民主主義理論』早稲田大学出版部）

Runciman, David (2018) *How Democracy Ends*, Profile Books.

Streeck, Wolfgang (2014=2016) *Buying Time: The Delayed Crisis of Democratic Capitalism*, Verso.（鈴木直訳『時間かせぎの資本主義——いつまで危機を先送りできるか』みすず書房）

Urbinati, Nadia and Mark E. Warren (2008) "The Concept of Representation in Contemporary Democratic Theory," *Annual Review of Political Science*, 11: 387–412.

Wedeen, Lisa (2008) *Peripheral Visions: Publics, Power, and Performance in Yemen*, The University of Chicago Press.

White, Jonathan and Lea Ypi (2016) *The Meaning of Partisanship*, Oxford University Press.

井戸正伸（1990）「『資本主義デモクラシー論』の可能性――A. プシェヴォスキを中心に」『思想』第 796 号、133–153 頁。

西條辰義編著（2015）『フューチャー・デザイン――七世代先を見据えた社会』勁草書房。

阪口正二郎（2001）『立憲主義と民主主義』日本評論社。

坂野達郎（2012）「討議型世論調査（DP）――民意の変容を世論調査で確かめる」篠原一編『討議デモクラシーの挑戦――ミニ・パブリックスが拓く新しい政治』岩波書店。

田村哲樹（2009）『政治理論とフェミニズムの間――国家・社会・家族』昭和堂。

田村哲樹（2015）「『民主的家族』の探究――方法論的ナショナリズムのもう一つの超え方」『法政論集』第 262 号、15–37 頁。

田村哲樹（2016）「熟議民主主義と集団政治」宮本太郎・山口二郎編『リアル・デモクラシー――ポスト「日本型利益政治」の構想』岩波書店。

田村哲樹（2017）『熟議民主主義の困難――その乗り越え方の政治理論的考察』ナカニシヤ出版。

田村哲樹（2018a）「資本主義と民主主義はなおも両立可能か」杉田敦編『デモクラシーとセキュリティ――グローバル化時代の政治を問い直す』法律文化社。

田村哲樹（2018b）「熟議民主主義と自由民主主義の関係の再検討――熟議システム論と熟議文化論を中心に」『哲学と現代』第 33 号、4–26 頁。

千葉眞（1995）『ラディカル・デモクラシーの地平――自由・差異・共通善』新評論。

本秀紀（2012）『政治的公共圏の憲法理論――民主主義憲法学の可能性』日本評論社。

森川輝一（2017）「引かれ者の小唄――『大陸系』政治哲学が語ろうとすること、『分析系』政治哲学が語らないこと」『ニュクス』第 4 号、262–275 頁。

純粋手続き的正義と分配パタン指定の隘路
——理論と制度的指針の検討

早稲田大学政治学研究科博士課程 大庭　大

　本稿は、純粋手続き的正義の理論に焦点を当て、その理論的意義を明らかにするとともに、制度的考察までを射程に含む分配的正義の有力なアプローチとしてこれを提示することを目指す。純粋手続き的正義のアプローチがロールズ理論の体系において一貫性をもつことの論証を通じて、その理論的擁護可能性を示したのち、純粋手続き的正義のアプローチが制度・政策のパタン指定性について独自の視点を提供し、制度的構想を導く指針ともなりうることを示す。より細かくは、まず1～2節で、純粋手続き的正義について、ロールズの議論を分析・整理することでその特徴の精確な見取り図を提示する。純粋手続き的正義の異なる類型をみたのち、原理適用段階における正義の指令を統べるアプローチとして、準純粋手続き的正義の社会過程説を特定する。そのうえで3節では、パタン指定という論点を中心にロールズ的な純粋手続き的正義の分配制度上の含意を論じる。4節では純粋手続き的正義の非ロールズ的構想について検討する。

キーワード：手続き的正義、パタン、分配的正義、ロールズ、制度

序論

　本稿は、純粋手続き的正義（pure procedural justice）の理論に焦点を当て、その理論的意義を明らかにするとともに、制度的考察までを射程に含む分配的正義の有力なアプローチとしてこれを提示することを目指す。

　純粋手続き的正義について論じた重要な政治理論家にJ・ロールズがいるが、その説明は多岐にわたり込み入っている。加えて、ロールズ研究では純粋手続き的正義は原初状態や構成主義との関連でのみ言及されること

が多い（e.g. 福間 2007、田中 2017）[1]。その分配問題における意義はいまだ充分解明されていない。

　本稿は以下の手順で、純粋手続き的正義に基づく分配的正義の構想とそこから導かれる制度的指針について考察する。まず１〜２節では、純粋手続き的正義について、ロールズの議論を分析・整理することでその特徴の精確な見取り図を提示する。純粋手続き的正義の異なる類型をみたのち、原理適用段階における正義の指令を統べるアプローチとして、準純粋手続き的正義の社会過程説を特定する。そのうえで３節では、パタン指定という論点を中心にロールズ的な純粋手続き的正義の分配制度上の含意を論じる。４節では純粋手続き的正義の非ロールズ的構想について検討する。

　本稿には大きくふたつの意義がある。第一の意義は、ロールズの正義論について、それを徹頭徹尾純粋手続き的なものとみなす立場からその理論的含意を検討することである。純粋手続き的正義のアプローチが、原理選択、原理適用、制度構想というロールズの理論における異なる局面を一貫して規定していることを示す。純粋手続き的正義を構成する諸側面やパタン指定の諸類型という区分を用いることで、これまで体系的に理解されてこなかった手続き的正義の諸観念の内容・含意・関係性を明らかにする。

　第二の意義は、より一般的に、制度構想を含む分配的正義の問題について考えるための有力なアプローチとして、純粋手続き的正義の理論を提示することである。まず、純粋手続き的正義のアプローチがロールズ理論の体系において一貫性をもつことの論証を通じて、その理論的擁護可能性を示す（１〜２節）。続いて、純粋手続き的正義のアプローチが制度・政策のパタン指定性について独自の視点を提供し、制度的構想を導く指針ともなりうることを示す（３節）。最後に、限定的ながら代替的構想との比較を行うことで、純粋手続き的正義の魅力的な構想としてロールズ的アプローチに注目する理由があることを示す（４節）。

1. 純粋手続き的正義とパタン指定問題

　本節では、ロールズの純粋手続き的正義について予備的な考察を行う。原理選択段階と原理適用段階を区分し、後者における純粋手続き的正義の

特徴であるパタン指定の否定について問題を提起する。

　純粋手続き的正義とは何か。それは、「何が正義に適っているかが手続きの帰結によって、しかも帰結の内容に関わらず、特定される」ような判断の手続きである（PL: 73）。純粋手続き的正義は、何が正義に適っているかを決める独立の基準をもつ手続きから区別される。そのひとつが完全手続き的正義である。これは「切る人が最後のひときれをとる」という有名なケーキ分割の例によって知られている。ここでは等分性という正しさの基準があらかじめ決まっており、手続きはその基準に合致する帰結を導くことができるとみなされる。このとき、手続きに明確な可謬性がある場合、それは不完全手続き的正義となる（例：刑事裁判）。これらに対比して、純粋手続き的正義はそのような独立の基準をもたない。そこでは、フェアなギャンブルにおけるように、公正である手続きから生じたことがその帰結を公正なものとする（TJ rev: §14）。

　純粋手続き的正義が説得性をもちうるのは、手続きの公正さが帰結の公正さへと移転する（transfer）からである（PL: 259）。すなわち、純粋手続き的正義のメカニズムは〈正しいルールに従った帰結は正しい〉という直観に裏打ちされている。

　この移転のはたらきは、正義原理選択の局面において明白に現れる。ロールズは、原初状態を、そこで合意される原理を正義を体現するものとみなすことができるような仮想契約の装置として設計している（TJ rev: 104; PL: 72; cf. 福間 2007: 21–4）。原初状態が純粋手続き的正義の性格をもつことはほぼ異論のない点であろう[2]。ここでは、原初状態という手続きの説得性はそれが〈自由で平等な社会的協働への参加者〉としての市民にとって公正とみなされうることに由来していることを指摘するにとどめる。

　むしろ本稿が注目するのは、原理の適用段階、すなわち正義の原理が実際に社会制度を統制する際のはたらき方が純粋手続き的正義の性格を備えていることである。

　ここでロールズの正義の二原理の内容を簡単に確認しておこう（JF: 42–4）。第一原理は基本的諸自由の平等を規定する。すなわち、すべての人の同様の自由の体系と両立可能な、基本的自由の十全な体系への剥奪しえない請求権を各人が有している。第二原理は、まず、社会的・経済的不平等が実質的な機会の平等に制約されることを要請する（公正な機会均等原

理)。これは単に形式的な機会均等ではなく、同程度の資質と意欲を持つ人には同等の機会が開かれており、成功の見込みが個人の出自に影響されないことを要請するものである。次に、社会的・経済的不平等が社会の最も不利なメンバーの最大の利益となるようなものであることが要請される(格差原理)。不平等は、それが最も不利な人の生涯を通じた予期を最大化するものである限りで公正なものとして正当化される。

正義の二原理はそれ自体が純粋手続き的正義として機能するとロールズはいう。これは次のような分配的正義の理解に由来している。すなわち、分配的正義の課題とは、各人の公正な取り分を決めることではなく、自由で平等な市民の協働のシステムとしての社会を設計・維持することである(TJ rev: §14) [3]。これに対応して、正義の二原理は個人ではなく社会の基礎構造(主要な諸制度の編成)に適用される。

したがって、正義の二原理は正義に適った帰結がいかなるものかを決めるものではない。それは、二原理を反映した手続きとしての社会過程(社会制度の作用)によって決まる(PL: 282)。「適切な諸制約のもとでは、分配の取り分のいかなる帰結も正義に適っている」のである(Ibid.)。そのようにいいうるために手続きを設計・維持することが、正義の原理の役割である。

その重大な含意が、パタン [4] 指定の否定ないし回避という主張である。ロールズは次のようにいう。「正義の二原理は、実際の分配がある時点において(または長期で)、何らかの観察可能なパタン――たとえば平等――に一致することや、分配状況から算出される不平等が一定の範囲――たとえばジニ係数のある値――のうちに収まることを求めはしない」(PL: 283; cf. JF: 68)。

これに対しては、パタン指定の回避は二原理が平等主義的な実質的内容をもつことと矛盾するのではないか、という批判がある。亀本洋によれば、ロールズの正義論は、分配パタンを指定しないという点で、R・ノージックのリバタリアニズムと同型の理論になっている(亀本 2011: 488)。そして、ロールズの平等主義的な分配的正義への関心は、純粋手続き的正義の採用によって部分的に裏切られ制約されてしまう(亀本 2011: 487; 2012: 77)。

だが、ロールズの純粋手続き的正義、特にそのパタン指定回避という特

徴が、平等主義的な実質的正義にとって積極的な意義をもつとは考えられないだろうか。以下、ロールズの純粋手続き的正義の機能を詳細に検討したのちに、このパタン指定問題に立ち返ってみたい。

2. 手続きの制約と矯正 ——準純粋手続き的正義の社会過程説[5]

本節では、ロールズが分配的正義のアプローチとして採用する純粋手続き的正義の内実について、ふたつの観点から考察する。まず、純粋手続き的正義を構成する三つの側面を明らかにし、それらとの関係で区分される純粋手続き的正義の類型について検討する（2.1）。次に、準純粋手続き的正義という観念を、正義の指令を具体化する諸段階を通じて機能する手続き的正義のあり方として位置づける（2.2）。そのうえで、原理適用段階においてロールズが採用する正義のアプローチを、準純粋手続き的正義の社会過程説として特定し、それが立法段階・制度構想にまで継承されていることをみる。最後に解釈上の異論を検討する（2.3）。

2.1 純粋手続き的正義の三側面

前節でみたように純粋手続き的正義とは、正しいとみなされうる帰結の導出を手続きそのものに委ねるアプローチである。そしてそれは、何よりもまず人々の相互行為（transactions）を統制する公正な手続きの設計に関わる。純粋手続き的正義のこの側面を「相互行為の直接規則」とよぼう。これはロールズの理論においては、二原理、とくに基本的諸自由の平等と格差原理を反映したさまざまな権利や権原獲得に関する規則というかたちをとる。すなわち、基本的諸自由を平等に保障し、協働の機会とその報酬のあり方が最も不利な人の予期を最大化するという条件に見合った相互行為の規則が求められる。だが、純粋手続き的正義は、社会過程に対する「適切な諸制約」をも必要とする（PL: 282）。これは、異なる機能をもつふたつの側面に区分しうる。純粋手続き的正義の第一の側面である相互行為の直接規則は、第二・第三の側面によって補完されねばならない。

第二の側面を「背景的正義の制約」とよぶ。これは人々の間の「自由で

公正な合意のための背景的条件」を定める（JF: 53）。その主たる要件をなすのが、正義の第一原理から派生する政治的自由の公正な価値と、第二原理の要請である公正な機会均等の保障である。そこで求められるのは、自由と機会平等の形式的保護を超えて、それらが実質的なものとなるような社会条件を整備することである。この条件整備のために、たとえば、社会的に不利な人々が充分に人的資本を形成することを可能にするような保育・教育サービスなどが必要になる。

さらに純粋手続き的正義の第三の側面として、相互行為の長期の累積的結果として背景的条件が正義に適った状態から乖離してしまうことへの矯正がある。これを「矯正的介入」とよぶ。そのような乖離とはたとえば、一部の人がほかの人を実質的に支配してしまえるような富と所得の過度の偏在である。それは、それ自体は公正である個々の相互行為が累積することによる意図されざる帰結として生じうる。そして、とくに数世代をまたぐ長期でみると、そのような乖離の傾向が生じる蓋然性は極めて高い（PL: 265–6）。

それゆえ、正義に適った諸制度は「背景的正義を維持するための必要な矯正」の機能を備えていなければならない（PL: 284）。そのような矯正は正義の構想が特定する「構造に関する諸原理（structural principles）」および「基礎構造の理想的形態（ideal form for the basic structure）」によって導かれる（PL: 284–5）。つまり、矯正的介入が必要となるような背景的正義の毀損は、二原理と、二原理に基づいてよく編成された（well-ordered）社会のヴィジョンに照らして特定される。この目的から、たとえば次のような施策が要請されうる。すなわち、富の過度の集中を阻止するような財産課税や超巨大企業の解体命令（政治的自由の公正な価値の保障）、極端かつ構造化された不利を抱える人々へのアファーマティヴ・アクション（公正な機会均等の保障）などである（cf. Taylor 2009; 田中 2016）。

まとめると、原理適用段階におけるロールズの純粋手続き的正義は次の三側面によって構成される[6]。

相互行為の直接規則：個別の相互行為を直接統制する公正な手続きとなる諸制度

背景的正義の制約：相互行為の背景となる社会条件を公正なものにする

諸制度

矯正的介入：個人の意図と無関係に背景的正義を徐々に損なっていく相
　互行為の累積的効果を矯正するために、社会過程に介入し調整する諸
　制度

　原初状態のような仮想的で一回かぎりの手続きであれば、相互行為の直
接規則のみで公正な手続きを構想することが可能だろう。だが、正義原理
を社会に適用する段階での純粋手続き的正義は、三側面すべてを備えてい
なければならない。三側面の必要性は特にロールズの後期の著作で明確化
される[7]。まずロールズは、自身が依拠するアプローチとしての純粋手
続き的正義を「純粋な背景的手続き的正義 (pure background procedural
justice)」といいかえている (e.g. JF: 50–57, 68, 140)。この修正は、「社会
的協働の仕組みとしての社会が長期にわたって公正なものであり続けるた
めに、特定の諸規則がその仕組みの中に組み込まれていなければならない
ことを示すことを意図して」いる (JF: 51)。

　この考えはさらにスポーツにおけるドラフトの例によって説明される。
チーム間の力の差の拡大傾向を矯正するドラフトの仕組みは、競技の活力
と魅力の維持に貢献するものとして、競技の構成的要素をなすとされる
(JF: 51)。これと同様に、背景的正義の制約と矯正的介入はロールズが理
解する純粋手続き的正義の不可欠の一部をなしている。

　またロールズは、自身の支持する純粋手続き的正義を「社会過程説」と
もよび、ロック–ノージック的な純粋手続き的正義の類型である「歴史過
程説」と区別している (JF: 54)。歴史過程説は、個人間の個別の合意や相
互行為に焦点をあて、初期状態およびそれに続く合意と相互行為が正義に
適っていることを純粋手続き的正義の要請とする (JF: 52–3)。手続きは、
上述の三側面のうちもっぱら相互行為の直接規則のみによって構想され
る[8]。これに対して、三側面すべてを備えもつのが社会過程説である。

　実社会において長期で公正な手続きを維持しようとすると、歴史過程説
の不備が明らかになる。この立場は、合意が公正なものといえるための条
件整備の必要を低く見積もっているからである。特に、相互行為の累積に
よって公正な合意の背景的条件が徐々に失われてしまうことへの対応（矯
正的介入）が考えられていない (JF: 52–3)。スポーツの例を敷衍してい

えば、ドラフトなどの適切な規制や矯正のない競技においては、やがてチーム間の力のバランスが崩壊し、その競技が本来もっていた魅力——たとえば真剣さと緊張感に満ちた試合——は失われてしまいかねない。現実社会でも、経済的力の偏在はさらなる力の集中をもたらす傾向にある（Piketty 2014）。そして、そのような傾向性を是正しない社会は、「自分はそこに単に巻き込まれているのではなく社会の構成員なのだという感覚」（PL: lix）を人々がもちうるような公正さをもつとはいえないだろう。純粋手続き的正義は〈正しいルールに従った帰結は正しい〉という直観に裏付けられていると述べたが、歴史過程説では手続きはその直観に大きく反するものに変容してしまう。

　つまり、三側面すべてを備えることが重要なのは、それが純粋手続き的正義自体を適切に維持することに不可欠だからである。原初状態が説得的でありうるのは、それが〈自由で平等な社会的協働への参加者〉としての市民にとって公正な手続きであるからであった。だが現実の社会制度として純粋手続き的正義を実現するには、手続きの公正さをいかに維持するかにも配慮しなければならない。

2.2　具体化段階における手続き——準純粋手続き的正義

　社会制度において純粋手続き的正義を実現するには、もうひとつの困難が存在する。それは、扱う主題の複雑さゆえに正しい帰結を必ずしも一義的に特定しえないことである（TJ rev: 318）。ロールズは「準純粋手続き的正義（quasi-pure procedural justice）」という手続き的正義のいまひとつの類型について語っているが、これはその困難に応答するものとして理解することができる。この概念は三つの特徴をもつ。

　ひとつは帰結の非一義性という意味での不確定性である（TJ rev: 176, 318）。ロールズは〈正義原理－憲法－法律－執行〉という四段階の系列を想定しており、第三段階までの各段階には原初状態、憲法制定会議、議会という各段階の正義の規則ないし指令を決定する手続きがある（TJ rev: §31）。厳密な純粋手続き的正義である正義原理の選択局面では正しい選択肢が一義的に確定されうるのに対して、より具体的段階の手続きは準純粋手続き的正義となる（TJ rev: 318）。そこでは、正しい指令は正しい手続きによっても一義的には確定しえない。

第二の特徴は、そのような不確定性のもとで純粋手続き的正義が機能するために、手続きがより上位の手続きの制約に服することである。憲法制定段階以降の手続きは「前段階で採択された原理を継承する」とされる（TJ rev: 176）。こうして上位の手続きの制約に服することで、適切な手続きをへて生じた帰結は、最も正義に適っていると確言できない場合でも実践的な権威（正統性）を有するとみなされうる（Ibid.）。

第三の特徴は、（準）純粋手続き的正義のアプローチの継承である。原理の継承と並んで、純粋手続き的正義は、一定の不確定性を含むかたちに変容しつつ、異なる段階の手続きのあり方を規定し続ける。憲法制定会議と議会は準純粋手続き的正義という同一のアプローチによって特徴づけられている[9]。ロールズは原初状態から憲法および議会へとそのような手続きが継承されるという。まず、「各人が公正に代表される平等な初期状態の視点」を反映する正義に適った手続きが、上位の正義の指令の継承とは別に、原初状態から「諸規則を作成する社会的諸規則の最高次の体系」としての憲法へと移転（transfer）される（TJ rev: 194–5）[10]。同様に憲法が法制定のための政治的手続き（議会）を規定するとき、その手続きはあらゆる市民の平等な参加の権利という原理に基づいて構成される（Ibid.）。

つまり、正義の指令を導出する諸段階は、上位の指令が下位の手続きに組み込まれるという構成的関係と、（準）純粋手続き的正義というアプローチの継承（同一性）のふたつによって結びついている。ロールズの正義論の全体は、そのような手続きの連なりとして理解できる。

この（準）純粋手続きの連なりという理解に基づくなら、制度をより具体的に規定する第三段階の手続きから導出される正義の指令も準純粋手続き的正義として機能することが予想される。確認しよう。

まず、第二段階にあたる憲法は、立憲デモクラシー、職業選択の自由などに基づく一定の機会の平等、ソーシャル・ミニマムなどを規定する（PL: 227–30）。そして、正義に適った制度の構想である財産所有のデモクラシーはこれらの範囲内で（第二原理を含む）正義の要請を具体化する。

続いて、前節でみた純粋手続き的正義の三側面（相互行為の直接規則、背景的正義の制約、矯正的介入）に沿って財産所有のデモクラシーの制度を概観することで、それが純粋手続き的であることをみよう。まず相互行為の直接規則として、立憲デモクラシーの政治手続きに加えて、結社の自

由や職業選択の自由の実現のために、ある程度競争的な市場が要請される（TJ rev: 242, 245, 272; PL: lvii）。次に、背景的正義の制約として、デモクラシーの手続きが正義に適ったものであるために、政治的自由の公正な価値の保障が要請される。より具体的には、選挙資金や政治献金の規制などの、社会的・経済的影響力の政治的影響力への転換を防ぐ仕組みが求められる（JF: 148–50）。また、市場が正義に適った手続きであるための背景的条件として、機会の平等を実質化する諸制度が要請される（JF: 174–6）。最後に、財産所有のデモクラシーは、背景的正義の喪失を抑制・矯正する矯正的介入の機能を備えている。たとえばそれは、公正な機会均等と政治的自由の公正な価値を毀損しうるような富の過度の偏在を抑制・矯正するための、受贈者を対象にした累進相続・贈与課税や、累進消費税ないし所得税というかたちをとる（PL: 268, TJ rev, 246–7）。

　以上より、不確定性をはらみつつ上位の正義の指令を継承するものとしての準純粋手続き的正義の観念が、憲法制定会議と議会、そして立法段階のより具体的指令の一部としての財産所有のデモクラシーの諸制度をも説明しうることがわかった。そして、純粋手続き的正義というアプローチ自体もまた諸段階を通じて継承されている。

　ここまでの議論を整理しておこう。一回かぎりの思考実験ならぬ現実の社会制度として純粋手続き的正義を実現するためには、まず、背景的正義の制約と矯正的介入が手続きに備わっていなければならない。すなわち、純粋な背景的手続き的正義、とくに社会過程説が要請される。さらに、社会制度の具体的あり方が問題となる場合、しばしば正しい帰結を一義的に確定することは人間の認識能力を超えるものとなる。そこで、正しい帰結を一義的には導けない不完全な純粋手続きが、より上位の（準）純粋手続き的正義の指令の制約下で機能する、準純粋手続き的正義が求められる（表1）。したがって、分配的正義の実践的問題を純粋手続き的正義として扱うには、準純粋手続き的正義の社会過程説によらなければならない[11]。正義の指令は具体化されるにつれて、上位の純粋手続き的正義の制約を継承すると同時に不確定性をはらみつつ、純粋手続き的正義としての性格を維持し続ける。ロールズ正義論の体系は、原理選択、原理適用、制度構想、という異なる段階を通じて、一貫して純粋手続き的正義のアプローチによって規定されているのである。

表1　手続き的正義の諸形態（基準×帰結）

基準＼帰結	一義的	不確定（非一義的）
手続き外基準	完全手続き的正義	不完全手続き的正義
手続き自体	（厳密な）純粋手続き的正義	不完全純粋手続き的正義*
上位手続きの制約＋手続き自体	―	準純粋手続き的正義

出所：筆者作成

*筆者の用語。『政治的リベラリズム』（PL）で言及される、帰結について一定の不確定性をもつ原初状態を形容したもの。

2.3　手続きから独立した基準は必要か

　本稿はロールズの正義論を徹頭徹尾純粋手続き的正義に依拠したものと理解する。だが、ロールズの理論は手続きから独立した実質的正義の基準を要請するという対抗的解釈もありうる。そのような立場からの異論をふたつ検討しよう。

　第一に、三側面のうち背景的正義の制約と矯正的介入に当たる部分を、純粋手続き的正義から区別される実質的正義の要請とみる見方がある（田中 1985: 288）。このような解釈は純粋手続き的正義を歴史過程説と同一視することから生じているように思われる。だがこれは、社会過程説を純粋手続き的正義の一類型とするロールズの立場に反する。また、準純粋手続き的正義においては手続きの連なりの中で上位の正義の指令が参照されるが、これは手続き外の基準の参照ではなく複数の（準）純粋手続きの間の継承関係として理解されうる。

　第二に、純粋手続き的正義の枠組みでは捉えきれない（不）正義の問題があることをロールズ自身が認めている箇所がある。正義の二原理は、分配パタンを一義的に定めることはしないが、それでもある分配パタンが我々にとって不正なものと映ることがありうるというのである（JF: 68）。これは準純粋手続き的正義の不確定性に由来するものといえるだろう。そして「それによって反照的均衡状態はいわば少し揺るがされる」（JF: 68 n36）。亀本はこの点を踏まえて、二原理は現実の所得格差の正不正を判定

できずそれを個人の判断に丸投げしていると評する（亀本 2012: 81–2）。だが、反照的均衡への言及に示されているように、我々の直観がある帰結を不正義とみなし、かつそのような直観が広く共有される場合に生じるのは、反照的均衡の次元での正義原理の問い直しである（TJ rev: 18）[12]。そこでは独立の実質的正義が作動するのではなく、新たに形成された我々の熟慮された信念に基づいて原初状態の設計が再検討される。パタンについての我々の直観はそこで〈自由で平等な社会的協働への参加者〉にとっての公正な手続きの設計のひとつのインプットとなるが、正義の原理（およびそれに連なる具体的指令）と我々の直観のいずれが修正されるかは純粋手続きとしての原初状態によってのみ決まる。これは、例外的であるとはいえ純粋手続き的正義の枠内の回路であり、正義を一貫して純粋手続き的に構想することと矛盾しない。

　この点に関連して福間聡は、ロールズは権利と自由の保護などの「手続き以外の基準」を用いて帰結や手続きの適切さを判断することを要請しているとする（福間 2007: 66）。その論拠とされるのは「ある手続きの正義は（特別な事例であるギャンブルを脇におくと）その起こりそうな帰結（likely outcome）の正義、すなわち実質的正義に常に依存している」というロールズの主張である（PL: 421）。これは手続きの正しさが正義の実質的要請と不可分であることを示すものであるが、正義の実質的要請が手続きと独立に規定されることまでを述べたものではない。手続きとしての社会制度を適切なものとして設立・維持するために正義の実質的要請が生じるという本稿の理解は、この言明と矛盾しない。また、ロールズが帰結そのものではなく「起こりそうな帰結」を問題にしていることに注意してほしい。この帰結への言及の仕方が純粋手続き的正義の射程内にあることは、次節の議論が明らかにするところである。

3. 義務論とパタン指定

　これまでの議論を踏まえて、パタン指定問題に回答を与えたい。まず、純粋手続き的正義が義務論的理論であることを指摘する（3.1）。次に、パタン指定のあり方を類型化し、純粋手続き的正義によって否定される類型

と肯定される類型を区分する（3.2）。選別的パタン指定という回答を示し、その制度指針としての含意を検討する（3.3）。

3.1 目的論 vs. 義務論

正義の指令によるパタン指定のあり方について考えるうえで、目的論と義務論という区分が有用である。これは D・パーフィットが平等主義理論の焦点の当て方に基づく区分として提案したものである。目的論的理論が事態ないし帰結としての平等そのものに価値を認めるのに対して、義務論的理論はほかの道徳的理由、とくに行為や他者の処遇に関する理由に基づいて平等を要請する（Parfit 2002: 84, 90）。ロールズの純粋手続き的正義は義務論的である。それは〈自由で平等な社会的協働への参加者〉としての市民にとって公正なものとして社会の諸制度を設計・維持することに焦点を当てるからである。

たとえば、公正な機会均等が実現されるための公教育サービスの整備や、政治的自由の公正な価値を毀損するような極度に偏った財産の蓄積を阻止するための課税は、いずれも財や有利の特定の分配をそれ自体として目指すものではない。むしろそれらは、手続きとしての社会制度を〈自由で平等な社会的協働への参加者〉にふさわしいものにすることを目的としている。これらの施策を駆動する目的はあくまで制度を介した市民同士の処遇のあり方であり、分配はそれに付随して規定される（cf. Quong 2011）。

これは、1節でみたパタン指定回避の主張に通じる。すなわち、正義の二原理は分配状況の特定のパタンへの一致や一定範囲への収斂を求めない、という主張である。問題はこれが、二原理が分配上の実質的指令をもつことを否定するようにみえることであった。ロールズの純粋手続き的正義の機能の詳細な理解とその義務論的性格という理解を用いることで、この問題を解くことができる。

答えを先取りしていえば、ロールズはあらゆるパタン指定を否定しているわけではない。だが重要なのは結論よりもその内実——パタン指定のうち何が否定され何が肯定されるか——である。これは、純粋手続き的正義がもつ制度・政策上の指針を示すことにもつながる論点である。

3.2 パタン指定の諸類型

　ロールズ的純粋手続き的正義が肯定するパタン指定を適切に捉えるべく、パタン指定の類型をその「要請根拠」と「強度」の観点から区分しよう。

　まず、要請根拠は目的論と義務論のそれぞれが志向する分配のあり方に対応する。すなわち、あるパタンの実現をそれ自体正義の目的とするか、ほかの道徳的目的のための手段とするか、という区分である[13]。

　次に、パタン指定の強度による区分について〈一義指定〉〈範囲指定〉〈パタン化傾向〉という三区分を提案したい[14]。一義指定の典型例は平等だが、対象者の取り分がそれぞれ一義的に決まっている状態はすべてこれにあたる。範囲指定にはさらに、ソーシャル・ミニマムのような〈下限指定〉、一定額以上の資産の100％課税のような〈上限指定〉、ジニ係数の上限値設定のような〈分散指定〉などの手法がありうる。範囲指定は一義指定に比べて緩やかな制約だが、そのパタン指定の強度は範囲の設定次第で異なる。最後に、パタン化傾向は一層弱いパタン指定の形式であり、特定の（範囲の）帰結を抑制または促進する傾向性を指すものとする。あらゆる制度・政策はこの意味でのパタン化傾向をもつ（Sefton 2006）。また、それが特定のパタンを事実上排除するものとなることも珍しくない。たとえば、生産手段を含む私的所有制度の採用は、ある種の所有や取引を促進すると同時に、生産手段の共同所有という仕組みのもとで生じえたパタンが生じることを事実上不可能にするだろう。

　要請根拠と強度を組み合わせると、パタン指定は六つの類型に区分できる。分配パタンが目的である場合には、パタンそのものが望ましいのであるから、それが常に実現されていることが道徳的要請となる。より実際的にはこれは、最終状態つまり帰結における望ましいパタンの実現を目指すというかたちをとるだろう。一方、分配パタンが手段である場合には、それはパタン以外の何かを目的としている。たとえば、人的資本（へのアクセス）の分配パタン指定は公正な機会均等のために要請される。したがって、この場合望ましいパタンはその目的に資する時点・範囲で実現されることが要請されるのであり、常に実現されている必要はない。つまり、手段としてのパタン指定は通常、帰結としてのパタンには関わらない。

3.3 選別的パタン指定——制度的指針

これらの異なるパタン指定のあり方について、ロールズの純粋手続き的正義のとるスタンスは選別的肯定である（表2）。この選別的パタン指定という回答の内実をふたつの指針として説明し、それがどのような分配制度を指し示すかを論じる。

表2　パタン指定性の諸類型

強度 ＼ 要請根拠	目的として	手段として
一義指定		
範囲指定		✓
パタン化傾向		✓

下限指定 ✓
上限指定 ✓
分散指定
⋮

出所：筆者作成

凡例　✓：ロールズの純粋手続き的正義が肯定する類型

第一の指針は目的としてのパタン指定の否定である。純粋手続き的正義はパタン自体を目的としない。先にみたように、純粋手続き的正義は特定の分配的帰結そのものを目指す目的論的理論とは異なり、適切な手続きの設定と運営に関わる義務論的理論だからである。たとえば、財産課税の要請根拠は民主的手続きの公正さの担保であって特定のパタンの実現ではない。

ロールズ的な純粋手続き的正義においてパタン指定を伴う施策の目的となるのは、社会制度を〈自由で平等な社会的協働への参加者〉としての市民にとっての公正な手続きとして機能させることである。これは、市民による社会的協働（労働ないしそれに準ずる活動）への参与が制度構想の前提とされていることを含意する。社会的協働を通じた自助と貢献の必要性を完全に否定するような制度は、純粋手続き的正義からは導出しえない。

これは福祉を切り詰める自己責任論とは異なる。むしろ重要なのは、社会制度が社会的協働の適切な機会をすべての市民に開いていることである。もしある人が生来の資質や環境ゆえにその機会を充分にもたないとす

れば、その社会は〈自由で平等な社会的協働への参加者〉にとって公正な手続きであることに失敗していることになるからである。そのような場合に要請されるのは〈自由で平等な社会的協働への参加者〉としての地位を各人に保障する機能を社会制度が適切にもつことである。それはたとえば、適切な雇用機会を確保しうるルールづくりや充分に多様かつ充実した就労支援などである。このような社会の責任が果たされてはじめて個人の責任が問われうる（cf. PL: 189）。正義の二原理は特定のパタンの実現を指令するかわりに、人々が〈自由で平等な社会的協働への参加者〉たりうるために「機能的な寄与（functional contribution）」をなすことを求めるのである（PL: 283）。パタン指定はそのような機能の一部として要請される。

　第二の指針は、一義指定および範囲指定の一形態である分散指定の否定である。パタン指定が手段として要請される際も、あらゆるパタン指定が用いられるのではなく、特定の強度のパタン指定は排除される。一義指定の施策には、たとえば各人の功績に応じた分配や、（手続きの公正さによって要請される範囲を超える）各人の必要や効用を根拠とした分配がある。これらは手続きから独立の正しさの基準を用いる（不）完全手続き的正義の論理に従うものであり、純粋手続き的正義からは導出できない。

　より論争的なのは分散指定の否定だろう。とくに教育などの位置財（Brighouse and Swift 2006）については、社会制度の手続きとしての公正さの観点からも、財の社会全体における分散状態に配慮する理由があるという異論がありうる。これに対しては次のような応答が可能である。位置財の格差についても、純粋手続き的正義の観点から問題となるのはあくまで〈自由で平等な社会的協働への参加者〉としての地位を脅かすような取り分の不足ないし過剰である。それゆえ、これらの問題には下限指定や上限指定によって適切に対応できる。対して、社会全体の財の配置を制約する分散指定は対処すべき問題と直接無関係な人の取り分をも制約してしまう。これは手続きの公正さの維持という目的を超えて財の分配状況に介入することであり、純粋手続き的正義の論理と折り合いが悪い。

　最後に、前節でみた財産所有のデモクラシーの諸制度が、これらの指針に従っているかを手短に確認しよう。まず、立憲デモクラシーの政治制度や公正で競争的な市場、およびそれらを支える諸規則はパタン化傾向を通じて社会を市民にとって公正なものとして維持する施策である。次に、人

的資本形成の機会を保証する公共サービスの提供やソーシャル・ミニマム保障などは、範囲指定とくに下限指定の施策である。では、背景的正義を毀損する富の集中を防ぐための累進相続・贈与税や累進消費税（所得税）はどうだろうか。これらは（緩やかな）上限指定を行う施策であるといえる。これらの施策が問題とするのは所得および富の階層の最上部における、ほかの市民を実質的に支配してしまえるほどの経済力の存在であり、社会全体の財の分散や格差そのものではないからである。政治献金の規制もまた、政治的影響力という財の分配に関する上限指定の施策として理解できる[15]。

　まとめると、純粋手続き的正義の制度的指針は、目的としてのパタン指定と、一義指定や分散指定を否定する。他方で、パタン化傾向および上限指定や下限指定は純粋手続き的正義に適合的である。これが、二原理は分配状況のパタンへの一致や不平等の範囲制約を要請しないというロールズの主張の意味である。そして、だからこそ「背景的正義に関する諸規則があっても、分配的正義は依然として純粋手続き的正義の一例として理解されうる」のである（JF: 52）。さらに、これらの指針はそれらに適合的な制度を特定することで、純粋手続き的正義に基づいて制度を構想する際の有用な参照点を提供する。

4.　修正された歴史過程説の検討

　以上、パタン指定問題を起点にロールズの純粋手続き的正義について考察し、選別的パタン指定のふたつの制度的指針を示した。だが本稿の最終的関心が魅力的な分配的正義のアプローチの提示にあるとすれば、なぜロールズの純粋手続き的正義にこだわるのかを改めて問わねばならないだろう。本節では、純粋手続き的正義の魅力を確認したのち、限定的ながら代替的構想を検討し、ロールズ的構想を擁護する。

　純粋手続き的正義の第一の魅力は正義を認識する仕方の単純さにある。純粋手続き的正義は手続きを焦点化するアプローチであり、〈正しいルールに従った帰結は正しい〉という直観に裏打ちされている[16]。帰結を直接問題にする目的論的理論においては、帰結のあらゆる差異について正義

にとっての含意を追跡・判断し、必要に応じて帰結を修正することが理論的要請となる。純粋手続き的正義はそのような煩雑さをかなりの程度回避している。この違いは実践的には、制度の正しさの説明の負荷の違いとして現れる。ある帰結の発生には広範な具体的要因が関わっており、帰結の正しさについての議論は、とりわけ人々が自らの取り分に敏感になるほど、収拾がつきにくくなる。手続きを焦点化することには正義の議論を比較的一般的で単純なものにとどめるという利点がある。

　第二の魅力は自由の尊重との整合性である。純粋手続き的正義は個人の行為ではなく、手続きとしての社会制度を対象としており、分配の問題は手続きが公正であるために備わっているべき機能の問題として理解される。これは、公正な手続きのもとで個人の自由の領域が広く確保されることを意味する（JF: 54; Freeman 2014: 110–12）。

　だが、これらの魅力は、手続きをより薄く解釈する歴史過程説によってこそ実現される、という異論がありうる。特に、歴史過程説を公正な社会条件に配慮するように修正・洗練化できるならば、それは純粋手続き的正義のより魅力的な解釈たりうる。以下ではそのような修正歴史過程説の代表例としてA・J・シモンズの理論を検討する[17]。

　シモンズは歴史過程説の枠組みに依拠して、正義・正当性とは区別される正統性の問題系を示したことで知られる。ロールズの正義論が社会構造を焦点化するのに対して、シモンズの正統性論は個人の実際の選択と同意に注目する（Simmons 2001: 147）。だが本稿の関心はシモンズの理論全体ではなく、彼の理解する歴史過程説が分配問題への指針としてロールズのアプローチ以上の魅力を有するかどうかである。それが【1】相互行為の公正な条件整備に充分に配慮しているか、【2】単純さと自由の尊重という魅力を備えているかという点に焦点を絞り、シモンズによる歴史過程説の修正を検討したい。

　シモンズは、相互行為に直接起因しない環境の変化によって歴史的権利が不正なものになりうることに敏感である。これに対応すべく、土地や資源への所有権はそれらへのアクセスないし機会の権利として読み替えられる（Simmons 2001: 233; 2016: 181）。そしてシモンズは、土地や資源の各人の公正な取り分の保障を要請する「ロック的但し書き」に、獲得と移転の歴史的権利の体系を公正なものとして維持する機能を見出す。具体的に

は、人口の増減や開発による利用可能な資源の増加が生じると各人の公正な取り分が変化し、それ以前に公正であった所有が不公正なものとなりうる。そこで、過剰所有者から過小所有者への差分の移転が要請される（Simmons 2001: 237-9; 2016: 183-5）。この差分は各人がもつ、アクセスの権利に照らして判断されるが、それは環境の変化に応じて変動する。個別の財の所有権の確定はあくまで歴史過程に依拠するが、アクセスの権利に追随する仕方で変化することを求められるため、移転の要請が生じるのである。この移転は強制執行が可能だが、所有者による改善部分の除外や所有物への愛着の尊重などの制約のもと行われなければならないとされる。

この手続きは、歴史的権利の体系に相互行為・合意が公正であるための条件整備への配慮を組み込むものといえる。この修正はどのように評価されるべきか。

【1】まず公正さへの配慮は充分とはいえない。シモンズの修正は土地と資源のみを対象としており、社会構造が不公正なものとなることへの配慮がないため、ロールズによる歴史過程説に対する批判（2.1）は依然として妥当する。たとえば、違法行為ではなく全体としての経済制度が、継続的な格差の拡大や貧困層に集中する巨大な不利の発生（金融危機など）を許容するとき、それを批判する視点はシモンズの修正歴史過程説にない。実はシモンズ自身はこの限界を認めている。彼は社会構造の正義を問うロールズ的アプローチを否定するのではなく、歴史過程説を部分的に併用する多元主義を支持するからである（Simmons 2001: 156, 223-4; 2016: 50-54, 60）。

【2】次に単純さと自由の尊重について、シモンズの修正は、歴史過程説が有していた魅力を失わせることになる。まず、過剰所有された土地と資源の強制的移転は、自発的相互行為へのパタン指定的介入である。それは特定の帰結ではなく「適切な帰結のある範囲内での再分配」を指令するとシモンズはいう（Simmons 2016: 184、強調原文）。本稿の区分を用いるならこれはある種の範囲指定の施策であり、その限りでパタン指定的である。加えて、この介入は高頻度で要請される。シモンズは、公正な取り分の変動要因として人口や資源の増減を挙げていた。だが土地や資源の価値は所有者の行為とは無関係な社会的要因によっても変化し、アクセスの権利を変動させる（例：近隣地域の開発による地価の高騰 cf. 井上 2008:

289-90)。これらの変動を適切に反映するには複雑な計算を伴う恒常的な介入が必要となる。それゆえ、シモンズの修正された歴史過程説が単純さと自由の尊重について優位性を有しているとは全くいえない。

　無論政策としては、強制的移転は効率性などを考慮してより単純化されたかたちで実施されるだろう。だが正確で恒常的な介入からの乖離は、歴史過程説の理論が指令する公正さからの逸脱を意味するため、その分規範的正当性を欠くものとなる。

　以上、シモンズによる歴史過程説の修正が純粋手続き的正義のよりよい代替的構想を提示しているという異論を退けるべきふたつの根拠を示した。第一に、分配的正義の観点から社会制度を統べる原理としてみたとき、それは個人間の相互行為の公正な条件への配慮を充分に備えているとはいえない。これは歴史過程説が社会構造を対象としないことの限界であり、ロールズ的なアプローチはこの点で明確な優位性を有する。第二に、シモンズが歴史過程説に導入する強制的移転の手続きは、ロールズ的純粋手続き的正義の枠組みと同等かそれ以上に頻繁かつ複雑な介入を要請しうるものである。したがって、正義の指令の単純さと自由の尊重に関して修正歴史過程説が優位性を有すると考えるに足る根拠はない。

結語

　本稿は、純粋手続き的正義を平等主義的な分配的正義の有力なひとつのアプローチとして提示することを試みた。ロールズの正義論とそれが抱えるパタン指定問題を手掛かりとして、その理論的意義と妥当性を示すとともに、その分配制度上の含意の一端を大まかな制度的指針として示した。最後に、純粋手続き的正義の非ロールズ的構想についてシモンズを代表例として検討し、ロールズ的構想の暫定的優位性を示した。ロールズ的な純粋手続き的正義に基づくより具体的・本格的な制度構想の検討や、代替的構想との網羅的な比較は別稿に譲る。

　[付記] 貴重なコメントをくださった二名の匿名査読者にこの場を借りてお礼申し上げる。なお，本稿は JSPS 科研費特別研究員奨励費 17J09542

の研究成果の一部である。

[1] 重要な例外として、田中（1985）と Krouse and McPherson（1988）があるが、い
   ずれもロールズの主著が出揃う前の論考であるという限界がある。特に、ロー
   ルズの純粋手続き的正義とリバタリアン的なそれとの重要な違いである矯正的
   介入の機能の検討が不充分である。より最近の研究では、亀本（2011、2012）と
   林（2017）が本稿の関心に近い考察を含んでいる。亀本については本文中で触れ
   る。林は、配分的正義との対比で、自由と平等の和解という重要な論点を析出
   している。ただし、基本財を直接の分配対象であるかのように述べている点は（林
   2017: 22）、人々の基本財の予期を規定する制度のあり方を問題にするという純
   粋手続き的正義の特徴を捉え損ねており、誤解を招きかねない。また、Freeman
   (2014)、Thomas (2017)、Edmundson (2017) なども、限定的ながら分配における純
   粋手続き的正義に注目する議論をしている。
[2] これについても一定の解釈の幅はある（Nelson 1980; Stark 2000）。
[3] 前者をロールズは配分的正義とよぶ。この対比については林（2017）を参照。
[4] 本稿では、分配パタンをもっぱら単に「パタン」と表記する。
[5] 本節の議論は部分的に Oba (2020, forthcoming) に依拠している。特に純粋手続き
   的正義と財産所有のデモクラシーについて詳しくはそちらを参照。
[6] A・トマスもこれと似た整理をしているが、第二、第三の側面は区分されていな
   い（Thomas 2017: 89–90）。
[7] 純粋手続き的正義に関するロールズの主張内容に著作間で（矛盾や緊張と呼び
   うるような）大きな違いはなく、変更は論点の明確化の試みとして理解するの
   が適切である。なお意図的な用語の変更とは別に、若干の用語のぶれが同一著
   作内でもみられる。
[8] ロールズは、ロックとノージックを歴史過程説として一括りにしているが、別
   の箇所ではロックの理論に背景的正義への一定の配慮があることも指摘してい
   る（LHPP: 121, 146–7; cf. TJ rev: 97）。したがって、三側面のうち相互行為の直接
   規則だけを重視するノージックの歴史過程説と、背景的正義の制約をも部分的
   に重視するロックの歴史過程説を区別することもできる（cf. PL: 262–5）。
[9] ロールズは憲法と議会を不完全手続き的正義であるともいう（TJ rev: 172–3）。
   これは、上位手続きの制約から区別される手続き自体の性質を表現としたもの
   と理解しうる（表 1 参照）。
[10] 厳密にはこれは、原初状態から憲法への一足飛びの移転ではなく、その間に憲
   法制定会議への純粋手続き的正義の移転が想定されていると理解するのが自然
   である。ただし、本稿の論旨はこの解釈に依存しない。
[11] ロールズはこれらの区分導入後も、自らのアプローチを単に「純粋手続き的正義」
   とよぶことが多い。本稿では過度に煩雑にならない範囲で精確な区分に基づく
   用語を用いる。

[12] ただし不正と思われる法や政策への対応としては、立法および憲法という上位段階の規則に立ち返っての問い直しが優先すると考えるべきだろう。原初状態の設計を問い直すことはこれらによって充分な対応ができない場合のための例外的手続きとして位置づけられる。

[13] 目的としてのパタン指定は、R・ノージックが批判的に言及する「持続的パタン (stable pattern)」と概念的に重なる（Nozick 1974: 232）。それは、特定の分配パタンを目指すべき正義に適った帰結として指定し可能な限り固定することを要請する。

[14] 区分は筆者によるが、一義的ではないパタン指定がありうることは早くから指摘されている（Pogge 1989: 28; Wolff 1991: 232）。

[15] なおパタン指定類型とロールズの二原理の各部分には一対一の対応はない。各制度・政策も、特定の原理（たとえば格差原理）のみによって導かれるのではなく、二原理全体を参照して設計される。

[16] この直観がどの程度妥当性をもつかは別途検討が必要かもしれない（cf. 亀本 2011: 487）。

[17] 歴史過程説のもうひとつの有力な洗練化の潮流に左派リバタリアニズムがある。これについては井上彰による批判的検討（2008）を参照。井上は、シモンズに対する本稿の介入頻度についての批判と同様の批判を左派リバタリアンに対して提起している。

❖ 参考文献
＊欧語文献の翻訳はすべて筆者による。

【ロールズの著作】

TJ rev: Rawls, John (1999). *A Theory of Justice: Revised Edition*, Harvard University Press.

JF: Rawls, John (2001). *Justice as Fairness: A Restatement*, Erin Kelly (ed.), Harvard University Press.

PL: Rawls, John (2005). *Political Liberalism: Expanded Edition*, Columbia University Press.

LHPP: Rawls, John (2007). *Lecture on the History of Political Philosophy*, Samuel Freeman (ed.), Harvard University Press.

【その他】

Brighouse, Harry and Adam Swift (2006). "Equality, Priority and Positional Goods," *Ethics*, Vol.116, No.3: 471–97.

Edmundson, William A. (2017). *John Rawls: Reticent Socialist*, Cambridge University Press.

Freeman, Samuel (2014). "The Basic Structure of Society as the Primary Subject of Justice," in Jon Mandle and David A. Reidy (eds.) *A Companion to Rawls*, Wiley Blackwell: 88–111.

Krouse, Richard and Michael McPherson (1988). "Capitalism, 'Property-Owning Democracy,' and the Welfare State," in Amy Gutmann (ed.) *Democracy and the Welfare State*, Princeton University Press: 79–105.

Nelson, William (1980). "The Very Idea of Pure Procedural Justice," *Ethics*, Vol.90, No.4: 502–11.

Nozick, Robert (1974). *Anarchy, State, and Utopia*, Basic Books.

Oba, Dai (2020, forthcoming). "Procedure-Based Substantive Equality: Pure Procedural Justice and Property-Owning Democracy," *Archiv für Rechts-und Sozialphilosophie*.

Parfit, Derek (2002). "Equality or Priority?" in Matthew Clayton and Andrew Williams (eds.) *The Ideal of Equality*, Palgrave Macmillan: 81–125.

Piketty, Thomas (2014). *Capital in the Twenty-First Century*, Arthur Goldhammer (trans.). Cambridge: Harvard University Press.

Pogge, Thomas (1989). *Realizing Rawls*, Cornel University Press.

Quong, Jonathan (2011). "Left-Libertarianism: Rawlsian Not Luck Egalitarian," *Journal of Political Philosophy*, Vol.19, No.1: 64–89.

Sefton, Tom (2006). "Distributive and Redistributive Policy," in Michael Moran, Martin Rein and Robert E. Goodin (eds.) *The Oxford Handbook of Public Policy*, Oxford University Press: 607–23.

Simmons, A. John (2001). *Justification and Legitimacy: Essays on Rights and Obligations*, Cambridge University Press.

Simmons, A. John (2016). *Boundaries of Authority*, Oxford University Press.

Stark, Cynthia A. (2000). "Hypothetical Consent and Justification," *The Journal of Philosophy*, Vol.97, No.6: 313–34.

Taylor, Robert S. (2009). "Rawlsian Affirmative Action," *Ethics*, Vol.119, No.3: 476–506.

Thomas, Alan (2017). *Republic of Equals: Predistribution and Property-Owning Democracy*, Oxford University Press.

Wolff, Jonathan (1991). *Robert Nozick: Property, Justice and the Minimal State*, Stanford University Press.

井上彰（2008）「自己所有権と平等──左派リバタリアニズムの意義と限界」『年報政治学』2008 年Ⅱ号、276–95 頁。

亀本洋（2011）『法哲学』成文堂。

亀本洋（2012）『格差原理』成文堂。

田中成明（1985）「公正としての正義と手続的正義――ジョン・ロールズ」大橋智之輔ほか編『現代の法思想』有斐閣、281-309 頁。

田中将人（2016）「フェアネスと正義／不正義――アファーマティヴ・アクションの困難」姜尚中、齋藤純一編『逆光の政治哲学――不正義から問い返す』法律文化社、143-157 頁。

田中将人（2017）『ロールズの政治哲学――差異の神義論＝正義論』風行社。

林芳紀（2017）「自由と平等の和解――ロールズの正義の二原理の意義と限界」『倫理学研究』第 47 号、13-25 頁。

福間聡（2007）『ロールズのカント的構成主義――理由の倫理学』勁草書房。

事業終了の政治過程
——そのプロセスの類型化は可能か

京都府立大学公共政策学部非常勤講師 戸田 香

　本稿は事業終了のプロセスを明らかにすることを目的とする。成熟社会を迎え、中央、地方政府ともに財政規律の保持が求められるにもかかわらず、政策終了に着目した研究はほとんど行われてこなかった。研究の絶対数が少ない中でも、終了の阻害或いは促進要因を解明しようとした研究が大半を占め、終了の過程についてはほとんど注目されていない。本稿では終了のプロセスを定性的手法を用いて解明し、民主的な事業の終わり方はいかなるものかを検討する。観察対象を都道府県営ダム事業とし、5県で終了した全計22事例の終了の経緯を観察することで実態を明らかにし、その理由を比較分析で説明することを試みる。その結果、終了プロセスはヴァリエーションに富んでいたことがわかり、終了主導者との関係も指摘される。また終了が政治的アジェンダにあがると紛争が発生するという一般的なイメージとは異なり、実際は短期間で政府内関係者のみで終了していた事例が半数程度を占めていたことも明らかにされる。

キーワード：事業終了、終了のプロセス、ダム事業、政治過程、
　　　　　　　地方政治

1.　はじめに

1.1　私たちは政策終了について何を知っているのか

　本稿の目的は政策がどのように終了するかを明らかにすることである。「いったん始まった政策は終わらない」と公共事業などを例に一般論としていわれることは多い。その理由は次のように推測される。まず事業を終了するには利害関係者の合意調達を必要とするので容易ではないだろう。政策の継続性の面からも中断と再開を繰り返すのは難しいため、終了には

慎重にならざるをえない。仮に終了するとしてもこれまでの政策のサービス対象者に何らかのケアが必要になる場合もあり、継続時のコストや効果と比較するのも重要である。また、その政策を立案した担当者の先見の明が不十分だったという批判が起きるかもしれない。政策の終了がいったんアジェンダに乗ると、対立や紛争が想定されるため、政策決定者は紛争を避けるかもしれない。

　しかしこういった一般的な理解は実態を適切に表しているのだろうか。現代日本において政策や事業終了としてすぐ思い浮かぶ例は多くはないが、それが政策終了の全てだろうか。本稿の目的は政策終了の実態を特にその過程を明らかにすることにある。

1.2　本稿の意義と問題意識

　次に本稿の意義と筆者の問題意識を述べる。先行研究では「政策や事業の終了は起こりにくい」との指摘が多くなされているが［DeLeon, 1978］［Bardach, 1976］、本稿では実態はこれまでの指摘とは異なることが明らかにされる。本稿の観察対象である都道府県営ダム事業では直近の約 20 年間に 123 事業が終了していた。「起こりにくい」とされてきた終了という現象は、実態としてはかなりの数が起きているが、そのメカニズムは明らかにされていない。終了はどのようなプロセスを経て起きているのか。そのパズルを解いていくのが本稿の意義と問題意識である。

1.3　本稿の構成

　本稿は次のように構成される。まず第 2 節では政策終了研究におけるこれまでの議論の検討を行い、本稿の分析枠組みを示す。先行研究では全体の数は少ないながらも終了を促進或いは阻害する要因は何かを解明しようとした内容が多く、終了のプロセスに着目した研究はほとんど確認されなかったことを指摘する。ここから本稿の問いは「終了のプロセスはどのようなものか」と設定する。次に観察対象を都道府県営ダム事業とし、その理由を述べ、分析手法も示す。第 3 節では地方政治から河川政策を捉え、本稿では事業終了および終了プロセスを地方政治の選択の結果と位置付けることを示す。第 4 節では事例として選択した 5 県での全終了事業 22 事例を対象に終了プロセスの検討を行う。終了主導者別、都道府県別での検

討を行う。第 5 節は事例の比較分析を試み、問いへの解答を行う。

2. 理論的検討と本稿の分析枠組み

本節では政策終了研究分野での残されている課題を示し、本稿の問いと
分析枠組みを導出する。

2.1 政策・事業終了についてこれまで何が明らかになってきたのか

政策・事業終了に関する研究は絶対数が多くなく、その理由の 1 つとし
て DeLeon は終了の定義がわかりにくいことを挙げている［DeLeon,
1978］。DeLeon は終了を機能、組織、政策、プログラムが廃止されると考
え、上位概念に近づくほど終了が難しいとした［DeLeon, 1978］[1]。
Hogwood らは政策終了とは代替策が用意されることなく、既存の組織、
政策、プログラムが廃止されることとした［Hogwood and Peters, 1982］。
一方、政策終了を政策過程の 1 つの段階と捉える指摘もある［Brewer,
1974］［Geva-May, 2004］。

次に終了を従属変数として捉えたものと独立変数として捉えたものを分
けて検討する。前者は終了の阻害或いは促進要因は何かを明らかにしよう
とした研究が大半で、これらは「なぜ終わらなかったのか」或いは「なぜ
終わったのか」を規定した要因を問うていて、「終わらなかった事例」と
「終わった事例」の比較が行われている。「なぜ終わらなかったのか」の答
えには政策形成者の心理的抵抗や制度、組織の特徴、反対アクター、紛争
や失業者の発生の回避などが指摘され［DeLeon, 1978］［Bardach, 1976］、
一方「なぜ終わったのか」の答えには政治的要因や統一政府かどうか、政
策が持続してきた時間などが指摘されている［Lambright and Sapolsky,
1976］［Lewis, 2002］［Kirkpatrick and Lester and Peterson, 1999］。

日本でも終了を従属変数として捉え「なぜ終わらなかったのか」「なぜ
終わったのか」を規定する要因を問う研究が発展してきた。岡本が海外の
研究を紹介しつつ、「規則性の発見と因果関係の究明」が望まれるとした
［岡本, 1996, 2003］。その後、三田、帯谷、砂原は都道府県営ダム事業を
「終わらなかった事例」「終わった事例」で比較し、三田は政治的要因、帯

谷は住民による反対運動の広がりと都道府県との関係、砂原は二元代表制から見た知事と議会の関係、知事の支持基盤、時間等から説明した［三田, 2010］［帯谷, 2004］［砂原, 2011］。

　一方、終了プロセスに注目する研究はほとんど確認されなかった。プロセスを明らかにする研究は「終わった事例」だけを複数比較し、共通点や相違点を明らかにする内容が該当する。宗前は公立病院の統廃合を対象に複数の「終わった事例」を比較し、終了プロセスに都道府県ごとに特徴が見られたことを示した［宗前, 2008］。最近では柳もプロセスに着目し「なぜ終わらなかったのか」「なぜ終わったのか」を規定する要因を分析した［柳, 2018］。柳は政策廃止のプロセスを前決定過程と決定過程に分け、廃止に関連したアクター同士の関係、政策の存在理由の有無、政治状況、政策の性質という要因を分析し、廃止が起きた理由との関連を明らかにした。柳の分析では前決定過程において廃止が起きる必要条件は社会経済状況の変化などの「外部環境の変動」であり、十分条件は「政治状況」と「政策の性質」で、決定過程では「政策の存在理由の有無」が十分条件とした。また廃止をアジェンダにあげたアクターとして自治体職員の存在を指摘した。戸田も都道府県営ダム事業の「終わった事例」のみを比較していて、終了を主導するのは政治家と自治体職員に限定されると指摘した[2]。一方、終了を独立変数としてその帰結を探る研究は見当たらなかった。その理由を検討すると、政策終了研究ではまずは終了の促進阻害要因が論じられており、プロセスにまで議論が到達していないためと考えられる。帰結を探る研究が確認されないのも、終了後に何かの決め方やあり方が変化したという現象が顕在化していない可能性もあるだろう。

　本稿では残されている課題の「終わった事例」を複数比較し、終了プロセスを明らかにすることを目的とする。政策終了を政策過程の1つの段階と考えると、政策過程研究は豊富な蓄積があり、政策過程は多様で合理的ではないとする議論が導かれている（たとえば［Kingdom, 1995］）。一方、形成の逆方向である終了過程はほとんど明らかになっていない。さらに実態としては少なからぬ数の終了が起きているため、政策過程において終了はありふれた現象である。そのプロセスを明らかにすることはこの隙間を架橋することになると考えている。

2.2 本研究の問いと予想の導出

2.1 での議論を踏まえて、本稿の問いは「終了のプロセスはどのような
ものか」とする。終了プロセスを検討する際に「アクターの広がり」と
「時間」という 2 本の軸を用いて説明を試みる。理由は政策過程研究では
「アクターの広がり」を重要な要素としてきたためである［伊藤・田中・
真渕, 2000］。政策過程において、官僚の関与の程度が強く、参加者の数
は少なく、望ましい政策についてのコンセンサスがあるネットワークは
「政策共同体」、逆に参加者の数は多く、政策に対する見方もばらつきがあ
る場合は「イシューネットワーク」と指摘されていて、その決定構造が明
らかになっている［Waarden, 1992］［Rhodes and Marsh, 1992］。Waarden、
Rhodes らはこの考え方を主に政策領域に適用してきた。本稿ではこの考
え方に示唆を受け、個々の事例に適用し、終了プロセスが「政策共同体
的」か「イシューネットワーク的」か判定できないか検討する。具体的に
は「アクターの広がり」は政府内の参加者のみで占められ、終了決定に必
ず合意が必要なミニマムアクターだけで構成された閉じたものか、或いは
政府外の参加者も含まれ、ミニマムアクター以外にまで開放されたものか
を観察する。本稿では前者を「内部型」、後者を「外部型」とする。

もう 1 本の軸である「時間」については、終了の検討開始から決定後、
周辺住民 [3] からの合意調達が完了するまでに要した期間に着目する。仮
に終了プロセスに紛争や対立がつきものであるとすれば、これらの調整に
は一定の「時間」を要するだろう。紛争や対立が全ての事例で起きている
のか、起きているとすればいかなる形で起きているかを明らかにする必要
があり、プロセスの経過を観察することに加えて、「時間」という軸で検
討すれば把握が可能と考える。先行研究でも「時間」が「なぜ終わらなか
ったのか」「なぜ終わったのか」に影響を与えると指摘されてきた
［Bardach, 1976］［DeLeon, 1978］［砂原, 2011］。本稿では時間が一定の期
間を超えた事例を紛争が起きたとして「揉める」、超えない事例を「揉め
ない」と考える。

ここまでの検討から終了プロセスの類型は、「内部・揉める」「外部・揉
める」「内部・揉めない」「外部・揉めない」の 4 類型があると考えられる
が、政策ネットワーク論の検討からも、実際には参加アクターが増えると

紛争や対立も起きやすくなり、時間もかかると想定される。そのため、終了プロセスは「内部・揉めない」「外部・揉める」の2つの類型のいずれかに属すると想定し、以下の予想を導出した[4]。

【予想】終了プロセスに参画するアクターが増えるほど、合意調達に時間を要することが想定されるため、終了プロセスの類型は「内部・揉めない」「外部・揉める」の2類型である。

2.3 本稿の観察対象

本稿は観察対象を都道府県営ダム事業とする。その理由を2点述べる。1点目は本稿が「終わった事例」の比較を目的とするため、複数の終了事例の存在が必要ということがある。4.1で検討するが、都道府県営ダム事業は1997～2016年まで計123事業が終了していて、複数の事例間の比較が可能である。都道府県間および時系列での比較も可能であろう。2点目は、ダム事業は終了という営為の可視化が比較的容易という特徴を持つことがある。終了の定義をめぐる議論はまだ決着していないが、ダム事業の終了は量（事例数）と質（事業内容）の双方の観点から把握が可能である。理由はダム事業が行政の「計画」[5]に基づいて行われ、「河川整備計画」に記載されるためである。事業が終了した場合「河川整備計画」から事業についての記載は消滅する。さらにダム事業は事業評価の対象となるため、事業採択後一定期間が経過した時点で必要性が議論され、県は継続か終了かを決め[6]、決定に至るまでの手続きも明確化されている。

次に、本稿で終了プロセスを検討する際に用いる2本の軸は、都道府県ダム事業の場合、何を指すのかを示す。まず「アクターの広がり」については、「内部型」は終了主導者（知事か官僚[7]）、都道府県議会、事業評価委員会[8]、建設予定地（市町村）の首長、で構成される。「外部型」は「内部型」アクターに加えて、建設予定地（市町村）の周辺住民[9]や議会、環境保護を目的とするNPOなどが加わる。一方の「揉める」「揉めない」については1年で区切ることとする。理由は事業の継続か終了かは地方政府の予算に大きな影響を与えるためである。予算は単年度ごとに決定され、事業は計画に位置づけられる。計画の機能は順位付けにあり、実効性は予算措置にかかっている［西尾, 1990］。事業評価委員会での議論

は年度ごとで区切られていて、委員会のメンバーも交代する場合が多い。地方政府から見れば、検討を開始した年度内で議論を終えて結論を出す方向で進めたいだろう。

2.4 本稿の分析の手法と射程および語句の定義

本稿は定性的分析の手法を取る。その理由は、事例の過程調査を用いて、結果をもたらした事象や過程に関する推論をたてるには定性的分析が適している［Goertz and Mahoney, 2012］とされるためである。また本稿では、事実を明らかにするための事例調査と事実がなぜそうなったのかの理由を説明するための比較分析を組み合わせて行う。筆者は都道府県へのヒアリングを行い、県が公開している或いは筆者の請求に応じて公開した資料やデータなどを用いて観察を進めた[10]。資料やデータ等は基本的な経緯を把握するために使用し、ヒアリングはデータには記載されていないプロセスの詳細を把握するために行った。

次に本稿の射程を示す。本稿は複数の「終わった事例」を比較し、そのプロセスの特徴を明らかにするのが目的で、「なぜ終わらなかったのか」「なぜ終わったのか」を規定する要因の解明を目的にしていないが、関連する範囲においては上記問いにも言及する。また終了の政策的妥当性を問うことも射程外とする。観察期間は 1997 ～ 2016 年までとした。始点を1997 年とした理由は次の 3 点からである。1 点目は国の公共事業改革が初めて実施されたのがこの年で、以降、都道府県営ダム事業の終了は多く発生している。2 点目はこの年に事務事業評価制度が多くの地方政府で導入され、終了への制度的な道筋がついたためである。3 点目はこの年に河川法が改正され「住民参加」という概念が初めて盛り込まれたことがある[11]。

最後に定義について述べる。本稿ではダム事業の終了を Hogwood らが規定する「プログラム」［Hogwood and Peters, 1982］の終了と考える。また終了した時点を地方政府が「中止」と発表した時点とする。理由はダム事業では地方政府が「中止」とした後、「復活」や「継続」した事例はほとんどなかったためで、「中止」＝「終了」[12]としてよいと考えた[13]。また本稿では終了の定義を代替策なく政策、プログラム、組織が廃止されること［Hogwood and Peters, 1982］には依拠しない。理由はダム事業が終

了しても、事業が当初目的としていた治水利水政策は残っていれば、地方政府が代替策を準備することも想定されるためである。さらに終了プロセスとは、終了検討が開始されてから地方政府の「中止」発表を経由して、地方政府が建設予定地の周辺住民から合意調達を完了するまでとした。代替策も含めて観察することは、終了を独立変数として捉え、その帰結を観察することにもなる。代替策が仮になかった場合や代替策の合意が決定と同時であった場合は、いずれも終了決定に抱合する。次節では河川政策とダム事業の特徴を地方政治の観点から論じる。本稿の問いを地方政治に位置づけ、続く事例へのアプローチを容易にするためである。

3. 地方政治から見る河川政策とダム事業

本節では1990年代後半以降の河川政策の変動はこの時期に起きていた地方政治の変動と関連していたと論じ、ダム事業終了およびそのプロセスを地方政治の政策選択の結果であると示す。次に本稿が用いる2本の軸がダム事業の政策過程でどのような位置づけにあったかを検討し、二元代表制に基づいた地方の政治家の利益からダム事業の特徴を論じる。さらに、国の改革の中で地方政府の事業終了がどのようなものであったかを検討する[14]。

3.1 河川政策の変動と地方政治の変動

1990年代後半以降の河川政策は、それまで「中央主権的」[武藤, 1995]とされてきた特徴が変動した時期であった。地方の政治家が中央政府の河川政策に異議を申し立てるようになったのである。具体的には2002年、徳島県で国の吉野川可動堰建設事業が知事選の争点になり、建設反対を表明する知事が当選した[15]。2008年には、滋賀の嘉田由起子知事、京都の山田啓二知事、大阪の橋下徹知事が国の大戸川ダム事業を「中止」[16]、熊本でも蒲島郁夫知事が国の川辺川ダム事業計画の「白紙撤回」を表明した[17]。本稿ではこういった変動は1990年代からの地方政治をめぐる変動[曽我・待鳥, 2007]の影響を受けた結果と考える。変動を引き起こした知事らの多くはいわゆる改革派で一般利益と「小さな政府」を指向し、こ

の時期に政治的領域が拡大していたことも重ねあわせると、河川政策の変動も影響を受けていたと推測される。

3.2 ダム事業の政策的特徴

ダム事業の政策的特徴を本稿が着目する「アクターの広がり」と「時間」の2点から検討する。前者については1997年に河川法が改正され、3.1で述べたような変動も起きたが、それでも政策過程への住民参加が不十分な領域という指摘は多い［政野, 2008］［若井, 2009］［新川, 2008］。加えて技術官僚の存在とその影響力の大きさも論じられてきた［藤田, 2008］［新藤, 2002］。次に「時間」という点からはダム事業は完成するまでに膨大な時間を要し、それが無駄だという批判も多い［井堀, 2001］［五十嵐・小川, 1997 2001］。一方、都道府県営ダム事業は特定地域を対象にしているため個別利益を追求し、県全体の利益につながりにくいという特徴も持つ。二元代表制から地方政治家の利益を見ると、ダム事業の終了は小選挙区で選出される知事の政策選好とは財政規律保持の点からも合致しやすく、中選挙区制で選出される地方議員の政策選好と合致しやすい。

3.3 ダム事業をめぐる国の改革

次に国が行った3度の公共事業改革について、地方政治の観点からその位置づけを検討する。1度目は1997年の「ダム事業の総点検」、2度目は2000年の「与党3党の見直し」、3度目は2010年の民主党政権時の「ダム事業の検証要請」である。これらの改革で「中止」「休止」とされた都道府県営ダム事業は「総点検」18事業[18]、「見直し」34事業[19]、「検証要請」19事業[20]であった。いずれも政治主導で行われ、「総点検」は党主導でいくつかの事業は中止されたが、族議員と建設省が行った改革は公共事業という政策コミュニティにダメージを与えなかった［藤田, 2008］とされ、「見直し」は官僚が政治家に協力的だったが、対象事業が調査段階のものが多かったため抵抗が少なかった［三田, 2010］といずれも中央の政官関係から課題が指摘されている。

しかし、それでも本稿では国の改革は地方政府における終了促進要因になったと考える。理由は、国は地方政府に個別の事業名を挙げて検討を要請したためである。国は終了検討の端緒を地方政府に与え、以降の終了プ

ロセスや決定については地方政府に任していた。次節では中央政府からバトンを渡された地方政府が辿った終了プロセスがどのようなものだったかを事例調査で明らかにする。

4. 知事主導事例と官僚主導事例の定性的分析

4.1 事例選択の理由

　本節では事例選択の考え方を示す。1997〜2016年までの間に都道府県で終了したダム事業は123事業あり[21]、最も終了事例が多かったのは新潟県の9事業で、終了事例が確認できなかったのは7県あった。終了決定時期は大きく3つに分かれていて、1997・1998年で計15事業、2000年に40事業、2010年以降で21事業が終了している。3つの時期を合計すると76事業で全体の約6割を占める。3つの時期は3.3で述べたようにいずれも国の改革があった時期で、中央政府の改革が地方政府における終了促進要因になっていたことが窺える。地域別の特徴を見たが、大きな傾向は見られなかった。

　次に本稿の問いと予想に沿って事例を選択する。都道府県ごとの特徴も観察するため、同一県内で終了した全事例を観察する。終了プロセスに関する先行研究はほとんどないため、「なぜ終わらなかったか」「なぜ終わったか」の問いで重要性が指摘されてきた「終了主導者」に着目し、知事主導県・官僚主導県を比較する。また「政治的要因」の重要性も指摘されているため、最初の終了事例から最後の終了事例までの間で政権交代があった県となかった県を比較する。この考え方から青森、岩手、新潟、滋賀、鳥取の計5県22事例を選択した。知事主導県は滋賀と鳥取、官僚主導県は青森、岩手、新潟で、1県内で知事主導事例と官僚主導事例の同居はなかった。政権交代があった県は岩手、新潟で、なかった県は青森、滋賀、鳥取であった。

4.2　知事主導事例（鳥取・滋賀）

4.2.1　鳥取

　鳥取県は2000年に中部<ruby>ダム<rt>ちゅうぶ</rt></ruby>の終了を決定した。終了決定の前年に就任

した片山善博知事の政策選好は財政規律の保持であり、公共事業の見直しの一環としてダム事業の終了も主導したことが観察された[22]。知事は自らの政策選好を庁内の全官僚たちに示し、事業所管部署の官僚たちも知事の政策選好に呼応する形でダム終了を進めた。知事は終了プロセスにも関与し、ダム建設の根拠となったデータの再提出を官僚に求める[23]などして終了への議論の道筋をつけた。終了プロセスをめぐる議論は知事の意向で全て公開された。終了検討開始から決定までは県と地元市町村を中心に協議が行われ1年以内で進んだが、決定以降は事業終了の代替策として県が準備した道路の改修や家屋の補修などを盛り込んだ地域振興計画の内容をめぐって周辺住民からの合意調達に時間を要した。事業の長期化で県への不信を募らせていた住民は計画の内容に反発し調整は難航した［旧中部ダム予定地域振興協議会, 2006］。終了検討から住民の合意調達完了までには約2年1カ月を要し「揉める」類型となった。鳥取県の終了事例は「外部・揉める」類型であった。

4.2.2 滋賀

滋賀県は2009年に芹谷ダム、2012年に北川第1・第2ダムの計3事業を終了した。ダム事業の終了は嘉田知事の就任前からの政策選好の1つであった[24]。知事は「流域治水」というアイディアを掲げ、河川政策を支える柱とした。事業所管部署の官僚たちは知事のアイディアを政策に反映するため、治水目標を「当面目標」と「将来目標」の2段階に分け、堤防などの改修をダム建設より時間的に先行させた方がより早い時期に「当面目標」に達成できるとする考え方を提示した[25]。終了プロセスはアイディアを媒介にして知事と官僚の相互作用の中で進んだ。知事は終了を進めるため、組織編成と財源と人事に関与し直接指示を出していた[26]。知事・官僚いずれも周辺住民からの意見聴取に積極的[27]で、意見交換会が活発に行われた。最初の終了事例の時は流域の首長らが終了に強く反対したが、2・3事例目の時は強い反対アクターは確認されなかった。官僚たちは最初の事例で課題を学習し、2事例目以降、登場が予想される反対アクターらへの対応をあらかじめ行っていた。官僚は予測的対応の確率を学習であげていく［京, 2011］という指摘が滋賀の事例では裏付けられた。しかし、それでも県は地域振興計画をめぐって周辺住民からの合意調達に時

間を要した。芹谷ダムは6年半以上、北川第1・第2ダムは4年半を要し、いずれも「外部・揉める」類型となった。

4.2.3　知事主導事例で明らかになったこと

　両県にはいくつか共通する特徴があった。まずいずれも知事の政策選好が終了促進要因になっていて、1990年代以降、知事は個別の政策分野における歳出にも影響を及ぼす［曽我・待鳥, 2007］とされていたが、本稿の観察でも裏付けられた。

　両県ともに全事例が「外部」になったのは、議会との関係を考慮した知事の戦略的なものであったと推測される。片山知事は議会とは緊張関係にあり、嘉田知事は議会多数派と政策選好が一致していなかった。そのため知事らは終了への合意調達を議会から容易に得るのが難しいと考え、周辺住民をプロセスに参画させることで自らの政策選好と政策選択に代表性と正統性を与えようとしたと考えられる[28]。片山知事のプロセスの透明性へのこだわりも周辺住民からの直接信託を受けやすくするためであったのだろう。3.3で確認したように知事は一般利益を指向するため、本来であれば、県全体の世論から合意調達を行いたいところであるが、ダム事業は特定地域にのみ利益をもたらす特徴を持つ。そのため、知事は周辺住民だけでもプロセスに参画させ合意調達を行ったというのが本稿の説明である。知事らは周辺住民から直接信託を取り付けた結果、地域振興計画を実施することとなり、今度はそこでの合意調達に長時間を要することとなった。

4.3　官僚主導事例（岩手・新潟・青森）

4.3.1　岩手

　岩手県は1997〜2014年までに明戸、日野沢、黒沢、北本内、津付という計5つのダム事業を終了した。岩手県のダム事業終了は増田寛也知事（1〜4事例終了時）と達増拓也知事（5事例目終了時）の時代であった。両知事ともダム事業終了に政策選好はなく、終了のプロセスに直接関与したことはなかった[29]。しかし、事業所管部署の官僚たちは知事の政策選好が財政規律の保持にあることを認識し、それが庁内に浸透したことに影響を受け、終了の検討を開始していた。最初の終了が決定した1997年は

増田知事就任 2 年目にあたり、岩手県政が知事主導で財政再建に舵を切る転換期であった。その年の秋には次年度予算が半世紀ぶりに減額となる方向も示され、建設事業費の削減も迫っていた[30]。ダム事業所管部署の官僚たちはこのような「庁内の雰囲気」[31]に影響を受け「もう、いけいけどんどんではやれない」と感じ、事業の削減指示が来る前に能動的に事業終了の検討に入ったという。官僚たちは流域の市町村長や利害関係者への合意調達を主導的に行った。具体的には 1・2 事例目については、官僚たちが周辺市町村の人口減少に伴う利水需要の減少を把握し、終了に向けて市町村からの合意調達を開始していたところ、事業が国の「総点検」の対象となり、終了検討が加速した[32]。3 事例目も利水需要が減少し、4 事例目は地盤に問題があり大幅な費用増が見込まれるため、休止されていた事業であった。3・4 事例も国の「見直し」の対象となった。4 事例ともに終了反対アクターはいなかった[33]。4 事例目まで県は周辺住民からの意見聴取を行わなかったが、5 事例目で事業評価委員会と周辺住民からの要望があり、意見聴取を行っている。5 事例目は建設予定地の陸前高田市が東日本大震災からの復興計画を策定するまで県が終了決定を待ったことに加えて、流域の町長が終了に強く反対し県議会に書面を提出するなどしたことで時間を要した[34]。

1〜4 事例は全て 1 年以内で「内部・揉めない」類型に属し、5 事例目のみ約 3 年半を要し「外部・揉める」類型となった。

4.3.2 青森

青森県は 2004〜2011 年に磯崎、中村、大和沢、奥戸の計 4 事業を終了した。青森県ではこの時期に知事は交代していない。三村申吾知事はダム事業終了には政策選好はなかったが[35]、最初の終了事例は知事就任直後に決定された。三村知事は前知事が進めてきた大型プロジェクトを就任直後から見直し、県政の転換を行った。知事は財政規律の保持に意欲を持ち、事業所管部署の官僚たちはそれに影響を受けて能動的に終了を進めたという[36]。

1 事例目は利水需要の減少、2 事例目は併設されていた国のかんがい事業が廃止されたこと、3 事例目は当初事業の目的とされていた周辺河川の環境の改善が達成されたことで事業の目的が消滅し、4 事例目は周辺に建

設が予定されていた原発が東日本大震災の影響で事業の進捗が見込めなくなり、利水需要が減少したことなどが終了促進要因となった。青森県では全終了事例が国の改革の対象になっていたが、うち1事例はそれが終了促進要因とはなっていない[37]。

　終了のプロセスでは、青森県は4事例のうち3事例を周辺住民からの意見を聴取する「外部」で進めたが、「県の特徴としてそもそも住民からの合意調達は容易」[38]と大きな紛争が起きていないことが確認された。尚、3事例目は紛争や対立が起きていないにもかかわらず、時間を要していた[39]。

4.3.3　新潟
　新潟県は、1997～2012年までの間に芋川、中野川、正善寺、羽茂川、入川、三用川、佐梨川、常浪川、晒川ダムの計9事業終了した。新潟県の終了事例数は全国で最も多い。終了期間は平山征夫知事（1～7事例終了時）と泉田裕彦知事（8・9事例目終了時）が在任していた。両知事ともにダム事業終了に政策選好はなかった[40]。新潟県の場合、最初の終了が決定した1997年が県政の転換期であった。それまで公共投資に積極的であった平山知事が財政規律の保持に舵を切り、県の予算はほぼ半世紀ぶりの減額で、公共事業も次々縮小された[41]。新潟県でも県政の転換に官僚たちは影響を受けていた[42]。1～5事例はいずれも地盤に問題が発見され費用の大幅増が見込まれていた。国の改革の対象となり、終了促進要因となったのは5事例ともに共通する特徴であるが、うち3・4事例では地元首長らが終了に強く反対したにもかかわらず、1年以内で終了した。1～7事例目までは官僚たちは周辺住民の意見を聴取していない。5～7事例は大きな紛争が起きていないにもかかわらず時間を要している[43]。終了の類型には散らばりがあり、序盤の4事例は「内部・揉めない」、中盤の3事例は「内部・揉める」、終盤の2事例は「外部・揉める」と類型が分かれた。終盤の2事例はいずれも「懇談会」が設置され、住民の意見が聴取された[44]。地域振興計画の内容をめぐって住民からの合意調達に時間を要し[45]、1年8カ月、6年半以上となっている。

4.3.4 官僚主導事例から明らかになったこと

岩手、青森、新潟ではいくつか共通する特徴があった。いずれの県においても知事はダム事業終了に政策選好はなく、終了を指示した事例は確認されなかった。しかしいずれの県でも所管部署の官僚たちは特に最初の終了事例のプロセスで「庁内の雰囲気」というものに影響を受けていた。「庁内の雰囲気」とは知事の政策選好を受けて財政規律の保持に取り組む地方政府全体の状況を指していた。岩手と青森では、最初の終了、県政の転換、知事の交代、の計3点が同時期に起きていた。新潟では、最初の終了、県政の転換、の2点が同時期に起きていた。いずれの県でも官僚たちはいわば予測的対応に基づき、検討を開始していた。

終了の類型には散らばりがあった。当初想定していた「内部・揉めない」「外部・揉める」類型以外に「内部・揉める」「外部・揉めない」類型に属する事例が青森と新潟で計5事例あった。事例の観察はここまでで、次節では事例間、都道府県間、時系列などを比較し、説明を試みる。

5. 22事例の比較分析による予想の検証

本節では観察の結果、まず事実はどうなっていたのかを示し、次に事実はなぜこうなっているのかという説明を本稿の問いに沿って行う。

5.1 問い「終了のプロセスはどのようなものか」への本稿の回答

予想では「終了のプロセスに関与するアクターが増えるほど、合意調達に時間を要することが想定されるため、終了の類型は「内部・揉めない」と「外部・揉める」の2類型である」としていて、全22事例のうち17事例が該当したため、予想はおおむね当てはまっていたと考える。さらに本稿で試みた個々の事例を対象にした「政策共同体的」「イシューネットワーク的」とする分類はほぼ適用可能であった。

5.1.1 内部・外部

まず「内部」「外部」で見てみると、全22事例のうち「内部」は12事

例、「外部」は 10 事例でほぼ同数であった。時系列で見ると「内部」は 1997 年から 2000 年代前半までに集中していて、観察期間の前半に起きている。「外部」は 2000 年代中盤以降、観察期間の後半に終了決定した事例が多い。同一県内でも同様の傾向があり、「内部」から「外部」へ類型が移行していて、逆の移行はなかった。政府内関係者のみで進められていた終了プロセスは時を経ると周辺住民が関与するプロセスに変容していた。

5.1.2 揉める・揉めない

次に「揉める」「揉めない」を見てみる。「揉める」は 11 事例、「揉めない」は 11 事例と同数であった。観察前は事業を終了しようとすると、利害関係者からの合意調達で時間がかかり「揉める」事例が多いだろうと想定していたが、結果は異なった。紛争が起きた事例は報道されるなどして社会に周知されるが、それが全てではなく、1 年以内に粛々と終わっていく事例が観察対象のうち半数あった。

時系列で見ると 2000 年代前半までに終了した場合は「揉めない」事例が多いが、それ以降になると「揉める」事例が増えている。同一県内でも同様の傾向があり、逆の移行はなかった。短期間で終わっていくプロセスから長期間を要するプロセスに変容していた。

5.1.3 内部・外部と揉める・揉めないの組み合わせ

「内部・外部」、「揉めない・揉める」の組み合わせで考えると、予想がおおむねあてはまった結果となり、Waarden、Rhodes らが指摘した「政策共同体」「イシューネットワーク」の決定構造の特徴とほぼ合致していた。しかし、「内部・揉める」が 3 事例、「外部・揉めない」が 2 事例の計 5 事例の例外事例があり、これは追って検討する。次ページに整理した。

5.2 終了のプロセスと終了主導者との関係

次に終了プロセスと終了主導者との関係について検証する。官僚主導の場合「内部・揉めない」は 9 事例で、類型の中では最も多かった。しかし、官僚主導でも全てが「内部・揉めない」に属するわけではなく、「外部」になった事例が 6 事例あり、うち「揉める」が 4 事例、「揉めない」

表1　終了のプロセスはどのようなものか

		鳥取	滋賀		
		中部	芹谷	北川第1	北川第2
県による終了決定年		2000	2009	2012	2012
内部	揉めない				
	揉める				
外部	揉めない				
	揉める	○	○	○	○

		岩手					青森			
		明戸	日野沢	黒沢	北本内	津付	磯崎	中村	大和沢	奥戸
県による終了決定年		2000	2009	2012	2012	2014	2003	2005	2011	2011
内部	揉めない	○	○	○	○			○		
	揉める									
外部	揉めない						○			○
	揉める					○			○	

		新潟								
		芋川	羽茂川	中野川	正善寺	入川	三用川	佐梨川	常浪川	晒川
県による終了決定年		1997	2000	2000	2000	2002	2002	2003	2012	2012
内部	揉めない	○	○	○	○					
	揉める					○	○	○		
外部	揉めない									
	揉める								○	○

(筆者作成)

2事例であった。一方、知事主導の場合、全事例で「外部・揉める」に属し、他の類型に属することはなかった。また「内部・揉めない」に属するためには官僚主導以外にはなかった。

　終了プロセスは終了主導者に影響を受けているように思われる。例外事例は計9事例あるが、以下の図に示したように空白のセルが3つしかないため、おおむね主導者に影響を受けているだろう。次に主導者がプロセスに影響を与えていた理由を検討する。知事主導の場合「外部・揉める」に属したのは、二元代表制に基づく知事の政治手法と関連があると考えられる。知事がプロセスに周辺住民を参加させると時間を要し、「揉める」プ

ロセスを辿った後にのみ、知事は自らの政策選好の実現が可能となったのである。官僚主導の場合でも「外部」に属した事例があるが、理由はこの結果からのみではわからず、のちの検討にまわす。終了主導者と終了のプロセスの類型の関係を以下に整理した。

表2　終了のプロセスと終了主導者との関係

		終了主導者	
		官僚	知事
内部	揉めない	芋川（新潟） 羽茂川（新潟） 中野川（新潟） 正善寺（新潟） 明戸（岩手） 日野沢（岩手） 黒沢（岩手） 北本内（岩手） 中村（青森）	
	揉める	入川（新潟） 三用川（新潟） 佐梨川（新潟）	
外部	揉めない	磯崎（青森） 奥戸（青森）	
	揉める	常浪川（新潟） 晒川（新潟） 津付（岩手） 大和沢（青森）	中部（鳥取） 芹谷（滋賀） 北川第1（滋賀） 北川第2（滋賀）

(筆者作成)

5.3　成果と含意

　本稿はこれまで明らかにされていなかった終了のプロセスを一定程度明らかにすることができたと考えている。先行研究では「なぜ終わらなかったのか」「なぜ終わったのか」を規定する要因を探る内容がほとんどであったが、本稿は終わった事例を複数比較し、その実態を明らかにし、類型

化を試みた。終了プロセスは1つのパターンを辿るわけではなく、一定の類型に従いながらもヴァリエーションに富んでいた。「内部・揉めない」で終了する事例が想定していたより多く、多くの事業は閉じられた環境で粛々と終了検討が進んでいた様子が浮かび上がった。政策が終了する際は、「揉める」だろうという想定は、終了という営為の一部を捉えたに過ぎなかった。時系列で見るとプロセスの類型は「内部・揉めない」から「外部・揉める」に移行していることもわかった。周辺住民がプロセスに参加すると終了に要する時間も増えることも明らかになった。

　次に含意を示す。官僚主導の場合、特に2000年ぐらいまでは「内部・揉めない」に属した事例が多い。官僚は、終了しやすい、つまり「内部・揉めない」でプロセスが進みそうな事例を選択した上で、検討を開始し、一方で多くの困難があらかじめ予想されそうな事例には手をつけなかった可能性がある。これは資源が限定されている場合、効果がよりあがりそうな或いは困難が想定されなさそうな事例から優先的に扱うという官僚制の特徴［Blau, 1955］が表れていると考えられる。しかし、2000年代以降になると状況は異なる。主導者が誰であれ、どの事業を検討対象に選択しようと「外部・揉める」になることを官僚たちはあらかじめ予想可能だったはずである。しかし、終了の検討に値する事業としかるべき理由があれば、官僚たちは終了の検討を開始しなければならなかったのである。

6. 課題

　次に本稿の課題について述べる。終了のプロセスには一定の規則性がありながらもヴァリエーションがあることが明らかになったが、いくつか疑問が残る。まず1点目は例外事例についてである。例外事例について考えられる説明は次のようになる、本稿ではプロセスに影響を与えている要因として主導者しか検証を行わなかったが、他にも影響を与える要因が存在し、それが作用しているのではないかというものである。いかなる要因が影響を与えているのかは検証ができていない。特に注意が必要なのは中央政府との関係である。国の改革が終了促進要因になっているのは確認できたが、終了プロセスに影響を与えるのかどうかは検証できていない。また

事業の進捗状況、反対アクターの有無、終了決定時期、という要因についても検討が必要である。要因をある程度特定できれば因果メカニズムの解明につながる。プロセスの類型が時系列で見ると移行していたことが観察されたが、なぜ移行したのかの説明ができていない。これもプロセスを規定している要因が特定できなければ因果関係の説明が難しい。

　2点目は「時間」という軸では終了プロセスで起きたであろう現象の全てを説明しえていない可能性があるという点である。観察からも明らかになったように、「揉めた」事例全てで紛争は起きていない。今後検討が必要である。

【謝辞】

　本稿の執筆に際して、大西裕先生、曽我謙悟先生、品田裕先生にはご指導と貴重な助言を多く頂戴した。本稿のテーマの重要性について、岡本哲和先生から多くの示唆を頂戴した。また本稿の草稿を日本公共政策学会第22回研究大会で報告する機会をいただき、司会の岩崎正洋先生、討論者の松田憲忠先生ほか会場の先生方から刺激的なご指摘を頂戴した。さらに梶原晶先生、秦正樹先生にも草稿を読んでいただきアドバイスを頂戴した。査読の過程で匿名の査読の先生方からも大変有益なコメントをいただいた。記して感謝申し上げたい。

---

[1]　本稿の海外の先行研究の翻訳の多くは［岡本, 2003］に依拠した。

[2]　戸田香、「終了を主導したのは誰か」、第22回日本公共政策学会研究大会、2018年6月。

[3]　ここでの周辺住民とは建設予定地周辺に居住し、事業終了の是非に意見を述べる意思のある人々とする。

[4]　本稿の問いは『原因探求型』［伊藤, 2011］ではなく、実態を調べればわかる『現状確認型』であるため、仮説ではなく予想とした。

[5]　「政策形成過程に頻繁に登場する規範形式」［西尾, 1990］と位置付けられている。

[6]　国土交通省、「再評価の概要」http://www.mlit.go.jp/tec/hyouka/public/09_public_01c.html（2019年7月26日最終確認）。

[7]　本稿での「官僚」という用語は特に断りがない場合以外は都道府県職員とする。

[8]　事業評価委員会が政府内のアクターと考えるかどうかは見解が分かれるところであるが、ダム事業は評価委員会での議論で「中止」の答申が出ることが終了

の必須条件であるため、本稿では「内部型」のアクターとした。

[9] 注4と同じ定義とする。

[10] 用いた資料の詳細は本稿末尾に示した。

[11] 住民らは専門家と協働し、それまで行政の決定事項であった「基本高水流量」などの算出についても異議を申したてられるようになった[帯谷, 2004]。たとえば長野の「流域協議会」や熊本の「住民集会」等。

[12] 引用に近い記述を行った場合は、原文をそのまま生かし、「中止」と記載する。

[13] 本稿の観察対象以外で中止後復活した事例は長野県営浅川ダム事業が確認された。

[14] 以下、肩書や組織名は当時のものとする。

[15] 朝日新聞、2000年1月24日、2002年8月8日他　※以下特に記載のないものは朝刊とする。

[16] 対する国交省は2016年に大戸川ダム事業を淀川水系の治水対策として最も有利と評価した（朝日新聞、2016年2月9日）。

[17] 朝日新聞、2008年9月11日（夕刊）。

[18] 答弁書第1号、内閣参質141第1号、平成9年11月14日、参議院議員竹村泰子氏への橋本龍太郎内閣総理大臣の答弁書。

[19] 国交省、「平成13年度河川局関連予算決定概要」http://www.mlit.go.jp/river/basic_info/yosan/gaiyou/yosan/h13budget/001224p16.html（2019年7月26日最終確認）。

[20] 国交省、「個別ダムの検証の状況（平成28年8月25日時点）」http://www.mlit.go.jp/river/dam/kensyo/kensyo01_1608.pdf（2019年7月26日最終確認）。

[21] 終了の集計方法は、国交省と各都道府県のオフィシャルウェブサイトに中止事例として記載があったものをカウントした。加えてこれらに記載はされていないものの、新聞記事等で中止と掲載されていたものは、終了事例とカウントした。また国会会議録も参照した。

[22] 鳥取県担当者へのヒアリング。以下、各事例における県担当者へのヒアリングは、県担当者へのヒアリングと記載する。ヒアリング日時と担当者の所属・肩書等は本稿末尾に記載した。

[23] 朝日新聞、2002年8月23日。

[24] 嘉田知事は「かだ由紀子マニフェスト」として「新幹線新駅凍結」や「ダム見直し」を公約に掲げていた。朝日新聞、2006年7月3日。

[25] 県担当者へのヒアリング。2段階整備の詳細は「第10回芹川川づくり会議　平成20年10月5日　滋賀県」pp.11–13。https://www.pref.shiga.lg.jp/file/attachment/1017744.pdf（2019年7月26日最終確認）。

[26] 県担当者へのヒアリング。

[27] 詳細は『嘉田知事との意見交換会──芹川の川づくり』のまとめ 平成19年6月3日」https://www.pref.shiga.lg.jp/file/attachment/1015427.pdf（2019年7月26日最終確認）。約120名が参加した。北川第1・2ダムの時も同様の意見交換会があった。

[28] ヒジノケンは、首長は自らの政策プログラムに反発する議会に直面した時、有権者に政策を直接訴え、有権者から正統性を得て議会を「迂回する」手法を持つとしている［ヒジノケン, 2015, pp.112–115］。

[29] 県担当者へのヒアリング。

[30] 朝日新聞、1998 年 2 月 13 日（岩手県版）。

[31] 技術系の元副知事へのヒアリング。

[32] 県担当者へのヒアリング。

[33] 岩手県の場合、終了検討を加速させたのは柳が指摘した「政策の性質」と「外部環境の変動」の双方であると言える。

[34] 県担当者へのヒアリング。

[35] 同上。

[36] 元県土整備部長へのヒアリング。

[37] 県担当者へのヒアリング。

[38] 同上。

[39] 3 事例目は県が終了検討開始後、プロセスの途中で国の改革対象になったため、県が国の改革のスケジュールにあわせようと、終了決定時期を遅らせたと見られる。

[40] 県担当者へのヒアリング。

[41] 朝日新聞、1997 年 2 月 20 日（新潟県版）。

[42] 県担当者へのヒアリング。

[43] 3 事例のうち 2 事例は国の改革の対象になっていなかった。しかし、県は国の改革の影響を受け終了検討を開始し、まずはそれまでに見直し対象となっていた別の事業を終了し、その後この 2 事例を終了した。

[44]「第 6 回新潟県ダム事業検証検討委員会議事録（平成 23 年 5 月 20 日）」pp.5–12。http://www.pref.niigata.lg.jp/HTML_Article/627/638/gijiroku06.pdf（2019 年 7 月 26 日最終確認）。

[45] 県担当者へのヒアリング。

❖ 参考文献

Bardach, E. (1976). Policy Termination as a Political Process. *Policy Sciences*, 7, pp.123–131.

Blau, P.M. (1955). *The Dynamics of Bureaucracy: A Study of Interpersonal Relations in Two Government Agencies*. Chicago; London: University of Chicago Press, 2nd ed., rev. ed.（＝阿利莫二訳［1958］『現代社会の官僚制』,岩波書店）

Brewer, G.B. (1974). The Policy Sciences Emerge: To Nurture and Structure a Discipline. *Policy Sciences*, 5(3), pp.239–244.

DeLeon, P. (1978). Public Policy Termination: An End and a Beginning. *Policy Analysis*,

4(3), pp.369–392.

Geva-May, I. (2004). Riding the Wave of Opportunity: Termination in Public Policy. *Journal of Public Administration Research and Theory*, 14(3), pp.309–333.

Goertz, G., & Mahoney, J. (2012). *A Tale of Two Cultures: Qualitative and Quantitative Research in the Social sciences*. Princeton, N.J.: Princeton University Press.（＝西川賢・今井真士訳［2015］『社会科学のパラダイム論争──2つの文化の物語』, 勁草書房）

Hogwood, B.W. & Peters, B.G. (1982). The Dynamics of Policy Change: Policy Succession. *Policy Sciences*, 14(3), pp.225–245.

Kingdom, J.W. (2011)（初版 1995）. *Agendas, Alternatives, and Public Policies*, updated 2nd ed., Boston: Longman.（＝笠京子訳［2017］『アジェンダ・選択肢・公共政策──政策はどのように決まるのか』, 勁草書房）

Kirkpatrick, S.E., & Lester, J.P., & Peterson, M.R. (1999). The Policy Termination Process: A Conceptual Framework and Application to Revenue Sharing. *Review of Policy Research*, 16(1), pp.209–238.

Lambright, W. Henry & Sapolsky, Harvey. (1976). Terminating Federal Research and Development Programs. *Policy Science*, 7(2), pp.199–213.

Lewis, D.E. (2002). The Politics of Agency Termination: Confronting the Myth of Agency Immortality. *The Journal of Politics*, 64(1), pp.89–107.

Rhodes, R.A.W. & Marsh, D. (1992). New Directions in the Study of Policy Networks. *European Journal of Political Research*, 21(1–2), pp.181–205.

Waarden, F.V. (1992). Dimensions and Types of Policy Networks. *European Journal of Political Research*, 21(1–2), pp.29–52.

五十嵐敬喜・小川明雄（1997）『公共事業をどうするか』, 岩波書店

──編著（2001）『公共事業は止まるか』, 岩波書店

伊藤修一郎（2011）『政策リサーチ入門──仮説検証による問題解決の技法』, 東京大学出版会

伊藤光利・田中愛治・真渕勝（2000）『政治過程論』, 有斐閣

井堀利宏（2001）『公共事業の正しい考え方──財政赤字の病理』, 中央公論新社

岡本哲和（1996）「政策終了理論に関する考察」『関西大学総合情報学部紀要「情報研究」』(5), pp.17–40

──（2003）「政策終了論──その困難さと今後の可能性」, 足立幸男・森脇俊雅編『公共政策学』10 章, ミネルヴァ書房, pp.161–173

帯谷博明（2004）『ダム建設をめぐる環境運動と地域再生──対立と協働のダイナミズム』, 昭和堂

新藤宗幸（2002）『技術官僚──その権力と病理』, 岩波書店

砂原庸介（2011）『地方政府の民主主義——財政資源の制約と地方政府の政策選択』，有斐閣

宗前清貞（2008）「医療供給をめぐるガバナンスの政策過程」『年報政治学』(2), pp.100–124

曽我謙悟・待鳥聡史（2007）『日本の地方政治——二元代表制政府の政策選択』，名古屋大学出版会

京俊介（2011）『著作権法改正の政治学——戦略的相互作用と政策帰結』，木鐸社

旧中部ダム予定地域振興協議会（2006）『"水没"から"再生"へのアプローチ——ダム建設計画の中止で甦る水没予定地域再生の記録』

新川達郎（2008）「河川整備計画における住民参加と協働——その実践と展開可能性」『計画行政』31(2), pp.3–9

西尾勝（1990）『行政学の基礎概念』，東京大学出版会

ヒジノケン・ビクター・レオナード［石見豊訳］（2015）『日本のローカルデモクラシー』，芦書房

藤田由紀子（2008）『公務員制度と専門性——技術系行政官の日英比較』，専修大学出版局

政野淳子（2008）「河川計画行政とその課題」『計画行政』31(2), p.10–15

三田妃路佳（2010）『公共事業改革の政治過程——自民党政権下の公共事業と改革アクター』，慶應義塾大学出版会

武藤博己（1995）「公共事業」，西尾勝・村松岐夫編「講座行政学」第3巻『政策と行政』，有斐閣

柳至（2018）『不利益分配の政治学——地方自治体における政策廃止』，有斐閣

若井郁次郎（2009）「河川整備計画をめぐる合意コンフリクト——淀川水系大戸川ダム建設事業」『計画行政』32(3), pp.23–28

✥ 参考資料

国土交通省・各都道府県のオフィシャルサイト

都道府県の公共事業再評価調書、評価委員会議事録、組織図（県によっては職員録）、河川整備基本方針・河川整備計画および関連資料、治水計画・河川計画および関連資料

ダム終了の経緯などをまとめた報告書（存在したのは鳥取県のみ）

国会会議録

朝日新聞

一般社団法人日本ダム協会『ダム年鑑2016』・ダム便覧2016

✣ 主なヒアリングリスト

- 鳥取
  2014/6、2015/3
  県土整備部河川課課長補佐、同課係長、同課土木技師
- 滋賀
  2013/10、2014/4、11、2015/1、3
  土木交通部流域治水局流域治水政策室主査
- 岩手
  2013/11、2014/10
  県土整備部技監、同部河川課総括課長、同課河川開発課長、同課主任主査、
  同課主査
- 青森
  2014/1、2015/6、2018/3
  県土整備部河川砂防課ダムグループマネジャー総括主幹、同グループサブ
  マネジャー主幹、同グループ主幹
- 新潟
  2014/4、2015/6
  土木部河川管理課企画調査係副参事、同係主査、同係主任、同部河川整備
  課事業計画係事業計画係長、同課ダム海岸整備係長、同係

2018 年学界展望

日本政治学会文献委員会

政治思想（欧米）

古代については、上昇－下降のモチーフを手がかりにプラトン『国家』を魂の旅程として読み解く **Mai Oki-Suga**（隠岐－須賀麻衣）, "An Invitation from Plato"(**Ferella and Breytenbach eds.,** *Paths of Knowledge* (Edition Topoi)) 等を得た。

初期近代および近代について、ブリテンに関しては**岡田拓也**「宗教的自由と権威 (1) ～ (6)」（『国家学会雑誌』130 巻 7・8 ～ 11・12 号、131 巻 3・4 号、5・6 号、9・10 号）が緻密な読解によって『リヴァイアサン』の宗教論へと切り込む。また**梅田百合香**「ホッブズの教会史」（『思想』1130 号）は『教会史』を論じる。**大澤麦**「暴政批判のレトリック」（『ピューリタニズム研究』12 号）は、クロムウェルを批判した J・ストリーターに、古典的共和主義と自然権理論の結合をみる。**古田拓也『ロバート・フィルマーの政治思想』**（岩波書店）は、ロックに対する「敗者」フィルマーを歴史的文脈の上で理解するとともに、現代への影響を分析する。**加藤節『ジョン・ロック――神と人間との間』**（岩波新書）も出版された。**佐藤一進**「バークは保守主義者なのか」（『政治思想研究』18 号）は、バークに保守主義を見出した上で、それが現在困難に直面すると説く。**小田川大典**「J・S・ミルにおける教養と宗教」（『岡山大學法學會雑誌』67 巻 3・4 号）は『宗教三論』からミルのキリスト教観を分析する。**友岡敏明**「ニューマンの政治思想 (2) (3)」（『南山法学』41 巻 2 号、3・4 号）は J・H・ニューマンの生涯を辿ることで彼の政治思想の特質に迫る。

フランスに目を転じると、**押村高**「伝統の発見、社会の保全、統治の持続」（『政治思想研究』18 号）は、モンテスキューがどのような意味で保守主義者であったかを検討する。**逸見龍生・小関武史編『百科全書の時空』**（法政大学出版局）は百科全書研究の先端を明らかにする。18 世紀フランスの政治経済学に関する **Ryuzo Kuroki**（黒木龍三）**and Yusuke Ando**（安藤裕

介）eds., *The Foundations of Political Economy and Social Reform*（Routledge）
は、商業と平和の関係についてのル・ブランの意見を、当時の対英感情の変
化を背景に読み解く **Yoshie Kawade**（川出良枝），"Peace through Commerce or
Jealousy of Commerce?" 等を収める。**安藤裕介**「18 世紀フランスにおける
統治改革と中国情報」（『立教法学』98 号）は、旧体制化のフィジオクラ
ットと革命期のイデオローグ両者による中国評価に通底する、統治権力の
合理化という問題意識を指摘する。**永見瑞木『コンドルセと〈光〉の世
紀』**（白水社）は、楽観的進歩主義者と見做されてきたコンドルセの秩序
構想を分析し、それがむしろ漸進的改良を目指すものだと説く。**鳴子博
子**「ルソーの革命とフランス革命」（『Nyx ニュクス』5 号）は、『社会契
約論』とフランス革命を往還的に論じる。ルソーについては憐憫に注目し
た**淵田仁**「政治の余白としての社会的紐帯」（**松本卓也・山本圭編『〈つな
がり〉の現代思想』**（明石書店））や、ホッブズとの比較を行う**中金聡**「ル
ソーの政府論」（『政治研究』9 号）も得た。**金山準**「プルードンの集合理
性論」（『思想』1134 号）は、集団とコミュニケーションの重要性に注目
する。

　初期近代から近代にかけてのドイツについては、カント研究の発展が近
年著しい。**網谷壮介『カントの政治哲学入門』**（白澤社）、**『共和制の理念
──イマヌエル・カントと 18 世紀末プロイセンの「理論と実践」論争』**
（法政大学出版局）のうち、後者は、同時代の論争への関与を明らかにす
ることで、カントがいかに政治構想の現実化を試みたかを検討する。
Masataka Oki（**隠岐理貴**），"The Proper Task of Kantian Politics"（**Krasnoff et
al., eds., *Kant's Doctrine of Right in the Twenty-first Century***（University of
Wales Press））は、カント政治構想における非パターナリスティックな幸福
論を論じる。**高田明宜『希望としてのカント──恒久平和のために』**（日
本経済評論社）は、永久平和論におけるキリスト教的要素に注目する。

　19 世紀以前のアメリカについては、独立革命に至る経緯と帰結に見通
しを与える**石川敬史**「収斂としてのアメリカ革命」（『Nyx ニュクス』5
号）、執行権に関するブリテンの議論がハミルトンに与えた影響を精査す
る**上村剛**「ブリテン国制解釈の権力分立論的変奏の一断面」（『政治思想研
究』18 号）等を得た。

　ほか、**星川竜之介**「スピノザと社会契約」（『公共研究』14 巻 1 号）は

スピノザについて従来の研究史を批判的に検討する。**Natsuko Matsumori**（**松森奈津子**），*The School of Salamanca in the Affairs of the Indies* (Routledge)は、16、17世紀スペインにおける国家形成および「新世界」に関する議論を分析する。**大竹弘二『公開性の根源』**（太田出版）は、主権と執行権力の関係をめぐる16世紀から現代にまで至る議論を追跡する。

20世紀前半に関して、**水谷仁**「責任を引き受けるということ」（『政治思想研究』18号）はウェーバーの責任倫理論に成熟という課題を見出す。**松本彩花**「指導者・喝采概念と民主政」（『政治思想研究』18号）はウェーバー、シュミットの民主政論への Th・モムゼンらの影響を探る。**西平等『法と力』**（名古屋大学出版会）は、国際法をめぐる戦間期の議論に、モーゲンソーら国際政治の起源を求める。

20世紀後半については、アーレント研究が活発である。マルクス読解を検討する**百木漠『アーレントのマルクス』**（人文書院）のほか、複数性重視の政治の背後に道徳的な一元主義をみる**蛭田圭**「アーレントと多元主義 再考」（『法學研究』91巻9号）、思考の重要性を探る**寺田彩奈**「「判断」ではないものとしての「思考」」（『法学政治學論究』119）を得た。他の思想家については、**森達也『思想の政治学』**（早稲田大学出版部）はI・バーリンの多面的な思想を統一的に描く。**山田竜作**「カール・マンハイムの「自由のための計画」論における「Order」（上）（下）」（『創価法学』48巻1–2号）は、キリスト教知識人グループ「ムート」との関係を精査する。

構造主義・ポスト構造主義については、フーコーの統治性研究を講義録の解釈を通じて明らかにする**重田園江『統治の抗争史——フーコー講義1978–79』**（勁草書房）や、アルチュセールについての評伝もかねた読解として**市田良彦『ルイ・アルチュセール』**（岩波新書）が出版された。また『思想』1133号は、ラカンの政治思想に関する**山本圭**や**佐藤嘉幸**らの論考を収める。先に挙げた**松本卓也・山本圭編『〈つながり〉の現代思想』**（明石書店）は、ドゥルーズとデモクラシーの関係を論じた**大久保歩**「友愛の政治と来るべき民衆」等を収録する。アガンベンについては権力論を論じた**遠藤孝**「ジョルジョ・アガンベンの権力論」（『湘南工科大学紀要』52巻1号）を得た。

現代の潮流とも切り結ぶ政治思想を対象とする論考として、ネオコン第

一世代を論じる**井上弘貴**「リベラリズムに背いて」(『政治思想研究』18号)、ペイリオコンのS・フランシスを論じた「ドナルド・トランプに先駆けた男」(『アメリカ研究』52号)、また、現代英国のラディカル・オーソドクシー神学を論じた**原田健二朗**「ポスト世俗主義的政治神学の思想史的基礎」(『思想』1136号)がある。　　　　　　　　　(文責　乙部延剛)

アフリカ比較政治・地域研究

　単行書では、該当する著作はいずれも政治史分野のものである。**小倉充夫・舩田クラーセンさやか『解放と暴力――植民地支配とアフリカの現在』**(東京大学出版会)は、南部アフリカ地域における植民地支配からの解放と独立後の政治をおもな対象としている。ただ、その過程を単に追いかけただけのものではない。植民地主義の責任という問題意識に基づき、すぐれてこんにち的で世界のあらゆる地域に開かれた議論を意図している。独立後のアフリカで蔓延してきた種々の暴力を、植民地支配およびそこからの解放の局面でみられた暴力と通底するものとしてとらえ、また植民地支配からの解放がもった意味をあらためて問い直すという視角から、アフリカ大陸レベル、南部アフリカ地域レベル、そして国ごと(ザンビア、ジンバブウェ、モザンビーク)のレベルで、脱植民地化から独立後にかけての政治の推移を対象に鋭い分析を展開しており、非常に読みごたえのある内容となっている。一国の事例に焦点を合わせたものではあるが、**鶴田綾『ジェノサイド再考――歴史のなかのルワンダ』**(名古屋大学出版会)もまた、対象とする局面はおもに植民地化から独立後までと共通している。アプローチとしては、よく知られた虐殺の当事者となった2つの民族の関係について、史資料をもとに単純な見方を慎重に排しながらその推移と動態を丹念に描き出した貴重な労作となっている。

　定期刊行物上に発表された論稿の方は逆に、現在の政治動向を対象としたものばかりである。『アフリカレポート』(電子ジャーナル)56号には次の2点が発表された。**佐藤章**「コートジボワール新憲法の意義をめぐって――制度的側面と政治的側面」は、2016年に制定された新憲法について、以前の憲法と比べた特徴と、それが政治に対し与えうる影響について論じている。とくに大統領選挙の被選挙権と、大統領職空席時の手続きに着目し、これらの規定の変更がいかなる政治的帰結をもたらしうるかを提

示している。また、**長辻貴之**「2019 年セネガル大統領選挙に向けた展望——2012 年大統領選挙と 2017 年国民議会選挙から」は、直近の 2 つの国政選挙（大統領選挙と国民議会選挙）の分析をもとに、2019 年に予定される大統領選挙において選挙不正が起こる可能性があると論ずる。その際、選挙登録の妨害や無効票の操作に着目し、現職候補や与党の得票率との相関を計量分析を用いてあきらかにするという手法をとっている。同じく計量分析の手法を用いているのが、**大林一広／飯田連太郎／ジョナサン・ルイス**「準民主主義国議会の議事録の実証分析——ナイジェリア上院の政治的暴力への反応を例に」（『一橋法学』第 17 巻第 1 号）である。ただ、その分析対象は議会の議事録である。少なくとも日本では、アフリカ地域の政治分析にテキストデータの計量的分析を適用した研究というのは例がなく、野心的な試みとして評価できよう。今回の論稿はいわば試行的な位置づけといえそうだが、こうした手法の有効性が一定程度証明されれば、議会の議事録という材料を通じたさまざまな分析の可能性が広がるということにもなる。

　最後に、ウェブ上で公開された報告書というかたちであるが、**佐藤章編『アフリカの政治・社会変動とイスラーム』**（アジア経済研究所）に言及しておきたい。研究プロジェクトの中間報告的なもので、4 カ国（モザンビーク、南アフリカ、ケニア、中央アフリカ共和国）におけるイスラームの概要や政治史に沿った状況推移をまとめた内容となっている。日本では過去にあまり類をみないテーマなだけに、近い将来におけるプロジェクトの最終的な成果の発表を大いに期待したい。　　　　　（文責　矢澤達宏）

中南米比較政治・地域研究

　中南米の政治はいま転機にある。民主主義再生とネオリベラリズム改革で軌を一にした 1990 年代、地域全体が左傾化の波で覆われた 2000 年代を経て、2010 年代半ば以降は、乏しい成果や汚職が市民の不興を買って左派が退潮した国、あるいは政権が権威主義化の度を深めて深刻な政治対立を招来している国が続出し、地域全体の政治の行方には不透明感が漂っている。そうした政治の本質に迫ろうとする研究が 2018 年には数多く出された。**村上勇介編『「ポピュリズム」の政治学——深まる政治社会の亀裂と権威主義化』**（国際書院）はその代表であり、編者による序章「『ポピ

ュリズム』の現代的位相」は、古典的ポピュリズムやネオポピュリズムの概念を整理し、民主化期以降の政治の流れを俯瞰した、地域理解のための必読文献である。同書ではまた**岡田勇**がボリビアの、**新木秀和**がエクアドルの、村上がベネズエラのポピュリズム政権を分析する。

中南米政治の直面する問題には枚挙に暇がない。**磯田沙織**は「パラグアイにおける大統領再選禁止規定」（『ラテンアメリカ・レポート』34巻2号）、および「ペルーの弾劾裁判に関する一考察——クチンスキの事例を中心に」（『イベロアメリカ研究』40巻1号）で再選禁止撤廃の是非や汚職といった今日の重要争点に切り込む。**中原篤史**「ホンジュラス内政の不安定化と市民社会」（『ラテンアメリカ・レポート』35巻1号）は同国の腐敗と無処罰、そして市民の怒りといった暗澹たる実情を描き出す。400万人に上る国民が国外脱出しているベネズエラの混迷について理解するためには**坂口安紀**「ベネズエラにおける制憲議会の成立と民主主義の脆弱化」（『ラテンアメリカ・レポート』34巻2号）が必読であろう。ただ、これまでの選挙におけるチャベス／マドゥロ派の勝利のことは強権政治の証、敗北のことは国民の不支持の証という趣旨の論法にやや隙があり、**伊高浩昭**「米国の圧力に対峙するベネズエラ政権」（『外交』50号）といった視座からなされる議論とはなかなか噛み合わない。

各国研究についてはこの他にも次がある。**松下冽**は「ポストNAFTAに向けたメキシコ社会の再構築（上）（下）」（『立命館国際研究』30巻3号、4号）で労働や移民に目を向け、また「ロペス・オブラドールの時代」（同31巻2号）で左派政権に移行したメキシコ政治について論じる。逆に右派政権への移行があったチリについては**三浦航太**「2017年チリ総選挙」（『ラテンアメリカ・レポート』35巻1号）が分析する。三浦はまた「2011年チリの学生運動と大学無償化案に関する分析」（『ラテン・アメリカ論集』52号）でチリ政治の最重要争点の一つである高等教育無償化政策の実現過程を社会運動論の分析枠組みで丁寧に議論する。ブラジル外交に関しては**高橋亮太**「ブラジルの南々協力の実現可能性」（『イベロアメリカ研究』39巻2号）、**澤田眞治**「ブラジル外交と『保護する間の責任』」（『国際政治』194号）がある。

さて、2018年にはこれまで非常に乏しかったカリブ地域の政治に関する研究が数多く出されたことが特筆される。**山岡加奈子編『ハイチとドミ**

ニカ共和国』（アジア経済研究所）は、**尾尻希和、狐崎知己、久松佳彰、宇佐見耕一**を執筆陣に迎え、順調な開発過程をたどったドミニカ共和国と停滞するハイチという同じイスパニョーラ島に位置する二国が異なる道を歩んだ理由を、政治、開発、国際関係などの視点から包括的に捉えようとする。この二国に関する研究としてはまた**浦部浩之**「ハイチ・ドミニカ共和国間の外交摩擦とカリブの地域主義」（『マテシス・ウニウェルサリス』20巻1号）がある。**森口舞『2つのキューバ・ナショナリズムをめぐる比較考察――1902-1963』**（弘学社）は、カルドナとカストロという二人の政治思想を対比しつつ国民による革命支持の本質を探ろうとする厚みのある研究である。**松本八重子**「多人種・多文化社会における二党制の展開――トリニダード・トバゴとガイアナを中心に」（『ラテンアメリカ研究年報』38号）は、これまでほとんど扱われることのなかった二国の政党政治を分析する。

　2018年の成果として最後に、**馬場香織『ラテンアメリカの年金政治』**（晃洋書房）を挙げておきたい。民営化という第一世代改革期に続く第二世代改革期に、いくつかの国では年金の再国有化を選択し、別の国では一層の民営化が進んだ。そうした異なる経路をたどった理由を第一世代改革期の妥協の形態やアクター間のパワーバランスから読み解こうとする、比較政治学の好著である。

（文責　浦部浩之）

北米比較政治・地域研究

　2018年の北米比較政治・地域研究では、アメリカとカナダの様々なテーマに関する著作や研究成果が発表されている。

　アメリカについては、トランプ政権に対する社会的関心が高い状況を受けて概説書や教科書がいくつか出版されている。まず、**西山隆行『アメリカ政治講義』**（ちくま新書）は、一般の読者向けにアメリカ政治の基本を口語調で分かりやすく説明している。一方、同じ著者による**西山隆行『アメリカ政治入門』**（東京大学出版会）は、アメリカ政治を初めて学ぶ学生向けに書かれたテキストとなっている。**久保文明『アメリカ政治史』**（有斐閣）は、現代史を詳細に扱った概説書が少ないといった問題意識から、20世紀以降のアメリカ政治史・外交史に紙幅を割いている。さらに、**ホーン川嶋瑶子『アメリカの社会変革――人種・移民・ジェンダー・**

LGBT』（ちくま新書）は、マイノリティの平等化を目指す運動に焦点を当て、社会変革のダイナミズムを描く。

　学術書としては、まず、アメリカ外交を扱ったものとして、**島村直幸『〈抑制と均衡〉のアメリカ政治外交**』（ミネルヴァ書房）がある。歴史的な分析を通じて、アメリカ外交が「国内政治の論理」、「同盟内政治の論理」、「帝国（と脱植民地化）の論理」という3つのレベルで制約されていると論じる。また、**マイケル・ウォルツァー（萩原能久監訳）『アメリカ左派の外交政策**』（風行社）は、外交政策に対するアメリカ左派の考え方を批判的に検討しつつ、その道筋を示そうとしている。次に、大統領制を扱ったものとして、**梅川葉菜『アメリカ大統領と政策革新——連邦制と三権分立制の間で**』（東京大学出版会）は、レーガン以降の大統領が「政策改革特例区域認可権」を活用しながら政策実現を図ることができた理由を、連邦制と三権分立制の結びつきに注目しながら明らかにする。また、**村田晃嗣『銀幕の大統領ロナルド・レーガン——現代大統領制と映画**』（有斐閣）は、俳優出身のレーガン元大統領の軌跡を辿りつつ、政治と映画の関係というユニークな視点から大統領制を分析している。

　学術論文では、アメリカ司法による違憲審査権の積極的な行使を司法政治学の視座から分析した**見平典**「アメリカ司法の制度的・政治的基盤」（『年報政治学』2018–I）がある。また、**松本俊太**「アメリカ50州における選挙管理組織——何がトップの選出方法を説明するのか」（『年報政治学』2018–II）は、選挙管理組織の比較分析を通じて、選挙ガバナンス研究に新たな知見を加えている。さらに、**西岡達裕**「素人大統領の登場とアメリカ政治の現段階——トランプ・ポピュリズム・グローバル化」（『国際政治』第192号）は、トランプ大統領の選出を可能にしたポピュリズムの台頭を、産業構造の転換、グローバル化、金融危機から発生した不況、政治不信、人種・民族的マイノリティに対する反発感情という5つの要因から説明する。**高橋善隆**「移民政策のパラドクスとトランプ政権——聖域都市とマイノリティをめぐって」（『跡見学園女子大学文学部紀要』第53号）も、トランプ政権の誕生を労働政治との関連から論じる。**Takeda, Okiyoshi,** "How far have we come? Asian Pacific Americans in introductory American government textbooks in three different time periods" (*Politics, Groups, and Identities,* vol.6(3)) は、アメリカ政治の入門書において、アジア太平洋

系アメリカ人についての記述は漸増しているが、その重要性は大きくないことを示す。また、**増永真**「日米航空交渉の政治過程——1997 から 98 年、2009 年、および 2016 年の交渉を事例として」(『アメリカ太平洋研究』18 号)は、日米航空権益の自由化をめぐる政治過程をまとめている。

　カナダについては、移民や多文化共生に関わる研究成果が見られた。**加藤普章『カナダの多文化主義と移民統合』**(東京大学出版会)は、多文化主義政策を中心に、移民政策や移民定住支援政策の詳細を描き出す。また、**仲村愛**「間文化主義と多文化主義——ケベック州、連邦及びその他の州の政策比較研究」(『カナダ研究年報』第 38 号)は、移民統合に関わる連邦政府と州政府の政策を分析し、間文化主義と多文化主義の相違点と類似点を明らかにする。**伊達聖伸**「論争のなかの「倫理・宗教文化」教育——近年の議論の動向と公共空間における「宗教」の位置」(『ケベック研究』第 10 号)は、公的領域における宗教の位置付けをケベック州の教育政策に焦点を当てて整理する。人権という視点からカナダ史を綴る**ドミニク・クレマン(細川道久訳)『カナダ人権史』**(明石書店)も多文化主義国家カナダを理解する上で役立つ。　　　　　　　　　　(文責　古地順一郎)

ヨーロッパ比較政治・地域研究

　近年議論の中心となっているポピュリズム研究については、比較研究として**谷口将紀・水島治郎編著『ポピュリズムの本質——「政治的疎外」を克服できるか』**(中央公論新社)が出た。近年のポピュリズム台頭の背景として「政治的疎外」に焦点を定め、その帰結として「カリスマ的リーダーへの同一化」が生じていることを、主に英米蘭仏独を事例として論じている。

　各国別に見ると、ブレグジットで揺れるイギリスについては、**渡辺容一郎**「イギリス保守党・保守主義の現状に関する一考察——保守党中道派の保守主義に焦点を当てて」(『政経研究』第 54 巻 4 号)が、キャメロン辞任の背景と、メイの党首就任の理由を党内政治の観点から考察している。キャメロンの保守主義を「中道派」(モダナイザー)と位置づけ、それが弱体化したことに辞任の要因を見いだし、逆に院内保守派が、さらなる分裂を回避して政権の安定を確保するためにメイが選ばれた可能性を指摘している。また、**今井貴子『政権交代の政治力学——イギリス労働党の軌跡**

1994-2010』（東京大学出版会）は、キノック、スミス、ブレアにわたる労働党の党改革の軌跡と帰結について、インタビューと一次資料の検討を通じて、経済的制約、制度的制約、政党間競合という政治的制約の中で権力資源が動員されたこと、それが福祉国家再編のダイナミズムに結びついたことを明らかにした好著である。

　フランスでは、**藤井篤**「アルジェリア戦争と赤十字国際委員会（ICRC）——人道主義と政治の相克」（『国際政治』第193号）が出た。本来政治的に中立的な国際人道機関である赤十字国際委員会が、植民地紛争であるアルジェリア戦争においてどのように行動したかを問う。主権国家であるフランス政府と、他方で非国家的主体である民族解放戦線の間に立って、赤十字国際委員会の活動は「非対称的」であったと指摘し、それがフランス側の（ジュネーブ条約の遵守を迫られるという）不公平感を高めたこと、さらに赤十字国際委員会も現実の政治と人道主義のはざまで苦悩していたことを明らかにしている。また、比較政治学の成果として、**尾玉剛士『医療保険改革の日仏比較——医療費抑制か、財源拡大か』**（明石書店）は、低成長期の1970年代以降における、公的医療保険制度の改革における日仏の異同を明らかにする。社会保険型の公的医療保険制度を有する先進国において、（対GNP比において）総医療費が低く抑えられてきた日本と、高い水準で維持された（＝医療費抑制が挫折した）フランスの医療保険制度の比較、またより広い文脈での政治制度を比較検討し、行政府と与党の一体性および行政府のリーダーシップの強弱によってその帰結の相違を説明している。

　ドイツについては、**井関正久**「ドイツの『1968年』を振り返る——50年後の視点からこの時代をどう捉えるか」（『思想』1129号）が出された。この数年、「68年」を再考察する試みが多くなされているが、本稿は2017年までの論争を追いかけながら、ドイツにおける「68年像」がいかに形作られ、変化し、ドイツ社会に影響してきたかを論じる。特に近年の「ドイツのための選択肢」が、「68年世代」がつくりあげたリベラル社会や多文化社会への攻撃を戦略としてとり入れているなどに注目して、現代社会への影響を指摘している。

　2018年の傾向として、中東欧や小国の研究成果が多かったという点を挙げておきたい。**中根一貴『政治的一体性と政党間競合——20世紀初頭**

チェコ政党政治の展開と変容』（吉田書店）は、戦間期のチェコにおいて議会制民主主義の固定化が成功した要因を、20世紀初頭のハプスブルク君主国統治下におけるチェコの政党政治における、チェコ人政党の一体性の追求の試みと、政党間競合の激化という要因の相互の関係に注目して明らかにした試みである。また**中田瑞穂**「チェコ共和国における政党間競合構造の展開——浮遊する『国民政党』チェコ社会民主党の変容と『安定』を中心に」（『国際学研究』第52号）は、固定化されていると言われてきたチェコの政党システムにおいて近年新党が台頭している変化の要因を、チェコ社会民主党のリンケージ戦略に注目し、綱領リンケージにおいて労働者から国民全体へ、さらに政策リンケージにおいて個別具体的利益を重視する政党へと変容し「浮遊する国民政党」と化した点から説明する。また同氏は「第二次大戦後チェコスロヴァキアにおける人民の民主主義と政党間競合——国民社会党を中心に」（『スラヴ研究』65号）も発表した。

さらに小国研究では、**武藤祥**「『立憲的独裁』の政治的動態——ポルトガル・新国家体制下での大統領選挙を中心に」（『立教法学』第98号）が、サラザール体制前半期の「立憲的独裁」の中で生じた政治的変容とその終焉とを、特に1958年を中心とする大統領選挙の過程と結果に注目して論じたものである。**水島治郎**「住まいをめぐる政治——アムステルダムにおける住宅協会と社会住宅の展開」（『千葉大学法学論集』第33巻2号）は、グローバル・シティであるアムステルダムの中心部に社会住宅が多いことに注目して、それを担ってきた非営利民間団体である住宅協会の展開から（グローバル・シティの中心部であっても）地域コミュニティが今なお根づいていることを歴史的に明らかにし、かつ日本との比較についても言及した好論文である。さらに**中川洋一**「政治体制——多数派型と交渉型のハイブリッド型民主主義体制」他7編（**田原憲和・木戸紗織編著『ルクセンブルクを知るための50章』**（明石書店）含コラム）は、一般書であるが、本来ドイツを専門とされる著者が、わが国で研究蓄積の少ないルクセンブルクについて政治の特徴を概説しており、今後の研究の展開に注目したい。

地域横断的な比較研究として**Junko Kato and Miki Toyofuku**, "The divergent paths of tax development during different waves of democratization" (*Japanese Journal of Political Science,* Volume19 Issue3) は、55ヶ国について統計的手法

に負いながら、民主化の時期によって異なる税制が採用され、それが現在の税収構造を決定したと実証的に論じる。特に「第三の波」以前では所得課税中心の税制が発達したが、「第三の波」後、グローバル化の下で経済発展に資する消費課税中心の税制が選択されたことを明らかにしている。

最後に、**宮島喬・木畑洋一・小川有美編『ヨーロッパ・デモクラシー――危機と転換』**（岩波書店）は、混乱するヨーロッパの問題を論点別に、それぞれの執筆者が丁寧に解説している。　　　　（文責　松尾秀哉）

ロシア（ソ連）・中東欧比較政治・地域研究

2018 年にはロシアで大統領選挙があり、プーチンが圧勝したが、**大串敦**「全人民の指導者――プーチン政権下のロシア選挙権威主義」（『国際問題』、No.676）、同「重層的マシーン政治からポピュリスト体制への変容か――ロシアにおける権威主義体制の成立と展開」（**川中豪編『後退する民主主義、強化される権威主義――最良の政治制度とは何か』**（ミネルヴァ書房））は、ロシアでマシーン政治が後退し、それを埋めるようにポピュリズムや個人主義的要素が顕在化したと論じる。

一方、**鳥飼将雅**「全てのウクライナ人はオレンジだったのか？――2004年ウクライナ大統領選における政治マシーンと東西亀裂」（『スラヴ研究』第 65 号）は、オレンジ革命の契機となった 2004 年ウクライナ大統領選挙を例に、ウクライナ政治においてはマシーン政治が重要であることを指摘している。

近年、中東欧諸国におけるポピュリズムの台頭や民主主義の後退が注目されている。**仙石学**「東欧におけるポピュリズムとネオリベラリズム――ヴィシェグラード諸国の事例から」（**村上勇介編『「ポピュリズム」の政治学――深まる政治社会の亀裂と権威主義化』**（国際書院））は、ヴィシェグラード諸国のポピュリズムの現れ方の違いを、各国のネオリベラル的政策の位置付けの違いから説明している。**中井遼**「ヨーロッパにおける 2 つの反移民感情――人種差別と外国人忌避の規定要因分析」（『レヴァイアサン』第 62 号）は、欧州における反移民感情を分析した論文だが、西欧と東欧における反移民感情を引き起こす要因の違いも考察している点が興味深い。

チェコ（スロヴァキア）については、重厚な政治史研究の成果が多く発

表された。**中根一貫『政治的一体性と政党間競合——20世紀初頭チェコ政党政治の展開と変容』**（吉田書店）、**中田瑞穂「第二次大戦後チェコスロヴァキアにおける人民の民主主義と政党間競合——国民社会党を中心に」**（『スラヴ研究』第65号）、同「チェコ共和国における政党間競合構造の展開——浮遊する「国民政党」チェコ社会民主党の変容と「安定」を中心に」（『国際学研究』第52号）は、20世紀初頭、第二次世界大戦後、ポスト社会主義という3つの時代において、政党システムのあり方がどのように変容したかが示されている。これらの論考は、現在の既成政党の弱体化を考える上でも示唆に富む。

　その他には、**中井遼「偶然と党略が生み出したインターネット投票——エストニアによる世界初導入へと至る政治過程」**（『年報政治学』2018–II号）は、世界で初めて全国レベルでインターネット投票を導入したエストニアの制度形成過程を緻密に分析している。**麻田雅文『日露近代史——戦争と平和の百年』**（講談社現代新書）は、江戸末期から日ソ戦争に至るまでの日露関係の通史である。今後、日露関係を学ぼうとする者の基礎文献となるべき良書である。**橋本伸也編『紛争化させられる過去——アジアとヨーロッパにおける歴史の政治化』**は、近年多くの著作を発表している編者による、国際会議の成果をまとめた論文集であり、旧ソ連・中東欧地域を扱った論文も数本含まれている。

　また、旧ソ連・中東欧地域に関する初学者向けのテキストとしては、**宇山智彦・樋渡雅人編『現代中央アジア——政治・経済・社会』**（日本評論社）、**服部倫卓・原田義也編『ウクライナを知るための65章』**（明石書店）、**廣瀬陽子編『アゼルバイジャンを知るための67章』**（明石書店）、**羽場久美子編『ハンガリーを知るための60章（第2版）』**（明石書店）が刊行された。日本語で得られる情報が多くない地域だけに、このような著作が多くの人の手に取られることが望まれる。　　　　（文責　溝口修平）

国際政治・国際関係論

　本分野では大規模な専門的学会が他にあることもあり、当学会で該当する会員の数は決して多くない。しかし、自己申告分だけを見ても、2018年度の会員の研究成果は多岐にわたるものとなっている。

　現在進行形のイシューを扱う論考は当然多いが、最近はその歴史的起源

を検証する研究が増えつつある。そのようなアプローチは、迂遠に見えても、実際の問題解決に不可欠であろう。その意味で、**村岡敬明**「米軍統治下の強制土地収用と沖縄住民のナショナリズムの激化——小禄村具志部落の軍用地問題と宜野湾村伊佐浜部落の土地闘争を事例として」(『地方政治研究・地域政治研究』第 5 巻 1 号)および**村岡敬明**「米軍基地整備のたびに激しさを増す沖縄住民のナショナリズム——朝鮮戦争で再整備された極東最大の嘉手納空軍基地」(『臨床政治研究』第 9 号)は、いずれも当時の政府文書を読み解き、基地問題の固定化が進んだ時期の状況を精査している。沖縄の基地問題は、当然ながら日米安保体制と表裏一体の問題である。関連して、**吉次公介『日米安保体制史』**(岩波書店)もまた、現状にとどまらず、通史を検証することで、「不平等性」「危険性」「不透明性」という日米安保体制の構造的な問題点を指摘している。

亀田晃尚「台湾の尖閣諸島への関心と中国の領有権主張——国連による石油資源調査」(『地方政治研究・地域政治研究』第 5 巻第 1 号)もまた、現在の日中関係で懸案の尖閣諸島問題について、同諸島周辺の埋蔵天然資源の発覚という、問題の「始まり」を改めて検証するものである。その延長線上に、**亀田晃尚**「尖閣諸島の石油資源と 21 世紀初頭の中国の行動に関する一考察——石油埋蔵量に関する記述を中心に」(『公共政策志林』第 6 号)は、中国のエネルギー確保という動機から尖閣諸島問題を検討している。**古川浩司**「日本の有人国境離島における安全保障態勢」(『中京大学社会科学研究』第 39 巻第 1 号)は、沖縄米軍基地問題や尖閣諸島問題とも関連する安全保障のイシューであり、日本で急速に関心が高まっている有人離島の防衛態勢について詳述している。

　上の研究にもみられるように、国際政治分野の研究においては、伝統的に平和や安全保障への関心が高い。18 世紀の哲学者であるカントの恒久平和論およびそこから派生した民主的平和論も、政策的示唆を含めて現在に至るまで国際政治の研究に大きな影響をもたらしてきた。しかし、カントの平和思想の思想的背景にまで踏み込んだ研究は限られている。その点、**高田明宜『希望としてのカント——恒久平和のために』**(日本経済評論社)は、これまで制度論や法哲学・歴史哲学を中心に論じられてきたカントの平和思想を、キリスト教的観念からの影響という観点で捉え直している。

安全保障への関心は、国際テロなどによって、研究のみならず一般社会においてさらに高まっている。しかし、そのような安全保障への関心（あるいは不安）は、政治的言説のなかへ浸透することで、権力の正当化に利用されることがある。**山崎望**「例外状態における正統性をめぐる政治—セキュリティによる統治／民衆による支配」（**杉田敦編『デモクラシーとセキュリティ』**法律文化社）は、グローバル化により新たな安全保障上の問題が浮上するなかで、自由民主主義ではなくセキュリティによって統治の正統性が調達されつつある現状について、日本を中心に分析する。**山崎望**「二一世紀に自由民主主義体制は生き残れるか——正統性の移行と再配置される暴力」（『国際政治』第 194 号）は、そのような正統性原理としての自由民主主義が浸食されている状況が、国際政治システムの正統性を支えてきた主権論とナショナリズムの浸食と組み合わさって、暴力の配置が変容している状況を整理している。

実際に発生した戦争や紛争に関する研究は、これまで「いかに始まるか」に焦点が合わせられてきた。その点で、**中村長史**「出口戦略のディレンマ——構築すべき平和の多義性がもたらす問題」（『平和研究』48 号）および**中村長史**「出口戦略の歴史的分析——武力行使の変貌がもたらす撤退の変容」（『国連研究』19 号）は、武力紛争やその後の平和活動を「いかに終わらせるか」に焦点を合わせた新しい視点の研究である。**藤井篤**「アルジェリア戦争と赤十字国際委員会（ICRC）」（『国際政治』第 193 号）も、赤十字国際委員会という非国家主体に焦点を合わせているこれまで少ない研究であり、アルジェリア戦争においてフランス政府と民族解放勢力の狭間で、同組織がジュネーブ諸条約の遵守を調査し働きかける際の苦悩を明らかにしている。

最近の政治学においては、主権概念をはじめ政治の基本概念の変化が研究対象となっている。国際政治の分野でも同様であり、**大山貴稔**「戦後日本における『国益』概念の淵源」（『国際安全保障』第 46 巻第 3 号）は、外交の基本概念である「国益」に注目し、外来の national interest の概念が戦後日本においていかに「国益」として定着してきたかを、川田侃や高坂正堯らの議論を検証することで明らかにしている。

平和や安全保障といった伝統的な問題関心以外でも多様な研究が見られた。**中川洋一**は "Changes in German Climate Protection and Energy Policy

Governances during the Energy Transition (Energiewende)" (『立命館国際地域研究』第 47 号）で、第二次メルケル政権以後のドイツのエネルギーおよび気候保全政策とガバナンスの変化を、政策の唱導連合間の対立に注目して分析している。**増永真**「日米航空交渉の政治過程――1997 から 98 年、2009 年、および 2016 年の交渉を事例として」（『アメリカ太平洋研究』第 18 巻）は、日米間の航空権益の自由化をめぐる両国政府間の交渉過程をいくつかの特定の時期に注目して比較分析している。

2018 年は、日本が絡む研究対象について、英文による研究成果の公表が複数見られた。**Takashi Inoguchi**, "The Wilsonian moment: Japan 1912–1952" (*Japanese Journal of Political Science*, Vol.19, Issue4) は、ウィルソン主義の日本への思想的な影響に関する同雑誌の特集の導入を担う論考である。**Takashi Inoguchi**, "Theoretical Underpinnings of a Global Social Contract" (**William R. Thompson ed. *Oxford Encyclopedia of Empirical International Relations Theory**, Vol.4 (Oxford University Press)) は、社会契約論を地球大に拡大して適用し、民主化とデジタル化の進展を踏まえて、主権国家による「国際政治」から地球的課題を主軸にする「地球政治」への転換を論じている。

Gene Park, Saori N. Katada, Giacomo Chiozza, and Yoshiko Kojo, *Taming Japan's Deflation: The Debate over Unconventional Monetary Policy* (Cornell University Press) は、アベノミクスまで日銀が非伝統的な金融政策を回避したのはなぜかについて、他国の中央銀行の独立性との比較や事例研究、計量研究から考察し、政策アイディアと政策ネットワークの影響を明らかにしている。**Ken Ishida, *Japan, Italy and the Road to the Tripartite Alliance*** (Palgrave Macmillan) は、これまで独伊や日独の関係を中心に描かれてきた日独伊三国同盟について、日伊両国の外務省の働きに注目して比較検証し、戦間期国際政治史に新しい見方を提示する試みである。

（文責　杉浦功一）

日本・アジア政治思想

明治維新 150 年関連からみていく。**奈良勝司『明治維新をとらえ直す――非「国民」的アプローチから再考する変革の姿』**（有志舎）は明治維新が「癒し」となる現状に対して「国民」的思考の外から同変革期を描

く。**日本史研究会他編『創られた明治、創られる明治——「明治 150 年」が問いかけるもの』**（岩波書店）は「明治 150 年」という節目自体の問題性を指摘。『現代思想』2018 年 6 月臨時増刊号も特集を組んだ。**横山俊一郎『泊園書院の明治維新——政策者と企業家たち』**（清文堂出版）は大阪の漢学塾、泊園書院出身の実務家の思想と実践を分析する。

　天皇（制）関連も見逃せない。**御厨貴編『天皇の近代——明治 150 年・平成 30 年』**（千倉書房）は河野有理、佐藤信、原武史他の論考をまとめた意欲作。**高木博志編『近代天皇制と社会』**（思文閣出版）は、今日最も高い支持を得る天皇制が現れたのはなぜかという問いから社会に迫る。

　シリーズでは**南原繁研究会編『南原繁と憲法改定問題』**（横濱大氣堂）が出た。**東京女子大学丸山眞男文庫編『丸山眞男集別集第四巻　正統と異端（一）』**（岩波書店）は丸山の晩年の「正統と異端」研究の構想や草稿断片などを収録する。**明治維新史学会編『講座 明治維新 12　明治維新史研究の諸潮流』**（有志舎）は最終巻となる。

　方法論では空間・媒体・手法から整理した**中野目徹編『近代日本の思想をさぐる——研究のための 15 の視角』**（吉川弘文館）が良い手引書である。政治史学では**酒井大輔**「「新しい政治学」の構想——大嶽秀夫の体制論とその方法」（『明治学院大学法律科学研究所年報』34 号）が、翻訳論的方法では**大山貴稔**「戦後日本における『国益』概念の淵源——"national interest" をめぐる翻訳論的考察」（『国際安全保障』第 46 巻第 3 号）が堅実な成果といえよう。

　一地域・国家を中心にみると**杉本史子『近世政治空間論——裁き・公・「日本」』**（東京大学出版会）が空間論的アプローチを採用した分析で目を引く。**丸谷晃一『伊藤仁斎の古義学——稿本からみた形成過程と構造』**（ぺりかん社）と**中村安宏**「佐藤一斎の「天」——本居宣長以後の超越者観念」（『日本思想史学』第 50 号）は近世の知識人を扱う。前者は伊藤仁斎の思想形成過程の解明に尽した筆者の遺稿集である。**島田英明『歴史と永遠——江戸後期の思想水脈』**（岩波書店）は "永遠性獲得願望" をキーワードに幕末知識人や志士の情念を析出する。

　小野泰教『清末中国の士大夫像の形成——郭嵩燾の模索と実践』と**柳忠熙『朝鮮の近代と尹致昊——東アジアの知識人エトスの変容と啓蒙のエクリチュール』**（ともに東京大学出版会）は、伝統／近代に収斂できない東

アジアの伝統的知識人（士大夫）の思想を丁寧に描く。**金容賛**「近代朝鮮におけるネイション形成過程の分岐点に関する一考察——在米韓国人社会の政治活動を中心に」（『アジア・アフリカ研究』58巻4号）は在米韓国知識人の大韓帝国皇帝観の変容を明らかにした。**烏雲高娃『1930年代のモンゴル・ナショナリズムの諸相——満洲国の内モンゴル「知識人」の民族意識と思想』**（晃洋書房）は中国、ロシア、日本と近代への「窓口」が複数あったモンゴルという視座が新鮮である。

　社会や民衆に目を向ける。**高島千代**「初期議会期の政治構想——島田邦二郎「立憲政体改革之急務」を中心に」（『歴史科学』231号）は、淡路島の自由民権家による人民主体の立憲政体像を描く。同「「立憲政体改革之急務」の思想——自由民権運動の到達点」を収載する**島田邦二郎資料集成編集委員会『立憲政体改革の急務　島田邦二郎史料集成——淡路島の「自由民権」と憲法構想』**（大阪民衆史研究会）は基礎史料集としても重要。**青野誠**「幕末維新期の民衆における世界観と自他認識の変容——菅野八郎における「異国」「異人」認識」（『日本思想史学』第50号）も出た。**平山昇**「「体験」と「気分」の共同体——20世紀前半の伊勢神宮・明治神宮参拝ツーリズム」（『思想』2018年8月）は参拝などの実践から「気分」の醸成過程を考察し、**宮地忠彦**「警察の「大正民主主義」再考——「立憲法治ノ警察」と「皇国警察」の間」（『日本史研究』666号）は大正デモクラシーから国体論へ移る世情が警察の自己規定に与えた影響を警察側から描く。

　地域横断的な研究では**李成市『闘争の場としての古代史——東アジア史のゆくえ』**（岩波書店）が東アジア植民地主義の認識枠組みを古代史から逆照射する。**中村元哉『中国、香港、台湾におけるリベラリズムの系譜』**（有志舎）は近年の大衆運動を念頭に中華圏の言論空間を振りかえり、**趙景達編『儒教的政治思想・文化と東アジアの近代』**（有志舎）はベトナムも加えて儒教文化と近代受容の関係性を考察する。**青木恵理子編『女たちの翼——アジア初期近代における女性のリテラシーと境界侵犯的活動』**（ナカニシヤ出版）は日本、朝鮮、タイ、インドネシアの女性の読み書きの経験が開いた世界について想像を刺激する一冊。

　戦前から戦後にかけて。**Takashi Inoguchi** による特集 "The Wilsonian Moment: Japan 1912-1952" (*Japanese Journal of Political Science*, Vol.19, Issue4) で

は、編者が南原繁の全面講和、再軍備主張など特異な立場性を強調し、**Ryoko Nakano** がウィルソン主義の定着例として矢内原忠雄を分析する。**上地聡子**「サンフランシスコ講和会議前における沖縄「日本復帰」の同時代的要因」（『翰林日本学』第 33 輯）、韓国政治思想学会からの寄稿論文**ユーブルラン**「朝鮮後期における公共性――「損上益下」の理想を中心に」（『政治思想研究』第 18 号）など、国境を超えた研究共有も進んでいる。同 18 号は**石井知章**「中国社会主義国家における「保守」と「守旧」――「左派」を基軸とする思想状況をめぐり」も収載。

現在への応答として、**新城郁夫『沖縄に連なる――思想と運動が出会うところ』**（岩波書店）、**星野英一他『沖縄平和論のアジェンダ――怒りを力にする視座と方法』**（法律文化社）の**阿部小涼**「社会運動と平和」、**冨山一郎・鄭柚鎮編『軍事的暴力を問う――旅する痛み』**（青弓社）は、現実へ介入する言葉と実践の可能性を模索する。**千葉眞**「「小国」平和主義のすすめ――今日の憲法政治と政治思想史的展望」（『思想』12 月号）も現在への危機感を共有し、日本の将来に関して熟議を訴える。**黒川みどり・山田智編『竹内好とその時代』**（有志舎）、**清水靖久**「戦後民主主義と丸山眞男」（『思想』6 月号）は戦後日本（政治）再考の足場を提供するだろう。

（文責　上地聡子）

日本政治外交史

幕末から紹介すると、**菊地久**「井伊直弼試論――幕末政争の一断面（中の 1）」（『北海学園大学法学研究』53 巻 4 号）は氏の井伊直弼研究の一環。幕府統治の経験を持たないまま大老となった井伊直弼が、政治的な主導権を獲得していく過程を論じた。

明治初期では、**柏原宏紀**が**『明治の技術官僚』**（中央公論新社）を上梓した。同書は、長州五傑（伊藤博文、井上馨、井上勝、遠藤謹助、山尾庸三）の一生を追跡しながら、明治初期の政治家と技術官僚の関係、技術官僚の登場と活躍を実態・制度両面から考察した。**柏原宏紀**「明治零年代後半における洋行官僚に関する一考察」（『関西大学経済論集』67 巻 4 号）は、明治零年代の洋行官僚について数量的な分析を行った貴重な業績。情実任用の時代にあっても、政策能力を一定程度考慮して官僚制が形成されていたことを指摘する。

明治憲法制定後では、**末木孝典**「第1回衆議院議員選挙の当選者をめぐる訴訟・逮捕事件と議院の自律性——議員資格審査と不逮捕特権を中心に」（『近代日本研究』34巻）は、案外研究の乏しい第1回総選挙について、訴訟、逮捕事件に焦点を当てた研究。帝国議会創設直後の議院の自律性も考察した。さらに**末木孝典『選挙干渉と立憲政治』**（慶應義塾大学出版会）は、有名な明治25年の選挙干渉事件について包括的かつ詳細に論じた学術書。各地の選挙の実相の分析のみならず、明治天皇の政治姿勢がこの選挙に与えた影響が明らかにされた。

大正期について申請は少なかったが、**宮地忠彦**「警察の「大正民主主義」再考——「立憲法治ノ警察」と「皇国警察」の間」（『日本史研究』666号）は大正初期から昭和初期までの知識人や警察関係者の警察論を吟味しながら、この時代の警察像の変化を考察した。

昭和戦前の政党内閣期では、**手塚雄太**「第1回普通選挙における選挙運動——内務官僚・植民地官僚守屋栄夫を事例として」（『史潮』84号）が、第1回普通選挙（1928年）における選挙運動の実態に関する事例研究。内務官僚の守屋の豊富な一次資料を用いた分析で、特に守屋の選挙地盤が政党組織ではなく、守屋個人に依拠した後援会的な組織であったいう指摘が光る。**小山俊樹**「田中義一と山東出兵——政治主導の対外派兵とリーダーシップ」（**伊藤之雄・中西寛編『日本政治史の中のリーダーたち——明治維新から敗戦後の秩序変容まで』**（京都大学学術出版会））は、田中の山東出兵問題をめぐるリーダーシップを考察した。なお、**小山俊樹**「『評伝森恪』補遺——森恪関連資料について」（『帝京史学』33号）では、同氏が森の評伝執筆の際に収集した史料が紹介される。

政党内閣崩壊後の研究として、**正田浩由**「二・二六事件後の議会制度をめぐる既成政党と陸軍の対立」（『白鷗大学論集』33巻1号）は、有名な浜田国松の「腹切問答」前後の既成政党の動向を考察し、政党が「自ら好機を逸して国民をますます失望させた」との像を示す。**大前信也**「臨時軍事費特別会計の政治的意味——大蔵省の「戦争責任」」（『戦略研究』22号）は、日中戦争に対処するために設置された臨時軍事費特別会計に焦点を当てたもの。特別会計導入をめぐる大蔵省の意図や陸軍の反応等が分析される。**米山忠寛**「岸信介次官更迭事件——『政党政治以後』の政治経済構造と商工省」（『年報政治学』2018–I）は、1940年の岸信介商工次官更

迭事件を再検討した。小林一三商工大臣との確執、「自由経済 VS 統制経済」といった従来の図式ではなく、政党が利益を集約出来なくなった「政党政治以後」の政治経済構造の中でこの事件の意味を考察した。

戦時下日本の業績としては、**米山忠寛**「昭和戦時期日本の国家財政と家計——貯蓄奨励の論理と構造」（**法政大学大原社会問題研究所・榎一江編著『戦時期の労働と生活』**法政大学出版局）は、貯蓄奨励運動の意味とその展開を考察した。戦時インフレへの対策が当初の目的であったこの運動が、節約や生活改善と結びつき、精神論を強め迷走していった様相が明らかにされる。同書中の**手塚雄太**「戦時期の医師会関係議員と厚生行政——加藤鐐五郎を事例として」は、加藤を事例に、戦時期の医師会関係議員と厚生行政との関わりを論じた業績。加藤の戦中の活動に戦後自民党の族議員との類似性を見出した点は興味深い。戦前と戦後を架橋して議会政治家を分析した研究としては、**菅谷幸浩**「政党政治家・安藤正純の戦前と戦後」（『法政論叢』54 巻 2 号）を得た。同論文は、安藤の議会政治論、外交安全保障認識を検討した。

終戦後の研究に目を転じると、『河井弥八日記』（信山社出版）の刊行が継続している。その第 3 巻（1952 年～ 54 年）の解説として、**村井良太**「転換期の参議院議長河井弥八——占領後の課題と冷戦下での議会政治の再建」（**『河井弥八日記戦後編』3 巻**）は、参議院議長として議会の混乱を目の当たりにする河井の姿を紹介するとともに、自由党と緑風会の関係、河井の議長としての役割等を考察した。**小宮京**「民主自由党党則の考察——附：「民主自由党々則」〔一九四八年三月一五日〕」（『青山史学』36巻）は、これまで欠落していた民主自由党の党則の後半部分をアメリカ国立公文書館で発見し、民主自由党の党則の考察を行った。近年、三木武夫研究を継続している**竹内桂**は、「保守合同前の三木武夫」（『法政論叢』54巻 1 号）で、改進党結党から保守合同までの三木の足跡を跡づけた。

55 年体制期の内政に関しては、**佐賀香織**「55 年体制形成の選挙——香川第 1 区を事例として」（『国際交流研究』20 号）は、第 27 回総選挙（1955 年）の香川第 1 区の事例研究で、地元紙を用いて三木武吉の選挙戦の様相をまとめた。**奥健太郎**「事前審査制の導入と自民党政調会の拡大——『衆議院公報』の分析を通じて」（『選挙研究』34 巻 2 号）は、『衆議院公報』を用いて政調会、総務会の会議の情報を数量的分析した結果、事

前審査制が 1958 年から 59 年に定着したという見方を提示する。**梶居佳広**「岸内閣期の憲法論議——全国・主要地方紙社説をてがかりに（1957 ～ 1960 年）」（『メディア史研究』44 号）は、岸内閣期の日本国憲法をめぐる論議について、有力新聞（三大紙と 13 の地方紙）の論調を検討した。その結果、多くの新聞は「現状追認的護憲」であったとの結論が示される。佐藤内閣期では、**岡崎加奈子**「国会特別委員会の運用と展開——佐藤内閣期における特別委員会の運用特性について」（『法学志林』115 巻 1・2 合併号）が、常任委員会に比して研究の蓄積の少ない特別委員会に注目した貴重な業績。特別委員会の役割が常任委員会の単なる補完ではなかったことを指摘する。

1990 年代以降、日本政治の姿は大きく変貌を遂げているが、**Masahiro Mogaki**, "Transformation of the Japanese State in Antimonopoly Regulation after the 1980s" (*Japanese Journal of Political Science*, 19 (1)) は、独占禁止規制に焦点を当てながら、1990 年代以降の日本の国家としての変容を考察した。

なお、長い時間軸を扱った研究として、**村井良太**「政党政治の危機と選挙制度の課題——政治外交史から『災後』のデモクラシー共同体を考える」（照屋寛之・萩野寛雄・中野晃一編著『**危機の時代と「知」の挑戦**』上巻（論創社））は、第一次大戦後以降の日本政治を射程に入れ、代表危機、統治危機、体制危機の三つの観点と選挙制度、執政制度、政党制度の三つの角度から、現在を相対化する視点と留意点を提供した。**雨宮昭一**は「協同主義」をキーワードとして、近年の氏の論考をまとめて、『**協同主義とポスト戦後システム**』（有志舎）を刊行した。このほか、**菅谷幸浩**「公民教育のための戦後日本政治史ノート——憲法と国際関係から見た 55 年体制の捉え方」（『亜細亜大学課程教育研究紀要』6 号）は、占領期から平成初期までの日本政治史を整理した。

外交史の申告は多くなかったが、日米安保条約、沖縄に関する業績が目立った。まず**吉次公介**『**日米安保体制史**』（岩波書店）は、日米安保の成立から今日までを描いた通史。日米安保体制の構造的特質と言うべき「非対称性」「不平等性」「危険性」「不透明性」をキーワードとして、最新の研究成果を踏まえつつ、包括的に日米安保の歴史を描いている。

一方、沖縄に関しては、沖縄住民の日本「復帰」志向の原因を考察した論文として、上地聡子「サンフランシスコ講和会議前における沖縄『日本

復帰』の同時代的要因」（『翰林日本学』33 輯）を得た。同著者による **Satoko Uechi**, "Imagining Different Futures: Okinawans' Arguments for Reversion to Japan in 1951" (*Journal of Inter-Regional Studies: Regional and Global Perspectives*, Vol.2) は、在京沖縄人と沖縄住民の言説の差に言及しながら、沖縄の日本「復帰」支持の言説を分析した。また**村岡敬明**「米軍統治下の強制土地収用と沖縄住民のナショナリズムの激化——小禄村具志部落の軍用地問題と宜野湾村伊佐浜部落の土地闘争を事例として」（『地方政治研究・地域政治研究』5 巻 1 号）は、当該地域の強制土地収用反対闘争の事例研究。当時の新聞報道だけでなく、琉球諸島米国民政府（USCAR）の報告書等を用いて分析した。**村岡敬明**「米軍基地整備のために激しさを増す沖縄住民のナショナリズム——朝鮮戦争で再整備された極東最大の嘉手納空軍基地」（『臨床政治研究』9 号）は、朝鮮戦争勃発時の沖縄住民のナショナリズムを分析した。

増永真「日米航空交渉の政治過程——1997 から 98 年、2009 年、および 2016 年の交渉を事例として」（『アメリカ太平洋研究』Vol.18）は、日米経済交渉研究の中で、通商交渉に比して研究の蓄積の少ない航空交渉に焦点をあてた点で貴重。

資料情報的なものとして、**吉田真吾・中島信吾**「防衛政策史とオーラル・ヒストリー」（『防衛学研究』58 号）は、防衛庁・自衛隊の OB を対象にしたオーラル・ヒストリーの蓄積状況等を整理した。なお『防衛学研究』58 号は、防衛・外交両省旧蔵の文書資料の公開状況と、両省 OB を対象としたオーラル・ヒストリーの作成状況を特集するが、**中島信吾**はその序論（「序論——日本の安全保障を記録する」）を執筆した。

（文責　奥健太郎）

行政学・地方自治・公共政策

まずは行政学の研究を見てみよう。日本の官僚制度の歴史的な考察は、それ自体が単純に興味深いだけでなく、その経緯の整理が制度的・非制度的にかかわらず官僚制の作動様式の理解を促進し、今後のあり方を検討するうえで示唆に富んでいる。マスメディアによる報道はいっときのスキャンダル中心の姿勢からは外れたが、いまだ日本の政官関係について多くの人びとが注目している。今後、本テーマはより重要になっていくだろう。

柏原宏紀「明治零年代後半における洋行官僚に関する一考察」(『関西大学経済論集』第 67 巻第 4 号)では、明治最初期の官僚制の形成について、留学経験者の人数や割合の変化を辿りながら近代化の実現のための人材確保に注目した。**柏原宏紀『明治の技術官僚』**(中央公論新社)では、政治家と技術官僚・事務官僚の枠組みの構築について、制度と実態の両側面から解明する。同様に、**大前信也**「臨時軍事費特別会計の政治的意味——大蔵省の『戦争責任』」(『戦略研究』第 22 号)や**吉田真吾・中島信吾**「防衛政策史とオーラル・ヒストリー」(『防衛学研究』第 58 号)、**中島信吾**「序論——日本の安全保障を記録する」(『防衛学研究』第 58 号)が、とりわけ軍事の分野における行政学の歴史研究として注目される。**寺迫剛**「東日本大震災から 8 年目の復興庁——復興・創生期間半ばに生じた防災庁設置論への岐路」(『季刊行政管理研究』第 164 号)では、日本の防災・復旧・復興体制の制度発展と防災庁設置の実現可能性について論ずる。

公共事業をめぐる市民と政府との紛争はダイナミックであり、マスメディアの注目度も高い。どこまでを「公共事業」と呼ぶか明確でない場合もありうるが、たとえば辺野古土砂投入やリニア中央新幹線の建設、原子力発電所の再稼働、太陽光発電設備の建設をめぐっては、日々新しいニュースが届く。**田畑琢己『公共事業裁判の研究——民事事件の科学技術的分析』**(志學社)では、民事事件として争われた公共事業裁判に焦点を当て、「技術基準論」と「立証責任論」、「立証方法論」の 3 つの視点をもって、道路、河川・ダム、空港、鉄道の 4 つの事例を分析する。

地方創生による地方自治体の総合戦略策定は、中央集権の強化であるという見方が強い。これに対して、**村上裕一**「政策現場と内閣主導——『地方創生』を通して見るそれらの関係」(『季刊行政管理研究』第 161 号)では、「自治体の声は国に届きやすくなった一方で、国によるコントロールは強化されている」という地方自治体の認識を明らかにしたうえで、その理由について考察している。また、**村上裕一**「国土政策と地方創生との関係について」、「自治体担当者は地方創生をどう受け止めたか」(**小磯修二・村上裕一・山崎幹根『地方創生を超えて——これからの地域政策』**(岩波書店))では、国土庁による国土政策の歴史と 2014 年以降の地方創生について、とりわけ「総合調整」の視点からこれらの共通点と相違点について論じている。

個別分野の制度に関しては、**小西敦**「救急医療制度の現状と救急医療法（仮称）の論点」（『国際文化研修』第 99 号）は、救急医療に関する現行制度や課題、諸外国の事例等を踏まえて「救急医療法」の制定を提言する。独占禁止法について、1980 年代以降の変遷を追ったのが **Masahiro Mogaki**, "Transformation of the Japanese state in antimonopoly regulation after the 1980s" (*Japanese Journal of Political Science,* Vol.19, No.1) である。

続いて、地方自治に関する研究である。市民参加論は地方自治の根幹となるテーマであり、永遠の課題でもある。**土屋耕平**「市民参加と地域自治のゆくえ——人口減少時代の地方自治」（**照屋寛之・萩野寛雄・中野晃一編『危機の時代と「知」の挑戦（上）』（論創社）**）では、どのような内容であれ強いリーダーシップを発揮する政治家が支持される現代社会を前提に、市民参加による熟議型民主主義を追求する。

こうした参加の資格を有する「市民」は誰なのか、という問いもまた論争があるところである。ローカル・ガバナンス論では、多様なアクターの意思決定への参入を前提にしている。そこでは、いくつかの問題が認識されてきた。まず、公共サービスの質をコントロールするのは誰か、という問題である。**幸田雅治**「第 8 章　自治体と民間の役割分担」（**幸田雅治編『地方自治論』**（法律文化社））では、民間に委ねられたサービスに対する行政のアカウンタビリティについて論じている。

また、多様なアクター間の調整をどのように行うかは大きな課題であり、これまでも中間支援団体のあり方が問われてきた点である。この視点から、とくに「地域経済団体」に注目し、地域の課題解決のアクター間の利害調整に焦点を当てたのが**桑原武志**「第 3 章　自分だけでなく地域のために？——地域経済団体による地域社会の安定」（**上田道明編『いまから始める地方自治』**（法律文化社））である。

とくに福島第一原子力発電所の事故によって避難を余儀なくされている人びとにとって、現状の暮らしだけでなく、失われつつある故郷の問題も重要である。**松尾隆佑**「原発事故避難者と二重の住民登録——ステークホルダー・シティズンシップに基づく擁護」（『政治思想研究』第 18 号）のように、この問題意識から「市民」のあり方を問う動きも近年盛んである。

2015 年の住民投票以降鎮火したと思いきや、いまだ燻っていただけで

なく、再炎上しそうになっているのが大阪都構想である。**西脇邦雄**「大阪都構想の歴史的考察——特別市運動とその挫折の実証的研究」（『大阪経済法科大学地域総合研究所紀要』第 10 号）では、戦後の五大都市と府県知事との闘いに触れつつ、大阪都構想の「賛成」・「反対」の論拠を改めて問いなおしている。また、**村上弘**「『大阪都』＝大阪市廃止・特別区設置の経済効果——大阪府の歳出膨張、特別区の財政効率の予測を中心に」（『立命館法学』第 380 号）では、大阪都構想の「非効率」について財政統計をもとに推算している。

大阪都構想に限らず、地方自治体の統治のあり方についての議論は多様である。2017 年に突如として全国に名前が知れわたった高知県大川村は、議員のなり手不足から住民総会の可能性について語った。**幸田雅治**「町村総会についての現行法体系からの検討」（『自治研究』第 94 巻第 5 号）では、現行地方自治法を前提に、町村総会の実現可能性を検討する。

さて、地方自治の分野のみにとどまらず、「政策学系」の学部・学科の学習のあり方にも深く関わるのは、PBL やアクティブ・ラーニングである。これらは言葉のひとり歩きによって、「学生を外に連れて行く」程度の認識を持たれる場合がある。この点から、中身をともなっていないと批判されることも多い。**田中優**『学生・教職員・自治体職員・地域住民のための地域連携 PBL の実践』（ナカニシヤ出版）では、学生による地域活性化の実践を踏まえたノウハウを紹介しており、こうした状況を打開してくれそうである。

諸外国の自治のあり方から示唆を得る研究も重要である。**芦田淳**「地域国家における自治立法権——イタリアを素材として」（『自治総研』第 475 号）では、イタリアにおける国と州の間の立法権限配分の特色を、憲法解釈を素材として明らかにした。**中田晋自**「フランスの自治体間協力型広域行政組織——その制度的発展と近年の（直接／間接）民主主義改革」（『都市計画』第 334 号）は「自治体間協力型広域行政組織（EPCI）」の政策決定への民主的統制に関する諸改革について検討する。

雨宮昭一『**協同主義とポスト戦後システム**』（有志舎）では、現在を「戦後システム」から「ポスト戦後システム」への転換期にあたるととらえ、そこには「協同主義」が求められると唱える。この「協同主義」を考えるヒントとして、地域社会で展開されている共生やインターネットにお

ける互助システムの事例等を紹介する。

　最後に、公共政策についての研究である。EBPM（Evidence-based Policy Making）は近年の日本公共政策学会をはじめとした諸学会で関連する報告が見られ、研究者・実務家の多くが注目している。**内山融・小林庸平・田口壮輔・小池孝英**「英国におけるエビデンスに基づく政策形成と日本への示唆——エビデンスの『需要』と『供給』に着目した分析」（『RIETI ポリシー・ディスカッション・ペーパー』2018 年 12 月）や **Yu Uchiyama**, "Evidence-based Policy Making: Its Significance & Role"(*Japan SPOTLIGHT*, No.219, May/June Issue) は、日本の EBPM への導入議論の背景や課題について考察する。

　個別の政策分野に関しては、**早川有紀**『**環境リスク規制の比較政治学——日本と EU における化学物質政策**』（ミネルヴァ書房）、**早川有紀**「環境規制政策の波及——EU における化学物質規制の日本への影響」（『法と政治』第 69 巻第 1 号）が、規制主体の権限に注目し、権限のちがいが政策の中身に与える影響を実証的に明らかにしている。また、**小嶋大造**「農業政策の裁量的政策形成と法的妥当性——農政論としての法律と裁量の視座」（『農業経済研究』第 90 巻第 2 号）では、旧農業基本法と各政策・施策との関係を分析しており、日本における「基本法」のあり方を考える上でも重要な示唆に富んでいる。　　　　　　　　　（文責　山谷清秀）

政治方法論

　政治方法論の分野においては、近年、因果推論への関心の高まりが顕著であり、因果推論そのものに対する検討や、因果推論を重視した実験的手法を用いた研究が多くみられた。

　福元健太郎「政治学における回帰不連続デザインを巡る論争——現職優位を題材として」（『経済セミナー』10-11 月号、No.704）は、因果推論で多用される回帰不連続デザイン（RDD）とその前提となる「連続性の想定」を巡る論争を紹介する中で、それらの論争自体が選挙における現職優位と RDD の双方の理解を深めたとしている。

　実験的手法については、『公共選択』（第 70 号）で特集が組まれ、実験室実験のみならず、サーベイ実験を用いる試み、「見た目」などの候補者が提供する非言語情報への着目、従来の世論調査に対する検討など多岐に

わたった。

実験研究で考慮しなければならない観測不能な交絡因子の影響力やその想定に焦点を当てた**原田勝孝**「観測不能な交絡因子に対する感度分析について」（『公共選択』第70号）、若年層の候補者選択基準が「見た目」なのか「政策」なのかをサーベイ実験を用いて検討した**秦正樹**「若年層における候補者選択の基準——「見た目」と「政策」に注目したサーベイ実験より」（『公共選択』第70号）、候補者の見た目の年齢を操作した演説動画を用いて実験室実験を行った**中村悦大**「青年政治家から壮年政治家へ——動画レタッチングを用いた候補者評価の実験」（『公共選択』第70号）、社会における所得配分原理について調査実験を行った**尾上成一・谷口尚子・澁谷壮紀** "If You Can Be Reborn, What Is Your Desirable Income Distribution?: An Experiment of Rawls's Justice"（『公共選択』第70号）、従来の学術的世論調査で用いられてきた社会志向の経済評価の質問文の再検討を行い、質問形式の比較検討をサーベイ実験で行った**大村華子**「サーヴェイ実験による経済評価の質問形式の検討——党派性バイアスと個人志向性バイアスの検証への含意」（『公共選択』第70号）などがある。

なお、サーベイ実験については、サーベイ実験を多用し、維新の「成功」と「失敗」の要因を検討した**善教将大**『維新支持の分析——ポピュリズムか、有権者の合理性か』（有斐閣）や、政党キューやメディアキューがヒューリスティクスとして機能する可能性の低さを明らかにした**Tetsuro Kobayashi and Tomoya Yokoyama**, "Missing Effect of Party Cues in Japan: Evidence from a Survey Experiment"（*Japanese Journal of Political Science*, Vol.19, Issue 1）もある。また、非言語情報への着目では、特に候補者の「顔」に着目した、**Masahiko Asano and Dennis P. Patterson**, "Smiles, turnout, candidates, and the winning of district seats: Evidence from the 2015 local elections in Japan"（*Politics and the Life Sciences*, Vol.37, Issue 1）などがある。

世論調査については、「民意・世論」と「世論調査」の関連を規範的・実践的側面から検討した**吉田徹・岩本裕・西田亮介・三輪洋文**『民意のはかり方——「世論調査×民主主義」を考える』（法律文化社）や、従来の世論調査と討論型世論調査とを組み合わせ、有権者の熟議に迫った**田中愛治編**『熟議の効用、熟慮の効果——政治哲学を実証する』（勁草書房）など従来の世論調査の再検討や応用的議論も活発である。

また、**Kentaro Fukumoto and Hirofumi Miwa**, "Share the Name, Share the Vote: A Natural Experiment of Name Recognition" (*The Journal of Politics,* Vol.80, No.2) は自然実験を用い、立候補者の姓に焦点を当て、参議院選挙における地方区に同姓が存在する全国区候補者の得票の効果を分析した。

さらに、定性的分析が中心であった従来の政治家のインタビュー研究に対して定量的な分析を試みたものとして**木下健／オフェル・フェルドマン『政治家はなぜ質問に答えないか──インタビューの心理分析』**（ミネルヴァ書房）、また、内容分析のテキストの翻訳として**ダニエル・リフ／スティーヴン・レイシー／フレデリック・フィコ（日野愛郎監訳、千葉諒・永井健太郎訳）『内容分析の進め方──メディア・メッセージを読み解く』**（勁草書房）も刊行された。

方法論の発展には分析ソフトウェアの発展も伴うが、近年では分析パッケージの拡充から「R」の利用者も増加している。**今井耕介（粕谷祐子・原田勝孝・久保浩樹訳）『社会科学のためのデータ分析入門（上）（下）』**（岩波書店）や**浅野正彦・矢内勇生『Rによる計量政治学──統計学で政治現象を分析する』**（オーム社）、**浅野正彦・中村公亮『はじめてのRStudio──エラーメッセージなんかこわくない』**（オーム社）なども刊行され、初学者を含め今後ますます利用者が増えるものと思われる。

（文責　岡田陽介）

政治理論

政治理論分野は、「理論化」するという意味の多義性を反映して、実証研究や規範研究、思想研究など、複数のディシプリンを包含する、それ自体が一種の学際的舞台となっている。本文献紹介では、テーマや手法に沿って大まかな区分を立てつつ、2018年中に得られた成果や研究動向を振り返ってみたい。

はじめに、広義の自由民主主義の政治体制や政治理念を問いなおすような成果が目立った。**杉田敦編『デモクラシーとセキュリティ──グローバル化時代の政治を問い直す』**（法律文化社）は、グローバル化が領土、主権、国民といった既存の政治枠組みにどのような変容を迫り、それが今世紀の国内的・国際的政治現象とどのように結びついているかを共同研究のなかで多面的に分析した著作である。**山崎望「二一世紀に自由民主主義体**

制は生き残れるか――正統性の移行と再配置される暴力」(『国際政治』194号)は、今世紀の国内政治・国際政治を「正統性の移行」という視座から再構成している。また、**Takashi Inoguchi, "Theoretical Underpinnings of a Global Social Contract" (William R. Thompson ed. *The Oxford Encyclopedia of Empirical International Relations Theory* (Oxford University Press))** は、戦後から近年までの多国間条約の足跡を分析するなかで、主権国家を主軸とする国際政治から地球的課題を主軸とする地球政治への転換を描き出している。

　民主主義論に関連しては、ほかにも幾つかの注目すべき進展があった。**田中愛治編『熟議の効用、熟慮の効果――政治哲学を実証する』**(勁草書房)は、規範研究のなかで発展した熟議民主主義を、世論調査という実証研究の枠組みのなかで再検証することで、その意義を確かめると同時に、両分野を架橋する学際的知見を示そうとする点で画期的である。同様の研究成果としては、**小須田翔**「熟議民主主義論における規範と経験の協働――ミニ・パブリックス実験を通した考察」(『年報政治学』2018–Ⅰ号)もある。民主主義の包摂性や範囲画定に関する成果としては、**福原正人**「民主主義の境界画定――正当性と正統性」(『年報政治学』2018–Ⅱ号)、**松尾隆佑**「原発事故避難者と二重の住民登録――ステークホルダー・シティズンシップに基づく擁護」(『政治思想研究』18号)にも触れておきたい。

　ポピュリズムに関する幅広い成果が得られたことも特筆すべきである。前述の民主主義研究と併せて、「民意」の妥当性や正当性に関する問いなおしが、近年の政治理論分野で大きな焦点になりつつあることが確認できる。**カス・ミュデ／クリストバル・ロビラ・カルトワッセル(永井大輔・髙山裕二訳)『ポピュリズム――デモクラシーの友と敵』**(白水社)は、人民の意見表出の機会を提供すると同時に、多様性の排除を助長するという両側面から、近年の政治現象を分析する視座を提供している。**エルネスト・ラクラウ(澤里岳史・河村一郎訳)『ポピュリズムの理性』**(明石書店)に代表される左派ポピュリズムの理論動向にも要注目であろう。政治的連帯を含めた社会的連帯の重層的な姿については、**松本卓也・山本圭編『〈つながり〉の現代思想――社会的紐帯をめぐる哲学・政治・精神分析』**(明石書店)で詳しく取り上げられている。

規範的政治哲学分野における正義論研究も引き続き盛んである。**宇佐美誠**「社会保障と財政をめぐる世代間正義」（『土地総合研究』26巻1号）は、年金や公債の局面で顕著な世代間格差が生じていることを規範的側面から分析し、併せてありうる制度改革についても言及している。**大庭大**「事前分配（pre-distribution）とは何か——政策指針と政治哲学的構想の検討」（『年報政治学』2018–II号）は、従来型の所得再分配に代わる新たな社会保障政策を考察している。広瀬巌編・監訳**『平等主義基本論文集』**（勁草書房）が刊行されたことも、平等論・分配的正義論研究のさらなる弾みとなるであろう。**有賀誠『臨界点の政治学』**（晃洋書房）は、自由民主主義体制の規範的問いなおしから批判的法学研究に代表される法と政治の関連、さらには戦争における正義の問題も視野に収めた一冊である。

政治理論を含む広義の政治学の方法論についても研究の蓄積が進んでいる。**井上彰編『ロールズを読む』**（ナカニシヤ出版）は、J・ロールズの政治哲学を、当該分野のみならず、法理学、政治・社会思想史、経済学史、生命倫理学など、隣接分野の研究者がどのように読み、どのように生かすかを共同で探求した著作である。**酒井大輔**「『新しい政治学』の構想——大嶽秀夫の体制論とその方法」（『明治学院大学法律科学研究所年報』34号）は、わが国における政治学の科学化を牽引したとされる大嶽の分析手法を、その体制論を手がかりに再検討している。規範研究と実証研究の架橋を試みるという点では、先に挙げた『熟議の効用、熟慮の効果』からも重要な方法論的示唆を得ることができる。

個別の思想家研究の形式をとりながらも、そこに豊かな政治理論的含意を探るような研究も数多く見られた。**森達也『思想の政治学——アイザィア・バーリン研究』**（早稲田大学出版部）は、その自由主義思想と民族的出自を分析の柱としながら、バーリンの時代との格闘を克明に描き出している。**高田明宜『希望としてのカント——恒久平和のために』**（日本経済評論社）は、宗教論と人間論に注目しながらカント哲学を再構成し、恒久平和の構想を明らかにするとともに、近年のグローバル正義論との接続可能性も示している。**網谷壮介『カントの政治哲学入門——政治における理念とは何か』**（白澤社）もまた、カントの自由論や法論、政治思想を着実に押さえつつ、その現代的意義を考察した好著である。テーマ別には、**田上孝一編『支配の政治理論』**（社会評論社）が古代から現代までを「支

配」という縦糸で網羅している。

　ナショナリズムに関する理論的・実証的考察としては、政治文化論を批判的に再構成する**越智敏夫『政治にとって文化とは何か——国家・民族・市民』**（ミネルヴァ書房）、日韓併合期における在米韓国人のネイション意識を分析した**金容贊**「近代朝鮮におけるネイション形成過程の分岐点に関する一考察——在米韓国人社会の政治活動を中心に」（『アジア・アフリカ研究』58 巻 4 号）を得た。移民問題が近年世界的に一大争点となっているなか、**ウィル・キムリッカ（稲田恭明・施光恒訳）『多文化主義のゆくえ——国際化をめぐる苦闘』**（法政大学出版局）が翻訳・刊行されたことも大きい。昨年末に成立した改正入管法と在留資格の新設により、外国人の一層の受け入れへと舵を切った今後の日本でも、国内の文化的・民族的多様性にどのように向き合い、どのような社会統合を模索するかが今後の重要な検討課題になると思われる。　　　　　　　　　（文責　松元雅和）

日本政治・政治過程

　2018 年も続々と日本政治や政治過程についての研究が公刊された。まず、1990 年代の選挙制度改革に関する文献を採り上げよう。**濱本真輔『現代日本の政党政治——選挙制度改革は何をもたらしたのか』**（有斐閣）は、議員行動と政党組織、そして政党政治を結びつけて論ずることに挑戦し、選挙制度改革が必ずしも政党の集権化と二大政党制をもたらすとは限らず、旧民主党のように政党ラベルが負の影響を及ぼし、かつ党首が権限強化を図った場合には党内対立や造反、離党行動の誘発といった想定外の帰結をもたらしたことを明らかにした。**吉田健一『「政治改革」の研究——選挙制度改革による呪縛』**（法律文化社）は、竹下内閣期から細川内閣期における政界のキーパーソンが目指していた政治的方向性を丹念に追い、細川連立政権を組んだ各政党間に政策的理念についての同意がないまま、選挙制度改革に議論が収斂してしまったため、当初目指された二大政党制が選挙制度改革後も実現していないと論じている。**岩渕美克・岩崎正洋編著『日本の連立政権』**（八千代出版）では、細川政権から第二次安倍政権に至るまでの政党間連立をめぐる動向が通史的に論じられている。

　政党組織や政党システムに関する研究では、**上條諒貴**「政党内政治と内閣の終了——党首選出制度の視点から」（『比較政治研究』4 号）におい

て、党首選出が一般党員にも開放されているか否かという党内制度の違いによって、選挙を伴わない内閣の終了が規定されることを、数理モデルを用いて明らかにし、日本を含めた4ヶ国のデータを用いて実証した。**石間英雄**「政党内政策組織と強い上院——日豪の事前審査に関する比較研究」（『選挙研究』34巻2号）は、政党内部での上下院議員間の調整を図る事前審査がより重要になっている要因として日本とオーストラリアの両国において強い上院が存在することを、やはり実証分析で明らかにしている。**土屋光芳**「独裁制の諸類型と中国の一党支配の展望」（『政経論叢』85巻5・6号）は、エズローとフランツによる独裁制類型論を検討し、毛沢東は党・軍・個人のハイブリッド独裁型、鄧小平は一党独裁型、習近平は党・軍のハイブリッド独裁型に当てはまると主張した。

　二院制やマルチレベルの政治と選挙に関する研究では、**今井亮佑**『選挙サイクルと投票行動——「中間選挙」としての参院選の意義』（木鐸社）が、政権選択選挙とはならない、「中間選挙」としての参院選に注目し、参院選における与党の得票率の伸び悩みが参院選固有の業績評価を行う有権者に起因すると述べるとともに、「ねじれ国会」を問題視する有権者が政権を比較的高く評価する傾向にあると論じている。**小川寛貴**「制度間不均一が有権者に与える影響——政党差別化の分析」（『選挙研究』34巻1号）は、日本における衆院選・参院選・都道府県議選の制度の不均一性がもたらす影響について、議員の選出方法が均一な選挙区とそうでない選挙区とを比較分析し、後者において有権者の政党差別化が阻害されるものの、政治関心が高い場合にはその影響が緩和されることを明らかにした。**吐合大祐**「選挙区定数と議員の再選戦略——日本の都道府県議会議員の委員会所属に注目して」（『年報政治学』2018–I）は、都道府県議会議員の委員会所属を素材として、選挙区定数が増加する選挙区選出議員ほど分配政策を所管する委員会に所属する傾向があることを確認した。このほか、**佐賀香織**「55年体制形成の選挙——香川第1区を事例として」（『国際交流研究』第20号）は、1955年衆院選香川県第1区における民主党有力者であった三木武吉の選挙での戦いぶりを叙述している。

　日本の地方政治研究では、**藤本一美**『**青森県の初代民選知事　津島文治**——「井戸塀政治家」の歩み』（北方新社）や**藤本一美**『**戦後青森県の政治的争点——1945年〜2015年**』（志學社）が、前者において青森県で約

10 年間知事を務め、その後衆参両院で議員を務めた津島文治の生涯と政策を、後者において青森県における選挙やインフラ誘致、NIMBY 施設に対する各種反対運動についてそれぞれ記しているほか、**久保谷政義**「国政新党による候補者擁立状況」（**池田美智代編『地方選挙と政治』**（志學社））は、国政レベルで誕生した新党が、1999 年以降の 5 回の統一地方選挙でどの程度候補者を擁立できたのか、また候補者の特徴がどのようなものであったかを記述している。**田中智和**「『都構想』が大阪府下 24 市に与えた影響を考える――2011～2014 発言データから」（関西大学法学研究所『研究叢書』第 58 冊）は、大阪府下 24 市における会議録データから、大阪都構想が大阪市以外の基礎自治体の議員にどのように捉えられているかを論じた。

　政策過程分析では、**柳至『不利益分配の政治学――地方自治体における政策廃止』**（有斐閣）が、政策廃止に至る要因を探り、政策廃止が議題に上がるまでの前決定過程では外部環境の変化が、廃止が決まるまでの決定過程では政策の存在理由の有無の提示が、政策廃止に至るかどうかを左右すると論じた。**上川龍之進『電力と政治――日本の原子力政策全史（上）（下）』**（勁草書房）は、日本の原発政策を通史的に分析し、政権、通産省を中心とした官僚、そして電力会社・業界それぞれの間の政治・経済両側面における権力バランスが同政策を歴史的に規定してきたと述べた。**佐々田博教『農業保護政策の起源――近代日本の農政 1874 ～ 1945』**（勁草書房）は、構成主義的手法を用いて、保護主義的な日本の農業政策の源流を、戦前の農林官僚が共有した、家族経営による稲作を農業の中心とし、産業化・都市化の影響から農村を守るべきとする、「小農論」と呼ばれる政策アイディアに見ることができると説いた。日本の選挙管理政策を扱った**大西裕編著『選挙ガバナンスの実態　日本編――「公正・公平」を目指す制度運用とその課題』**（ミネルヴァ書房）は、今後の自治体における第三者機関の重要性を知るうえでの手がかりを示している。**Masahiro Mogaki**, "Transformation of the Japanese State in Antimonopoly Regulation after the 1980s" (*Japanese Journal of Political Science*, Vol.19, No.1) は、1980 年代以降の日本における独占禁止法制の過程分析を通して、日本のコア・エグゼクティブ、すなわち大臣・政党幹部・公正取引委員会間の権力関係が段階的に変化したことを明らかにし、エリート主義的アプローチの妥当性を明

らかにした。このほか、**西川伸一『覚せい剤取締法の政治学——覚せい剤が合法的だった時代があった』**（ロゴス）では、戦中戦後にかけての覚せい剤の普及と取締法成立までの過程が描かれ、**増永真「日米航空交渉の政治過程——1997 から 98 年、2009 年、および 2016 年の交渉を事例として」**（『アメリカ太平洋研究』18 巻）では、3 度にわたる日米航空交渉の概観から、両国の航空当局において「オープンスカイ」政策に対する利益認識の変化が生じたことが確認された。

　続いて、計量を伴う政治過程分析について紹介しよう。**Hirofumi Miwa, "Can Reshuffles Improve Government Popularity?: Evidence From A 'Pooling the Polls' Analysis"** (*Public Opinion Quarterly*, Vol.82, No.2) は、2001 年から 2015 年の世論調査データを用いて、動的線形モデルの推定により、内閣改造が内閣支持率を引き上げることを確認した。**池田謙一編著『「日本人」は変化しているのか——価値観・ソーシャルネットワーク・民主主義』**（勁草書房）は、世界価値観調査、アジアンバロメータ調査、選挙制度の効果の国際比較調査を用いて、ソーシャルネットワークにおける日本人の価値観の特徴を描き出すとともに、これら価値観と実際の政治的行動との関係を結びつける試みを行っている。**ウィリー・ジョウ／遠藤晶久／竹中佳彦「左－右イデオロギー理解の国際比較」**（『レヴァイアサン』63 号）は、世界価値観調査のデータを用いて、1990 年代以降の左右イデオロギーの意味するところの変化を読み取り、冷戦の終焉が各国にもたらした帰結が異なることを示した。

　実験アプローチを用いた研究も花盛りである。自然実験的アプローチを用いたものでは、**Kentaro Fukumoto and Hirofumi Miwa, "Share the Name, Share the Vote: A Natural Experiment of Name Recognition"** (*Journal of Politics*, Vol.80, No.2) が、参議院議員選挙において、全国区と地方区の双方に同姓候補者がいるかいないかが無作為に決まることに着目し、両者の間で候補者の得票に有意な差があることを示し、候補者の知名度が投票結果に影響をもたらすことを明らかにしている。**金子智樹「地方紙の普及率低下は投票率を下落させるのか？——鹿児島新報の廃刊という自然実験的事例と参院選パネルデータの分析」**（『年報政治学』2018–I）は、地方紙が突如廃刊されたことにより、当該地方紙の普及率が高かった地域で政治参加の程度が低下したことを明らかにするとともに、地方紙の普及率の減退もまた

有権者の投票率低下をもたらした可能性があることを示唆した。

続いて実験を用いた分析を紹介する。田中愛治編『熟議の効用、熟慮の効果』（勁草書房）は、熟議（deliberation with other people）と熟慮（deliberation within himself/herself）のそれぞれを通して民意を測定する試みを行った。すなわち、静岡県内の一定の有権者を対象とした実験を行い、資料を読ませたり意見交換させたりすることが当該有権者の知識や考えに一定の変化をもたらすことを明らかにした。善教将大『維新支持の分析──ポピュリズムか、有権者の合理性か』（有斐閣）は、コンジョイント実験やフレーミング実験など様々なサーヴェイ実験を用いて、なぜ大阪のみで維新が支持される一方、住民投票で都構想は否決されたのかを問い、「維新」の政党ラベルが「大阪」の代表者として有権者をまとめることに成功した一方で、大阪の有権者の合理性、もっといえば批判的志向性が住民投票の否決をもたらしたと論じた。また、河野勝『政治を科学することは可能か』（中央公論新社）にも、サーヴェイ実験を採り入れた複数の論文が収録されている。このほか、秦正樹「若年層における候補者選択の基準──「見た目」と「政策」に注目したサーベイ実験より」（『公共選択』70号）は、サンプルに対して候補者イラストと公約を示して選択させる実験により、候補者の訴える政策だけでなく候補者のルックスが10代の有権者にとって重要であることを示し、中村悦大「青年政治家から壮年政治家へ──動画レタッチングを用いた候補者評価の実験」（同）は、候補者の外見年齢の変化が、候補者評価や支持に対して影響をもたらすかについて、動画実験を用いて分析した結果、加齢の影響はそれほど大きくなかったことを明らかにした。

ジェンダーと政治過程に関する研究では、村上彩佳「男女平等理念が異性愛主義と結びつく危険性──フランス市民の「パリテ」解釈を事例に」（『フォーラム現代社会学』第17号）において、フランスにおける男女平等理念である「パリテ」の考え方がかえって同性婚反対運動が根拠とする異性愛主義と結びつく可能性を有していたことが示されている。

（文責　辻陽）

2019年文献委員会
本委員会は、次のような文献委員が各分野を担当し、「学界展望」を執

筆した。乙部延剛〔政治思想（欧米）〕、矢澤達宏〔アフリカ比較政治・地域研究〕、浦部浩之〔中南米比較政治・地域研究〕、古地順一郎〔北米比較政治・地域研究〕、松尾秀哉〔ヨーロッパ比較政治・地域研究〕、溝口修平〔ロシア（ソ連）・中東欧比較政治・地域研究〕、杉浦功一〔国際政治・国際関係論〕、上地聡子〔日本・アジア政治思想〕、奥健太郎〔日本政治外交史〕、山谷清秀〔行政学・地方自治・公共政策〕、岡田陽介〔政治方法論〕、松元雅和〔政治理論〕、辻陽〔日本政治・政治過程〕、の計13名である。全体の調整などは委員長である福島康仁が担当した。

専門別分野名については、新しい枠組みで紹介している。会員から自己申告された業績を中心に取り上げたが、紙幅の関係などから、すべてを紹介できたわけではない。会員各位のご海容を乞う次第である。また、自己申告されていない文献も適宜、取り上げている場合がある。あわせてご了承いただきたい。

なお、日本政治学会ホームページ、同メーリングリスト、『日本政治学会会報』（第75号、2018年12月）に掲載された「研究業績自己申告のお願い」に応じて本委員会に寄せられた業績は計129件、申告者数は計95名であった。

末筆ながら、業績自己申告に応じて下さった会員各位、各分野の文献委員各位に心より御礼申し上げる次第である。　　　　（文責　福島康仁）

2019年度　日本政治学会総会・研究大会記録

日時　2019年10月5日（土）・6日（日）
場所　成蹊大学（東京都武蔵野市）

第1日　10月5日（土）

10:00〜12:00　分科会（A1〜A8）

A1【企画委員会企画】いまカール・シュミットをどう読むべきか
司会：　萩原 能久（慶應義塾大学）
報告：
A1–1　日本の憲法学におけるカール・シュミットの継受
　　　　古賀 敬太（大阪国際大学）
A1–2　歴史的文脈のなかのカール・シュミット——民主政概念の成立とその評価
　　　　松本 彩花（東京大学・日本学術振興会特別研究員）
A1–3　カール・シュミットの国家理論・再訪
　　　　長野 晃（慶應義塾大学大学院）
討論：　野口 雅弘（成蹊大学）

A2【企画委員会企画】「民」の再定義に向けて——21世紀の民主主義における「民」の境界・条件・限界
司会：　柄谷 利恵子（関西大学）
報告：
A2–1　国際人道法の主体性をめぐる系譜学——1949年のジュネーブ諸条約と文民のアイデンティティ
　　　　五十嵐 元道（関西大学）
A2–2　『民』の外部から眺める民主主義——日本の一時的外国人労働者受け入れの事例から
　　　　岸見 太一（早稲田大学）
A2–3　民とは誰か？——インドにおける宗教的少数派の抑圧
　　　　中溝 和弥（京都大学）
討論：　柄谷 利恵子（関西大学）、土佐 弘之（神戸大学）

A3【企画委員会企画】ヘイトスピーチ規制の心的基盤の解明

司会： 荒井 紀一郎（首都大学東京）
報告：
A3–1　A Study on the Mental Foundations and Evolving Legal Norms Regarding Hate Speech in Japan: Bandwagon Effect or Social Desirability Bias
　　　西澤 由隆（同志社大学）
A3–2　A Coded Language? When Hate Speech is a Reflection of *Zainichi* Korean Politics
　　　村上 剛（立命館大学）
A3–3　Indignity or Offense? A Survey-Experimental Inquiry into Behavioral Foundations of Hate Speech Regulations
　　　河野 勝（早稲田大学）、金 慧（千葉大学）、広瀬 健太郎（早稲田大学）
討論： 稲増 一憲（関西学院大学）、岡野 八代（同志社大学）

A4【公募企画】「3.11」から 8 年——原発をめぐる政治はどう変わったのか
司会： 堀江 孝司（首都大学東京）
報告：
A4–1　原発再稼働と廃止の政治
　　　本田 宏（北海学園大学）
A4–2　脱原発政策をめぐる台湾の政治過程——「3.11」後を中心に
　　　鈴木 真奈美（明治大学大学院）
A4–3　3.11 後の原子力規制・安全対策における科学と政治
　　　尾内 隆之（流通経済大学）
討論： 佐々木 寛（新潟国際情報大学）

A5【自由論題企画】比較政治学の最新動向
司会： 竹中 千春（立教大学）
報告：
A5–1　カリブ地域における犯罪対策・安全保障分野の協力
　　　松本 八重子（亜細亜大学・上智大学）
A5–2　自決型紛争における集団の分裂と領域的自治権の譲歩
　　　伊藤 寛人（東京大学大学院）
A5–3　リヒテンシュタインにおける政治空白——質的比較分析（QCA）を手掛かりに
　　　新川 匠郎（上智大学）
討論： 竹中 千春（立教大学）、齊藤 孝祐（横浜国立大学）、伊藤 武（東京大学）

A6【自由論題企画】〈政治的なもの〉の領域変動？

司会： 谷澤 正嗣（早稲田大学）
報告：
A6–1 「経済的なことは政治的である」？──企業の政治理論をめぐって
　　　 松尾 隆佑（法政大学）
A6–2 Can Social Egalitarians Reject Political Inequality?
　　　 小林 卓人（早稲田大学大学院）
A6–3 自治体における保育の質保証とその政治・行政要因──全国自治体調査
　　　 の結果から
　　　 村上 祐介（東京大学）、小玉 重夫（東京大学）
討論： 谷澤 正嗣（早稲田大学）、荒見 玲子（名古屋大学）

A7【自由論題企画】開発・出先・中層

司会： 山崎 幹根（北海道大学）
報告：
A7–1 なぜ地方自治体は地域開発を行うのか──アイデンティティの試行錯誤
　　　 として
　　　 宮崎 友里（神戸大学大学院）
A7–2 中央－地方関係における出先機関の活動──運輸省港湾建設局に着目し
　　　 て
　　　 山田 健（北海道大学大学院）
A7–3 ドイツにおける中層官庁モデルをめぐる制度発展
　　　 寺迫 剛（行政管理研究センター）
討論： 稲吉 晃（新潟大学）、岡本 三彦（東海大学）

A8【研究交流委員会企画】アジアにおける体制転換とアメリカ

司会： 佐藤 健太郎（千葉大学）
報告：
A8–1 中国をめぐる日米関係──辛亥革命をめぐって
　　　 安田 貴雅（神戸大学大学院）
A8–2 国共内戦の終結と中国の科学者たち──原子力研究をめぐる日米中関係
　　　 佐藤 悠子（東京大学）
A8–3 李承晩政権期における日米韓関係の対立と葛藤──太平洋同盟構想を中
　　　 心に
　　　 キム ユンホ（神戸大学大学院）
討論： 伏見 岳人（東北大学）、山本 章子（琉球大学）

2019 年度　日本政治学会総会・研究大会記録　　401

13:15〜15:15　分科会（B1〜B8）

B1【国際交流委員会企画】Domestic Politics and International Security in East Asia

司会：　久保 慶一（早稲田大学）
報告：

B1–1　Falling into the "Thucydides Trap"? A Tentative Study of the US Relations with Rising Japan and China
　　　Tang Hsin-wei（National Taiwan University）

B1–2　Political Elites, the Public and Conflicts in East Asia: Comparison of Japan and South Korea in the 2010s
　　　Han Euisuok（Sungshin Women's University）

B1–3　International Specialization and the Diffusion of Tax Regime: Political Economy of Taxation in Korea and Japan
　　　Hyeon Park Seok（Korea Advanced Institute of Science and Technology）

討論：　加藤 淳子（東京大学）、竹中 治堅（政策研究大学院大学）

B2【企画委員会企画】「日常生活」の政治学

司会：　武田 宏子（名古屋大学）
報告：

B2–1　家族を「熟議システム」として捉えるとはどういうことか？
　　　田村 哲樹（名古屋大学）

B2–2　社会運動における日常の政治
　　　安藤 丈将（武蔵大学）

討論：　申 琪榮（お茶の水女子大学）、五野井 郁夫（高千穂大学）

B3【企画委員会企画】行政機関の機能と官邸との「距離」

司会：　原田 久（立教大学）
報告：

B3–1　会計検査院の機能と内閣・国会との「距離」
　　　益田 直子（拓殖大学）

B3–2　人事行政の中立性と官邸との「距離」
　　　出雲 明子（東海大学）

B3–3　各省審議会の機能と官邸との「距離」
　　　久保 はるか（甲南大学）

討論：　藤田 由紀子（学習院大学）

B4【公募企画】政治意識研究における新しい分析・調査方法

司会： 日野 愛郎（早稲田大学）
報告：

B4-1　Destruction from Above: Long-Term Impacts of WWII Tokyo Air Raids
　　　原田 勝孝（福岡大学）、伊藤 岳（広島大学）

B4-2　実験データによる日本の投票参加の分析——fMRI による選挙の接戦度
　　　情報に触れた有権者の脳活動の計測
　　　谷口 尚子（慶應義塾大学）

B4-3　サーベイデータによる日本の社会意識の分析——面接調査に代替するイ
　　　ンターネット調査方法の開発
　　　小林 良彰（慶應義塾大学）

討論： 平野 浩（学習院大学）、三船 毅（中央大学）

B5【公募企画】政治における「嘘」の問題

司会： 齋藤 純一（早稲田大学）
報告：

B5-1　マキァヴェッリの「嘘」——歴史叙述における「真実」
　　　村木 数鷹（東京大学大学院）

B5-2　「流言蜚語」と「輿論」——清水幾太郎の昭和
　　　趙 星銀（明治学院大学）

B5-3　アレントにおける政治と嘘
　　　和田 隆之介（外務省）

討論： 苅部 直（東京大学）

B6【公募企画】政治学教育のイデオロギーと戦後民主主義

司会： 岡本 仁宏（関西学院大学）
報告：

B6-1　戦後政治学における教科書の遍在とリーディングズの不在
　　　越智 敏夫（新潟国際情報大学）

B6-2　フェミニズムにおける政治と政治学教育の緊張関係
　　　岡野 八代（同志社大学）

B6-3　敗戦国の国際政治学
　　　石田 淳（東京大学）

討論： 出岡 直也（慶應義塾大学）、都築 勉（信州大学）

B7【自由論題企画】現代韓国における教育、社会運動、福祉の政治

司会： 木宮 正史（東京大学）
報告：
B7-1 人的資本形成をめぐる政治経済学——韓国はなぜ公的負担が少ない教育
国になったのか
磯崎 典世（学習院大学）
B7-2 インターネットを基盤とした社会運動の政治的資源——2000年代以降
の韓国の事例から
縄倉 晶雄（明治大学）
B7-3 福祉国家韓国の政治学的分析——歴史的制度論と合理的選択制度論の融
合の試み
Bae Junsub（神戸大学大学院）
討論： 木宮 正史（東京大学）、安 周永（龍谷大学）

B8【自由論題企画】選挙と議員行動
司会： 河野 勝（早稲田大学）
報告：
B8-1 郵政民営化法案に対する参議院自民党の大量造反の要因——参議院自民
党の利益表出機能と政党規律の特質に着目して
高宮 秀典（東京大学大学院）
B8-3 参議院選挙と国会政治
松浦 淳介（慶應義塾大学）
討論： 境家 史郎（首都大学東京）、河野勝（早稲田大学）

12:00〜13:30 政治学のフロンティア（ポスターセッション）

F1【ポスター発表】政治学のフロンティア
F1-01 戦後の警察と選挙運動規制——1952年総選挙を中心として
安野 修右（日本大学）
F1-02 政党と労働運動——現代のオランダにみる労働組合の政治的影響
小山 友（千葉大学大学院）
F1-04 高等学校新設科目「公共」にむけて
田中 智和（上宮高等学校）
F1-05 デジタル時代の政治報道と有権者
鶴岡 正寛（朝日新聞社）
F1-06 与党としての急進右翼ポピュリスト政党に何を「期待」できるのか？
——「政府の質」への影響を中心に
譚 天（東北大学大学院）

F1–07 政治学者の 1980 年代における「政治改革」論議の再検討——「政治」概念の捉え方に着眼して
　　　 野口 侑太郎（名古屋大学大学院）
F1–08 議院内閣制における野党の「責任性」と「応答性」——自民党の政務調査会の活動を中心に
　　　 朴 志善（岡山大学）
F1–09 権限移譲と地方政治の実証分析
　　　 朴 相俊（大阪大学）
F1–10 関西圏における地方創生政策——2 府 4 県の自治体に対するアンケート調査をもとに
　　　 早川 有紀（関西学院大学）、金﨑 健太郎（関西学院大学）、北山 俊哉（関西学院大学）
F1–11 政治的サバルタンについての一考察
　　　 牧 杏奈（明治大学大学院）

第 2 日　10 月 6 日 (日)

9:30〜11:30　分科会（C1〜C8）

C1【企画委員会企画】合意形成と自治
司会：　金井 利之（東京大学）
報告：
C1–1　自治体の空間管理と合意形成
　　　 礒崎 初仁（中央大学）
C1–2　空間制御における合意形成——地区内の合意、市町村と地区の合意
　　　 内海 麻利（駒澤大学）
C1–3　不確実性と合意形成——大潟村における理と利と感情の対立
　　　 嶋田 暁文（九州大学）
討論：　幸田 雅治（神奈川大学）、関谷 昇（千葉大学）

C2【企画委員会企画】「エネルギー・デモクラシー」——政治理論のフロンティア
司会：　佐々木 寛（新潟国際情報大学）
報告：
C2–1　日本のエネルギー・デモクラシーを考える——エネルギー転換と社会変革の世界的大潮流のただ中で

飯田 哲也（環境エネルギー政策研究所）

C2-2　エコロジカル・デモクラシーとしてのエネルギー・デモクラシー
　　　　丸山 正次（山梨学院大学）

討論：　尾内 隆之（流通経済大学）、杉田 敦（法政大学）

C3【企画委員会企画】保守 vs. リベラル

司会：　宇野 重規（東京大学）

報告：

C3-1　政治的リベラリズムにおける「保守」について
　　　　齋藤 純一（早稲田大学）

C3-2　敗北した「リベラル」──フランス第 2 帝政と戦後日本の思想地図
　　　　髙山 裕二（明治大学）

討論：　宇野 重規（東京大学）、吉田 徹（北海道大学）

C4【自由論題企画】計量テキスト分析

司会：　村上 剛（立命館大学）

報告：

C4-1　NHK 予算審議では何が「審議」されているのか
　　　　山本 雄美（福岡大学大学院）

C4-2　政令市における「女性の代表」──代表論における構築主義的転回を踏
　　　　まえて
　　　　芦谷 圭祐（大阪大学大学院）

C4-3　戦後日本の新聞論調の分析──地方紙と全国紙の憲法関連社説に着目し
　　　　て
　　　　金子 智樹（東京大学大学院）

討論：　村上 剛（立命館大学）、日野 愛郎（早稲田大学）

C5【自由論題企画】新興民主主義および非民主主義における選挙政治

司会：　尾野 嘉邦（東北大学）

報告：

C5-1　選挙不正手段選択の規定要因に関する多国間分析
　　　　鷲田 任邦（東洋大学）

C5-3　軍の政治からの退却──軍政からの民政移管の計量分析
　　　　門屋 寿（早稲田大学大学院）

討論：　尾野 嘉邦（東北大学）、東島 雅昌（東北大学）

C6【自由論題企画】実験政治学

司会: 西澤 由隆（同志社大学）

報告:

C6–1 Item Response Theory for Conjoint Survey Experiments
勝又 裕斗（学習院大学・日本学術振興会特別研究員PD）

C6–2 災い転じて票となす？
福元 健太郎（学習院大学）、柳 雅人（元学習院大学）、菊田 恭輔（大阪大学）

C6–3 なぜ日本の左派は金融緩和に反対するのか——サーベイ実験による政策選好の「ねじれ」の検証
安中 進（早稲田大学大学院）、加藤 言人（早稲田大学大学院）

討論: 松林 哲也（大阪大学）、矢内 勇生（高知工科大学）

C7【公募企画】対立をいかに摑むか——左右対立とその先の視座

司会: 谷口 尚子（慶應義塾大学）

報告:

C7–1 動的線形モデルによる憲法意識の変遷の分析
三輪 洋文（学習院大学）

C7–2 争点を束ねれば「イデオロギー」になる？——サーベイ実験とテキスト分析の融合を通じて
秦 正樹（京都府立大学）、Song Jaehyun（早稲田大学）

C7–3 右派ポピュリスト政党は世論を変化させたか
澁谷 壮紀（東京工業大学大学院）

討論: 竹中 佳彦（筑波大学）、遠藤 晶久（早稲田大学）

C8【研究交流委員会企画】ポスト・グローバル化における国家

司会: 溝口 修平（法政大学）

報告:

C8–1 ポスト・グローバル化と国家機能の変容
岩崎 正洋（日本大学）

C8–2 グローバル化／「ポストグローバル化」と民主主義の位相
山崎 望（駒澤大学）

C8–3 ポスト・グローバル化と国家建設
杉浦 功一（和洋女子大学）

討論: 藤嶋 亮（國學院大學）、小松 志朗（山梨大学）

2019 年度　日本政治学会総会・研究大会記録　　407

13:20〜15:20　分科会（D1〜D8）

D1【国際交流委員会企画】The Significance of the Interpretive Approach in Japanese Political Studies

司会：　池本 大輔（明治学院大学）
報告：

D1-1　A Japanese Version of "Westminster model": The Belief of 'Decisive Lower House' in the Democratic Party of Japan and its Genealogy
　　　小堀 眞裕（立命館大学）

D1-2　Assessing relative Impacts of Political Institutions and the International Financial Institutions on Externally and Domestically Oriented Financial Reforms
　　　Bevir Mark（University of California, Berkeley）

討論：　田村 哲樹（名古屋大学）

D2【企画委員会企画】開発協力の政治学

司会：　岡部 恭宜（東北大学）
報告：

D2-1　Assessing Relative Impacts of Political Institutions and the IFIs on Financial Reforms
　　　大森 佐和（国際基督教大学）

D2-2　脱「国益」論──国際開発協力の潮流と日本の ODA
　　　小川 裕子（東海大学）

D2-3　途上国の立憲民主主義促進におけるインドの役割
　　　志賀 裕朗（JICA 研究所）

討論：　遠藤 貢（東京大学）、三上 了（愛媛大学）

D3【企画委員会企画】Brexit 再考──「主権」のゆくえ

司会：　今井 貴子（成蹊大学）
報告：

D3-1　英国の国家主権・国会主権・人民主権と EU──Brexit が露呈した不文憲法体制の混迷
　　　中村 民雄（早稲田大学）

D3-2　Brexit の政治と EU の規範──主権を政治化させない仕組みについて
　　　臼井 陽一郎（新潟国際情報大学）

討論：　小林 誠（お茶の水女子大学）、遠藤 乾（北海道大学）

D4【公募企画】エリートの平等観の再検討

司会： 品田 裕（神戸大学）

報告：

D4–1 エリートのイデオロギーと平等観
遠藤 晶久（早稲田大学）、竹中 佳彦（筑波大学）

D4–2 エリートと社会保障・税制の平等
久保 慶明（琉球大学）

D4–3 エリートのジェンダー平等観とその変化
大倉 沙江（三重大学）

討論： 三村 憲弘（武蔵野大学）、山本 英弘（筑波大学）

D5【公募企画】対内直接投資のポリティクス──受け入れ側の言説形成と政策決定過程

司会： 杉之原 真子（フェリス女学院大学）

報告：

D5–1 EU 対内投資審査制度の形成プロセスと脅威認識──物語的政策分析の試み
礪波 亜希（筑波大学）

D5–2 投資規制をめぐるコスト・リスク構造の変容──CFIUS 改革の分析
齊藤 孝祐（横浜国立大学）

D5–3 途上国から先進国に向かう投資をめぐる新たな課題と多国間規律形成
三浦 秀之（杏林大学）

討論： 杉之原 真子（フェリス女学院大学）、松村 博行（岡山理科大学）

D6【研究交流委員会企画】政党の政策ポジション推定と選挙制度

司会： 鈴木 基史（京都大学）

報告：

D6–1 専門家調査を用いた日本の政党の政策位置と政党間競争の分析
加藤 淳子（東京大学）、久保 浩樹（明治学院大学）、松本 朋子（東京理科大学）、山本 健太郎（北海学園大学）

D6–2 日本の政党の選挙公約に対する選挙制度改革の影響
Winkler, Chris（西南学院大学）

D6–3 Dyadic Representation in the Japanese Parliament: Adaptation by Candidates and Selection by Constituencies
梅田 道生（愛媛大学）

討論： 谷口 尚子（慶應義塾大学）、宋 財法（早稲田大学）、中村 悦大（愛知学

院大学）

D7【自由論題企画】イギリスにおける近代政治原理の形成
司会： 山岡 龍一（放送大学）
報告：
D7-1 共和国のなかの王制——クロムウェル護国卿体制の崩壊とジェームズ・ハリントンの政治思想
大澤 麦（首都大学東京）
D7-2 ホッブズの法論と主権論——裁判官の位置づけをめぐって
上田 悠久（早稲田大学）
D7-3 Why was "the First Modern Income Tax" Repealed? An Empirical Analysis on the Division Lists of the House of Commons in Britain during the 1810s
板倉 孝信（新潟大学）
討論： 山岡 龍一（放送大学）、堤林 剣（慶應義塾大学）

D8【研究交流委員会企画】女性の政治参画の国際比較——クオータと女性運動
司会： 前田 幸男（東京大学）
報告：
D8-1 地方における女性の政治参画はどこまで進んだか——候補者男女均等法後の統一地方選挙を事例に
大木 直子（お茶の水女子大学）
D8-2 北欧における女性議員比率はなぜ高いのか——ジェンダー平等戦略とクオータに着目して
浅井 亜希（東海大学）
D8-3 フランスの地方議会における「質のパリテ」——議会の要職のジェンダー平等を推進する取り組みとその阻害要因
村上 彩佳（上智大学・日本学術振興会特別研究員PD）
討論： 山田 真裕（関西学院大学）、衛藤 幹子（法政大学）

15:45〜18:05 共通論題

ZZ【共通論題】リベラル・デモクラシーの衰退？
司会： 遠藤 誠治（成蹊大学）
報告：
ZZ-1 制度化なき民主主義体制のバックラッシュ？——サハラ以南アフリカの経験
遠藤 貢（東京大学）

ZZ-2 21世紀ヨーロッパのポリティクス・イン・ハードタイムズ——存在の
耐えられない厚さ？
小川 有美（立教大学）
ZZ-3 1932年のカール・シュミット——政権与党の「政治的プレミアム」を
めぐって
野口 雅弘（成蹊大学）
討論： 島袋 純（琉球大学）、川島 真（東京大学）

15:30〜17:30 分科会（E1〜E8）

E1【企画委員会企画】冷戦の終焉を振り返る——「1989年」から30年を経て
司会： 板橋 拓己（成蹊大学）
報告：
E1-1 冷戦の終わり方——超大国・ヨーロッパ・東アジア・第三世界
青野 利彦（一橋大学）
E1-2 冷戦終結期における二つの米ソ「密約」と史料開示状況
吉留 公太（神奈川大学）
E1-3 「体制転換」直前における東ドイツ社会の様相
河合 信晴（広島大学）
討論： 板橋 拓己（成蹊大学）、岩間 陽子（政策研究大学院大学）

E2【若手研究支援企画】多様化するキャリア形成
ファシリテーター：
武田 宏子（名古屋大学）
問題提起：
E2-1 女性研究者としてのキャリア形成
三浦 まり（上智大学）
E2-2 東京圏でも関西圏でもない大学出身の研究者としてのキャリア形成
田村 哲樹（名古屋大学）
E2-3 海外研究機関で学位を得た研究者としてのキャリア形成
佐々田 博教（北海道大学）

E3【公募企画】米墨関係の新展開——移民キャラバンの出現と対応
司会： 吉野 孝（早稲田大学）
報告：
E3-1 移民キャラバン——その背景と参加する人々の論理
渡辺 暁（山梨大学）

E3–2　移民キャラバンに対するメキシコ政府の対応
　　　山崎 眞次（早稲田大学）
E3–3　トランプ政権の移民政策――ヒスパニック系移民に対する対応を中心と
　　　して
　　　前嶋 和弘（上智大学）
討論：　高橋 百合子（早稲田大学）、田中 高（中部大学）

E4【自由論題企画】行政官僚制の実証分析
司会：　原田 久（立教大学）
報告：
E4–1　中央省庁の不祥事に対する検察捜査の違い――55 年体制後半から橋本
　　　政権まで
　　　和足 憲明（大阪成蹊大学）
E4–2　官僚制の統制手段としての審議会――政権党による「手続的指示」の数
　　　理的・定量的分析
　　　池田 峻（京都大学大学院）
E4–3　日本の行政組織における公共調達制度の競争制限的運用に関する考察
　　　渡邉 有希乃（早稲田大学大学院）
討論：　深谷 健（武蔵野大学）

E5【自由論題企画】選挙・政治任用・ネットワーク
司会：　飯尾 潤（政策研究大学院大学）
報告：
E5–1　非拘束名簿式比例代表制と団体代表
　　　田中 雅子（東京大学）
E5–3　政策満足度、ローカル・ガバナンス、ネットワーク管理の実証研究――
　　　ガバナンス・ネットワークを調整する協働型政府の必要性
　　　戸川 和成（東海大学）
討論：　飯尾 潤（政策研究大学院大学）、新川 達郎（同志社大学）

E6【自由論題企画】日本政治史・思想史
司会：　村井 良太（駒澤大学）
報告：
E6–1　公議空間の形成――国会運営の前駆としての地方議会
　　　佐藤 信（東京大学）
E6–2　明治初期西洋思想受容の方法論――福沢諭吉の「分限」を中心に
　　　姜 兌玡（慶應義塾大学大学院）

E6–3　政治史における天皇機関説事件——政党政治の連続性と転機性の検討
　　　米山 忠寛（法政大学・東京大学）
討論：　河野 有理（首都大学東京）、作内 由子（獨協大学）

E7【研究交流委員会企画】EU 統合と「ブレグジット（Brexit）」——欧州政治の動態と課題（2019 年）

司会：　山口 二郎（法政大学）
報告：
E7–1　EU 統合、Brexit、イタリア民主主義の行方——政治の実験室としてのイタリア
　　　村上 信一郎（神戸市外国語大学）
E7–2　イギリス外交史のなかの「ブレグジット」——ヨーロッパから「帝国」への回帰？
　　　小川 浩之（東京大学）
E7–3　「ブレグジット」と東ヨーロッパ——EU 統合の構造と課題
　　　羽場 久美子（青山学院大学）
討論：　細田 晴子（日本大学）、清水 聡（青山学院大学）

E8【研究交流委員会企画】批判的政治学と 21 世紀型福祉国家構想

司会：　堀 雅晴（立命館大学）
報告：
E8–1　社会民主主義の再生に対するマルクス主義からの評価
　　　松井 暁（専修大学）
E8–2　「反緊縮左翼」からの新しい福祉国家構想
　　　二宮 元（琉球大学）
E8–3　日本における福祉国家諸理論の系譜と新福祉国家構想の歴史的可能性
　　　山本 公徳（岐阜大学）
討論：　堀 雅晴（立命館大学）、宮本 太郎（中央大学）

12:30〜14:00　政治学のフロンティア（ポスターセッション）

F2【ポスター発表】政治学のフロンティア

報告：
F2–01　ポスト規律社会から再規律社会へ——イギリスの治安政策におけるレジリエンス概念の活用
　　　安藤 有史（立教大学大学院）
F2–02　認知的不正義と市民教育——「批判的思考 Critical Thinking」教育の視

座から
井之口 智亮（早稲田大学）

F2–03 多チャンネル化時代における政治報道の分析――2019年参院選を事例として
大森 翔子（東京大学大学院）

F2–04 安倍官邸による憲法第9条解釈変更をめぐる決定過程
Zakowski Karol（University of Lodz）

F2–05 都道府県における男女共同参画の政策展開――組織のあり方と政策のパフォーマンス
宋 一正（神戸大学大学院）

F2–06 オリンピックと住民（州民）投票
野口 暢子（長野県立大学）

F2–07 計量テキスト分析による政党システム分極化の測定――政党マニフェストのアーカイブ化とWordfishによる政党位置の推定（1996年～2017年）
日野 愛郎（早稲田大学）、千葉 涼（早稲田大学）、吉光寺 智紀（早稲田大学）

F2–08 憲法改正国民投票における熟議の可能性
福井 康佐（桐蔭横浜大学）

F2–09 「学校外」の主権者教育に関する考察
蒔田 純（弘前大学）

F2–10 オンブズマン制度における「行政監視」は何を意味するのか
山谷 清秀（浜松学院大学）

査読委員会規程

1. 日本政治学会は、機関誌『年報政治学』の公募論文を審査するために、理事会の下に査読委員会を置く。査読委員会は、委員長及び副委員長を含む7名の委員によって構成する。

   ②査読委員会委員の任期は1年間とする。任期の始期及び終期は総会を基準とする。ただし再任を妨げない。

   ③委員長及び副委員長は、理事長の推薦に基づき、理事会が理事（次期理事を含む）の中から任命する。その他の委員は、査読委員長が副委員長と協議の上で推薦し、それに基づき、会員の中から理事会が任命する。委員の選任に当たっては、所属機関、出身大学、専攻分野等の適切なバランスを考慮する。

2. 査読委員会は、『年報政治学』に掲載する独立論文および特集論文を公募し、応募論文に関する査読者を決定し、査読結果に基づいて論文掲載の可否と掲載する号、及び配列を決定する。特集の公募論文は、年報委員長と査読委員長の連名で論文を公募し、論文送付先を査読委員長に指定する。

3. 査読者は、原則として日本政治学会会員の中から、専門的判断能力に優れた者を選任する。ただし査読委員会委員が査読者を兼ねることはできない。年報委員会委員が査読者になることは妨げない。査読者の選任に当たっては、論文執筆者との個人的関係が深い者を避けるようにしなければならない。

4. 論文応募者の氏名は査読委員会委員のみが知るものとし、委員任期終了後も含め、委員会の外部に氏名を明かしてはならない。査読者、年報委員会にも論文応募者の氏名は明かさないものとする。

5. 査読委員長は、学会事務委託業者に論文応募者の会員資格と会費納入状況を確認する。常務理事は学会事務委託業者に対して、査読委員長の問い合わせに答えるようにあらかじめ指示する。

6. 査読委員会は応募論文の分量、投稿申込書の記載など、形式が規程に則しているかどうか確認する。

7. 査読委員会は、一編の応募論文につき、2名の査読者を選任する。査読委員会は、査読者に論文を送付する際に、論文の分量を査読者に告げるとともに、論文が制限枚数を超過している場合には、超過の必要性についても審査を依頼する。

   査読者は、A、B、C、Dの4段階で論文を評価するとともに、審査概評を報告書に記載する。A～Dには適宜＋または－の記号を付してもよい。記号の意味は以下の通りとする。

   　A：修正なしで、掲載水準に達している論文

B：一部修正をすれば、掲載水準に達する論文
　　C：相当の修正を施せば掲載水準に達する論文
　　D：相当の修正を施しても、掲載水準に達しない論文。
　査読者は、BもしくはCの場合は、別紙に修正の概略を記載して査読報告書とともに査読委員会に返送する。またDの場合においては、論文応募者の参考のため、論文の問題点に関する建設的批評を別紙に記載し、査読報告書とともに査読委員会に返送する。査読委員会は査読者による指示ならびに批評を論文応募者に送付する。ただし査読委員会は、査読者による指示ならびに批評を論文応募者に送付するにあたり、不適切な表現を削除もしくは変更するなど、必要な変更を加えることができる。
　AないしCの論文において、その分量が 20,000 字（英語論文の場合には8,000 語）を超えている場合には、査読者は論文の内容が制限の超過を正当化できるかどうか判断し、必要な場合には論文の縮減を指示することとする。

8. 修正を施した論文が査読委員会に提出されたときは、査読委員会は遅滞なく初稿と同一の査読者に修正論文を送付し、再査読を依頼する。ただし、同一の査読者が再査読を行えない事情がある場合には、査読委員会の議を経て査読者を変更することを妨げない。また、所定の期間内に再査読結果が提出されない場合、査読委員会は別の査読者を依頼するか、もしくは自ら査読することができるものとする。

9. 最初の査読で査読者のうち少なくとも一人がD（D＋およびD－を含む。以下、同様）と評価した論文は、他の査読者に査読を依頼することがある。ただし、評価がDDの場合は掲載不可とする。修正論文の再査読の結果は、X（掲載可）、Y（掲載不可）の2段階で評価する。XYの場合は、委員会が査読者の評価を尊重して掲載の可否を検討する。

10. 査読委員会は、年報委員長と協議して各号に掲載する公募論文の数を決定し、その数に応じて各号に掲載する公募論文を決定する。各号の掲載決定は、以下の原則によるものとする。
　　1）　掲載可と判断されながら紙幅の制約によって前号に掲載されなかった論文をまず優先する。
　　2）　残りの論文の中では、初稿の査読評価が高い論文を優先する。この場合、BBの評価はACの評価と同等とする。
　　3）　評価が同等の論文の中では、最終稿が提出された日が早い論文を優先する。
　　上記3つの原則に拘らず、公募論文の内容が特集テーマに密接に関連している場合には、その特集が組まれている号に掲載することを目的として掲載号を変えることは差し支えない。

11. 応募論文が特集のテーマに密接に関連する場合、または応募者が特集の一部とすることを意図して論文を応募している場合には、査読委員長が特集号の年報委員長に対して論文応募の事実を伝え、その後の査読の状況について適宜情報を与えるものとする。査読の結果当該論文が掲載許可となった場合には、その論文を特集の一部とするか独立論文として扱うかにつき、年報委員長の判断を求め、その判断に従うものとする。
12. 学会は査読委員長、査読副委員長の氏名・所属のみを公表する。査読委員の氏名・所属は、担当巻公刊までは公表しないものとする。査読者の氏名・所属は公表しない。

付則 1
1. 本規程は、2005 年 10 月より施行する。
2. 本規程の変更は、理事会の議を経なければならない。
3. 本規程に基づく査読委員会は 2005 年 10 月の理事会で発足し、2006 年度第 2 号の公募論文から担当する。最初の査読委員会の任期は、2006 年 10 月の理事交代時までとする。

付則 2
1. 本規程は、2007 年 3 月 10 日より施行する。

付則 3
1. 本規程は、2016 年 10 月 2 日より施行する。

付則 4
1. 本規程は、『年報政治学 2017 年-II』の公募論文より施行する。

Summary of Articles   417

The Annuals of
Japanese Political Science Association 2019 – Ⅱ

Summary of Articles

From "Theory of Mature Society" to "The articulation of ethics of care and radical democracies"

Nozomu Yamazaki
Professor, Komazawa University

In contrast to neoliberalism and authoritarian populism, liberal democracy is currently facing a two-way crisis from efficacy and legitimacy.

In Chapter 1, I present crises of liberal democracy after World War II. In Chapter 2, I take the theory of mature society as the key and discuss the changes during the "Long Sixties" that contributed to the tipping point of efficiency and legitimacy, plunging liberal democracy into a crisis. In Chapter 3, I reinterpret this change in terms of 'liberation from individuals' and 'the rise of directness.' In Chapter 4, I discuss the constellation of four concepts: neoliberalism, authoritarian populism, ethics of care, and radical democracy, which derived from 'liberation from individuals' and 'the rise of directness'.

This discussion aims to clarify the four concepts have in common that counter liberal democracy. At the same time, we also clarify those aspects that stand in mutual opposition. In Chapter 5, I discuss the articulation of ethics of care and radical democracy, that counter neoliberalism and authoritarian populism, with reference to the lack of nursery school vacancies in Japan.

Through this, while acquiring a renewed understanding of the "Long Sixties" as the source of four counter-concepts to liberal democracy, we explore modifications of the theory of mature society to find a way out of this crisis.

What is the 'Cultivation of Ethos'?: Agonistic Democracy on Maturation

Nobutaka Otobe
Associate Professor, Osaka University

Agonistic democrats often call for the "cultivation of ethos" as a cardinal practice for democratic politics. However, the term remains ambiguous, as it only gestures toward a personal maturation of disposition, resulting in criticisms for lacking explicit political prescriptions. Against this backdrop, this article gives a clearer delineation of ethos and then finds a way to rethink the relation between ethos and democracy. First, by exploring the main advocates of the cultivation of ethos (Connolly, White, and Tully), I reveal that the seemingly subjective and ethical concept has sufficient political implications, which critics so far have failed to notice. Second, I address the different risks latent in the prescriptive orientation that critics of agonistic democracy actually share with the agonists — the moralism and the chicken-and-egg problem. To avoid those risks, I turn to Honig's discussions on the "public things" and the popular prophecy. Finally, I argue that the notion of ethos can best flourish as an attitude of a non-prescriptive spectator. My proposal is that the ethos should be cultivated as that of a theorist, who detects dissonances in the society instead of giving prescriptions.

A Severe Challenge to a 'Mature Society'

Takako Imai
Professor, Seikei University

Britain after the 2016 referendum has been sharply divided between two tribes, Leavers and Remainers, which is called 'affective polarization'. What led Britain to such grave crisis? In order to tackle the question, the chapter examines three factors: a rise of a new 'the left-out' coalition, a meaning of class non-voting amongst working class people as a passive expression among protest against political elites, and the hypothetical timing of the effects of austerity measures on those passive voters. Firstly, it explores the 'left-out' coalition of the leavers across class cleavages that share common values around chauvinistic authoritarianism and adversaries against metropolitan elite politicians. Secondly, it emphasizes the importance of noting the fact that within the 'left-out' coalition, a quite a number of working class had not actively cast their protest votes for the alternative parties such as the UKIP. Instead, they chose to abstain. Given the impact of when and how those non-voters resume voting had on the results of the referendum, thirdly, it investigates the hypothesis that the timing of the implementation of austerity measures under the coalition government since 2010 and their effects on people's life especially in deprived areas might have triggered the feeling of 'left-out'.

Are radical right-wing populist parties in Western Europe "cultural backlash"?

Mitsuo Koga
Associate Professor, Chuo University

This paper examines the attitudes of the radical right-wing populist parties in Western Europe to the "cultural" issues. Leading research by Norris and Inglehart (Pippa Norris and Ronald Inglehart. *Cultural Backlash: Trump, Brexit, and Authoritarian Populism.* Cambridge University Press, 2019) argues that it is caused by materialists' "cultural backlash" against the mainstreaming of post-materialistic values. If such an understanding is followed, it is reasonable to think that radical right-wing populist parties show appropriate attitudes for "cultural backlash" such as negative attitudes towards same-sex marriage or women's social participation. However, previous studies have pointed out that some radical right-wing populist parties are not necessarily in this position. Therefore, this paper examines the attitudes of the six radical right-wing populist parties in Western Europe toward their cultural issues using a comparative manifest analysis. The results of the analysis show that these parties show "authoritarian" tendency such as attitudes toward immigrants, but social issues are not particularly reactive compared to other political party types. Although these findings do not necessarily force immediate correction of previous studies, they present a "puzzle" that should be answered to the current framework of discussion.

Comparing the Class Bases of Left-wing and Right-wing Populist Parties in West European Countries

Takeshi Hieda
Professor, Graduate School of Law, Osaka City University

This study compares the attributes of individuals supporting left-wing and right-wing populist parties. This study claims that a citizen's occupational class shapes their preference for populist parties by forming their political orientation and ideology. Contrasting to previous research's unidimensional approach, this study defines an individual's social class position in terms of horizontal as well as vertical dimensions of class structures. To assess the effects of social class on individual preferences for populist parties, this study analyses the data of the European Social Survey (ESS) Round 7 (2014–2015) from 12 Western European countries, with multi-level logistic regression models. The empirical results reveal that an individual's class position in the horizontal as well as vertical dimensions influence their preference for both types of populist parties. Additionally, the regression analyses find that, while a high anti-establishment attitude drives a respondent to support both types of populist parties, their degree of Euroscepticism only influences their preference for right-wing populist parties.

Intellectual Origins of Japanese Mature Society Theory

Shigeki Uno
Professor, Institute of Social Science, University of Tokyo

This paper tries to discover origins of Japan's original mature society theory in 1975, and focuses on economist Yasuaki Murakami as its main theorist. While high economic growth was coming to an end globally, the discussion of "Mature Society" by Dennis Gabor and the "Limits of Growth" by the Club of Rome was introduced to Japan. Under these influences, Japan's original mature society theories started to be developed. In particular, Murakami is characterized by his understanding of mature society, combining common global issues of dealing with an affluent society after industrialization and the Japan's unique problem of switching from the Western model. Murakami saw the change in Japanese society as the transformation of traditional collectivism due to the rise of individualism, and aimed to establish new public and private rules based on it. Murakami's theory of industrial society developed such an understanding, and he established a social theory that emphasized the necessity of mixed economies, pluralism, and the independence of the cultural domain. Murakami predicted a conservative return in Japan and developed a unique Japanese culture theory based on the "Ye" society. Murakami's theoretical work, which tried to comprehensively understand the relationship between politics, economy and culture, still gives us important suggestions.

Failure of Dispatch Plan to the PKO in Somalia: UNOSOMII and MOFA

Takayuki Shoji
Senior Assistant Professor, Mie University

Research into the Miyazawa administration's PKO policy has focused on missions that were made to Cambodia. Although it did not materialize, a dispatch to Somalia was also considered by the Japanese government. This paper clarifies how the government, particularly the Ministry of Foreign Affairs (MOFA), approached the task of sending peacekeepers to Somalia.

First, I highlight the problems that emerged from the joint airlift with WFP. Second, I examine the points raised by government investigators concerning local conditions and international contributions through the dispatch of personnel. Finally, I look at the negotiating process between the MOFA, other relevant ministries, and the Prime Minister's Office, as well as the impact of the UN secretary general's visit to Japan. As a result, persuasion of the MOFA brought about the stagnation of coordinating functions and serious confrontation, rather than the formation of consensus. The conclusion I draw is that the various problems Japan faces later were condensed in the dispatch plan itself.

Reconsidering the "Guidelines for Defense Cooperation between the U.S. and Japan"

Mayumi Itayama
Research Associate, Center for Pacific and American Studies,
Graduate School of Arts and Sciences, the University of Tokyo

In 1978, the development of the "Guidelines for Defense Cooperation between the U.S. and Japan" formalized secret combined military planning and is considered a momentous event in the history of Japan–US security relations. This thesis argues that in explaining the background of the US side's formalization request, the US domestic political factor had been overlooked by existing studies. Specifically, while the secret plan between the US and Thailand was criticized by Congress because it was formulated by the US military exceeding its authority, concerns existed over whether a similar plan with Japan might also be criticized. Also, in the process of forming the "Guidelines," Japan, which received the formalization request from the US, drafted documents that form the basis of the "Guidelines." Historically speaking, the planning was carried out secretly due to domestic politics in Japan. To realize the formalization of the planning, it was necessary for the Japanese to solve their own problems, i.e., to form a political consensus on the planning in Japan.

Globalization and Partisan Politics:
Theory Construction Focusing on Outsiders and Panel Data Analysis on Corporate Tax Rate

Junpei Suzuki
Ph.D. Student, G raduate School of Political Science, Waseda University
Research Fellow (DC2), Japan Society for the Promotion of Science

Scholars in comparative politics have been disputing over whether globalization weakens difference among parties over economic policy (i.e. partisan politics) or strengthens. This article constructs theoretical framework in order to resolve the dispute. The framework argues that globalization has curvilinear relationship with globalization through size of outsiders in labor class. The hypothesis is that the size of outsiders, which globalization increases, affects policy preference of leftist party. The preference is market-intervening when the size of outsiders is small, it is pro-market when the size is moderate, and it becomes market-intervening again when the size is large. On the other hand, policy preference of rightist party would be constant regardless of the size of outsiders. This article tests the expectation by analyzing a dataset on statutory corporate tax rate in OECD member countries between 1981 and 2016. The result supports the expectation above. It implies that, as globalization develops, partisan politics initially starts strongly to which it then decreases before rising again.

From Electoral Breakthrough to Ruling Camp: A Comparative Study on the Mainstreaming of the Populist Radical Right Parties in Western Europe

Tian TAN
Ph.D. Candidate, Graduate School of Law, Tohoku University

Given the status quo that one of the most important phenomenon in contemporary West European politics nowadays is the mainstreaming of the Populist Radical Right Parties (PRRPs) which were regarded as pariahs, this paper aims to explore the rationale through quantitative and qualitative analysis on how a portion of them have become partners of the coalition government while others have failed or declined. First, this paper attempted to discuss two fundamental analytical frameworks which were frequently used to explain the mainstreaming of "Niche Party," "Inclusion-Moderation Thesis" and "Strategic Models of Political Party", but in no time came to the conclusion that neither was feasible when applied to the PRRPs. Subsequently, the paper set up five hypotheses revolving around the formation of coalition government for further validation. According to the empirical results, "the size of PRRPs" and "repressive political environments" were proved relevant. However, notably, as comparative study of the mainstreaming of PRRPs is often difficult to achieve due to the limited amount of samples which confine the type of quantitative methods utilized, this paper has undoubtedly showcased great endeavour and proposed innovative approach in overcoming such constraint.

Cabinet Reshuffles and Prime-ministerial Survival

Akitaka Kamijo
Assistant Professor, Graduate school of Law, Kyoto University

How can a prime minister use his/her power of appointing ministers under the pressure from party colleagues to resign? This article investigates the prime minister's strategic use of cabinet reshuffles. Ministerial appointment is a powerful tool which enables a prime minister (1) to adjust the policy position of the government and/or (2) to appease the intra-party opponents. I develop a formal model of cabinet reshuffle, in which a prime minister appoints a new minister after observing the level of public support for him/her. The model shows that the declining public support forces a prime minister to appoint the minister whose policy preference is well-aligned with his/her own. Then I validate this claim empirically using the data of ministerial appointments in Japanese cabinets and surveys among the members of House of Representatives.

Varieties of 'Beyond Liberal Democracy'

Tetsuki Tamura
Professor, Nagoya University

While there are various theoretical trends in contemporary democratic theory, such attempts seem to be premised on the significance of 'liberal democracy' and then to aim for deepening or radicalization of it. This article reconsiders the place of the concept of liberal democracy in contemporary democratic theory, and tries to examine that the relationship between them is not only the deepening or the radicalization of liberal democracy. It focuses on the plural meanings of the word 'liberal' in liberal democracy. That is, this paper states that 'liberal' in liberal democracy has at least four meanings, capitalist market, competitive party system, the public-private distinction, and constitutionalism, and argues that there are varieties of attempts in contemporary democratic theory that try to go beyond 'liberal' democracy in each meaning.

Pure Procedural Justice, Types of Patterning, and Institutional Guidelines

Dai Oba
Ph.D Student, Graduate School of Political Science, Waseda University

This paper examines and elaborates on notions and theories of pure procedural justice. Attractiveness of pure procedural justice as a theoretical approach to distributive justice as well as a guideline to institutional designs is explored. After demonstrating its consistent application in the Rawlsian theory of justice, I will show that pure procedural justice provides a unique perspective on patterning effects of institutions and policies. The structure of the paper is as follows. Sections 1 and 2 attempt to offer a clear understanding about different notions of pure procedural justice in Rawls's theory. The social process view of quasi-pure procedural justice will be identified as an approach that is relevant to application of principles of justice (as opposed to the selection of principles). Section 3 discusses institutional implications of Rawlsian pure procedural justice with the focus on the issue of patterning. I will distinguish different types of patterning to those supported by the approach of pure procedural justice and those denied by it. Section 4 examines a non-Rawlsian model of pure procedural justice as an alternative conception of pure procedural justice. I will present several reasons why the alternative conception should be rejected.

Political Process of Policy Program Termination: Is a Classification of Terminating Process Possible?

Kaori Toda
Lecturer(part-time), Kyoto Prefectural University, Faculty of Public Policy

The objective of this article is to reveal the termination process of policy programs. As the society has matured, both central and local governments are required to observe fiscal discipline. Researches focused on policy termination, however, are scarce. Some rare researches on the termination process focus mostly on the cause of impeding or promoting termination, not on its process itself. In this study, qualitative method will be applied to reveal the termination process with the object of examining a democratic way to terminate policy programs. Surveys are undertaken on twenty-two prefectural dam construction programs in five prefectures, which have been terminated. A close observation of the circumstances of how each program has reached termination will clarify the facts of the process, and the author attempts to elucidate the reasons by comparative analysis. The findings show a rich variation of the termination process, related to the termination leader of each program. Moreover, the surveys disprove the common image that conflicts arise when the policy termination is on the political agenda, showing, in fact, that about a half of the cases were terminated in a short term strictly by the government officials.

年報政治学 2019–Ⅱ
成熟社会の民主政治

2019 年 12 月 20 日　初版第 1 刷発行

編　者　日 本 政 治 学 会（年報編集委員長　宇野重規）

発行者　喜 入 冬 子

発行所　株式会社　筑摩書房
　　　　〒111‐8755　東京都台東区蔵前 2‐5‐3
　　　　電話　03‐5687‐2601（代表）

装　幀　山田英春

印　刷
製　本　大日本法令印刷株式会社

©Japanese Political Science Association 2019 Printed in Japan
ISBN978‐4‐480‐86728‐5　C3331

本書をコピー、スキャニング等の方法により無許諾で複製することは、法令に
規定された場合を除いて禁止されています。請負業者等の第三者によるデジタ
ル化は一切認められていませんので、ご注意下さい。乱丁・落丁の場合は、送
料小社負担でお取り替えいたします。

●筑摩書房の本●

〈ちくま学芸文庫〉

パルチザンの理論

政治的なものの概念についての中間所見

カール・シュミット

新田邦夫訳

二〇世紀の戦争を特徴づける「絶対的な敵」殲滅の思想の端緒を、レーニン・毛沢東らの《パルチザン》戦争という形態のなかに見出した画期的論考。

〈ちくま学芸文庫〉

大衆の反逆

オルテガ・イ・ガセット

神吉敬三訳

二〇世紀の初頭、《大衆》という現象の出現とその功罪を論じながら、自ら進んで困難に立ち向かう《真の貴族》という概念を対置した警世の書。

〈ちくま学芸文庫〉

独裁体制から民主主義へ

権力に対抗するための教科書

ジーン・シャープ

瀧口範子訳

すべての民主化運動の傍らに本書が。独裁体制を研究しつくした著者が示す非暴力による権力打倒の実践的方法。「非暴力行動の198の方法」付き。本邦初訳。

●筑摩書房の本●

〈ちくま学芸文庫〉

革命について

ハンナ・アレント

志水速雄訳

《自由の創設》をキイ概念としてアメリカとヨーロッパの二つの革命を比較・考察し、その最良の精神を二〇世紀の惨状から救い出す。

解説 川崎修

〈ちくま学芸文庫〉

旧体制と大革命

A・ド・トクヴィル

小山勉訳

中央集権の確立、パリ一極集中、そして平等を自由に優先させる精神構造——フランス革命の成果は、実は旧体制の時代にすでに用意されていた。

〈ちくま学芸文庫〉

政治思想論集

カール・シュミット

服部平治訳

宮本盛太郎訳

現代新たな角度で脚光をあびる政治哲学の巨人が、その思想の核を明かしたテクストを精選して収録。権力の源泉や限界といった基礎もわかる名論文集。

◉筑摩書房の本◉

〈ちくま学芸文庫〉
暗い時代の人々

ハンナ・アレント

阿部齊訳

自由が著しく損なわれた時代を自らの意思に従い行動し、生きた人々。政治・芸術・哲学への鋭い示唆を含み描かれる普遍的人間論。
解説　村井洋

〈ちくま学芸文庫〉
人間の条件

ハンナ・アレント

志水速雄訳

人間の活動的生活を《労働》《仕事》《活動》の三側面から考察し、《労働》優位の近代世界を思想史的に批判したアレントの主著。
解説　阿部齊

〈ちくま学芸文庫〉
責任と判断

ジェローム・コーン編

中山元訳

思想家ハンナ・アレント後期の未刊行論文集。人間の責任の意味と判断の能力を考察し、考える能力の喪失により生まれる〈凡庸な悪〉を明らかにする。

●筑摩書房の本●

〈ちくま学芸文庫〉

公衆とその諸問題

現代政治の基礎

ジョン・デューイ

阿部齊訳

大衆社会の到来とともに公共性の成立基盤は衰退した。民主主義は再建可能か？ プラグマティズムの代表的思想家がこの難問を考究する。

解説 宇野重規

〈ちくま学芸文庫〉

法の原理

自然法と政治的な法の原理

トマス・ホッブズ

高野清弘訳

ホッブズ最初の政治理論書。十七世紀イングランドの政治闘争を背景に、人間本性の分析を経て、安全と平和をもたらす政治体が考察される。

解説 加藤節

〈ちくま学芸文庫〉

コンヴィヴィアリティのための道具

イヴァン・イリイチ

渡辺京二／
渡辺梨佐訳

破滅に向かう現代文明の大転換はまだ可能だ！ 人間本来の自由と創造性が最大限活かされる社会をどう作るか。イリイチが遺した不朽のマニフェスト。

●筑摩書房の本●

年報政治学2019-I
主権はいま
〈筑摩選書〉

日本政治学会編

グローバル資本が世界を動かす今、構造調整下の国々はもとより超大国でも主権がゆらいでいる。今後国際社会はどうなるのか?! 最先端の議論で読み解く。

民主主義のつくり方
〈筑摩選書〉

宇野重規

民主主義への不信が募る現代日本。より身近で使い勝手のよいものへと転換するには何が必要なのか。〈プラグマティズム〉型民主主義に可能性を見出す希望の書!

教養としての政治学入門
〈ちくま新書〉

成蹊大学法学部編

いま政治学では何が問題になっているのか。政治史・政治理論・国際政治・福祉・行政学・地方自治などの専門研究者が12のテーマで解説する、知の最先端への道案内。